刘泽华全集

刘泽华◎著

南开大学历史学院◎编

政治思想史论（三）

天津出版传媒集团

天津人民出版社

图书在版编目(CIP)数据

刘泽华全集. 政治思想史论. 二 / 刘泽华著；南开
大学历史学院编. —— 天津：天津人民出版社, 2019.10
ISBN 978-7-201-15222-6

Ⅰ.①刘… Ⅱ.①刘… ②南… Ⅲ.①刘泽华–文集
②政治思想史–研究–中国–古代 Ⅳ.①C53②D092.2

中国版本图书馆 CIP 数据核字(2019)第 193604 号

刘泽华全集·政治思想史论(二)
LIU ZEHUA QUANJI · ZHENGZHI SIXIANG SHI LUN(ER)

出　　版　天津人民出版社
出 版 人　刘　庆
地　　址　天津市和平区西康路 35 号康岳大厦
邮政编码　300051
邮购电话　(022)23332469
网　　址　http://www.tjrmcbs.com
电子信箱　reader@tjrmcbs.com

总 策 划　任　洁
责任编辑　金晓芸
特约编辑　韩　伟
装帧设计　明轩文化·王　烨

印　　刷　河北鹏润印刷有限公司
经　　销　新华书店
开　　本　710 毫米×1000 毫米　1/16
印　　张　27.5
字　　数　445 千字
版次印次　2019 年 10 月第 1 版　2019 年 10 月第 1 次印刷
定　　价　178.00 元

前　言

　　由天津人民出版社编辑出版的《刘泽华全集(全十二卷)》,在众多南开师友、刘门弟子、家属及出版社领导、各位编辑的共同努力下,终于可以问世了。此套全集由南开大学历史学院主持编选,一些事项需要在此说明:

　　一、刘泽华,享誉海内外的著名史学家、南开大学荣誉教授,1935 年 2 月出生,2018 年 5 月 8 日病逝于美国西雅图,享年 83 岁。自 1960 年大学三年级破格留校任教后,刘先生在南开大学历史系、历史学院执教四十余载,直至 2003 年退休。刘先生曾任南开大学历史系主任、校学术委员会委员、教育部人文社科重点基地中国社会史中心主任等校内外多种重要学术职务,受聘于多家高校及科研单位并担任客座教授,退休后被授予"南开大学荣誉教授"称号。刘先生著作较多,理论观点自成一体,所提出的"王权支配社会""王权主义是传统思想文化的主脉""中国传统政治思想是一种'阴阳组合结构'"等命题和论断, 准确而深刻地把握住了中国传统政治文化与政治实践的特点,具有重要的理论创新性,学术影响极大。

　　二、在几十年的教学与科研进程中,刘先生带起了一支专业素质较强的学术团队,以他的学术观点为灵魂,系统梳理中国传统政治思想的脉络,找寻传统与现代政治理念间的异同, 致力于剖析中国现代化进程中的诸多症结,具有鲜明的学术个性、敏锐的问题意识和强烈的现实关怀,被誉为"王权主义学派"或"刘泽华学派"。先生可谓是中国政治思想史领域的代表性人物之一。

　　三、鉴于刘泽华先生崇高的学术地位及其论著的重要理论价值,《刘泽华全集(全十二卷)》得以入选天津市重点出版项目。为保证文集的学术水平和编纂质量,天津人民出版社与南开大学历史学院密切合作,联手打造学术精品。经刘泽华先生生前授权，由南开大学历史学院主持全集编选工作，成立了由李宪堂、张荣明、张分田教授为主的编选工作组，带领部分研究生收集初稿进行编选，之后又多次协调召开京津地区刘门弟子研讨会，对全集十二卷的顺序、各卷目录及学术年谱进行了反复讨论。天津人民出版社副总编辑任洁带领团队全力投入，负责各卷编辑工作。

四、时值南开大学百年华诞，作为献礼之作的《刘泽华全集（全十二卷）》的出版引起广泛关注。全集编选工作得到各方支持，进展顺利。多位师友提供刘泽华先生文章手稿及照片。阎师母及先生的女儿刘琰、刘璐对全集的出版十分关心，就全集的编撰、封面设计提出不少建设性的意见。葛荃教授代表刘门弟子撰写了全集的序。葛荃、张荣明、李宪堂、孙晓春、季乃礼、林存阳等教授审读了各卷。何平、杨阳、林存光、邓丽兰等诸多刘门弟子，以及诸多南开史学的毕业生纷纷表达期待之情，翘首以待。

五、由于刘泽华先生的写作时间始自 20 世纪 50 年代初，直至 2018 年 5 月逝世前夕，跨度长达半个多世纪，各个时期的学术规范、报刊发表要求不尽相同，给收集整理和编辑工作带来相当大的困难。此次出版，除对个别字句的误植进行订正外，基本保持发表时的原生样态，以充分体现论著的时代性，便于后人理解当代中国史学演变的路径及意义。刘泽华先生的回忆录《八十自述：走在思考的路上》于 2017 年由生活·读书·新知三联书店出版后，引起广泛关注，被誉为"当代中国学人的心灵史"，此次全集出版时也将其收录进来，以体现全集的完整性，并于文末附由林存阳教授与李文昌博士所梳理的"刘泽华先生著述目录"。

六、由于印刷模糊、议题存疑等原因，刘泽华先生的个别文章未能收入。希望以后有机会再增补出版，以补缺憾。

七、天津人民出版社《刘泽华全集（全十二卷）》编辑小组的全体编辑，对全集编辑出版工作倾情投入，付出了艰巨的劳动，他们是责任编辑金晓芸、张璐、赵子源、霍小青、孙瑛、王小凤、康嘉瑄、韩伟，二审赵艺编审和三审任洁编审。在此向天津出版传媒集团和天津人民出版社表示衷心的感谢。

刘泽华先生长达半个多世纪的学术生涯是在南开度过的，他对南开大学、南开史学拥有一份真诚、朴素的情感，曾带头汇捐四十万元用于设立"中国思想史奖学金",希望中国思想史学科能后继有人。这套全集也是按照刘先生生前愿望,由南开大学历史学院主持编选,这也是刘泽华先生向南开百年奉献的一份真挚祝福。

唯愿刘泽华先生在天之灵安宁!引导我们永远走在思考的路上!

南开大学历史学科学术委员会

2019 年 10 月 17 日

序:刘泽华先生的学术贡献

葛荃[①]

刘泽华先生(1935—2018),河北石家庄人,中国当代著名史学家,中国政治思想史研究著名学者。研究领域包括先秦史、政治史、知识分子史、历史认识论和中国古代政治思想史。先生成果丰硕,为当代中国学术研究贡献良多,主要体现在以下三个方面。

一、著述等身

中国政治思想史研究自 1952 年全国院系调整以后基本处于停滞状态。间或也有些研究成果,刘泽华先生此时即有论文面世,大都是先秦诸子及后世思想家方面的学术论文,鲜有专著问世。20 世纪 80 年代改革开放后,中国政治思想史研究得以复苏。1984 年《先秦政治思想史》出版,这是继 1924 年梁启超《先秦政治思想史》[②]之后唯一的一部同名学术专著,其翔实和厚重的程度,体现了中国学术界六十年来的知识积累和理性认知的进步。其后,1987年《中国传统政治思想反思》出版,这两部著作在学术界形成了重要影响,奠定了刘泽华先生的学术地位。

关于《先秦政治思想史》,据先生自述,这是一部"迄今为止最系统、最全面(包括'人'和'书')、资料最翔实的一部先秦政治思想史"。诚哉斯言!从体例来看,这部著作有三个特点。一是脱出中国哲学史研究的套路,真正形成了

---

① 葛荃(1953—),安徽巢湖人,系刘泽华先生首徒。曾在南开大学、山东大学任教。现为中国政治学会常务理事,中国政治思想史研究会常务理事兼会长。术业专攻:中国政治思想与政治文化。

② 该书一名《中国圣哲之人生观及其政治哲学》。

中国政治思想史的知识体系。二是立论允当，均有翔实的史料依据。所谓"言必有据"，这正是先生"让史料说话"治学理念的验证。三是在理论突破方面有所尝试。《先秦政治思想史》的写作时间大约是从 1979 至 1983 年。那个时段的中国刚刚改革开放，曾经的教条主义思想束缚还没有完全破除，在理论方面有所突破是需要胆识和超前意识的。刘泽华先生说："在研究方法上我突破了用阶级理论定义政治的'铁则'。我认为政治有阶级性，也有社会性。""1949 年以后到本书出版之前所有的思想史著作，在论述人物及其思想时几乎都被戴上'这个'阶级或'那个'阶级的帽子，而我在本书中实行了'脱帽礼'，把帽子统统摘掉了。这在当时也可以说是绝无仅有的，谓余不信，不妨翻翻那时的著作。"刘泽华先生延续了"马克思主义"流派的论说方式，破除了教条思维的束缚，摒弃了几十年来桎梏人们头脑甚而轻车熟路的"阶级代入法"，形成了夹叙夹议、史论结合、突显学术个性的叙事方式。刘泽华先生以传统中国的政治思维与当下的家国情怀相观照，充分展现了政治思想史研究的理论深度与学术感染力，具有明显的开创性，从而在学术界形成了广泛影响。

《中国传统政治思想反思》更是一部力作。刘泽华先生以鲜明的问题意识"反思"传统，论题包括人性、民论、天人合一、法制、礼论、谏议思想、清官问题，等等。书中提出了中国传统政治思想的研究对象和研究方法问题，论述了传统人文思想与王权主义问题。这些论题的视角和形成的学术判断展现出作者自由思维的敏锐与犀利，引起学界极大的关注。《先秦政治思想史》和《中国传统政治思想反思》开启并奠定了刘泽华先生的研究路向，提升了先生在学术界的知名度和影响力。其中王权主义理念的提出，预示着先生学术思想体系的核心部分已经形成，为其以后的研究及王权主义理论体系的构建开通了道路。

嗣后几十年，刘泽华先生在中国古代政治思想史研究领域用功尤勤，出版了一卷本《中国古代政治思想史》(1992)、三卷本《中国政治思想史》(1996)和九卷本《中国政治思想通史》(2014)。这三部著作跨越二十余年，反映出先生在中国政治思想史领域的超越性进路。其中，1992 年初版的《中国古代政治思想史》于 2001 年出版修订本，被国家教育部研究生工作办公室推荐为全国研究生教学用书。2014 年出版的《中国政治思想通史》是这一学科发展近百年来唯一的一部通史类著作。如果从 1923 年出版的谢无量的《古代政治思想研究》和 1924 年梁启超的《先秦政治思想史》算起,近百年来,有关中国政治思想史类的个人著述并不少。除了梁、谢之作,还有萧公权、萨孟武等人的二十余种,但是冠以"政治思想通史"者,唯先生一人耳。

此外,刘泽华先生还出版了《中国政治思想史集(全三册)》、《中国的王权主义》、《专制主义与中国社会》(合著)、《士人与社会 (先秦卷)》、《士人与社会(秦汉魏晋南北朝卷)》、《中国传统政治哲学与社会整合》(合著)、《洗耳斋文稿》、《中华文化集粹丛书·风云篇》、《中国传统政治思维》、《竞争、改革、进步:战国历史反思》(合著)、《王权思想论》、《中国古代王朝兴衰史论》(合著)等三十多种书,并主编《中华文化通志·制度文化典》。晚年出版个人回忆录《八十自述:走在思考的路上》,这部著作登上了《南方周末》《新京报》等各大书榜,又被《中华读书报》评为 2017 年 5 月月度好书。

刘泽华先生在《历史研究》《哲学研究》《历史教学》《红旗》《文史哲》《南开学报》《天津社会科学》《学术月刊》等刊物,以及《人民日报》《光明日报》《文汇报》《今晚报》等先后发表学术论文、学术短文合计两百四十多篇。

另外,先生还有多部论文和著作在外文期刊或外国出版社出版。其中《中国传统政治思想反思》由卢承贤译成韩文,首尔艺文书苑 1994 年出版;三卷本《中国政治思想史》由韩国著名学者、韩国荀子学会会长、韩国政治思想学会会长张铉根教授用功二十年(1997—2017),译成韩文,合计二百六十万字,已经于 2019 年 2 月面世。

20 世纪 80—90 年代,中国政治思想史研究形成热潮,计有几方重镇。中国古代政治思想史有南开大学、吉林大学,中国近现代政治思想史以中国人民大学为首。进入 21 世纪,重镇相继衰落。唯 2014 年泽华师主编的九卷本"通史"问世,彰显了他数十年的学术积累和巨大的学术影响力,即以皇皇巨著表明其学术追寻的孜孜以求和笔耕不辍的坚守,誉为"著作等身",实至名归。

二、开创学派

学者的成功不仅在于著述,更在于培养新人、接续文化与学术传承。刘泽华先生于 1982 年初指导硕士研究生,1994 年始招博士研究生, 几十年培养弟子众多。其中一些弟子选择在高校或科研单位任职,在学术观点上与先生相承相通,逐渐形成了一个相对松散却志同道合的学术群体。刘泽华先生的学术旨趣在于反思中国历史与传统文化,以批判中国君主专制政治为要点,形成了一套学术理念,具有鲜明的启蒙性。在先生的感召和引领下,学术群体虽然分散在各地,但仍能坚守学术志向,传承先生衣钵,形成了李振宏先生命名的"中国政治思想史研究中的王权主义学派"①。

这里需要说明的一点是,这一"学派"的形成,并非有意为之,更非刻意求之,而是在长期的指导、引领与合作中自然形成的,正所谓"无心插柳柳成荫"。一方面,先生指导研究生的重点是精读原典和研习理论方法,主要通过讨论的方式,激发学生思考,学会做研究。另一方面,先生以指导学生习作的方式来培养和提高学生的研究能力,旨在通过实际操作,激活学生的思维能力。特别是对于某些年龄偏大、入门较晚的学生更是如此。正是在这样的过程中,在先生耳提面命、逐字逐句的谆谆教诲中,师生得以思想交流、情感交融。老师的学术旨趣、价值理念感染和浸润着受教者,许多学术判断和创见性论断在学生的著述中得到接续和不断阐发。兹可谓聚似一团火,散则满天星,历经有年,以刘泽华先生为中心的学术群体逐渐形成。

关于学派的名称,李振宏认为"是考虑到这个学派内部成员的学术个性、差异性问题,而'王权主义学派'较之'刘泽华学派',可能具有更大的包容性"②。这一判断当然是有道理的。不过据我所知,先生本人却没有完全认同。他认为,应该是"王权主义批判学派"或"王权主义反思学派",否则容易令人产生误解,以为我们是赞同王权主义的,其实恰恰相反。

我与师门中诸位好友倒是倾向于最初的提法,以为"刘泽华学派"更为恰当。李教授关注的重点是"王权主义学派"的提法有更大的包容性。不过我以为,孔子以后儒分为八,墨子之后墨分为三,无论怎样分化,其学派的基本理念和宗旨是一脉相承的。中国传统政治文化的价值系统抑制人的个体主体性,长期以来的集体主义教育也使得我们的文化基因对突显个人有着天然的

---

①② 李振宏:《中国政治思想研究中的王权主义学派》,《文史哲》,2013 年第 4 期。

恐惧和抵制。事实上,以刘泽华先生为创始人的学术群体,其成员主要是硕士生或博士生,以及部分优秀私淑弟子及学道同人。正是基于价值观的认同与长期的学术合作而相互呼应,形成了学术传承,以礼敬先生、光大师门的共识凝结了认同基础,具备了"师承性学派"的典型特征。故而冠以老师之名讳而称学派,或可开当代中国学界风气之先。

开创或形成学派,并非自家的一厢情愿,而是成就于学界共识。其规定至少有三:一是创始人创建出相对完备的理论体系及相应的知识与话语体系,具备特色鲜明的方法论;二是学术群体成员基本沿顺着相同的学术立场和价值观而接续传承;三是学术群体不仅合作,更有学术创新,而且多有建树,发扬光大。借此而言,刘泽华先生能身体力行,堪为典范。学术群体成员长期合作,建立了全国性学术组织①,并在各自的研究领域各有擅长与学术特色。李振宏对此论述详尽,这里不赘言。

三、知识创新

坊间探讨何为大学,谓之须有大师。能称为大师者,必然能在人类社会的知识传承方面有所创新。刘泽华先生正是这样,主要体现在三个方面。

一是中国政治思想史理论架构和知识体系的创新。梁启超早在20世纪20年代就已经提出了政治思想史研究对象问题,不过他仅仅从类型的视角解读了中国政治思想史的研究对象。一是从"所表现的对象"来划分,分为"纯理"和"应用"两类;二是从"能表现之主格"来区分,分为"个人的思想"和"时代的思想"。这样的概括显然过于笼统,学理性略有不足。此后,大凡涉猎中国政治思想者,纷纷做出解读。

近一个世纪以来,比较具有说服力的是徐大同在20世纪80年代初的认识。他提出:"政治思想史的研究对象是:历史上各个阶级和政治集团对社会政治制度、国家政权组织,以及各阶级相互关系所形成的观点和理论体系;各

---

① 2014年,以刘门弟子为主,发起成立中国政治学会之中国政治思想史专业委员会,即中国政治思想史研究会,迄今已经召开七届年会暨"中国政治思想史论坛"。该论坛始于2012年,即筹备成立研究会,在学术界形成了广泛的影响。

种不同政治思想流派之间的斗争、演变和更替的具体历史过程;各种不同政治思想对现实社会政治发展的影响和作用。"①进入 21 世纪,徐大同的认识进一步凝练,提出"一切政治思想无不是反映一定的社会阶级、阶层或集团的政治理想、政治要求,设计夺取、维护政治统治方案或为政治统治'出谋献策'。古今中外概莫能外"②。这一认识较之 80 年代有所扩展,不过其核心仍然可以概括为"关于国家与法的认识"。

刘泽华先生认为,徐大同等人的说法相当深刻,抓住了政治思想史研究的主要内容,可是尚有不足。"问题主要是把政治思想史的对象规定得过于狭窄,有碍于视线的展开。"他提出政治思想史除了研究国家和法的理论外,还有一些内容也应列入研究范围。计有政治哲学、社会模式理论、治国方略和政策、伦理道德、政治实施理论及政治权术理论等。③三十年后,先生在 2014 年出版的《中国政治思想通史》中进一步概括说:"中国古代的政治学说包罗万象,有时还与其他领域的学说理论交织在一起,而中国古代政治思想史的研究对象应包纳无遗,故在确定研究的内容和范围时,宁失之于宽,勿失之于狭。即除了关于国家、政体、法制的理论以外,还要根据中国古代政治学说自身的特点,充分注意政治哲学、社会模式理论、关于治国方略与政策的理论、政治实施理论、政治权术与政治艺术理论、政治道德理论,以及中国古代政治学说所关注的其他各种理论和其他各种门类学术理论中所包含的政治理论内容。"④

刘泽华先生在前人研究的基础上,重新审视中国古代政治思想史的研究对象,提出了政治哲学等五个方面也须作为中国政治思想史的研究对象。这一学术判断符合中国历史和文化生态,拓宽了中国政治思想史的研究视域,具有原创性,为构建中国政治思想史知识体系奠定了基础。

---

① 徐大同、陈哲夫、谢庆奎、朱一涛编著:《中国古代政治思想史》,吉林人民出版社,1981 年,第 2—3 页。

② 徐大同:《势尊道,又尊于道》,载于赵宝煦主编《知识分子与社会发展》,华夏出版社,2003 年,第 51 页。

③ 刘泽华:《先秦政治思想史》,南开大学出版社,1984 年,第 2—7 页。

④ 刘泽华主编:《中国政治思想通史(综论卷)》,中国人民大学出版社,2014 年,第 6 页。

对中国政治思想史进行整体性的概括是基于学科的发展逐渐展现出来的。自从 20 世纪初叶梁启超"常作断片的发表"①，随着学科发展，有诸多研究者想对中国政治思想史做整体性的把握。不过，研究者往往是通过历史分期或概括特点进行整体性的描述。如陶希圣《中国政治思想史》、吕思勉《中国政治思想史十讲》等，莫不如此。被誉为以政治学理论研究中国政治思想史第一人的萧公权也是这样。②相较而言，萧公权的整体性认识是有一定的创新性的，但是基本格局没能走出前人的思路。

刘泽华先生的认识在一定程度上超越了前人，他以"王权主义"概括中国古代社会、政治与思想，对中国政治思想史做出了整体性判断。在《中国政治思想史（先秦卷）》序言中，他将中国政治思想史的主题归纳为三点：君主专制主义、臣民意识、崇圣观念。随后，他将这三点归结为一点——王权主义。在他看来，所谓王权主义"既不是指社会形态，也不限于通常所说的权力系统，而是指社会的一种控制和运行机制。大致说来又可分为三个层次：一是以王权为中心的权力系统；二是以这种权力系统为骨架形成的社会结构；三是与上述状况相应的观念体系"③。他认为，"在观念上，王权主义是整个思想文化的核心"。作为现代人的研究，当然要借助现代学科的分类来审视传统思想，"但不能忽视当时的思想是一个整体，它有自己的特定的逻辑和结构，而政治思想则是其核心或主流部分，忽视这个基本事实，就很难贴近历史"④。借此断言，"在中国的历史上，除为数不多的人主张无君论以外，都是有君论者，在维护王权和王制这一点上大体是共同的，而政治理想几乎都是王道与圣王之治"⑤。显然，王权主义不是一个简单的政治意识形态化的陈述，而是对中国传统社会的政治、社会与思想文化的结构性认知。在这一结构中，君主政治权力系统是中心。与中心相关联的，一方是与之相应的社会结构，另一方则是与权力中心及社会结构相应的思想观念。这里的逻辑关系

---

① 梁启超：《先秦政治思想史》，中华书局，1936 年，第 1 页。

② 萧公权按照思想演变的趋势，划分为四个时期：草创时期、因袭时期、转变时期、成熟时期。又以思想的历史背景归纳为三段：封建天下之思想、专制天下之思想、近代国家之思想。

③ 刘泽华：《中国的王权主义》，上海人民出版社，2000 年，第 2 页。

④⑤ 刘泽华：《中国的王权主义》，上海人民出版社，2000 年，第 4 页。

很清楚,政治思想与政治权力系统及社会结构相关联,三者之间存在着相互影响与作用的互动关系。

这就是说,刘泽华先生突破了以往就思想而谈思想,以分期的方式概括政治思想全局的思路。他从历史学家横亘历史长河的认知高度审视中国古代社会、政治与文化,用王权主义的体系性框架对中国传统社会政治、经济、思想文化做总体性把握,梳理出思想与社会、思想与政治、思想与制度之间互动和相互影响的认知路径,形成了独具学术个性的学理逻辑,实则构成了一种认知范式。

正是在王权主义总体把握的认知基础上,先生对中国政治思想史的命题和范畴做了梳理。诸如传统人文思想与君主专制主义、宗教与政治、王权与"学"及士人、王权与圣人崇拜、革命与正统、政治理想与政治批判,以及道与王、礼与法,等等。又提出中国传统政治思维的"阴阳组合结构",这一判断极具首创性。刘泽华先生在几十年的探索、思考中,渐渐形成了自成体系的学理逻辑,构建了充分展现其学术创新性的知识体系,终成一家之言。

二是学术观点的创新。刘泽华先生的研究新见迭出,多有首创性学术判断,这里仅举两例。

1.关于"王权支配社会"。这一观点是在传统的"权力支配经济"基础上提出的。先生坦言他受到了前人的启发:"王亚南先生的见解可谓前导。"不过他指出,王亚南是从经济入手解读政治权力与社会的关系。而"王权支配社会"与前人所论有着相当的差别。他说:"第一,我不是从经济(地主制)入手,而是直接从政治权力入手来解析历史。君主专制体制主要不是地主制为主导的经济关系的集中,而恰恰相反,社会主要是权力由上而下的支配和控制;第二,我不用'官僚政治'这一术语,君主要实现其统治固然要使用和依靠大批官僚,但官僚不是政治的主体,而只是君主的臣子、奴仆,因此不可能有独立的'官僚政治'及其他学者提出的'学人政治''士人政治'等。君主可以有各式各样的变态,如母后、权臣、宦官,等等,但其体制基本是一样的。"①

"王权支配社会"的提出具有首创性,用先生自己的话说:"我提出这一看

---

① 刘泽华:《王权支配社会的几个基本理论》,《历史教学(上半月刊)》,2018年第2期。

法不是出于灵机一动,而是多年来学术积累的概括。"正是在这一看法的基础上,总结出了"王权主义"理论体系。这一学术判断为深入解读和诠释中国政治思想提供了政治学视角,使诸多传统论题的研究,诸如天人合一、圣人观、重民思潮等,得以走出前人的框架与格局。

2."政治文化化与文化政治化"。刘泽华先生沿顺着思想与社会互动的思路提出,"政治关系就不仅仅是单纯的权力关系, 它还是一种文化关系"。他把制度、法律、军队、警察、监狱等称为政治关系中的"硬件",将信仰、情感、态度、价值观等称为政治关系中的"软件",认为"政治文化指的就是这些'软件'"。在这里,先生借鉴了现代政治文化理论,指出"政治文化是政治实体中一个有效的组成部分,在某些情况下,对政治行为起着指导作用"。他把这种状况称为"文化政治化"。其中"包括两层政治含义:其一,一定政治体制的形成有赖于一定的文化背景;其二,一定政治体制的存在和运行,受到文化因素的制约和改造。仅仅从制度、法律、规定、强制等范畴来谈政治是远远不够的,还必须结合一定的文化背景才能真正理解政治的运行和发展"[1]。

政治文化化是说,一定的政治制度与法律体系可以通过不断的政治社会化过程逐渐内化成为政治共同体内成员所奉行的行为准则与政治观念。刘泽华先生从政治与文化互动关系的视角切入,借鉴现代政治学的政治社会化理论,深刻剖析中国传统政治思想的内在结构与关联。"政治文化化与文化政治化"不仅具有学术创新性,而且作为政治学立论本土化的案例,充实了中国政治思想史研究领域的中国话语。

三是研究方法的创新。严格而论,人文社会科学的研究方法和方法论是有区别的。一般而言,研究方法指的是研究的技术手段,如计量方法,包括田野调查、质性研究,等等。方法论是指运用某种理论作为认知、分析、论证和形成学术判断的手段。刘泽华先生是彻底的唯物主义者,自喻"马克思主义在我心中"。他的方法论基础是历史唯物论和辩证唯物论,学界称为"历史与逻辑相结合"的研究方法。从 20 世纪 70 年代中期起,先生坚定而决然地摒弃了僵化教条思维,扩展视野,提出并践行中国政治思想史研究的"互动"方法与价

---

[1] 刘泽华:《政治文化化与文化政治化》,《天津社会科学》,1991 年第 3 期。

值研究方法。

关于"互动"方法。刘泽华先生提出的"思想与社会互动研究方法"是其辩证思维的体现。他认为,"在以往的研究中,大致说来,占主流的是'二分法'。先是阶级的二分法,强调两者的对立。近年来,讲阶级性的大大减少,取而代之的是'精英'与'大众'的二分法"①。在他看来,"思想与社会本是一个有机的整体。然而,由于学科的分化,人类社会的主要领域被分割"。"为了提高研究的专门化程度,人们可以将本来浑然一体的历史现象分割给不同的学科。"为此他提出"必须以综合性的研究来还原并解读事物的整体",概括出"互动"方法论。就是要"综合思想史与社会史的资源、对象、思路、方法",运用"互动"方法进行研究,"撰写更全面的思想史和社会史"。②

为了进一步说明,泽华师举出统治思想与民间社会意识关系问题作为案例。他认为,正是学科分工细化导致的"二分法"将思想分为统治思想和民间社会意识,研究者将上层与下层、官方与民间、经典与民俗、精英与大众、政治思想与社会思想分隔开来。为此就需要运用互动方法论,"依照历史现象之间固有的内在联系,确定研究对象,拓展研究视角,设计研究思路,对各种社会政治观念进行综合性解读"。"在对统治思想、经典思想、精英思想、社会思潮、民间信仰和大众心态分别进行系统研究的基础上,考察它们之间的相互关系,对全社会普遍意识发展史做出深度分析和系统描写。"③互动研究方法关注事物之间的联系与逻辑,可以视为辩证唯物论在政治思想史研究领域的具体运用。这种研究方法能够突破主流思想和政治意识形态对于政治思想史研究的局限,对中国社会的思想与文化做出更为深刻与合理的阐释。

关于价值研究方法。刘泽华先生说:"一方面要注意学科自身的认识规律,循序渐进;另一方面还要借鉴思想史和哲学史研究的经验与教训。"于是提出要把价值研究作为中国政治思想史研究的重要视角,这显然是一种方法论的提炼。

①②③ 刘泽华等:《开展统治思想与民间社会意识互动研究》,《天津社会科学》,2004 年第 3 期。

先生认为,研究中国政治思想史不能只限于描述思想内容和思想发展的历史过程,同时要考察思想的价值,价值性认识在政治思想史研究中是具有特别重要意义的。他说:"为了判明一种思想的价值,首先要明确价值标准……这就是历史唯物主义。""价值问题不只是个阶级定性问题,还有许多其他方面的内容。不做价值分析,政治思想史就会变成一笔糊涂账。为了更好地判明各种思想的价值,应该探讨一些价值标准问题。在这个问题上,既要借助历史学中已获得的成果,又要结合政治思想史的具体情况,理出一些自身特有的标准。"[1]

在他看来,在历史上,一些代表剥削阶级的政治思想付诸实践,是可行的,有效的,"甚至起了促进历史的作用"。那么,"在这种情况下,真理与谬误该如何分辨,代表剥削阶级利益的政治思想中有否科学和真理? 实践证明是可行的,起了积极作用的思想是否就是实践检验证明了的真理? "[2]这些认识是在《先秦政治思想史》中提出的,时值20世纪80年代初期,"思想解放"几近热潮,这些认识代表着中国政治思想史研究的新思维趋向。

总的来看,刘泽华先生密切关注中国思想、社会和历史相关的宏观性问题,从批判和破除教条主义的思想禁锢出发,彰显和倡导史家自由思考和独立认识的主体意识,形成了成熟的方法论理念,并用于研究实践。互动研究方法和价值研究方法的提出,对推动中国政治思想史研究的深入与拓展,构建创新性知识体系具有重要意义。

四、学术人格

刘泽华先生的学术人格主要是通过其治学理念体现出来的。他说:"研究中国的政治思想与政治精神是了解中国历史与现实的重要门径之一。"为了从传统的封建主义体制和心态中走出来,"首先要正视历史,确定历史转变的起点。我们经常说要了解和熟悉国情,而历史就是国情最重要的组成部分。我的研究目的之一就是为解析中国的'国情',并说明我们现实中封建主义的由

---

[1] 刘泽华:《先秦政治思想史》,南开大学出版社,1984年,第11页。
[2] 刘泽华:《先秦政治思想史》,南开大学出版社,1984年,第12页。

来"①。可知先生作为历史学家有着强烈的家国情怀和现实关怀,并凝聚为特色独具的治学理念,形成了极富主体精神的学术人格。

其一,反思之学。反思(turn over to think)的概念在近代西方哲学已有使用,可以界定为认知主体以当下的立场和认知方式审视、回溯传统,即以往的事物与知识。刘泽华先生最早使用这一概念就是在前文提到的《中国传统政治思想反思》一书中。"反思"作为书名,实则体现了他的治学理念。作为历史学家,他认同这样的理念:历史是个不断地再认识的过程,需要当下的认识主体不断地予以反思。历史本来就是人类过往的记述,历史研究就是要为当下的现实生活做出解释,给出学术判断。"学科学理与反思国情就是我研究政治思想史的两个主要依据,也是我三十年来循而不改的一个原因。"这是他致力于"反思"中国历史与传统政治思想的"愿力"②所在。

刘泽华先生曾明确表示:"我觉得我们这一代人经历的曲曲折折很值得反思,其中我认为政治思想的反思尤为重要。""我是强调分析,强调反思……我自己也认为我是反思派,是分析派,而不是一个弘扬派,我主张在分析当中,在反思当中,来区分问题。"③先生的反思之学有两个突出的特点。一是坚持马克思主义基本方法,"把马克思主义作为一种认识论来看待"。他坚持"马克思是伟大的思想家,是人类的精神财富",并且"仍然认为马克思讲的一些基本的道理,具有很强的解释力,比如经济是基础这一点,我到现在仍然认为是正确的"。但马克思主义不是教条,因而对于某些观点需要"修正"。"作为一种学派,它的发展一定要有修正,没有修正就没有发展。其实不只是我在修正,整个社会从上到下都在修正,历史在变,不能不修正,有修正才能发展。"④这里说的修正,指的是学理层面的反思、批判和发展。

二是延续"五四"批判精神。刘泽华先生认为:"'五四'在中国思想文化史上都是划时代的,不管别人怎么批评,我个人还是要沿着'五四'的批判道路接着往下走的。""我自认为我是一个分析的、批判的态度。""五四"精神体现

---

① 刘泽华:《中国政治思想史集(第一卷)》,人民出版社,2008年,第1页。

② 佛教用语,指心愿的造业力。在这里指意愿之力。

③④ 王申等:《独立思考,突出学术个性——刘泽华先生访谈》,《中国研究生》,2011年第4期。

着一种鲜明的批判精神,正如李振宏所指出的,王权主义学派有着鲜明的学术个性和强烈的现实关怀,"与现代新儒家有明显对立的学术立场,对中国古代政治思想文化抱持历史批判的科学态度"①。这里说的批判当然不是对传统思想与文化的全盘否定,而是哲学意义上的"扬弃",有否定,有拣择,有传续。泽华师延续"五四"批判精神的初衷是"关切民族与人类的命运"。他认为"历史学的重要功能之一,应该是通古今之变,关切民族与人类的命运"。"如果史学要以研究社会规律为己任,那么就必须关注人间烟火。所谓规律,应该程度不同地伸向现实生活。"②

"反思"的治学理念彰显着刘泽华先生的学术个性。正是基于数十年的坚守,先生及其研究群体才能在中国政治思想史领域不断推出成果,为当代中国的文化精神提供理性与新知。

其二,学术主体性与自由思维。刘泽华先生的治学理念体现了作为历史学家理应具有的学术主体性和自由思维。他明确表示"我一直主张独立思考,强调学术个性"③。20世纪80年代后期,先生发表了两篇文章,一为《除对象,争鸣不应有前提》,一为《史家面前无定论》,④集中体现了先生的学术人格。

刘泽华先生提出:"在认识对象面前,一切学派都应该是平等的,谁先认识了对象,谁就在科学领域处于领先地位。"他反对在"百家争鸣"面前设置前提和人为的规定,"百家争鸣是为了发展科学。科学这种东西是为了探索和说明对象,因此科学只对对象负责"⑤。他明确表示:"我认为在历史学家的面前,没有任何必须接受的和必须遵循的并作为当然出发点的'结论'与'定论'。""从认识规律上看,众说纷纭,莫衷一是,是认识的常态;反之,舆论一律,认识一致,则是变态。前者是认识的自然表现,后者则是权力支配与强制的结果。"⑥

---

① 李振宏:《中国政治思想史研究中的王权主义学派》,《文史哲》,2013年第4期。

② 刘泽华:《历史研究应关注现实》,《人民日报》,1998年6月6日第5版。

③ 王申等:《独立思考,突出学术个性——刘泽华先生访谈》,《中国研究生》,2011年第4期。

④ 分别载于《书林》,1986年第8期、1989年第2期。

⑤ 刘泽华:《除对象,争鸣不应有前提》,《书林》,1986年第8期。

⑥ 刘泽华:《史家面前无定论》,《书林》,1989年第2期。

基于这样的认识，刘泽华先生力主研究者理应具有认知主体的个性，即主体精神，认为研究者要从历史中走出来，以造就当下的主体精神。为此，他不赞成把"国学"说成是中华文化的本体，不赞成"到传统那里寻根、找自己，等等"。他说："我认为传统的东西是资源不是主体或本体，我不认为孔子能包含'我'，孔子他就是一个历史的资源，我就是我！中国文化的主体应该是一个活的过程，应该首先生活在我们的现实之中，至于说作为资源，那没问题。"①

　　此外，涉及中西文化的"体用"问题，先生断言："如果讲到体和用，我就讲先进为体，发展为用。只要是属于先进的东西，不管来自何方，都应该学习，拿来为我们现在的全方位发展服务。"②

　　刘泽华先生的主体性也体现在他有意识地对教条化阶级理论进行批判。1978年与王连升合写《关于历史发展的动力问题》一文，"依据马克思、恩格斯有关生产是历史发展的'根本动力'说，来修正当时神圣的阶级斗争说"。这篇文章是他从教条主义束缚中走出来的标志，也是其学术主体性得以彰显并确立的标志。这篇文章与戴逸、王戎笙先生的文章成为20世纪70年代末、80年代初史学界和理论界关于"历史动力问题"大讨论的由头文章。

　　总的来看，刘泽华先生的学术主体性贯穿着深刻的反思精神，坚持站在当下看传统。在研究对象面前，没有前提，没有定论，也不存在任何不可逾越的权威。他要求自己也教导后学要在前人画句号的地方画上一个问号。他的自由思维是学理认知的自由和学理逻辑的自由，内含着深刻的怀疑和批判精神，确认在学术研究的场域，研究者必须持有独立人格。他用自己数十年的学术生涯践行了这样的治学理念，形成其作为历史学家的学术人格，展现了学者的良知和现代知识分子的天职：质疑、颠覆和构建。

　　其三，笃实学风。刘泽华先生秉承了南开史学的学风——"平实"。他的创新性论断和首创性学术判断，无不具有翔实的理论依据和史料依据。这种治学理念的基础是"一万张卡片理论"。

　　在南开大学做青年助教时，南开大学历史系泰斗郑天挺先生的一句话他牢记在心——没有两万张卡片的积累，不能写书。嗣后先生自称为"文抄工"。

---

①② 王申等:《独立思考，突出学术个性——刘泽华先生访谈》,《中国研究生》,2011年第4期。

他说:"我属于平庸之才,脑子也不好,所以我就拼命抄。""我这个人不聪明,底子又差,记忆力也不好,所以首先做的是文抄工(不是'公'),每读书必抄,算下来总共抄了几万张卡片。批评者没有人从资料上把我推翻。我的一些考证文章到现在仍经得起考验。"①这里说的"文抄工"指的是从历史典籍、文献或研究著述中抄录资料,在没有电脑等现代录入手段的时代,这是文史研究的基本功,也是学术积累的重要方式。所谓"读书破万卷",由此方能锻铸扎实、厚重的学术功底。

刘泽华先生的勤奋给他带来巨大收获。1978 年湖北云梦睡虎地出土的"秦简"公开发表,他根据秦简考证出战国时期各国普遍实行"授田制"这一事实。这项发现印证了"权力地产化"是实际存在的,从而为"王权主义"理论的建构提供了史实支持。②这是他学术生涯中感到最得意也是津津乐道的一件事。

刘泽华先生倡导"让史料说话"的治学理念,对他的研究结论充满自信,因为所有的结论都是从史料中得来的。他曾说过三卷本一百二十万字的《中国政治思想史集》"不是每一个字都恰当准确,却没有一个字是空洞的、轻飘的"。

笃实学风体现的是治学理念,展现的是其学术人格。作为历史学家必须构筑坚实的史学功底和理论功底,先生的"王权主义"理论就是在长期的研究和思考中形成的,结构严谨,逻辑通透,从而感召学界同人与弟子,形成了被李振宏誉为"使人真切地感受到了学术的进步"的王权主义学派。

五、全集编序

编辑出版全集是刘泽华先生的遗愿,感谢天津人民出版社和南开大学历史学院为此做了详细规划,多次召开研讨会议,最终确定了全集编序。

全集共计十二卷,我们将《先秦政治思想史(上下)》作为第一卷和第二

---

① 刘泽华述、陈菁霞访:《反思我们这代人的政治思想尤为重要》,《中华读书报》,2015 年 3 月 4 日第 7 版。

② 参见刘泽华:《论战国时期"授田"制下的"公民"》,《南开学报》,1978 年第 2 期。

卷。之所以做这样的安排,主要是考虑到这部专著在泽华师的学术生涯中具有重大意义。如前所述,中国政治思想史研究开端于 20 世纪初叶。1923 年,谢无量著《古代政治思想研究》由商务印书馆出版。翌年,梁启超著《先秦政治思想史》由中华书局出版。时隔半个多世纪,刘泽华先生的《先秦政治思想史》于 1984 年问世。这部著述多有创新,在研究对象、研究方法和理论深度方面超越了前贤,奠定了刘泽华先生的学术地位。

全集以《中国传统政治思想反思》作为第三卷。这部力作于 1987 年出版,汇集了这一阶段刘泽华先生关于中国古代政治思想的深刻反思,突破了传统的教条主义思维,明确提出了王权主义理念,用于概括传统中国的政治与思想。事实上,正是《先秦政治思想史》与《中国传统政治思想反思》这两部著作在研究视域上和认识深度上走出了前人研究的窠臼,独辟蹊径,初步形成了王权主义理论的核心内涵体系,将发展了半个多世纪的中国政治思想史研究提升到了一个新高度,同时也形成了独具特色的学术风格。

第四卷收录的《中国的王权主义》是 2000 年由上海人民出版社出版的专著,这是刘泽华先生关于王权主义理论的一部专论。"王权主义"是先生对中国古代社会、政治与文化的总体概括。从最初思路的提出到理论体系的凝聚成形,历经十多年。其间先生有诸多论文问世,观点一经提出,便遭遇太多视儒学为圭臬为神圣为信仰者的攻讦。刘泽华先生秉承先贤"直书"理念,辅之以历史学家的独立人格与学术个性,在不断的反思与深思中将这一理论体系构建完成。这部著作是先生关于中国传统政治思想创新之论的集大成,为 21 世纪的中国学术增添了最为浓重的一笔。

第五卷和第六卷收录的是先生关于中国政治思想史研究的论著。其中,第五卷主要是对先秦、秦汉政治思想的论著,曾经结集作为《中国政治思想史集(第二卷)》出版(人民出版社,2007 年)。第六卷则是未曾结集的学术论文,包括先生对于中国传统政治文化的一些研究成果。

第七卷收录的是刘泽华先生关于中国社会政治史研究的论著。如前所述,先生的学术视域比较宽阔,除了政治思想史研究,还涉猎先秦史、秦汉史、社会史、政治史,等等。本卷即收录了这一方面的研究,包括《士人与社会(先秦卷)》和学术论文。刘先生的王权主义理论不仅仅是对于中国古代政治思想的概括，而是将君主政治时代的中国视为一个制度与思想相互作用的社会政治整体，因而先生并不是孤零零地只谈思想，而是十分关注思想与社会的互动。认为从思想与社会相互作用的视角才能更深入地剖析传统政治思想的真谛，把握其真质，从而对于中国传统社会政治本身才会形成更为贴近历史真实的解读。本卷收录的正是刘泽华先生践行这一治学理念的学术成果。

刘泽华先生的历史研究主要放在战国秦汉史和历史认识论及方法论方面。前者编为第八卷，即关于战国秦汉史及中国古代史的有关著述。后者即历史认识论与方法论，编为第九卷，内容相对比较丰富。包括先生的治学心得、历史认识论与方法论的研究成果等。诚如前述，其中《除对象，争鸣不应有前提》(《书林》,1986 年第 8 期)、《史家面前无定论》(《书林》,1989 年第 2 期)两篇文章集中展现了先生的治学理念和学术自由精神，对于冲破教条主义束缚，培育科学精神和独立人格极具催动性，在学术界影响巨大。今天读来，依然感受到其中浓烈的启蒙意蕴。

全集最后三卷分别是第十卷《随笔与评论》、第十一卷《序跋与回忆》、第十二卷《八十自述》。这三卷的文字相对轻松些，主要是发表在报刊上的学术短文、采访、笔谈，以及为南开大学师长、学界同人、好友及后学晚辈撰写的序跋等。其中最后一卷收录的《八十自述》是刘泽华先生对自己一生治学与思考的总结，从中可以深切感受到先生"走在思考的路上"之心路历程。

全集最后附有刘泽华先生的著述目录，以方便读者检索。

全集是刘泽华先生毕生治学精粹的汇聚，展现了先生这一代学人的认知与境界。经南开大学历史学院与天津人民出版社着力促成，对于当代学界及后世学术，意义匪浅。

"哲人其萎"，薪火永续。

是为序。

葛荃于巢社

2019 年 7 月 21 日

目　录

清官问题评议 *

"文化大革命"以前,我国学术界曾就清官和清官思想的本质、作用、产生的条件,以及对现实生活的意义等问题,展开过热烈的讨论。大体说来,当时主要有三种意见:一种意见认为清官是被压抑、被侮辱、被冤屈人们的救星,勇于向邪恶势力斗争,值得学习和提倡;另一种意见认为清官与贪官没有本质区别;第三种意见认为清官是应该肯定的,但又有阶级的局限性。本来,这场讨论如果健康地发展下去,对于我们在理论上划清封建主义与马克思主义的界限,是有益的。但后来却被江青、张春桥、姚文元一伙利用了去,搞了一场政治大迫害,把肯定和赞扬清官的同志当作封、资、修的代表人物进行了残酷打击。

政治迫害可以使人三缄其口,但解决不了任何学术理论问题。"四人帮"垮台后,我们党为受害的同志在政治上平了反,这是完全正确的。但是,政治上的平反与理论上是否正确并不是一回事。所以近三年来报刊上又发表了许多重新讨论清官的文章。有的文章,对清官和清官思想进行了深入分析,提出了一些令人信服的看法。但有些意见,却很值得进一步商榷。例如,有的同志认为,清官理论是马克思主义评价历史人物理论的组成部分。有的同志提出为清官昭雪。在文艺上,清官戏得到了相当多的赞扬。尤其值得注意的是,在一些新创作的文艺作品中,出现了一批"现代清官"的形象,把执行党的正确路线的领导干部誉为清官。有的报刊在其评论员文章中号召办案人员当包公、当海瑞。许多文章还谈到了清官的现实意义。

凡此种种,我们难以苟同。

清官能不能作为评价历史人物的科学概念呢?清官产生的基础究竟是什么?清官思想到底是一种什么样的意识形态?怎样估计这种思想对我们现实

---

* 本文与王连升合作。

1

生活的影响？现在谈一下我们的看法。

(一) 清官不是评价历史人物的科学概念

在历史上人们确曾用"清官"一词来称赞某些封建官吏,反映在文学艺术上就是清官戏和公案小说。问题是我们今天在评价历史人物的时候,能不能继续沿用"清官"这个概念？我们认为不能。

人们肯定清官的最强有力的理由之一是清廉不贪。的确,历史上有一些官吏不贪污或者少贪污。然而值得注意的是,这些官往往为封建国家课税最多。例如,北宋末年有个叫韩晋卿的知府,史籍上说他"持平考核,无所上下",是个清官。可恰恰就是他,却因"奏课第一,擢刑部郎中"。①元朝的林兴祖,"廉而爱民",在道州路总管任上,"罢兴作,赈贫乏,轻徭薄敛,郡中大治",应该说也是个清官,然而,"宪司考课,以道州为最"。②你看,像这样一些官,一边是个人的清白,一边是白银谷米源源流入国库,我们能用"清官"二字来揭示这种复杂现象的本质吗？历来的统治者也是扬清贬贪的,但他们认为还有比清和贪更重要的东西。康熙皇帝说过一段话颇耐人寻味:"为官之人,不取非义之财,一心为国效力,即为好官。或操守虽清,不能办事,无论谕旨批驳与部驳之事,积年累月,概不完结,似此清官,亦何裨于国事乎？"③可见,能不能为统治阶级办事,是第一位的。在我们今天看来,评价一个封建官吏,首先应着眼于他在历史发展中或社会改革中所起的作用。例如,明朝的张居正,"自夺情后,益偏恣。其所黜陟,多由爱憎。左右用事之人多通贿赂"④,不能算作一个清官。但是我们不能因此否定他在政治、经济、军事等方面改革的历史作用。我们不是说清廉不值得肯定,但在封建时代清不清并不是孤立存在的,而是与其他问题交织在一起,单独抽出贪与不贪这一方面是说明不了本质问题的。

人们肯定清官的理由之二是所谓"执法平"。我们认为问题不能停留在这样一个简单的结论上。在整个封建时代,法是无平可言的。封建法律的重要内容之一就是保护封建的等级制。如商鞅之法就是"明尊卑爵秩等级,各以差次名田宅,臣妾衣服以家次"⑤。这种等级贵贱的规定贯穿于整个封建法律条文

---

① 《宋史·循吏传》。

② 《元史·良吏传》。

③ 《圣祖仁皇帝圣训》卷四六。

④ 《明史·张居正传》。

⑤ 《史记·商君列传》。

中。封建时代既然不是在法律面前人人平等的时代,又如何用"执法平"来说明执法者的职能和作用呢?

从另一个方面讲,封建社会是专制时代,皇帝有至高无上的权力,他们的权力凌驾于法律之上。西汉时期的杜周专以人主意指为狱,有人问他为什么不按三尺法,他回答说:"三尺安出哉?前主所是著为律,后主所是疏为令;当时为是,何古之法乎!"①这实在道出了皇帝意志与法律之间的本质关系。在中国法制史上,皇帝发布的诏令、谕旨、诰命、格敕等,均在法律条文之上,特别是宋代以后,这种情况就更加严重。既然无平之法,何来执法之平!所以不能用"执法持平"来揭示清官行法的本质。

为民请命,爱护百姓,这是肯定清官的另一个证据。

在人们所列举的清官中,如包拯、海瑞等,的确有为民请命的事实。但这只是问题的一方面,况且这种为民请命是以防止饥民造反为出发点的。另一方面,不管谁都不应无视清官为民请杀的事实。如包拯对京东济、郓,河北德、博,淮南宿、亳等州的所谓"盗贼",上书要求"不以多少远近,并须捕捉净尽,免成后害"②。海瑞同包拯一样,既替老百姓请过命,也请过杀。

过去有人说:清官在镇压欺骗农民方面,有时起到了赃官所起不到的作用。这种说法不是毫无根据的。东汉顺帝时"八俊"之一的张纲,上书直指作恶多端的外戚大将军梁冀,震惊了朝廷,可说是个铁铮铮的清官。正是他,当广陵张婴等率众数万,"杀刺史、二千石,寇乱扬、徐间,积十余年,朝廷不能讨"的时候,他却单车"径造婴垒","申示国恩","问所疾苦",先是诱骗,继以恐吓,使"婴深感悟"而归降。③不费一枪一箭,把农民起义镇压了。明朝的杨信民,清朝的于成龙、刘清是比张纲更阴险的清官,他们用欺骗的手段使农民起义的领袖遭到杀害。

面对着这些血腥的事实,只说清官"为民请命"够用吗?清官只不过是为尚未觉悟的寄希望于官府怜悯的驯民请命,而对于革命之民来说,不是请命,而是请杀、请压。既然一身二任,我们怎么可以隐恶扬善!

肯定清官的另一个论据就是清官的搏击豪强,打击贪官污吏。

---

① 《汉书·杜周传》。

② 《包拯集》卷五。

③ 《后汉书·张纲传》。

3

我们不完全反对这种说法。但同样，这只是讲了问题的一方面，另一方面，清官也是保护豪强的。明代的申时行说过："古之良吏，虽以搏击豪强为能，然虑之贵深，发之贵当，譬如缚虎，奈何尝试哉？如其恶非贯盈，法非不赦，亦当委曲调停，以存缙绅之体。"①海瑞也说过："事在争言貌，与其屈乡富，宁屈小民，以存体也。"②这就是说，清官打击豪强是有限度的，绝非是整个豪强的天敌。马克思说过："虚伪自由主义的表现方式通常总是这样：在被迫让步时，它就牺牲人这个工具，而保全事物的本质——当前的制度。这样就转移了表面看问题的公众的注意力。"③在连虚伪的自由主义都没有，公众更愚昧更软弱的封建专制主义时代，清官们惩治一两个豪强和贪官污吏，更容易起到保全事物本质的作用。所以，不加分析地赞扬清官打击豪强是为民除害等，远没有触及问题的本质。

基于以上种种理由，我们不同意用"清官"这个不能揭示问题本质的概念来肯定某些封建官吏。我们认为，评价历史人物的科学概念，只能从历史人物所处的历史条件、阶级地位，以及在具体的矛盾运动中所起的作用抽象出来。那些被人们称为清官的官吏，应根据他们自己所处的历史环境，对历史贡献的性质和大小，去寻找他们的归宿。

(二)清官产生的土壤与清官思想的封建专制主义的本质

我们说"清官"不是评价历史人物的科学范畴，并不是说历史上没有被称为"清官"的官吏和清官思想。人们把官分成"清"与"贪"、"好"与"坏"，是与官同时来到人世间的。在先秦典籍中，对臣已有各式各样的区分，如有"奉法""徇私""良吏""恶吏"之分，又有"顺臣""谀臣""忠臣""篡臣""贼臣""谏臣""争臣""拂臣""功臣""圣臣"之别。用"清""清廉""清洁"作为对官的溢美之词，在汉代以后已相当多了。如后汉时的董宣、第五伦、周举，晋朝的魏舒、贺循及胡威父子，南朝的范岫，唐朝的李怀远，都是以清廉昭世的。宋代以后，清官就到处行走了。

现在需要深入研究的是：清官这类人物是在什么土壤上产生的？作为一种流行思潮，它的性质怎样？又如何评价这种思潮？

---

① 《西园闻见录》外编，卷九七《循良》。

② 《海瑞集》，第117页。

③ 参见《马克思恩格斯全集》。

清官,顾名思义,是官的一种,而且又代不乏人。这就说明清官的出现不是偶然的,而是有必然性在起作用。必然性在哪里?过去有的同志从封建地主阶级的"法定权利"与"习惯权利"的矛盾中寻求清官产生的根源,这种解释是相当有见地的。①但还有待进一步从经济关系和封建国家的职能中去寻找。

剥削阶级要维护和巩固他们的统治,必须使被统治者有起码的生存条件。这个条件,用马克思主义政治经济学的理论来表述,就是要使劳动者能得到必要劳动产品。荀子说:"君者,舟也;庶人者,水也。"②如果统治阶级能使劳动者获得必要的生存条件,那么水就不至于覆舟;反之,就有可能发生水浪翻舟的现象。而要保持水载舟而不覆舟这种平衡关系,从根本上说,不是政治手段、思想麻痹等所能奏效的。保持这种状况的基础是劳动者能获得必要劳动产品,而统治阶级的剥削也大体以剩余劳动产品为限,或超越不多。此种状态的舟水关系,于舟,即于剥削者而言,可称之为维护统治的安全线;于水,即于被剥削者而论,可称之为生存线。然而由于剥削阶级贪得无厌的本质,他们常常不以攫取剩余劳动产品为满足,还要盘剥劳动者的必要劳动产品,乃至实行竭泽而渔的政策。这样一来,便把劳动者的生活降到生存线以下,"水"于是激荡起来,"舟"也不再安全了,甚至倾覆。

可是,统治阶级并不都是蠢人,也不都是竭泽而渔的蛮干家。为了维护剥削阶级的整体和长久利益,在他们当中总有一批人物出来探讨如何使舟水保持平衡,力求把握住这条安全线。用他们常说的话,就是要做到"君安其位,民安其政"。中国古代的政治家和政治思想家,虽然不懂得必要劳动和剩余劳动及其对政治的影响,但这个客观存在的事实摆在他们面前,迫使他们不得不探索这个与其统治安危存亡攸关的大问题,力求找到这条平衡线。孔子讲的"足食,足兵,民信之矣"③,"道千乘之国,敬事而信,节用而爱人,使民以时"④,"敛从其薄"⑤,"惠则足以使人"⑥,等等,便是讲如何保持对立阶级的平衡。墨

---

① 星宇:《论"清官"》,《人民日报》1964 年 5 月 29 日。

②《荀子·王制》。

③《论语·颜渊》。

④《论语·学而》。

⑤《左传》哀公十一年。

⑥《论语·阳货》。

子提出：上要节用慎刑，使民饥而有食，寒而得衣，劳而得息，就可以"上下调和"①。《管子·权修》篇把这个问题提得更集中："地之生财有时，民之用力有倦，而人君之欲无穷。以有时与有倦养无穷之君，而度量不生于其间，则上下相疾也……故取于民有度，用之有止，国虽小必安；取于民无度，用之不止，国虽大必危。"这里提出的"度量"，实际上就是剩余劳动和必要劳动的度量线。荀子既主张"富国"，又强调"裕民"。他认为只求富国，不顾裕民，那么国富之日，也就是国危之时。这一类言论每朝每代都有人论述。这些论述绝不是空想出来的，而是一种规律作用在人们头脑中的反映。这个规律就是必要劳动和剩余劳动之间的度量线。这条线就是清官产生的基础。考察历史上清官的行状、言论，大都是为平衡这条物质度量线而进行活动的。

清官的存在又是封建国家职能所需要的。封建国家为了维护地主阶级的统治，最主要的是依靠暴力。但是它们自身的经验证明，暴力过头，刻剥无限，又是招祸之源。失民而失政，便是由剥削阶级人物总结出来的历史经验和教训。统治阶级中一些有远见的人物早就提出，为了巩固政权，不仅靠"猛"，而且还要用"宽"，要宽猛并济。"宽"就是实行必要的缓和阶级矛盾的政策和措施。清官大多是为了执行国家这种缓和职能而出现的一部分官吏。

还值得指出一点，清官的蜚誉，在很大程度上是封建统治阶级宣传的结果。一般说来，清官都是名不副实的，"三年清知府，十万雪花银"，此之谓也。康熙也说过："夫官之清廉，只可论其大者，今张鹏翮居官甚清，在山东兖州为官时，以曾受人规例；张伯行居官亦清，但其刻书甚多，刻一部书非千金不得，此皆从何处来者？此等处亦不必究。又两淮盐差官员送人礼物，朕非不知，亦不追求。"②为什么"不追求"呢？因为这些不清的"清官"在宣传上是极为有用的。他们把这种人说成是代表整个人类的，从而给受苦的平民百姓制造一种幻想：制度无弊，问题在人，只要有了"好官""清官"，老百姓就不会再受屈、受压。这种超阶级的宣传，到宋代以后尤为突出。

隋唐以前人们所称道的那些清官、好官，如西门豹、诸葛亮、魏徵等，多半是宣传他们平和的政绩。可是，宋代以后，人们所宣扬的清官，无论是政治面目还是艺术形象，多半在于渲染他们的执法不阿、铁面无私、不畏权贵、为民

---

① 《墨子·节葬下》。
② 《圣祖仁皇帝圣训》卷四六。

请命、平反冤狱等。而且这种宣传越来越离奇,越来越神化,那些较有实际内容的政绩则相形见绌了。以包公戏为例,我们翻阅了从关汉卿的《蝴蝶梦》开始,到清代《双蝴蝶》止的二十几出杂剧和传奇,大都讲断案之事。这里有一个值得注意的现象是,在这二十几出戏中,除第四、第五出是讲人事外,其他都是与鬼神交织成戏的。由此看来,单就艺术形象而论,与其说包公是一个清官,倒不如说他是一个被神化了的阎王爷。一个真实的现实生活中的人,变成了万能的神灵。这种宣传重点的转移,说明了一个很大的问题,即宋代以后统治阶级宣扬清官的目的,主要在于掩盖这个制度的本质,宣传一种超阶级的观点。

我们不否认,在封建专制主义奴役下的农民,也相信清官,把申冤平愤直至求得生存的希望寄托在某个清官身上。这能否作为肯定清官思想的依据呢?不能。我们认为,农民相信清官与封建地主阶级宣扬清官是不同的。地主阶级宣扬清官是本阶级统治的需要,是出于本阶级的自觉的行动;农民相信清官是封建生产关系束缚和地主阶级毒化的结果, 是一种软弱无能的表现。在我国历史上虽然发生过大小数百次农民起义,有过联合的行动,但总起来讲,广大农民主要是生活在封建生产关系之下的分散的自给自足的自然经济之中。这种简单再生产是极其脆弱的,很容易遭到统治阶级的蹂躏和破坏。清官的政策和措施,虽然是为了维护本阶级的安全,但也使农民从死亡线回到了生存线,从而使农民获得了某种满足。于是,从表面上看,清官便受到了来自地主阶级和农民阶级两个方面的歌颂。地主阶级歌颂他们为解除政治危机做出了贡献。而农民所赞扬的只不过是从清官那里得到了奴隶般生存的条件,甚至只是一种精神上的满足。两种歌颂,实质不同。

在封建时代,庞大的官僚机构,残酷的刑法制度,众多的军队,形成了对农民的严密控制。贪官污吏的横行霸道,衙门里的官官相护,使得农民根本没有选择的余地。相比之下,清官的形象在个体小农的头脑里高大起来了。这只能说明,农民希望清官是封建生产关系禁锢的结果,是农民在封建的经济压榨和政治压迫之下不能掌握自己命运的反映,是农民屈从封建秩序的一种特殊表现形式。

在封建时代,由于土地和财富占有的巨大差别,农民自然地产生一种平均主义思想。平均主义思想反对的是不平,超阶级的清官思想在某种程度上迎合了农民这种思想,所以被农民所接受。

我们认为,清官思想本质上不是农民的思想,而是封建专制主义思想的一种特殊表现形式,这在戏剧中表现得尤为突出。无论是包公戏还是海瑞戏,都有一个共同的鲜明的主题,就是描写贪官的霸道或清官的威严,都是以小民的无能作为衬托的。如元杂剧《智赚灰阑记》中,备受冤屈、身陷囹圄的女子张海棠,在万般无奈中唱道:"我这里哭哭啼啼告天天又高,几时节盼的个清官来到。"到了开封府,果然碰上了包公。于是,靠着包公的威严和智慧,使张海棠冤狱昭雪了。这里所宣扬的是:像布里丹驴子只能在棍棒和一把草之间选择一样,受冤枉的人也只能在清官和贪官之间选择,除此之外的出路是没有的。

清官思想与封建专制主义紧密相连的另一表现,就是清官的为民请命,是为寄希望于这个制度的顺民请命。不管清官戏所叙述的清官们的业绩是怎样的千差万别,最后总是以小民的顺从、驯服和对清官的感恩戴德为结局的。对清官来讲,不管他们的事业是多么轰轰烈烈,其行动从来没有越过封建秩序所许可的范围一步。包公为民请命的目的很明确:"且民者,国之本,财用所出,安危所系"①,所以民命不得不请。海瑞为民请命只是反对"竭泽而渔"②。和海瑞同时代的何良俊说得很清楚:"海刚峰之意无非为民。为民,为朝廷也。"③宣传清官为民请命的目的,无非是通过为一民请命,使万民顺从。封建社会两千多年,人们看到过一个为"逆民"请命的清官吗?

为民请命还说明,民的命运是掌握在别人手中的,自己无能为力。农民所请求于清官的,像奴隶对于主人那样,只是乞求宽恕、恩赐、怜悯,清官的"伟大"则在于满足这种乞求。这样的为民请命所宣扬的道理是:万民仰仗于一人,一人能救万民,世界上有救世主。这一切恰恰是古代农民的悲剧。我们怎么可以把这种不能掌握自己命运、看不到自己前途和出路、而是寄希望于"救世主"的所谓"清官"思想当作进步的思想而加以肯定呢?怎么可以在理论上把这种背离马克思主义十万八千里的古老思想当作马克思主义观点呢?

(三)宣传清官思想有消极作用

粉碎"四人帮"以后,有许多同志著文肯定清官和清官思想,认为在我们

---

①《包拯集》卷七。

②《海瑞集》,第53页。

③《四友斋丛说》卷一三。转引《海瑞集》附录。

社会主义政治舞台上缺少的是像包公、海瑞那样的清官,要求党和国家干部当现代的包公、海瑞。我们认为,这显然是对我们现实生活的误解。不错,"四人帮"十年浩劫,给我们的社会带来了极其严重的不正之风。解决这些不正之风究竟靠什么呢?难道不是靠党的正确的政策和逐步完善的社会主义制度,而指望像包公、海瑞那样一两个清官吗?包公、海瑞在历史上做过一些好事,但对于在封建重压之下的农民和其他劳动者所遭受的苦难来讲,那是微不足道的。在封建专制主义时代,统治者草菅人命,政治的、经济的、文化的迫害比比皆是。只历代有案可稽的随皇帝的意愿而遭诛戮的无辜平民,何止千万!这一切有谁去过问呢?又有谁去为他们平反昭雪呢?可见,被压迫者的需要和残酷的现实之间,差距是何等的遥远!粉碎"四人帮"以后,我们党平反冤假错案数以百万计,哪一个清官能比得了呢?所以,无论是用清官来期望我们党,或者把党的领导说成是清官,都是不妥当的。

清官思想在理论上也是荒谬的。这种思想不但和我们社会主义的指导思想格格不入,而且与我们今天发扬社会主义民主、实行集体领导、健全法制、思想解放也是背道而驰的。清官思想不是宣传人民的解放和力量,不是宣传人民自己掌握自己的命运,尤其不是宣传社会主义制度下人民当家做主,而是宣传一种盲目的英雄崇拜的思想、"救世主"的思想。官为民主的时代早已成为历史的陈迹,我们还有什么理由去怀念封建时代的清官呢?当然,社会主义不是无政府主义,也需要"官"。但这些"官"必须是人民民主选举的,是真正代表人民意志的,是人民的公仆。当某个"官"一旦违反人民利益时,人民有权罢免他,而不是像封建时代那样,或忍气吞声,或希望天降清官为民做主。社会主义时代是人民真正当家做主的时代,因此,任何引导人们寄希望于清官为民做主,为民请命的做法,都是和我们的时代精神不相容的。

既然如此,今天为什么有的同志对清官一步三叹,那样地赞美清官思想呢?我们认为,这和我国的国情是分不开的。我国有漫长的封建社会的历史,我们的社会主义是从半封建半殖民地的历史条件下脱胎出来的。且不说由于生产力的不发达所形成的经济上的原因,单就从传统影响来看,封建专制主义的许多东西不可避免地会在社会生活的各个领域,或多或少地残存着。在某种情况下可能会泛滥成灾。终身制、家长作风、一言堂、特权思想、裙带关系、官僚主义、现代迷信等,都是它的表现。由于这些封建毒素经常侵蚀着我们的肌体,使我们常常分不清什么是封建主义,什么是资本主义,什么是社会主义。有时甚至把属于封建主义的某些思想当作正确的东西来宣传,把谬误当成科学。长达多年的现代迷信,最有力地证明了这一点。我们认为,把清官思想说成是进步的正确的东西也是一例。

有人会向我们提出:你们应该看到人们是多么喜欢清官戏啊!多么希望多出现一些清官啊!是的,我们看到了这个事实。但这能不能成为肯定清官思想具有现实意义的根据呢?不能。恰恰相反,在我们看来,这正说明封建主义的痕迹还对人们有着广泛的影响,清除这些封建毒素的任务还很重。我们应该努力战斗,彻底扫除这些历史的陈迹。清除这种把人民的命运系在某个清官身上的思想是完全有理由的。第一,在西方的中世纪也有类似我国封建时代清官思想的意识形态。但是,在革命比较彻底的资本主义国家里,这种思想早已不是占主导地位的普遍的流行的思想了。请问,资产阶级早已做过的事,为什么我们无产阶级反而不可以做或不能做呢?第二,我们有马克思主义思想的指导。马克思主义的基本观点之一,就是人民是历史的主人。那种任何突出个人,特别是用群众的愚昧、落后和无能来衬托个人伟大的做法,都是不容许的。我们有什么理由不去清除这种清官主宰历史的思想呢?难道马克思主义的理论武库已无计可施,而必须向清官思想求救吗?要知道,那种翘首而望英雄来拯救人类的思想,才是真正可悲的。

我们认为,当我们今天去欣赏古老的清官戏的时候,如果不是去启发人们认识这种历史现象产生的根源、局限性和危害性,以便在更高的意义上去否定它,而是囿于这种封建思想的束缚,简单地提出为清官昭雪,那就失去了我们理论工作的战斗力。从报纸上看到一条消息,豫剧《唐知县审诰命》的上演引起了人们的兴趣。知县唐成为官的座右铭是:"当官不为民做主,不如回家卖红薯。"尽管他认为自己仍是"民主",但他却没有在官与卖红薯之间设置一条不可逾越的鸿沟。在专制主义意识的笼罩下,能有这样一丝思想,应该说是难能可贵的。可是,他的这句座右铭,仍然没有超出专制主义的范围,不能把它当作民主思想来肯定。只有把唐成的话改成"当官不为民公仆,必须回家种红薯",才能同我们今天的原则相接近。我们当然不是要求唐成去修改他的座右铭,而是以此为例,来区分清官思想与社会主义的民主思想。

最后我们想声明一点,我们文章的目的不是反对上演清官戏。作为历史遗产,就像今天可以上演那些有一定意义的鬼戏、神话戏一样,清官戏中那些有一定意义的剧目,任何时候都是可以上演的。人们可以根据自己所处的时代特点和已经达到的对事物的认识水平,来吸取每出戏的价值。我们只是说,在理论上,清官不是评价历史人物的科学概念,清官思想不是一种进步的思想,在现实生活中宣传它是有消极作用的。

原载《红旗》,1980 年第 20 期

战国时期的百家争鸣

一、百家、百科与思想库

如果我们把历史的扉页翻到两千多年前的战国时代,一种极为奇伟的景象便会展现在面前:思想理论界犹如峰峦竞相争高,随着一个大师的出现,一种思想便被推向高峰。战国究竟有多少思想家?据班固《汉书·艺文志》著录的书目看,诸子之作约近百种。用"百家"形容诸说林立,早在战国已经流行。《庄子·秋水》说公孙龙"困百家之知",荀子称诸子为"百家之说";至西汉,司马迁称诸子为"百家之术"。此后遂成习惯,一提到诸子百家,人们自然就想到战国的学海。

"百家"是指思想流派之多。由于阶级、阶层、政治倾向及思维方式的影响,思想家理所当然要分为不同的流派,因之人们把流派称为"家"。早在战国,便开始了这种分野和分类。墨子著《非儒》,形成儒墨对立;孟子力排杨(朱)、墨、神农之学及兵家等,使各派的分歧更加明朗化;荀子作《非十二子》,则把十二子分成六派;《庄子·天下》也把十几位著名思想家分为六大派别;韩非的《显学》更把儒、墨视为两个最显赫的派别。在上述划分派别的基础上,西汉司马谈写《论六家要旨》,进一步从理论上明确了区分派别的标准。司马谈划分的六家为:阴阳、儒、墨、法、名、道德。班固在司马谈划分的六家之外,又分出纵横、杂、农、小说四家。司马谈、班固的分法为历代学者所接受,一直沿用到今天。

司马谈、班固对诸派的特点、源流、长短、得失做了简要论述,兹扼要介绍如下。

阴阳家:"敬顺昊天,历象日月星辰,敬授民时,此其所长也。及拘者为之,则牵于禁忌,泥于小数,舍人事而任鬼神。"

儒家:"游文于六经之中,留意于仁义之际,祖述尧舜,宪章文武,宗师仲尼";"列君臣父子之礼,序夫妇长幼之别"。

墨家:"尚尧舜道","茅屋采椽,是以贵俭;养三老五更,是以兼爱;选士大射,是以上贤;宗祀严父,是以右鬼;顺四时而行,是以非命;以孝视天下,是以上同。此其所长也。及蔽者为之,见俭之利,因以非礼,推兼爱之意,而不知别亲疏"。

法家:"不别亲疏,不殊贵贱,一断于法","尊主卑臣,明分职不得相逾越","信赏必罚","专任刑法而欲以致治"。

名家:"控名责实,参伍不失","名位不同,礼亦异数"。

道家:"无为,又曰无不为。""其术以虚无为本,以因循为用";"历记成败存亡祸福古今之道,然后知秉要执本,清虚以自守,卑弱以自持,此君人南面之术也"。"及放者为之,则欲绝去礼学,兼弃仁义,曰独任清虚可以为治。"

纵横家:"言其当权事制宜,受命而不受辞,此其所长也。及邪人为之,则上诈谖而弃其信。"

杂家:"兼儒、墨,合名、法,知国体之有此,见王治之无不贯,此其所长也。及荡者为之,则漫羡而无所归心。"

农家:"播百谷,劝耕桑,以足衣食……此其所长也。及鄙者为之,以为无所事圣王,欲使君臣并耕,悖上下之序。"

小说家:"街谈巷语,道听途说者之所造也。"

司马谈、班固把诸子划分为流派是对的。但他们没有看到各派并非铁板一块,而是派中有派。韩非就曾指出,孔子死后儒分为八,墨子死后墨分为三。各派之间的争论固然激烈,但派中之派间的争论有时也不亚于大派之间的争论。例如,荀子便把儒家分成"大儒""雅儒""小儒""俗儒""散儒""贱儒""沟瞀儒"等。他认为"俗儒"貌似儒而实际"无异于墨子",还指斥子思、孟轲为孔门之罪人。

流派之争和派内之争,把无数问题提到了思想家的面前,迫使他们把思维的触角伸到各个领域,上论天,下论地,中论万物、人事,纵论古今。因此,他们的著作大都具有百科全书的性质。以《荀子》为例,全书不过十万余字,但涉及的问题却相当广泛:讨论哲学的有《天论》《解蔽》《正名》《性恶》《非相》等篇;讨论政治学的有《王制》《王霸》《君道》《臣道》《强国》《礼论》《乐论》等篇;讨论经济的有《富国》等篇;讨论教育的有《劝学》《修身》《不苟》等篇;讨论军事的有《议兵》等篇。另外,全书讨论了伦理道德,有些篇还论及了自然科学、史学诸问题。荀子为了论战,是有计划、有目的地进行写作的。每篇有一个主旨,篇名与内容一致。从某种意义上说,荀子是中国古代划分社会学问为不同学科的开创人之一。

战国的百家争鸣促进了人们的认识向某一方面或某一领域的重点进军,每个人掌握知识的百科性又促进了对事物的综合考察与深入分析。百家与百科相激,于是对每一个问题都能少者数种,多者十余种,从不同的角度提出看法。比如关于什么样的人可以为君主,就有如下十余种说法:

1.祖先有大功,子孙可为君主。"成天地之大功者,其子孙未尝不章。"

2.能靖民者为君主。"天所崇之子孙,或在畎亩,由欲乱民也;畎亩之人,或在社稷,由欲靖民也。"

3.君臣无常位,得民者为君。"社稷无常奉,君臣无常位,自古以然。"

4.选贤立为天子。"选择天下贤良圣知辩慧之人,立以为天子。"

5.有才能又善于利用众人之力者为王。"假众力以禁强虐而暴人止,为民兴利除害正民之德"的"智者",可以为王。

6.有权势者为王。"凡人君之所以为君者,势也。""君之所以为君者,赏罚以为君。"

7.不想占有天下者可以为君。"唯无以天下为者,可以托天下也。"

8.有德又有天意之助者可以为君主。"匹夫而有天下者,德必若舜禹,而又有天子荐之者。"

9.能指挥群众者为君。"能以使下谓之君。君者,善群者也。"

10.兵胜天下者为王。兵胜才能"名尊地广,以至于王者"。

什么样的人可以为君主,仅是君主理论中的一个问题,而君主理论又仅是政治理论中的一个问题。如果分门别类去深究,诸子百家就像一个无所不包的思想库。

这个思想库是中华各族的文化积累和智慧结晶,是在继承基础上的伟大创造。诸子百家的存在与争鸣,是中华民族文化成熟的标志。在以后长达两千多年的封建社会的历史长河中,各式各样的思想差不多都可以从战国诸子中找到原形或雏形。直到今天,社会科学中的许多问题,或多或少地还可以从诸子中找到相应的命题或思想源头。

当然,我们必须看到,这个思想库主要是为统治者准备的,提供各式各样的治国方案和统治术,使他们有选择的余地,以增强统治的应变能力。

二、最有价值的认知之一

战国诸子最有价值的认识是什么？在我看来,有关人性问题的讨论最有价值,至少是最有价值的认识之一。理由如次:

第一,殷周时期神权思想占统治地位,人,包括天子,是作为神的派生物或附属物存在的。世间一切祸福的终极原因都要到神那里去寻找,因此,人性问题,是针对神学而提出的。有关人性的讨论,把人从神的束缚中解放出来,还给了自身,还给了自然,还给了社会。这是人类精神的一次大解放。

第二,人性问题的讨论,使人们广泛地探讨了人与自然的关系,人在社会历史变动中的作用与地位,以及人如何进行自我改造和完善等问题。

第三,关于人性的诸种理论是当时思想家们改造社会方案的理论基础。正如《论衡·本性》所说:"情性者,人治之本,礼乐所由生也。"

第四,人性问题是贯通当时哲学、政治学、经济学、教育学等学科的一个重大的共同命题。

人性问题发端于春秋。当时论及者多把感官欲望称为人性,认为追求"利""富""贵""乐"是发自人的本性,而不是邪恶。战国诸子在此基础上,扩大了对人性问题的讨论,主要观点有如下几种:

第一种,性自然说。此说以道家为代表。他们认为,人属于自然界的一部分,如同万物一样,是自然生就的。人性就是人的自然性,如《庄子·马蹄》所说:"织而衣,耕而食","居不知所为,行不知所之,含哺而熙,鼓腹而游"。根据人性自然说,道家中的一派主张人要回到自然中去。他们把人的自然性与社会性看成是对立的。在他们眼中,社会如同大牢笼、大屠场,无论美或恶,都是对人性的破坏。"美恶有间矣,其于失性一也。"特别是美的东西,其作用就更坏,"爱民,害民之始也"。而"治人""治世",坏就坏在"治"字上,造成了"乱人之性"。所以,他们认为尧、舜、汤、武,这些"圣人"带头伤天害理,人们的聪明才智是争名夺利的工具。因此,他们主张抛弃一切社会关系和文明成果,使人回到自然中去,过"天放"生活。在道家中还有另一派。他们也主张人性自然,但政治主张较为实际,倡导无为政治。所谓无为政治就是要统治者最大限度减少行政干涉,减少剥削,顺民性,因自然。

第二种,性善说。孟子首发此说。孟子的性善说是从抢救落井儿童的事件中引申出来的。他认为,在抢救儿童的一刹那,救人者没有想到扬名图报,而只是出自"不忍人之心"。由这种"不忍人之心"辐射出来的是仁、义、礼、智等道德观念,从而酿成性善说。孟子所言抢救落井儿童这类事件,其实是人类自救的一种本能表现。这种本能就其社会意义而论,无疑是一种美德。孟子用人的本能作为他主张的道德规范的支柱,从而进一步推论:凡是人都必须遵守这些道德;如果违犯了,就是违犯本性,不配做人。孟子的仁政主张便是以性善说为依据的,"先王有不忍人之心,斯有不忍人之政矣"。孟子的性善说树立了一个高于统治者个人的理论标准。这个标准既向统治者提出了政治要求,同时又作为衡量统治者言行是否合乎人性的尺度。

第三种,性恶说。荀子持此说。荀子的性恶说包含的内容更为丰富。什么是性呢? 荀子说:"性者,天之就也,不可学,不可事";"生之所以然者谓之性"。其具体内容是:"生而有耳目之欲,有好声色焉";"今人之性,饥而欲饱,寒而欲暖,劳而欲休","生而有好利焉"。对这些本性,荀子并未分善恶,但他认为顺着这些本性发展下去,破坏了礼义文理,就变成了恶。所以,荀子的性恶说提出了人的自然性与社会性的矛盾问题。这种矛盾主要表现在欲望的无限性与物质财富的有限性、欲望的同一性与排他性之间的矛盾。矛盾斗争的结果破坏了社会的"和谐"。"人生而有欲,欲而不得则不能无求,求而无度量分界则不能无争。争则乱,乱则穷。"为了解决这种矛盾,荀子提出了礼治主张。礼治的中心是"分",通过"分"调节和规定人的自然需要与社会需要的度量界限,从而达到"养人之欲,给人之求。使欲必不穷于物,物必不屈于欲。两者相持而长"。荀子的许多政治设计就是以此为基础构筑起来的。

第四种,性利说。法家多持此说。他们认为人的本性归结为一个字,即"利"。人性好利是改变不了的,也无须改变。政治学的诀窍在于因势利导,搞好排列组合,使人们争利所产生的"合力"落入统治者之手。君主不要指望臣民无端地爱自己,这是不可能的。但君主要想出一种办法"使人不得不爱我",这就是刑赏。君主所求于臣民的,就是"有难则用其死,安平则尽其力"。

第五种,水性说,即人性由水性决定说。《管子·水地》认为,水是"万物之本原",人也是由水生成的。因此人的美与恶、贤与不肖均由水决定。由于各地的水性不同,各地的人性也不同。由此而得出结论,政治之本在治水,"圣人之治于世也,不人告也,不户说也,其枢在水"。

除了以上诸说外,还有人性无常说,无善无不善说,可以为善可以为不善说,性品说,等等。

为什么诸子热衷于讨论人性问题呢？主要有如下两个原因。其一，由于政治经济的变革，割据与竞争，商品经济的活跃，人的能力得到空前的发挥，加之人从神的桎梏中解放出来，人类迫切需要对自己进行再认识；其二，人心的向背在当时社会历史的变动中起了决定的作用。怎样才能把握住人的动向，就需要深入分析人的共同本质。谁能抓住人的共同本质，谁就能抓住历史的链条。正是这两个原因推动了人们对人性问题的探讨。

三、形成百家争鸣的原因

为什么战国出现了那么多的思想家？这首先需要从那个时代说起。战国的社会性质目前尚在争论中，本文姑且不去论它，但有一点可以肯定，春秋战国是中国历史上一大变动时期。"高岸为谷，深谷为陵"的运动打破了传统的生活和观念。过去的一切该怎么看？需要人们回答。现实该怎样生活？需要人们创造。历史的车轮要向哪里转动？需要人们预测。数不清的问题一齐摆在了人们面前。一句话，社会历史需要重新认识！百家争鸣便是历史变动在认识上的表现。

促成百家争鸣的另一个原因是，各国的政治变革与互相竞争需要理论指导。当时每个诸侯国都面临着如何妥善解决内政与外交这两大课题，都面对着生死存亡的抉择。在复杂的形势面前，任何僵化的老本，如门第、名分等都无济于事，唯一有效的东西便是合乎时宜的谋略与政策。在尖锐的斗争中，实力无疑是基础，然而没有合宜的谋略，优势可能转为劣势。斗争不仅是物质力的较量，同时也是智力的较量。物质力可以由少数人垄断或控制，智力却是无法垄断的。君主们拥有物力，却不一定具备智力。在相对稳定的形势下，当权者可以把知识置于可有可无的地位。但在多元的、动荡的、竞争的时代，抛掉知识才智就意味着毁掉自己。当时许多统治阶层人物对人才智谋的作用看得很清楚。一次，齐威王与梁惠王会晤。梁惠王问齐威王：有明珠吗？齐威王说，没有。梁惠王诧异地说，我的国小还有十颗光照数十丈的明珠，齐国那么大怎么能没有呢？齐威王说，我的明珠与你的不一样，我以人才为明珠。由此可见，人才在当时的地位和作用。所以各国争着招揽，有的下令求贤，有的重金收买。百家的兴起正是适应了智力竞争。他们中的多数目的也很明确，那就是"干世主"。

形成百家争鸣的再一个原因是，当时政治空隙比较多，知识分子大有用武之地，可以自由驰骋。这并不是说当时有什么开明的政治制度，而是指诸侯国林立,便于知识分子在各国间迁回。"朝秦暮楚"不只是形容说客,对思想家也是适用的,著名的思想家几乎都周游列国。这是一方面。另一方面,由于各国抢着招纳智囊,知识分子的地位也较高。"礼贤下士"虽非君主的本意,而是出于需要;士人"分庭抗礼"也常使君主恼火,但君主为了谋求方略不得不容忍。《战国策》关于齐宣王见颜斶的故事便是明证。"齐宣王见颜斶,曰:'斶前!'斶亦曰:'王前!'宣王不悦。左右曰:'王,人君也。斶,人臣也。王曰斶前,亦曰王前,可乎?'斶对曰:'夫斶前为慕势,王前为趋士。与使斶为慕势,不如使王为趋士。'"经过舌战,颜斶占了上风。齐宣王为了争取士人,不得不容忍颜斶的高傲。这个故事说明当时知识分子依附性较小,所以对事物敢于独立思考,敢于提出个人见解。他们中的多数人著书立说虽然为了"干世主",但大都企图用己说改造君主,而不是一味阿谀奉承,取悦于君主。有不少思想家虽喜欢权贵,但更喜欢自己的学说。孔子说过"不义,富贵于我如浮云"。墨子为他的学说奔走了一生,宁弃富贵而不屈信仰。荀子说得更痛快,"从道不从君"。

最后,我想再说一点。从表面上看百家相争,很有民主气氛。但如果分析一下每家的思想实质,就会发现,绝大多数人在政治上都鼓吹君主专制,思想上都要求罢黜他说,独尊己见,争着搞自己设计的君主专制主义。因此,百家争鸣的实际结果不可能促进政治走向民主、思想走向自由,只能是汇集成一股强大力量,促进了君主专制主义制度的完善和强化。把握了这一点,才能把握住百家的政治归宿。

原载《文史知识》,1982 年第 2 期

战国百家争鸣与君主专制主义理论的发展

一般地说,百家争鸣总是与思想自由和社会民主互相促进。但是翻开战国一页,我们会发现一个令人瞠目的现象:争鸣的结果不是政治民主的发展与民主思想的活跃,相反,却极大地促进了君主专制主义理论的发展与完备。实际政治发展与思想的这种趋势相一致,各诸侯国君主专制制度不断强化,最终汇合为秦朝高度的君主专制主义。

这是怎么一回事呢?原来各家各派,除少数的学派,如农家,曾悄悄地向君主制提出疑问和挑战外,几乎都把君主制度作为当然的理论前提来对待。几个主要派别热烈的争论不涉及要不要君主制,以及用什么制度取代君主制,相反,他们争论的是如何巩固、强化、完善君主制。结果,越争就越促进君主专制主义理论的发展。为了叙述方便,下面分四个问题进行剖析。

一、宇宙的本根同君主相配合与合德论

根据张岱年先生的研究,中国古代只有"本根"这个概念,而无"本体"之说。本根有三义:第一,始义;第二,究竟所待;第三,统摄义。①这里姑从张先生之说。

本根论探讨的中心是宇宙万物原始生成与存在的根据,这是哲学中的最高范畴。关于先秦的种种本根论不是本文讨论的课题,我们要思索的是本根论如何同君主发生联系,如何成为君主至上的证明。归纳起来,主要是沿着如下两条线进行的:

其一是对应关系。由于君主与本根相对应而使君主成为人间至高无上的绝对权威。《荀子·王制》说:"天地者,生之始也……君臣……与天地同理,与万世同久。"《管子·形势解》说:"天覆万物,制寒暑,行日月,次星辰,天之常也;

---

① 参见张岱年:《中国哲学大纲》,中国社会科学出版社,1982年,第6页。

治之以理,终而复始,主牧万民,治天下,莅百官,主之常也。"

道与君主也有对应关系,《老子》说,天下有四大:"道大、天大、地大、王亦大。"①四大并列,尊君昭然。《韩非子·扬权》说:"道不同于万物,德不同于阴阳,衡不同于轻重,绳不同于出入,和不同于燥湿,君不同于群臣,凡此六者,道之所出也。"君主既然是从道中直接产生出来的,君主超乎一切臣民是必然的。

有些思想家把气视为本根,气又寓于万物之中,圣人是气密集的结果。《管子·内业》说:"凡物之精(气),此则为生,下生五谷,上为列星,流于天地之间,谓之鬼神。藏于胸中,谓之圣人。"这里所说的圣人虽不是王的同义词,但圣人是王的最佳候选人。

《吕氏春秋·圜道》篇认为,"圜"是天道的特点,"方"是地道特征。"圜"无所不包;"方"各执一隅。因此,与之相应,"主执圜,臣处方,方圜不易,其国乃昌"。

战国时期把神秘的天命作为宇宙之本的观念仍十分流行。与之相应,君权神授观念也还有很大的影响。

君主与宇宙本根相对应是一种简单的比附,在理论上缺乏、甚至没有内在的逻辑力量,但它对尊君却有着重要意义。君主因此而被置于人世之巅,成为人间的一种绝对权威。

其二是法天合德。儒家一贯持有此论。孔子说:"巍巍乎,唯天为大,唯尧则之。"②荀子说:"圣王之用也:上察于天,下错于地,塞备天地之间,加施万物之上。"③《易·系辞上》说:"法象莫大乎天地。"《文言》讲,"夫大人者,与天地合其德,与日月合其明,与四时合其序。"法家也有类似主张。《管子·君臣上》说:"为人君者坐万物之原,而官诸生之职者也。"《管子·牧民》说:"如日如月,唯君之节。"《管子·版法》说:"法天合德,象地无亲,参于日月,伍于四时。"《管子·形势解》说:"明主法象天道。"墨子也讲:"圣人之德,盖总乎天地者也。"④道家派《老子》最先提出"法自然",其后无一不遵循这一原则。《经法·四度》明确提出圣人"与天同道"。《吕氏春秋·情欲》提出"治身与天下者,必法天地也"。阴阳家也主张法天合德,《管子·四时》说:"天曰明,地曰圣,四时曰正,其王信明圣,其臣乃正。"

法天合德教导帝王和一切人要与自然相谐和,从自然那里寻求人的行为

①《老子·第二十五章》。

②《论语·泰伯》。

③《荀子·王制》。

④《墨子·尚贤中》。

规范和道德原则。比如,先秦思想家几乎都认为天是大公无私的,"天无私覆,地无私载,日月无私照"①。人也应该效法天地这种品格。道德源于自然说,从根本上说是无稽的,但在当时,这又是一种非常深刻的认识,它给道德找到了最有力的支柱。

无论从当时的农业社会,还是从人类的历史看,法天合德都具有深刻的道理。但是先秦思想家把这个富有深刻哲理而又光荣的使命全交给君主和圣人去体察和实现。这样一来,君主的绝对地位获得了最有力的证明。对于君主的极高要求又使君主扮演了人间最显赫的角色。由于天地的伟大品性,只有经过君主和圣人才能降临人世,因此君主就是人间的天地。

二、君主赞天地之化,成历史之变,握必然之理

先秦各派思想家承认人是自然界的一部分,是历史产物的同时,多数的人又认为,人在自然与社会面前不是简单的被动物,相反,肩负着人之为人的使命。于是在研讨"天人之际"和"古今之变"时,人扮演什么样的角色,遂成为思想家们关注的一个头等重要的课题。人作为一个"类",固然引起了思想家们的注意,但它们更侧重从"类"中之"等"的角度去考察问题。思想家对于人类之"等"有各式各样的分法,五花八门。要之,可分为两等:上等的是君主、圣人、君子、大人等,其中核心和中枢是君主;下等指广大的臣民。在"天人之际"与"古今之变"中,这两种人各自占有一定地位,并从理论上作了探讨。但他们论述最多的是上等人的作用与影响,上等人的作用与影响可概括为如下三句话,即赞天地之化,成历史之变,握必然之理。

天地化育万物首先是一个自然过程,但人为又可加入其间,人的这种活动称之为"参"或"赞"。在"参""赞"行列中虽不排斥一般人,不过最重要的是君主、圣人的使命。天地化育万物只有经过君主、圣人才能变为现实,并建立有条有理的秩序,各家各派从不同角度论证了这一问题,《中庸》说,圣人"能赞天地之化育"。荀子说:"天地生之,圣人成之。"②又说:"天能生物,不能辨物;地能载人,不能治人也;宇中万物、生人之属,待圣人然后分也。"③又说:

---

① 《礼记·孔子闲居》。

② 《荀子·富国》。

③ 《荀子·礼论》。

"君子者,天地之参也,万物之总也,民之父母也。无君子,则天地不理,礼义无统。"①《易·颐卦·彖传》:"天地养万物,圣人养贤以及万民。"道家中的《老子》还只是讲圣人法自然,到了后学,也大讲赞化,《管子·心术下》明确提出:"圣人裁物,不为物使。"《管子·白心》说:"天行其所行,而万物被其利;圣人亦行其所行,而百姓被其利。"《管子》中的《势》是道家之作,文中讲:"天地形之,圣人成之,则与天地同极。"《管子·宙合》说:"圣人参于天地。"属于黄老思想的马王堆帛书《称》中讲:"天制寒暑,地制高下,人制取予。"在道家这些论述中,圣人从法自然走到裁自然,制万物,他们不只是奉行"无为",同时还是"有为"的主帅。《管子》中的《君臣上》是法家的作品,文中讲:"天有常象,地有常形,人有常礼……人君之道也。"人君是贯通天、地、人的枢纽。《管子》中的《侈靡》篇是一篇奇特作品,主张高消费促治国,文中也讲王要参天地之化,其文曰:"天地若夫神之动化变者也,天地之极也。能与化起而王用。"《吕氏春秋·有始》讲圣人通察并类分万物,"天斟万物,圣人览焉,以观其类"。

赞化裁物表明君主、圣人不仅是天地的助手,简直可以说是天地第二。天地固然是化育万物之本,如果万物不经君主圣人整治梳理,只能以散漫的形式存在,只有经过君主圣人之功,万物,特别是人类,才能各得其所,井然有序。这就把君主、圣人抬到超人的地位。超人的人理所当然应该是支配人的人! 这种理论为君主的绝对地位奠定了不可动摇的基石。

先秦思想家并没有把眼光只限在天人关系上,他们还从古今之变中寻求君主为超人的依据。历史是不是在变?对这一点思想家们没有原则上的分歧,分歧是对变化趋势估计有不同,可谓五花八门。但其中有一个共同关心的问题,即在历史进或退中决定性的力量是什么?思想家们从不同角度出发,得出了一个大致相同的结论,即取决于君主的好坏。坏君主是人们鞭挞抨击的对象,抨击尽管很激烈,但都没有深究产生坏君主的社会原因,因此也没有导向探求政治制度的改进。抨击坏君主只不过是对明君圣主希冀的衬托,在对明君圣主的希冀中蕴含了历史观。先秦诸子有关的议论很多,这里只谈两点:一是社会秩序与君主、圣人的关系;二是君主、圣人在历史之变中的地位。

思想家从不同角度出发论证了这样一个问题,即君主、圣人是社会秩序的体现和创造者。墨子认为人类最初没有政长,天下处于混乱之中,互相交争

---

① 《荀子·王制》。

是人类历史的第一章。人类不能在交争中自我毁灭,于是由上天"选择天下贤良圣知辩慧之人,立以为天子,使从事乎一同天下之义"①。天子把人类带到一个有秩序的时代。法家派也讲这个道理,慎到说:"天下无一贵,则理无由通。"②慎到所说的理即人们的行为规范与准则,"一贵"的天子是社会秩序的体现。《管子·君臣下》认为,人类最初无"君臣上下之别",天下"以力相征"。后来有贤者出,治平天下而立为君主。荀子对初民社会没有论述,但他认为人性恶会导致争与乱。于是有圣人出,"化性起伪","礼义法度者,是圣人之所生也",有了礼义法度而后才有秩序。《吕氏春秋·恃君》也认为最初天下混乱一片,"圣人深见此患也,故为天下长虑,莫如置天子"。君主代表着秩序,在当时历史条件下,是有相当充分理由的,但君主也因此而获得肯定。思想家们还竞相宣传圣君明主是历史进步的动力和文明的缔造者,实现历史进化的决定力量是圣主、明君。

探讨历史之变,无疑是一个深邃而富有哲理的课题,先秦思想家对这个问题所做的说明虽然还不是科学的,但在当时又是认识所能达到的最高水平。这种认识在政治上最直接的后果便是对君主地位的肯定,君主不仅是必然的,也是合理的。

先秦思想家们在探讨天人关系与古今之变时,十分重视探讨内在的规律和必然,把这些称之为"道""必""然""理""性"等。这些规律和必然虽不依人的主观意志为转移,但君主、圣人与平民百姓在这些规律面前所处的地位迥然不同。君主、君子是坐而论道者,与之相反,"百姓日用而不知"③。思想家从各自的理论和不同角度出发,反复论证君主应该把了解、把握、实践规律与必然作为自己的首要任务;认识、实践规律与必然又是君主自我实现的必要条件之一。《老子》讲:"侯王得一以为天下贞(正)。"④"得一"即"得道"。《管子·白心》说:"论而用之(按,指道),可以为天下王。"马王堆《老子》乙本卷前古佚书《原道》讲:"圣人用此(按,指道),天下服。"《管子·形势》说:"道之所言者一也……有闻道而好为天下者,天下之人也;有闻道而好定万物者,天下之配也。""天下之人""天下之配"指的都是最高统治者。《管子·宙合》说:"圣人博闻多见,畜道以待物。"法家在哲学上受道家影响最为明显,特别强调君主要知道,

①《墨子·尚同中》。

②《慎子·威德》。

③《易·系辞上》。

④《老子·第三十九章》。

执道、体道、与道相契。《管子·君臣上》说："道者，诚人之姓(性)也，非在人也。而圣王明君，善知而道之者也。""道也者，万物之要也。为人君者，执要而待之……"韩非反复强调君主要"体道"，《韩非子·解老》说："夫能有其国保其身者必且体道。"道不仅是自然规律，而且是人事的通则，君主只有切实"体道"而后才能统御万物。《韩非子·主道》说："道者，万物之始，是非之纪也。是以明君守始以知万物之源，治纪以知善败之端。"

"理"也是表示必然性的概念。荀子说，君主要"明达用天之理"①。马王堆《老子》乙本卷前古佚书，对理作了详细的论述，有天地自然之理，有人与自然相契合之理，有人世之理等。作者反复强调君主要审察事理，并遵循事理。《商君书·画策》说："圣人知必然之理，必为之时势。""始终"也是说的必然性，《管子·正世》说："圣人者，明于治乱之道，习人事之终始也。"

"性"主要是表示本质的概念，有时也含有必然的意义。诸子认为君主要遵从事物之性。《商君书·弱民》说："圣贤在体性也，不能以相易也。"《管子·宙合》说："圣人明乎物之性者，必以其类来也。"《吕氏春秋·贵当》说："性者，万物之本也，不可长，不可短，因其固然而然之，此天地二数也。"

诸子百家一致强调君主要体察、把握、遵从必然之理，无疑是一个极富有理性的课题。它向君主指出，在大千世界中，有比君主更富有权威的东西，君主要顺从它。然而令人遗憾的是，思想家们把操握必然之理的权利只交给了君主、圣人。一般的平民百姓无能，也无权问津。这样一来，一个非常理性的命题却带来了一个反理性的结果，即君主圣人独操和垄断理性。单凭借这一点，君主、圣人就应该君临所有臣民之上。

君主赞天地之化，成古今之变，握必然之理，各家各派都赞同，并为之做了论证。论证越深入、越全面，君主的地位就越突出，越巩固，越神圣。正如《管子·任法》所说："圣君所以为天下大仪也。"用理性支持反理性的东西，比用非理性支持反理性的东西要更为有力，更为牢固。

三、君主一人独裁论

君主专制制度的最基本特征，是君主一人独裁。先秦的思想家们尽管向

---

① 《荀子·君道》。

君主们提出了数不清的美妙要求,深切地希望君主虚心听谏;或者慷慨陈词怒斥暴君、暗主,乃至提出"革命"。但对君主专制制度却无人怀疑,相反,对君主热切的希望和激烈的批评却汇成一股合力,促进并加强了君主专制制度。

各家各派从不同角度论证了君主是独一无二的。法家从矛盾的事物双方不能平衡并存的哲学高度论述了君主只能一,不能二,更不能多。慎到认为"两"与"杂"是乱之源,"两则争,杂则相伤"。①"两贵不相事,两贱不相使。"②要使事物获得稳定,只有一方压倒另一方,在权力结构中,只能有一个最高指挥。"多贤不可以多君,无贤不可以无君。"③《管子·霸言》讲:"使天下两天子,天下不可理也。"天子只能一,不能二。韩非子从各方面论述了势不两立,指出"一栖两雄""一家两贵""夫妻共政"④是祸乱之源,结论只能有一个君主。儒家向君主提出了许多要求,但在君主独一这一点上,与法家并无二致。孟子是批评君主最激烈的人物之一,但他非常赞成孔子"天无二日,民无二主"⑤的说法。荀子的看法与法家颇为接近,认为君主只能一,不能二。他说:"君者,国之隆也……隆一而治,二而乱。自古及今,未有二隆争重而能长久者。"⑥他还提出,"天子无妻(齐),告人无匹也"⑦。言天子至尊,无人可以对等相齐。《吕氏春秋·执一》中也讲君主只能一,文中曰:"王者执一,而为万物正……国必有君,所以一之也;天下必有天子,所以一之也;天子必执一,所以抟之也。一则治,两则乱。"君主独一无二的观点几乎是所有理论家的一致看法,君主独一无二是君主独裁的前提。

与君主独一无二论相伴而行的是君主至尊论。人分尊卑贵贱是当时普遍存在的社会事实。在尊卑贵贱中,几乎一致认为君主是至尊至贵者。法家着重从君主有无限的权势来说明君主至尊。《管子·法法》说:"凡人君之所以为君者,势也。"《韩非子·备内》说:"人臣之于其君也,非有骨肉之亲也,缚于势而不得不事也。"君主的权势不是上帝恩赐的,而是在智与力的争斗中集中和强化起来的。《商君书·开塞》讲:"民愚,则知可以王;世知,则力可以王。"《商君书·画策》讲:"不胜而王,不败而亡者,自古及今,未尝有也。"法家除从权势角

---

①《慎子·德立》。

②③《慎子·佚文》。

④《韩非子·扬权》。

⑤《孟子·万章上》。

⑥《荀子·致士》。

⑦《荀子·君子》。

度论述君主至尊外,还从强化等级差别上以突出君主。《管子·明法解》:"君臣之间明别,则主尊臣卑。"《韩非子·忠孝》说:"臣事君,子事父,妻事夫"乃"天下之常道也"。儒家与法家思路不尽相同,他们主要从等级贵贱和伦理道德关系上论述君主至尊。孔子思想的主旨之一是论君臣父子之别。孟子从亲亲、敬长而推演出尊君:"未有义而后其君者也。"①又说,人之罪,"莫大焉亡亲戚君臣上下"②。"无父无君,是禽兽也。"③荀子把问题讲得更透彻:"君臣、父子、兄弟、夫妇,始则终,终则始,与天地同理,与万世同久,夫是之谓大本。"④又说:天子"尊无上矣"⑤。墨子的"尚同"论详细论述了天子是人间的至尊。道家中的黄老派从君道相配的角度论述了君主的至尊。他们也大谈君臣父子之别,君主处于至尊和指挥一切的地位。《管子·心术》讲:"心之在体,君之位也。"他们所主张的君佚臣劳论也是以君主至尊论为基础的。

君主是天下臣民和一切财富的最高所有者,是诸子宣扬的另一个支持君主独裁的理论。自从《诗·北山》提出"普天之下,莫非王土;率土之滨,莫非王臣"之后,几乎成为不移之论。在先秦诸子中除极个别人略有怀疑之外,多数思想家都进一步阐发了这一思想。法家说得直截了当:"国者,君之车也。"⑥"主者,人之所仰而生也。"⑦儒家讲得比较含蓄,他们非常热衷于宣传君主是民之父母,从外观上看十分温情。然而在当时,父母对儿女是一种占有与被占有的关系。荀子比较爽快,干脆宣布,"贵可天子,富有天下"。这种把君主视为天下臣民和一切的最高所有者,为君主支配一切奠定了理论基础。

权势独操是上述理论合乎逻辑的结论。法家在这方面宣传得最力,表达得也最为明快。《管子·七臣七主》说:"权势者,人主之所独守也。"《商君书·修权》说:"权者,君之所独制也。"权势这种东西不可须臾松手,一松手就会出现君臣颠倒的现象。正像慎到所指出的:"君臣之间,犹权衡也。权左轻则右重,

---

①《孟子·梁惠王上》。

②《孟子·尽心上》。

③《孟子·滕文公下》。

④《荀子·王制》。

⑤《荀子·君子》。

⑥《韩非子·外储说右上》。

⑦《管子·形势解》。

右重则左轻。轻重迭相橇,天地之理也。"①儒家不像法家这样坦白,不过他们讲的君臣名分神圣不可侵犯,与法家的坦白之论并无原则区分。孔子提出礼、乐、征伐自天子出。他又讲:"唯器与名不可以假人。"②墨子宣传一切政令都要听命于天子,"上之所是,必亦是之;上之所非,必亦非之"③。充分反映了权力的集中。道家中的黄老派是道家与法家的结合,他们讲的君主无为和主佚臣劳之术正是以君主权力的集中为前提的。《吕氏春秋·用民》说:"君,利势也。"范睢说:"势者,王之神。"④君主的权力要贯通于社会生活一切领域,《管子·任法》概括为六柄:"明主之所操者六:生之、杀之、富之、贫之、贵之、贱之。"总之,一切的权力都要集中于君主之手。

决事独断是诸子制造的君主专制的又一理论。独断是讲在权力行施过程中,君主是最高最后的决断者。只有决事独断才能最终保证君主独裁。独断并不排斥兼听,《管子·明法解》论述了两者是统一的,并明确提出"兼听而独断"。法家公开讲独断,其他派别虽不使用这一词,但谁也不怀疑君主应有最后决断权。当然,在儒家那里,有对君主权力进行限制的言论,如争、谏、辅、拂、矫君之过等。然而这些都必须以忠君为前提,正如孟子所言:"有伊尹之志,则可;无伊尹之志,则篡也。"⑤忠臣在局部问题上可能有碍君主的独断,但其最后结果还是加强了君主的地位。

先秦诸子在君主理论上尽管有不少分歧,但在君主独一、至尊、拥有一切、独操权柄和决事独断五个方面,没有大的原则区分。相反,种种论述最后都汇集到这里,所以,越争君主专制就越强化。

四、道高于君、内圣外王与强化君权

"道"指什么,各家各派有着不同的内容和解释,概而言之,指宇宙本根、规律、理论原则和道德准则等。道和君主是什么样的关系呢?各家见解多有分歧,不过分歧之中又蕴藏着一个共同的趋势,即道高于君。道家是宏道的大本营,认为一切源于道,一切法道,君主也应以道为本。在道家那里道高于君是

①《慎子·佚文》。
②《左传》成公二年。
③《墨子·尚同中》。
④《战国策·秦策三》。
⑤《孟子·尽心上》。

一个普遍的原则。儒家讲的"道"与道家有别,重在讲理论原则和道德准则。孔子奠定了道义高于君主的认识基础,提出了"以道事君,不可则止"①的从政原则。孟子高谈德行,并与权位相抗衡。他说:"天下有达尊三:爵一,齿一,德一。"②又说:"非其道,则一箪食不可受于人;如其道,则舜受尧之天下,不以为泰。"③荀子把问题表达得更为明快,直言不讳地讲:"道义重则轻王公。"④"从道不从君。"⑤法家主张君主独裁最烈,可是他们在理论上也认为法高于王,道德高于王。《管子·君臣上》讲:"故明君重道法而轻其国也。故君一国者,其道君之也;王天下者,其道王之也。"法家还倡导贵公、尚公精神,认为公高于君主个人。墨子把义看得比权力更高尚,更重要。

诸子从道义重于王公出发,纷纷高举着道义的旗帜对君主进行了品分与批评,有些批评极为尖锐,甚至导致对现存君主的全部否定,儒家这类言论尤多,勿庸征引。值得一提的是,在法家那里也有类似言论。如《商君书·修权》指出:"今乱世之君臣,区区然皆擅一国之利,而管一官之重,以便其私,此国之所以危也。"

道义重于王公的理论无疑有着强烈的批评精神。但是这种精神是不是对君主专制制度的否定呢?从总体考察,我认为不但没有否定君主专制,相反,倒起着维护和加强君权的作用。关于这一点,可以从两方面考察:

一方面,诸子所说的道义本身与君主专制制度不是矛盾的,而是统一的。关于这一点,只要分析一下所谓的"道义"有没有与君主专制制度相抗衡的另外的政治设计,问题就可以迎刃而解。对此可以断言,先秦思想家可悲之处就在于,他们没有在君主专制制度外设计出一套与之抗衡的制度,而是从理想的、普遍的角度肯定了君主专制制度。

另一方面,对暴君、暗主的批评是对圣主、明君企求的衬托。这一点是诸子的共同思路。诸子对暴君、暗主的批评,无论言辞和内容都十分激烈,甚而提出"革命"和取而代之。但这一切都没有导致对君主制度的否定和怀疑,由此而引出的是,希望圣主君临人间。暴君和圣主无疑有着明显的区别,这种区

①《论语·先进》。

②《孟子·公孙丑下》。

③《孟子·滕文公下》。

④《荀子·修身》。

⑤《荀子·子道》。

别有重要意义,会给国计民生带来不同的后果。但这种差别只有个性意义,在制度上并无原则的区分。在中国古代对圣君的希望与美化没有削弱君主专制,而是起了强化作用。

道高于君突出了原则,而道落实于人就与圣发生了关系。那么圣人与王又是什么关系呢?大体说来有两种不同情况:一是圣王并存,圣为王者之师。二是内圣而外王。这里只讨论第二种情况。具体说来,有如下两种含义:

一是,先圣而后王,例如尧、舜,便是因圣而王的。《管子·乘马》说:"无为者帝,为而无以为者王。"《管子·兵法》说:"明一者皇,察道者帝,通德者王。"

二是,圣王统一,王应该成为圣人,这样才能真正王天下。从诸子的言论看,这类论述是大量的。《庄子·天道》说:"明乎天,通乎圣,六通四辟于帝王之德者。"《庄子·天下》说:"圣有所生,王有所成,皆原于一。"《荀子·乐论》:"圣也者,尽伦者也;王也者,尽制也者;两尽者,足以为天下极矣。故学者以圣王为师,案以圣王之制为法,法其法以术其统类,以务象效其人。"总之,圣是对王的一种要求,王应该同时是圣。

内圣外王无疑对王提出了极高的要求,这种要求是对王的完善,而不是对王的否定;是对王进行道德改造,而不是进行制度制约。把王与圣结合起来,在理论上对巩固王权更为有利。

先秦诸子在众多问题上常呈现多方向、多线条的思维,一个问题常有数种不同见解,唯独在君主专制这个问题上,有百流归海之势,失去了一次可能进行多维思考的机会。当时有可能从君主专制范围内向外突破,就政治体制问题提出新的设计,但是诸子没能提出新的思想,这个机会一失,再也无法弥补。在后来高度的君主集权制及其淫威横施的条件下,更难于提出新设想了。

君主专制的历史事实昭然若揭,但关于这个问题的理论及其思维方式,还有待于深入的揭示与研究。

原载《学术月刊》,1986 年第 12 期

先秦法家立法原则初探

  法律与法理是两个有联系但又不相同的范畴。早在先秦已有人把两者做了区分,称法律为"法之数",称法理为"法之义"①。

  在中国的历史上,商代已有可证的法律事实,传说还可以上溯到夏代,乃至更早。但是关于法的理论的出现却要晚得多。从现存文献看,最早具有法学理论萌芽的作品是周初的《康诰》《酒诰》和西周后期的《吕刑》。这些文献中关于法的理论,大抵还只限于施刑原则问题。中国历史上真正的法学理论的开山鼻祖,应该说是李悝。他不仅集诸国刑典,制定了一部完整的法律,后世称之为《法经》,另外还有政治、法律的理论著作,即《汉书·艺文志》著录的《李子》。可惜这些著作都亡佚了。先秦诸子几个主要流派都或多或少地探讨过法理,但唯有法家论述得最多,也最深入。他们提出了许多问题,诸如法的起源,法的本质,法的定义,法的目的与作用,立法原则,法治与君主政治的关系,法治与人治的关系,等等。本文只就法家的立法原则问题作一初步分析。

  法是由人制定的,是人为的产物。法家对这一点有明确的论述,提出"有生法者"。生法者就是君主或圣人。其他诸子大体也持类似看法,法家的深入之处,在于他们提出君主立法必须有一定的根据,有一定的原则。这些根据和原则,有如下八个方面。

一、顺天道

  法家认为自然运动是有规律的,他们称之为"道""常""则""理""节""度""数""时""序",等等。这些概念分而用之,意相通或相近;合而用之,有大小之分。《管子·形势》篇说:"天不变其常,地不易其则,春夏秋冬不更其节,古今一也。"这里的"常"

"则""节",均指规律,但有大小之分。《韩非子·解老》篇:"道者,万物之所然也,万理之所稽也。"这里的"道"指自然的总规律,"万理"的"理"指事物的具体规律。法家认为,凡是规律都不依人的主观意志为转移,人"莫之能损益"①。人,应该研究和掌握自然规律,依照规律行动,这叫作"法天""法地""法四时"。②依自然规律行动,得天之助;违反自然规律,终将失败:"其功顺天者,天助之;其功逆天者,天违之。天之所助,虽小必大;天之所违,虽成必败。"③"夫缘道理以从事者,无不能成。""今众人之所以欲成功而反为败者,生于不知道理而不肯问知而听能。"④

根据上述道理,法家认为,在制定法时,应把顺应自然作为重要内容和立足点。

顺天道最主要的一点,是要把天道无私的性质引到立法中来,作为立法的指导思想。"天道"对一切人都是平等的,无远无近,无偏无私。法也应该如此,"法天合德""象地无亲""参于日月无私"。⑤无亲无私集中体现在"公"上。"公"是法的灵魂。法家所说的"公",主要有两方面的含义。一方面是:法应如同天道为万物运动之规迹那样,成为人事的规迹。《管子·明法解》说:"法者,天下之程式也,万事之仪表也。"《管子·七法》说:"尺寸、绳墨、规矩、衡石、斗斛、角量也,谓之法。"《管子·任法》说:"法者,天下之至道也。"法既然是"尺寸""程式""至道",是有关事物的一般的或普遍的规定性,所以法又称为"事之常"。另一方面,法既然是"至道""事之常",它本身又上升为"公",每个个人在它面前都只能称为"私"。一般人固不待说,连生法的君主在法面前也属于"私"的范畴。《管子·法法》篇有一段话对这个问题做了相当深刻的论述:"巧者能生规矩,不能废规矩而正方圆。虽圣人能生法,不能废法而立国。故虽有明智高行,倍法而治,是废规矩而正方圆也。"法如同规矩,代表着事物的一般性,表现为"公";国君权力再大也属个别,表现为"私"。据此,君主也必须抑私奉公。法家一再提出:"明主任公而不任私","以法制行之,如天地之无私也"。⑥在法家看来,"公"是法的灵魂,无"公"也就无法,有法而不奉公,法也就失去了作用和意义。

---

① 《管子·乘马》。

②⑤ 《管子·版法解》。

③ 《管子·形势》。

④ 《韩非子·解老》。

⑥ 《管子·任法》。

31

顺天道的另一项内容是,要把自然规律及遵循自然规律的人、事、行为用法律加以肯定,使之成为人们必须遵守的准则。这集中表现在"四时之政"的论述上。春天是万物复苏和萌发期。依据春天的特性,法律上相应规定,在春天"毋杀畜生,毋拊卵,毋伐木,毋夭英,毋拊竿,所以息百长也",以保护自然万物的生长。春天是一年生计之始,要播耘百谷,为了使生产得以进行,要"赐鳏寡,振孤独,贷无种,与无赋,所以助弱民也"。为了能使更多的劳动力投入生产,在农耕开始之时,应该"赦薄罪,出拘民,解仇雠,所以建时功施生谷也"①。同样的道理,依据夏、秋、冬的自然特性,相应的制定夏政、秋政、冬政。《管子·禁藏》的作者明确提出:"得天之时而为经",把遵从四时规律视为治国之本。这对于农业来说,是有道理的。

《管子·七臣七主》篇还论述如下的道理:违犯四时之政,不仅会受到自然的报复,"四时俱犯,阴阳不和,风雨不时",同时还会加剧社会上下之间的矛盾,招致政治危机,这叫作"举事不时,必受其灾"。作者认为殷纣王灭亡的重要原因之一是违犯天时。

在先秦诸子中,不只法家有四时之政的主张,其他学派,如阴阳家、儒家也有。法家的特点,在于主张用立法手段把四时之政法律化。

顺天道的再一项内容是,他们把天时的不同性质和作用与法律职能对应起来。如天有生杀,即春夏生物,秋冬萧杀,法律相应而有赏罚。天不废生杀,法亦不能废赏罚。

法家提出立法要顺天道的命题是值得重视的。人类的活动不仅表现在人与人的交往中,同时也表现在人与自然的交往中。立法顺天道的理论,是法家试图寻求人与人交往同人与自然交往两者统一的尝试。这一理论中,有光彩的科学思想,比如通过立法强制人们遵从自然规律。至于以天道之"公"论证法律之"公",二者虽无内在的本质的联系,前者不能成为后者的根据,但在当时却有它历史的合理性。因为法家借助这种办法赋予法律超出一切人之上的性质,即使制定法的君主也应遵从法。这在君主权力至上的时代,从理论上不能说不是对君主行为的一种制约,对权贵们谋求法外权也是一种限制,这在当时是很有现实意义的。另一种则纯属谬论,如用天之生杀论证法之赏罚之类。

---

① 《管子·禁藏》。

二、随时变

法家对历史持进化的历史观。他们认为时代在不断变化,法也应随时代变化而"变法"或"更法"。

法家认为,在历史上随着生产与人口的增长,人类与自然的关系、人与人之间的关系不断发生变化。而且法家认为历史发展呈现阶段性。《商君书》分为"上世""中世"和"下世"。韩非则把历史划分为"上古""中古""近古""当今"四世。法家还认为,历史的过程是后来者居上,今胜于古,断然反对今不如古的说法。

随着历史条件的变化,人们的思想也在变。"上古竞于道德,中古逐于智谋,当今争于气力。"①古代很苦,做天子的要带头干,所以有让位之举;可是当今做个县官,子孙都受福无尽。因此,"轻辞古之天子,难去今之县令"②。

时变事异,法也应随时而变。"先王当时而立法,度务而制事,法宜其时则治,事适其务故有功。"③"备时而立法,因事而制礼。"④"随时而变,因俗而动。"⑤"不慕古,不留今,与时变,与俗化。"⑥法家反对把历史当成包袱背起来,也反对安于现状。变法要从现实开刀。

根据历史的不同阶段不同特点,立法要切合时代精神。"上世亲亲而爱私,中世上贤而说仁,下世贵贵而尊官。"⑦当今属于"下世"的继续,立法应贯彻"贵贵尊官"的精神。韩非认为当今争于气力,立法就要控制和引导气力之争。

从时变出发,法家特别强调立法要切中时代脉搏,《管子·正世》说:"国家不安,失非在上,则过在下","失在上而上不变,则万民无所托其命","过在下,人君不廉而变,则暴人不胜,邪乱不止"。故立法要有鲜明的针对性。

依据时变,行法还要有灵活性。《管子·小问》说:"有时先事,有时先政,有时先德,有时先恕。"《管子·形势解》说:"世谓之圣王者,知为之术也。"

法家不可能对历史之变和时代做出完整的科学的判断,但他们的认识包含了部分的科学内容,在当时居于认识之巅。法随时变,应时立法,反映了法

---

①②《韩非子·五蠹》。

③《商君书·六法》。

④《商君书·更法》。

⑤《管子·正世》。

⑥《管子·治世》。

⑦《商君书·开塞》。

家对时代与法的关系的认识。他们虽然十分重视法的作用，主张以法治国，有时把法的作用说得过了头，但从总体上看，他们清楚地认识到法是被时代制约的，法不能向时代发号施令，而应顺从时代之变，诱导时代前进。这个基本认识是可贵的。

三、因人情

"因人之情"而立法，是法家另一个重要的立法原则。慎子说："法非从天下，非从地出，发于人间合乎人心而已。"①

从法家的许多论述中可以看到，法家认为人情是一个历史的范畴，随时代条件变化而改变。关于人情的历史变化，法家诸派认识不尽一致，这里暂且不论。但他们对当时人情的认识，大体是一致的。人情的本质归结为一个字："利"。《商君书·算地》说："民之生（性）度而取长，称而取重，权而索利。"《赏刑》篇说："民之欲富贵也，共阖棺而后止。"韩非说得更彻底，他认为父子兄弟之间的关系也是以利为中轴转动的。

法家把人性人情归结为一个利字，使人不免有自私刻薄之感。不过在当时，这种认识是最切近于实际的。法家提出因人情而立法，就是要抓住人皆好利这一环节。以利为中轴把所有的人都带动起来。"法立而民乐之，令出而民衔之。法令之合于民心，如符节之相得也，则主尊显。故曰：衔令者，君之尊也。人主出言，顺于理，合于民情，则民受其辞。"②"明法之道，立民所欲，以求其功……立民所恶，以禁其邪。"③"凡治天下，必因人情。人情者有好恶，故赏罚可用。赏罚可用则禁令可立而治道具矣。"④

法家这里所强调的，在立法时不应以君主好恶为准，而应首先考虑民情、民欲。如此说，法家的立法是否是为了民呢？法家确实讲过这类的话。韩非说："立法术，设度数，所以利民萌（氓），便众庶。"⑤可是我们都知道，法家处处为君主打算，鼓吹君主专制。这样一来岂不矛盾了吗？矛盾是矛盾，不过在法家看来这倒无妨。他们恰恰是在矛盾中求统一，妙着便是因情利导，用民之好恶

---

① 《慎子·佚文》。
② 《管子·形势解》。
③ 《管子·明法解》。
④ 《韩非子·八经》。
⑤ 《韩非子·问田》。

以利君主之用。韩非很坦率,他认为君臣之间没有什么可以信赖的忠义关系,现实是一个赤条条的"利"字,是一种买卖关系。他说:"臣尽死力以与君市,君垂爵禄以与臣市。君臣之际,非父子之亲也,计数之所出也。"①君主不要怕人们争利,要善于算账,计得失之比数。对于君主来说,只要得多于失就行。"法立而有难,权其难而事成则立之。事成而有害,权其害而功多则为之。无难之法,无害之功,天下无有也。"②一切人都在逐利,君主立法的妙用就在于搞好排列组合,要像轴凑于毂那样,让一切人的利都围绕着君主之利转动。韩非说:"利之所在民归之,名之所彰士死之。"③"上所以陈良田大宅,设爵禄,所以易民死命也。"④"君之于民也,有难则用其死,安平则尽其力。"⑤君用爵禄名利换取臣民的血汗生命,臣民得到了一定利益,而君主获利更大。

立法要以民情为基础,这是一个光辉的命题。法离开了民情就失去了社会基础,而变成广大民众的对立物。法家立法的最终目的无疑是为了君主着想,但他们同时又想方设法地把法与民情联结起来。他们把法当成了卷扬机,使利经过臣民之手,最后送到君主之手。臣民得到了某种满足,而大利却落入了君主的腰包。先秦法家的变法在当时之所以行得通,重要的原因是抓住了人情好利这一点。

四、循事理

法家提出立法要循从事理。《管子·版法解》说:"审治刑赏,必明纪理;陈义设法,断事以理。虚气心平,乃去怒喜。"《管子·七法》说:"论道行理,则群臣服教,百吏严断。"《管子·形势解》说:"以法数治民则安。故事不广于理者,其成若节。"这些篇章的作者反复强调立法、执法都要依理而行。那么什么是理呢?从《管子》一书看,大致有三方面的内容,即事物的规律性;惯例、传统、习俗;事物之间的轻重关系。

---

① 《韩非子·难一》。

② 《韩非子·八说》。

③ 《韩非子·外储说左上》。

④ 《韩非子·显学》。

⑤ 《韩非子·六反》。

《管子·乘马》篇对市场之理的论述便是事物的规律。文中说："市者货之准也。是故百货贱则百利不得,百利不得则百事治,百事治则百用节矣……市者可以知治乱,可以知多寡,而不能为多寡。"大意是,市场可以反映物资供应情况。如果百货价格低,做生意就得不到收益,各行生意无利可得,各种生产(即百事)就会得到发展。生产发展了,供求关系才能平衡……从市场可以观察到国家的治乱,可以知道物品的多少,但市场不能决定物品的多少。作者指出生产是市场的基础,治理市场之本在于治理生产;在生产发展的基础上才可能治理好市场。很明显,作者的看法是很有见地的,揭示了生产对市场的制约作用,为制定管理市场之法提供了深刻的理论依据。

《管子·乘马》篇关于朝廷之理的论述,主要讲的是惯例、传统和习俗。所谓的朝廷之理,主要指贵贱、等级和名分规定。这些规定无疑有客观的依据,但更多的是传统、习惯在起作用。

关于事物轻重关系之理,作者提出了以轻从重的原则。如《管子·七法》提出:"不为重宝亏其命","不为爱亲危其社稷","不位爱人枉其法","不为重禄爵分其威",等等。

法家所说的"理"虽不能概称为规律,但有一点是可注意的:理与君主个人的好恶是相对的,君主个人的好恶应受理的节制,要依理而行。

五、定职分

这是法家立法的原则,又是立法的目的。法家所说的"分",包括两方面的含义:

从一般意义上说,就是明确职权范围,划定所属。《商君书·定分》讲,一只野兔子,成十上百的人追赶;市场上的兔子成堆,行人不顾。原因就在于,前者"分"未定、后者"分"已定之故。法家认为法就在于"明分"或"定分"。《商君书·定分》说:"夫名分定,势治之道也;名分不定,势乱之道也。"《管子·权修》篇说:"故立法明分,而不以私害法,则治。"

具体地说,"分"指对社会上不同等级、不同出身、不同职业的人做出相应的规定。《管子·君臣上》说:"主画之,相守之;相画之,官守之;官画之,民役之。"这里讲的是君主、官吏和民的权力之分。《管子·法法》说:"君子食于道,则上尊而民顺;小人食于力,则财厚而养足。"这里是讲劳心劳力之分。《管子·乘马》说:"非诚贾不得食于贾,非诚工不得食于工,非诚农不得食于农,非诚士不得食于朝。"这里对贾、工、农、士不同职业的人提出了不同的要求与规定。法家主张分得越细致、越明确，越便于考核，韩非说："明主之法必详于事。"①任何人不得在法外行事，法外有罪固不待说，法外有功也要受到惩罚。在法家看来，越法立功也是超越法定的行为。越法就是犯法。

法家讲"分"并不是把社会割裂分离，而是要把每个人安排到一定的位置，成为整体中的一个零件。他们认为"分"是"合"的必要条件，目的也是为了"合"。《管子·君臣上》说："上之人明其道，下之人守其职，上下之分不同任而复合为一体。"法的作用是通过"分"把社会组成一个体系，枢纽则要操在君主之手。

六、明开塞

提倡什么，禁止什么，是立法首先要考虑的一个根本问题。法家所说的"开塞"，就是这个问题。对于开什么，塞什么，法家诸派小有分歧，但多数认为要开耕战，塞末业与游士，简称"重农抑末"。"重农抑末"是法家立法的一个根本原则。他们主张用法律手段驱使人们努力于耕战，禁止从事末业和游学。

法家特别强调农，因为在他们看来，粮食是财富的主要标志，是安民、用兵、治国的物质基础。"粟也者，民之所归也；粟也者，财之所归也；粟也者，地之所归也。粟多则天下之物尽矣。"②"地之守在城，城之守在兵，兵之守在人，人之守在粟。"③"众民强兵，广地富国，必生于粟。"④从粮食出发，末业与游士非但不生产粮食，反而是粮食的消费者。于是它们把末业看成是与农业对立的。提出"末业不禁，菽粟不足"⑤，"末业不禁，则野不辟"⑥。

法家重战，这一点毋庸多言。它们的精明处在于认识了农业是士兵的天然学校。《商君书·农战》说："归心于农，则民朴而可正也，纷纷(当为"纯纯"之误)则易使，信可以守战也。"《商君书·算地》说："属于农则朴，朴则畏令。"所以，为了战也要重农。

农要出力，战要流血，这与人性好利是相悖的。《商君书·外内》说："民之内事，莫苦于农。""民之外事，莫难于战。"如何解决这一矛盾？这就要靠法了，

①《韩非子·八说》。
②④《管子·治国》。
③⑥《管子·权修》。
⑤《管子·重令》。

用法的手段使"利出一孔",这一孔就是农战。其他取利之道则要统统堵死。为达到这一目的,一方面要奖励耕战,另一方面要造成一种使不耕不战者比耕战更苦更难的环境,这就是《商君书·外内》所说:"见不战之辱则苦生。"大意是,用法律制裁那些不想参战者,加给他们耻辱和刑罚,使他们感到活着是一种痛苦。于战如此,于农也如此,要用"殴""劫"手段使人们归农。

法家强调立法要明开塞,这个命题对法学来说无疑是极重要的。就开塞关系而论,法家更多地看重了塞,把塞视为开的提防。他们强调不塞不流,而不是疏流为主、辅之以塞。虽然他们也大喊大叫要让人们从农战中获利,但更主要的是通过降低非耕战者的社会地位与生活条件来反衬农战之有利。这不能说不是捉弄人了。至于重农抑末政策,应该说它的消极作用是主要的,这个问题另行讨论。

七、重刑罚

法有赏罚,对这一点没有歧义。问题在于如何处理赏罚的关系。法家中的多数主张重刑罚。法家虽然也讲过不少立法为民的高调,但他们更清醒地意识到利民与法是对立的。于是提出了立法要"胜民"或"弱民"的原则。《商君书·说民》说:"民胜法,国乱;法胜民,兵强。""民弱,国强。"《管子·正世》篇说:"为人君者,莫贵于胜。所谓胜者,法立而令行之谓胜。"从一般意义上说,法应该"胜民",如果法不胜民,那么法也就失去了它的作用。问题在于如何"胜民"。关于"胜民"之道,法家有过许多论述,其中最关键的一项是重刑罚。照他们的提法,叫作"赏一罚九""轻罪重罚"。

"赏一罚九"说的是赏罚比例,赏占十分之一,罚占十分之九。《商君书·去强》说:"王者刑九赏一,强国刑七赏三,削国罚五赏五。"《韩非子·心度》说:"刑胜而民静,赏繁奸而生。故治民者,刑胜,治之首也;赏繁,乱之本也。"

"轻罪重罚"说的是量刑的原则。《韩非子·八经》说:"诛莫如重,使民畏之;毁莫如恶,使民耻之。"按法家的逻辑,轻罪重罚使人不敢犯轻罪,自然更不敢犯重罪。这叫作"以重禁轻,以难止易"①。"行刑重其轻者,轻者不生,则重者无从至矣。所谓治之于其治也。"②这就是所谓"以刑去刑"。

———————————

① 《韩非子·六反》。
② 《商君书·说民》。

我们暂且不讨论重罚主义在实践上会带来什么样的恶果。就其理论而言,也是荒谬的。因为它把惩罚手段绝对化了,以为只要无限制地使用这种手段,就可以使一切人服法就范。其实,人们犯禁的社会根源远比惩罚手段要强大得多。重罚主义只相信手段的威力,而拒绝对犯禁社会原因的探讨与揭露,结果事情总是走到预期目的的反面。

八、量可能

法家中有些人提出,立法要考虑客观的可能性,只有建筑在现实可能的基础上,法才能实现。《管子·形势解》说:"明主度量人力之所能为而后使焉。故令于人之所能为则令行,使于人之所能为则事成。乱主不量人力,令于人之所不能为,故其令废;使于人之所不能为,故其事败。"这里所说的"所能为"与"所不能为"的"度量"线,是由生产水平与人力限度决定的。《管子·权修》篇说:"地之生财有时,民之用力有倦。"超越了地力、民力,事情就会落空,正如《管子·法法》中说:"未有能多求而多得者也,未有能多禁而多止者也,未有能多令而多行者也。"

法家中的某些人看到,超过了一定的度量线,人民无法忍受,就会起来造反,统治者也将陷入危境。《管子·权修》篇指出,地力、民力有一定限度,而人君的欲望无穷,"以有时有倦养无穷之君,而度量不生于其间,则上下相疾也。是以臣有杀其君,子有杀其父者矣。故取于民有度,用之有止,国虽小必安;用之不止,国虽大必危"。

"度量"线应划在什么地方呢?《管子·正世》中提出:"治莫贵得于齐。制民急则民迫,民迫则窘,窘则民矢其所葆;缓则纵,纵则淫,淫则行私,行私则离公,离公则难用。故治之所以不立者,齐不得也。齐不得则治难行。故治民之齐不可不察也。"这里所谓的"齐",就是既不要使民优裕,又不要使民穷困至死。用今天的话说,就是要使民能维持简单再生产的条件。

法家所说的"量可能"主要指征收赋税和徭役。他们明确提出"可能"的度量线,无疑是很有见地的。但是他们把度量线划在使人民仅仅能维持简单再生产和延续生命的边缘上。他们所说的"量可能"是要统治者把最大限度的剥削与长久持续剥削结合起来。因此,这种"可能"一旦变为现实,扩大再生产就失去了可能。从生产发展观点看,法家的"量可能"没有什么积极意义。

以上八项原则说明了法与各种事物的关系。

顺天道提出了法要遵循自然规律。法律无疑是阶级社会占统治地位的阶级意志最明显的体现。但是从大自然观看问题，人类又是自然界的一部分。占统治地位的阶级可以统治社会，但不能施权于自然，相反，必须遵从自然规律。否则，自然的报复会使所有的人受到惩罚，还会加剧社会矛盾。但从顺天道这一点看，法代表的不是那一个阶级的利益，而是人类共同利益。

随时变、因人情、循事理从不同方面说明了法与社会生活的关系。法家虽然十分强调法的作用与威力，但在这些问题的论述中，我们可以看到，他们清醒地认识到，在社会生活中还有比法更加严峻的不可抗拒的力量，比法的威力要大得多。法不能与它们违拗，而只能顺从它们。

定职分、明开塞、重刑罚集中反映了法家的阶级意识和立法目的。

量可能提出了法的实现程度是由客观条件决定的，立法者不能为所欲为。

这八项原则说明，法家把立法的过程同时也当作对自然、社会、历史、现状进行综合考察的过程。他们认识到自然、社会、历史的运动比法更具权威。法的规定性应反映客观事物的关系及其客观的规定性。在顺从自然、人事的必然性中谋求统治者的利益。

法具有极大的强制性。问题在于这种强制作用是阻碍历史前进，还是推动历史前进，抑或有开有塞。从法家立法原则的主流看，他们主张打破陈旧的历史传统与习惯，提出了变法、更法、不循今、不留古的主张，而落脚点则是有开有塞。从历史发展看，对法家的开塞应作具体分析，不能笼统肯定或否定，但主流是积极的，起过进步作用。

法家提出的立法原则，有许多精湛之论。可是这些闪烁着光辉的珍珠却被穿在君主专制的线索上。在他们看来，整个国家与臣民都是君主的用物，正如韩非所说："国者，君之车也；势者，君之马也。"①臣民只有对君主有用才有存在的价值，"臣下者，主之所用也，能尽力于上，则当于主"②。如果臣民不能为君所用，与其让他们活在世间，还不如让他们到阴间去。为了证明君主对臣民的绝对占有权，他们鼓吹臣民都是靠君主恩赐才能生活的。"夫君臣者，天地之位也，民者众

①《韩非子·外储说右上》。
②《管子·形势解》。

40

物之象也。各主其所职以待君令。"①意思是,万物生长靠天地,民众生活靠君主。从理论上论证君主对臣民有生杀予夺之权,最便当莫过于把臣民的一切都说成是君主恩赐的,或把臣民本身说成君主所有。国家、臣民既然都属于君主,那么法从根本上说也只能是君主的私物和用具,正像韩非所说:"人主之大物,非法则术也。"②韩非又说,法、术、势是帝王之具。因此法令也只能由君主独操:"君国之重器莫重于令,令重则君尊。""治民之本,本莫要于令。"③这样一来,他们所说的一些立法原则就陷入了无法解决的矛盾境地。尽管原则讲得很高明,但君主一句话便可化为乌有。在君主权力面前,高明的原则很容易变成漂亮的空话。一切都由君主来决定,自然治乱也由君主的品格与能力来决定。"所谓治国者,主道明也;所谓乱国者,臣术胜也。"④臣术之所以胜,还在于君主暗。在这种情况下,能否有善法,法又能否实行,当然也要看君主的品格了。《管子·任法》篇说,今天下"皆有善法而不能守也",原因就在于没有"圣君"。在君主专制的政治制度下,法只能落入这种可怜的境地!

原载《天津社会科学》,1983 年第 1 期

---

① 《管子·法法》。

② 《韩非子·难三》。

③ 《管子·重令》。

④ 《管子·明法》。

论《商君书》的耕战与法治思想

《商君书》是商鞅及其后学的论文汇编,大约写于公元前 360 年至前 250 年之间。文虽出自众手,但基本思想首尾一贯。耕战政策与以法治国,是《商君书》政治思想的两大支柱,也是本文要论述的主要内容。

一、耕战思想

《商君书》的作者认为,力量决定着政治关系,力量来自于耕战。《商君书·农战》说:"国待农战而安,主待农战而尊。"他们批评当时的一些君主,整日冥冥幻想壮大自己的力量,却找不到力量在哪里,太糊涂了。作者提醒君主:力量就在农战!他们劝告君主,要采取一切办法,把民引到农战轨道上来。办法的中枢是一个"利"字。正如《商君书·慎法》所说:"民之欲利者,非战不得;避害者,非战不免。"

《商君书》的作者提倡农,并不把农说得多么美好,相反,明确地指出农耕是一项苦事,《商君书·慎法》说:"民之所苦者无(作"唯"讲)耕。"《商君书·外内》说:"民之内事,莫苦于农。"苦与人的好利本性显然是矛盾的。作者认为要正视这种矛盾,而且要从"苦"着眼想办法,使民不得不耕,或变被动为主动。

一种办法叫"劫以刑"①。农不是很苦吗?如果因不务农受到的刑罚比务农还要苦,相形之下,务农反倒是件乐事了。《商君书》作者是一批正题反作的高手,下面我们还会看到这种绝招在其他方面的运用。

另一种办法叫"驱以赏"②。把"赏"作为驱使民务农的一条鞭子,这又是一种特殊的思维方式。《商君书·农战》中提出,对于力耕者要赏以"官爵"。《商君书·去强》中提出"粟爵粟任",即用粮食换官爵。《商君书·靳令》也提出:"民有余粮,使

---

①②《商君书·慎法》。

42

民以粟出(作"进"讲)官爵。官爵必以其力,则农不怠。"作者认为用粟买官爵可以收一箭双雕之利,国家既可以获得大量粮食,又可以防止民因富而佚。卖官爵的生意,对国家来说是一种无本万利的买卖,同时又加强和扩大了统治阶层。不过对底层的劳动者来说,则是增添了恶狼。《管子》及韩非子对卖官鬻爵颇有异议,认为这是亡国之道。

第三种办法是利用价格和税收鼓励农耕。作者认为粮价便宜,货币就贵,这对商人与手工业者有利。《商君书·外内》说:"食贱则农贫,钱重则商富。"究其实,这种说法并不科学,粮食便宜并不是因为钱币贵造成的。货币本身不决定商品之间的价值比例关系。作者只看到市场上的表面现象,便把罪恶推到货币身上,实在是错怪了货币。抛开其他因素,相比之下,如果粮食比手工业产品便宜,那完全是由于手工业生产不发展造成的。作者不了解这个道理,反而提出向工商业开刀,主张采取抑末政策:一方面限制人们从事工商业活;另一方面向工商业多征税,"不农之征必多,市利之租必重"①。作者认为采取这种办法,粮价就可以提高,农民就会安心农耕。其实,这种办法对打击工商业起作用,对提高粮价无济于事。相反,手工业产品的价格反而会上涨。所以抑末无补于农。至于作者提出的减轻农业税收,无疑是一项鼓励农耕的有效办法。

第四种办法是加强行政管理。《商君书·垦令》中提出了二十条重农措施,其中有些可归入上边三项内容之中。另外还有一些特殊的行政手段。例如,实行愚民政策,民愚则安农;取消技艺人员,也不准农民观看技艺;取消旅店,既限制了社会交往和人员流动,又迫使开来旅的人去从事生产;不准自由迁徙,不务农则无生路。凡此等等,不一一列举。

以上四个方面是互相关联的,构成了重农抑末政策的整体。《商君书》所以特别重农,还有一个重要的理论根据,作者们把粮食看成财富的主要标志。《商君书·去强》说:"国好生粟于境内,则金粟两生,仓府两实、国强。"从当时的情况看,农业是经济的主体,有了粮食就能生存,因此把粮食视为主要财富有其合理性。但这种看法是片面的,完全抹杀了手工业产品的价值。作者们重农还有政治上的考虑,认为农民好统治,工商业者难统治,为此也需抑末。

农耕是苦事,比农耕更苦的是战争。作者非常清楚地认识到,人民更厌恶打仗。《商君书·慎法》说:民之所"危者无(作"唯"讲)战"。《商君书·外内》说:

---

① 《商君书·外内》。

"民之外事,莫难于战。"然而政治的妙用便在于使民不得不勇战。其办法如同使民务农一样,一方面鼓励人们去打仗,使人们从打仗中获取利益。《商君书·境内》篇详细记述了二十等军爵,每升一级都能获得相应的权益。另一方面,你不是怕流血、怕死吗?那么就要营造一种环境,让你感到比流血、比死更为难受,相比之下,还不如去流血打仗。这种办法便是重罚和株连。《商君书·外内》说:"欲战其民者,必以重法。赏则必多,威则必严。"赏之重、严之酷要达到这种境地:"民见战赏之多则忘死,见不战之辱则苦生。赏使之忘死,而威使之苦生。"重赏之下,必有勇夫;严刑之下,变法为勇,途殊而同归。

为了加强军备,作者提出要通过赏罚与宣传,造成全国皆兵和闻战则喜的局面。《商君书·兵守》篇提出了全民皆兵的主张。分别把壮男、壮女、老弱编成三个军,使之各有职守,严守岗位。《商君书·画策》提出全国所有的人都要服兵役,"能壹民于战者,民勇;不能壹民于战者,民不勇。圣王之见王之致于兵也,故举国而责之以兵"。平时的宣传都要以战争为主题,"起居、饮食所歌谣者,战也"①。《商君书·画策》提出,要制造这样一种气氛:"民之见战也,如饿狼之见肉也。"父送子、兄送弟、妻送夫,出征时都应说这样的话:"不得,无返!"意思是,得不到敌人,你不要回来!有了这样的战士,如"百石之弩射飘叶",无往而不胜。

《商君书》还提出了以战养战的主张,《商君书·赏刑》说:"善因天下之货,以赏天下之人。故曰:明赏不费。"

战国时代是一个争战的时代,胜败高下只能由战争决断。作者们深切地认识到了这一点。读他们的言论不免使人生畏,然而在当时却是最现实的!

《商君书》耕战并提,如从表面看,农民与战士并没有什么联系。可是《商君书》的作者却发现了两者内在联系的奥秘:农民是最好的战士预备兵,农业是培养战士的学校。《商君书》指出农民有三个特点:"朴""穷""怯"。这三个特点正是培养战士的起点。

当时的农业是一种自然经济,一家一户为一个生产单位。农民使用的是手工工具,力源一部分来自畜力,更主要的来自人本身。在这种生产条件下,不需要什么知识文化,有耳濡目染的经验便可以维持。这种环境养成了农民"朴"的性格和气质。朴不仅指纯朴,更主要指愚昧无知。分散的、愚昧无知的人最容易被役

---

①《商君书·赏刑》。

使和受人指挥。《商君书·农战》对此说得很清楚："归心于农，则民朴而可正也，纷纷(当为"纯纯"之误)则易使，信可以守战也。"《商君书·算地》中说："属于农则朴，朴则畏令。"

农民的气质特点是"朴"，物质生活是"穷"。穷则易利诱。《商君书·算地》说："夫民之情，朴则生劳而易力；穷则生知而权利。易力则视死而乐用，权利则畏罚而易苦，易苦则地利尽，乐用则兵力尽。"大意是，从常情看，愚昧无知的人不知道自己劳力的价值，干活使劲不吝惜气力；穷困驱使人不得不去计较利害；不吝惜气力和不看重自己生命的人，乐意接受朝廷的役使；计较利害的人因害怕刑罚而忍耐受苦；不怕受苦利于开发地利；听从使唤打仗时就能发挥力量。

农民既"朴"又"穷"，所以相应也就怯懦，胆小怕事。"怯"则害怕刑罚，刑治很易奏效。

照说"朴""穷""怯"，与战士应具有的品质并不相符。《商君书》看到了事相反而相成，利用这些弱点，反而可以造就不怕死的战士。工商业者就做不到这一点，这些人追逐利益而避农，"避农则民轻其居。轻其居则必不为上守战也"①。

《商君书》还提出农与战要交替使用。用作者的话，就是要使"生力"与"杀力"互相转化。农叫"生力"，战争叫"杀力"。作者认为生产多则富，富则淫，淫则生非。《商君书·说民》讲："力多而不用则志穷，志穷则有私，有私则有弱。故能生力不能杀力，曰自攻之国，必削。"《商君书·壹言》说："力多而不攻则有奸虱。"奸虱指安逸、礼乐等，这些又称之为"毒"。《商君书·靳令》说："国富而不战，偷生于内，有六虱，必弱。"为避免自我遗患，生力之后一定要向外扩张，这叫"输毒"。《商君书·去强》说："毒输于敌，国无礼乐虱官，必强。"

《商君书》的作者主张农战互相转化，农为战作准备，战又促农。使战与农成为国家这辆马车的两轮。

战国时代是一个争高下的时代，为了争王争霸打红了眼。如何看待战争，是诸子争论的一个中心议题。有的主张寝兵，如宋钘、尹文；有的主张义兵，即把战争作为一定政策的继续(关于义兵的内容，各家又不一致，这里不一一列举)；有的主张以德服人，如墨子；有的诅咒一切战争，如庄子。《商君书》的作者们直截了当地宣布：战争是解决问题的唯一办法，王冠只有用战争取得，而要战又必须以农作为经济和人力的保证。尽管在具体的论述中，有些地方使

_____

① 《商君书·农战》。

人有血淋淋之感，手段也极为残忍。但从那个时代看，应该说，抓住农、战，确实握住了链条的中心环节。与其他诸子相比，远不如他们娓娓动听，但是从历史进程看，大而无当的娓娓动听之论，远不如著明切实的政策有利于事。

二、法治思想

韩非子批评商鞅言法而不知术，从《商君书》看，情况是这样的。书中没有使用过"术"这个概念，但这并不是说毫无"术"这种思想，个别篇所讲的"数"与"术"相接近。《商君书·禁使》篇谈到君主驾奴群臣必须有"数"，要使各种官职互相制约、钳制，使臣不敢为私，应该说属于"术"的内容。《商君书》论"势"的地方也很少。不过论及的地方，把问题点得很透彻。《商君书·修权》说："权者，君之所独制也。""权制断于君则威。"《商君书·禁使》说："凡知道者，势、数也。故先王不恃其强而恃其势；不恃其信，而恃其数。今夫飞蓬遇飘风，而行千里，乘风之势也。探渊者知千仞之深，悬绳之数也。"不过从全书看，的确略势、术而详于论法。因此可以说《商君书》是法家诸派中的法治派。在法的理论上，《商君书》一方面继承了慎到与《管子》的有关理论，同时又有自己的特点。《商君书》法治理论的主要点是：定分尚公，保证利出一孔，胜民弱民和轻罪重罚四项内容。

定分尚公是《商君书》法治理论的主旨，这一点与慎到、《管子》基本相同。《商君书·定分》篇引用了慎到百人追野兔的例子来论述"明分"的重要。文中说"名分未定，尧、舜、禹、汤且皆如鹜（乱跑）焉而逐之；名分已定，贫盗不取。"又说："名分定，则大诈贞信，民皆愿愨（诚实）。"作者把明分视为治国的不二法门，"名分定，势（必然）治之道也；名分不定，势乱之道也"。

定分而后有标准。有标准，公私自明。《商君书·修权》说："故立法明分，而不以私害法，则治。"《商君书》中的"公""私"有不同的含义。最普遍的一个含义是法律观念。凡法规定的都属于"公"的范畴。与法相背的行为则属于"私"。私应该服从公。从法的观点看，对君主也有公私之分。《商君书·修权》说，历史上的圣君，公私"分明"，公高于私，"尧舜之位天下也，非私天下之利也，为天下位天下也"。这一说法显然因袭了慎到"立天子以为天子，非立天下以为天子"①的思想。作者接着指出,当今的君主与圣君恰恰相反,多是图私背公之辈。"今乱世之君臣,区区然皆擅一国之利,而管(掌握)一官之重,以便其私,此国之所以危也。故公私之交,存亡之本也。"由于公私关系事涉存亡,作者们提出,君主应该把法和公置于首位,《商君书·去强》说:"以治法者强,以治政者削。"陶鸿庆认为"治法""治政"应作"法治""政治"。"政治"即当时儒家所说的"人治"和慎到所反对的"身治"。"法治"与"政治"是两种不同的治国之道。实行法治,君主也应依法行事。"政治"则不然,"政治"所强调的是个人的品质与修养。由于人品有极大的随意性,无一定之规,所以属于"私"。以私治国则"国削"。在当时,法治未必都合理,人治也未必尽非,不过相形之下,人治造成的恶果更多些。所以《商君书·慎法》提出"有明主忠臣产于今世,而能领其国者,不可以须臾忘于法。"又说:"爱人者不阿,憎人者不害,爱恶各以其正、治之至也。臣故曰:法任而国治矣。"

公、私问题又是国家与个人的关系问题。《商君书》强调国家至上。对于君主则是"为天下"还是"私天下"的问题。君主应该为天下,不能私天下。然而在当时,正像作者所提出的,君臣掌权都是为了私。为了改变这种状况,他们大声疾呼:"尚公,尚公!""尚公"提出的根本问题是要求把统治阶级的整体利益放在首位。应该说,这是巩固统治阶级地位的最有效的办法。不过在实际上是难以实现的,因为君主专制的政治制度本身决定了权高于法。

依据尚公精神,作者提出,法不同于势,势由君主独据,而法由君臣"共操"②。为此,法要"明",要公之于众,使"天下之吏民无不知法者"③。由于人人知法,"吏不敢以非法遇民,民不敢犯法以干法官也"。不管是谁,虽有聪明口辩,"不能开一言以枉法;虽有千金,不能以用一铢"④行贿败法。官吏的首要条件是熟悉法律。如果不通法令或忘掉了,便被视为渎职。《商君书·定分》提出,官吏忘了哪一条,就用哪一条治他的罪。百姓问法、官吏必须如实相告,如果官吏不告诉或说错了,百姓因此而犯法,那么官吏也必须同罪。

由于人人都知道法,遇事应该做到"里断""日断""家断"和"心断"。所谓"里断",即是说案子不出乡里便可断案。所谓"日断",指的是断案不过日。"家

①《慎子·威德》。

②《商君书·权修》。

③④《商君书·定分》。

断"指不必告官,在家里就可以把问题弄清。"心断"指每个人都知道何谓犯法,自觉约束自己。《商君书·去强》说:"十里断者国弱,五里断者国强。"《商君书·说民》说:"日治者王。"又说"治则家断,乱则君断,治国者贵下断"。《商君书·画策》说,每个人"不能独为非,而莫与人为非"。总之,有法之普及而后有法治。

"刑无等级"是"尚公"在执法上的应用。《商君书·赏刑》说:"壹刑者,刑无等级。自卿相将军以至大夫庶人,有不从王令、犯国禁、乱上制者,罪死不赦。""壹刑"还表现在不能以功折罪,"有功于前,有败于后,不为损刑。有善于前,有过于后,不为亏法。忠臣孝子有过则以其数断"。这种说法是很有道理的。功与罪是两种不同性质的东西,难于对折。以功抵罪,法将不成其为法。

《商君书·赏刑》特别提出,执法犯法,应加重惩办,"守法守职之吏有不行王法者,罪死不赦,刑及三族"。

作者们认为,君主的"德行""知""勇力"不一定比一般人强,照样可以治国;臣民之中,有些人虽有"圣知""勇力",却不敢与君争强,其原因就在于有法。法是治国之本,君主的凭借。

《商君书》中"公""私"还有另一种含义。"公"指国家和君主,"私"指贵族大家。在这种关系中,作者主张"开公利""塞私门"。①所谓"开公利",就是私家必须服从国家利益,在为国效力的前提下才许可有个人的富贵。"富贵之门必出于兵"②,"官爵必以其力"③。所谓"塞私门"主要指禁绝贵族大家的法外权,无功不得受禄。这就是《商君书·赏刑》所说的"所谓壹赏者,利禄官爵抟(专)出于兵,无有异施也"。《商君书·壹言》也说:"私劳不显于国,私门不请于君。"这与商鞅变法规定的"宗室非有军功,论不得为属籍","为私斗者各以轻重被刑大小",是一致的。

《商君书》尚公抑私的主张一方面旨在把所有的人都变成法中人,裁抑贵族大家的法外特权,另一方面又是为了解决"政出多门",打击和削弱贵族大家的势力。这在当时历史变革中都是很有意义的。从理论上看,尚公抑私强调国家至上,但在实际上由于君主居于国家之巅,所以最后的结果是加强了君主专制。

---

① 《商君书·壹言》。

② 《商君书·赏刑》。

③ 《商君书·靳令》。

法与耕战政策是一种相辅相成关系,《商君书》强调法应是保证耕战政策实现的手段。为了保证耕战,作者提出了"利出一孔"的主张。所谓利出一孔,就是用立法的办法,只留出一条利途,把其他的利途统统堵死。这条利途就是耕战。利出一孔还是利出多孔,关系国家兴亡盛衰。《商君书·靳令》说:"利出一空(通"孔")者,其国无敌。利出二空者,(其)国半利。利出十空者,其国不守。"《商君书·弱民》说:"利出一孔,则国多物。利出十孔,则国物少。守一者治,守十者乱。"

　　为了确保耕战,必须打击一切不利于耕战的人、事与思想。作者把"豪杰""商家""游士""食客""余子""技艺者"等列入非农战之人,主张采取政治与经济手段加以限制或制裁。在作者看来,问题不仅在于有那么一些人不事农战,而在于他们对农战之民起着瓦解作用。《商君书·农战》说:"农战之民千人,而有诗、书、辩慧者一人焉,千人皆怠于农战矣。农战之民百人,而有技艺者一人,百人皆怠于农战矣。"如果情况真的如此,说明社会多么需要知识分子与手工业者!可是作者却把他们列入另册,视为打击对象。除打击非耕战之人外,还要取缔一切不利于农战的思想,其中儒家被视为主要攻击目标。作者们提出要禁绝有关礼、乐、诗、书、修、善、孝、悌、诚、信、贞、廉、仁、义、非兵、羞战、辩慧等的主张与宣传。由于各篇的作者不同,把上述这些思想与行为分别概括为"六虱""八害""十害""十二害"等。作者指出这些思想不禁,农战思想就不能在人们思想中扎根,农战政策就难于推行。

　　提倡耕战符合时代的需要,利出一孔却使事情走向了极端。适应需要而又把事情推向极端是《商君书》特点之一。

　　《商君书》的作者认识到民厌恶耕战,而法又要驱使人民耕战。因此,他们知道法与民是一种对立关系。如何解决这种矛盾呢?只有一条路,就是人民必须服从法,法一经颁布,都必须遵从,不得违反,这叫作"法胜民"。"法胜民"是《商君书》法治理论的又一个重要内容和原则。《商君书·说民》说:"民胜法,国乱。法胜民,兵强。"民在法的面前应如老鼠见猫一样,战栗不已。《商君书·去强》篇与《商君书·弱民》篇集中论述了去民之强,使民变弱的重要性,认为这是治国之本。《商君书·弱民》说:"民弱国强;国强民弱(此句当作'民强国弱')。故有道之国,务在弱民。"如何使民变弱,《商君书》的作者提出了种种办法。

其一，"政作民之所恶,民弱"①。大意是,政令实行人民所厌恶的东西,人民就弱。人民不是怕苦、怕死吗,政令就要用苦与死时时威胁他们,使他们处处如临深渊,人民自然就怯弱而服法了。

其二,奖励告奸,使人们互相监视,造成人人自危的局面。作者断然反对倡导行善。行善,近则亲其亲,与人便会包庇人。作者提出了"合"与"别"两个概念。"合"为兼顾他人,"别"为只顾自己。"合"也就是"善","别"则为"奸"。所谓"奸","别而规者"之谓也。陶鸿庆云"规"读为"阒"。"阒"与"窥"同,即监视之意。所以只顾自己而监视他人叫作"奸"。作者说:"用善则民亲其亲,任奸则民亲其制。""任奸则罪诛。"②挑动人们互相斗,统治者坐收其利。

其三,根据民的不同情况,有针对性地实行赏刑。《商君书·说民》说:"民勇,则赏之以其所欲。民怯,则杀之以其所恶。故怯民使之以刑则勇,勇民使之以赏则死。怯民勇,勇民死,国无敌者必王。"你勇敢,就要用赏的办法使你更勇敢,直至勇而死;你不是怯懦害怕吗,你害怕什么就用什么治你,迫使你变得勇敢起来。

其四,设法使民在贫富之间不停地转化。《商君书·说民》说:"治国之举,贵令贫者富,富者贫。贫者富,富者贫,国强。"民疾恶贫苦,政府要通过耕战之路,使之变富。可是人富了又易生淫乱,那就要设法使他们再变穷,如用粟捐官爵,用刑治罪等。法的妙用之一就是要使民在贫富之间循环转化,君主坐收转换之利。民在贫富转换之中变得更弱,而君主则变得更加强大。

其五,使人民变得愚昧无知。《商君书·弱民》篇认为民愚朴,是民弱君强的基本因素。《商君书·算地》篇提出:"圣人之治也,多禁以止能,任力以穷诈。"

《管子》也提出过胜民主张,但没有充分展开。《商君书》从政令、经济、文化、人们的相互关系诸方面提出了弱民的具体措施。弱民之道最清楚不过地表明,法治不是用法保障人民的权利,而是要人民都变成法的奴仆。法又牢牢地把握在君主手中。

在法家诸派中,对刑罚原则看法颇不一致。慎到主张罚当其罪。《管子》诸篇有的主张严刑,有的主张用刑要和平,有的主张轻刑。《商君书》是主张轻罪重罚最力的一派。从全书看,作者既讲赏,又讲罚,不过重点在罚。从理论上

---

①《商君书·弱民》。

②《商君书·说民》。

看,以罚为主基于人性好利说。人性好利决定了人们不可能孜孜求善,而是沿着另一种哲学行事——"今之民巧以伪"①。如果对巧诈虚伪实行德义,只能是为虎添翼。治巧诈虚伪最有效的方式是刑罚。所以法的重点只能是"求过不求善"②。赏也不是绝对不要,但只能作为罚的补充。《商君书·算地》说:"服刑所以禁邪也,而赏者所以助禁也。"赏固然要施于立功,更要用来鼓励告奸。这就是《商君书·开塞》所说:"赏施于告奸。"

由于赏是罚的补充,所以在数量上,罚要多于赏,比例为"赏一而罚九"。《商君书·去强》说:"王者刑九赏一;强国刑七赏三;削国刑五赏五。"《商君书·开塞》说:"治国刑多而赏少,故王者刑九而赏一,削国赏九而刑一。"

与刑九赏一相伴行的是轻罪重罚理论。作者的逻辑是,轻罪重罚使人不敢犯轻罪,自然更不敢犯重罪。《商君书·说民》说:"故行刑重其轻(罪)者,轻者不生,则重者无从至矣。此谓治之于其治也。"《商君书·画策》篇认为国家有了法之后还有犯法者,是"轻刑"造成的。"轻刑"等于无法。

轻罪重刑,还不足以止禁,作者又提出要刑于将过,只要有犯罪的征兆就要刑罚。《商君书·算地》说:"刑加于罪所终,则奸不去。施赏于民所义,则过不止。刑不能去奸,而赏不能止过者,必乱。故王者刑于将过,则大邪不生;赏施于告奸,则细过不失。"没有构成犯罪,只要有犯罪的苗头,便要用刑,实在是太苛刻了。到了这一步,法已变成了滥刑。因为什么叫"将过"是不可能有规定性的,完全由掌权者随心而定了。

轻罪重罚的种种主张明明是向人民横施淫威,作者却振振有词地说,这是"爱民"。所谓"爱民"也有它的逻辑,轻罪重罚,人民都不敢犯罪;都不敢犯罪,自然也无须再用刑,这叫作"以刑去刑,刑去事成"③。《商君书·画策》也说:"以战去战,虽战可也;以杀去杀,虽杀可也;以刑去刑,虽重刑可也。"又说:"不刑而民善,刑重也。刑重者,民不敢犯,故无刑也,而民莫敢为非,是一国皆善也。"有人说《商君书》的作者颇通政治辩证法,"以刑去刑",相反而相成。这种评价只可叫作糟蹋辩证法,为屠杀主义作辩护。在当时,人民触犯刑律的原因是多种多样的。战国时期的新法律固然有历史进步的因素,甚至可以说在某些方面也有利于人民,但是从基

①《商君书·开塞》。

②《商君书·靳令》,又见《商君书·开塞》。

③《商君书·靳令》。

本关系上看,人民同法是对立关系。如果真能做到以刑去刑,那只有如下两种情况:一是人民被杀光了,自然无人再犯法;二是人民都慑服了,然而这是不可能的。以刑去刑式的爱民,是要人民变成任人宰割的绵羊而后爱之。绵羊式的人民的确是够"可爱"的,既可以剪毛,又可以挤奶,还可食肉。多么残忍的"爱"啊!我们的结论是,以刑去刑论是野蛮的屠杀主义。杀人越多,积怨越深,蓄之愈久,其发必速!以刑去刑论,无论在理论上还是在实践上,均无可取之处。

三、结语

从秦国的历史看,《商君书》的政治思想,大体上付诸实践。在先秦诸子中,几乎是仅有的幸运儿。其实它的幸运,正在于它的应运。作者们沿着现实主义的思维方法认识世界,并针对现实中的问题,相应地提出改造世界的方案。

从变中求得生路,是《商君书》最为珍贵的思想。他们不迷恋过去,也不满意现实,正如《商君书·开塞》中所说:"法古则后于时,修今则塞于势。"只有对现状进行改革才有未来。

把主客观有机地统一起来,是《商君书》思想的又一珍品。作者们强调,对客观形势和发展趋势要有深切的了解,这就是《商君书·画策》中说的:"圣人知必然之理、必为之时势,故为必治之政,战必勇之民,行必听之令。是以兵出而无敌,令行而天下服从。"作者提出要把客观之"必"与主观之"必"紧密结合起来,从客观之"必"中引出主观之"必";主观之"必"又要以客观之"必"为基础。客观之"必"与主观之"必"契合才能有效。

作者们考察事物的基本方法是矛盾观。他们虽然缺乏明确的哲学概括,但在具体分析中处处以揭露事物的矛盾作为立论的出发点。《商君书》的历史观,就是从社会内在的矛盾运动中揭示了历史的进化,又从利害的冲突中揭示了人们的互相关系。他们在一切方面都要找到对立关系。比如民的本性与耕是对立的,与战是对立的,与法也是对立的。农与工商对立,粮食与货币也是对立的。如此等等,比比皆是。

只要他们看到了事物的对立,总要指出双方的对抗性。不是"东风压倒西风,就是西风压倒东风",这是他们对矛盾的基本态度。比如在民与法、民与政的矛盾中,只有两种可能,或者"民胜其政",或者"政胜其民";或者"民胜法",

或者"法胜民"。①又如在讲到工商与农的矛盾时,他们认为"有技艺者一人,百人皆怠于农战矣"。关于矛盾双方一方压倒一方的观念,无疑是一种极为深刻的见解。但只强调这一点,无疑又是一种片面性。因为矛盾双方还有平衡和互相补充而相得益彰的情况,他们为了强调一方压倒一方,还常常用人为的方式扩大了这种对立,如把工商与农看得火水不相容,就是最明显的一例。

作者们对于矛盾的双方绝不持中庸的态度,只要论及事物的对立,便毫不犹豫地站在矛盾的一边,能吃掉一方的就坚决吃掉,使双方归于一。比如主张取消工商,使民一于农,这叫"民壹务"②。如果吃不掉另一方,就要彻底压倒它,使之成为附庸。如在法、政与民的矛盾中,主张法胜民,政胜民,使民成为法与政的依属物。

作者们还极力主张人为地制造矛盾。例如,抛开具体内容,纯从法律角度看,告奸未必可非。可是作者们却认为贯彻法的重要因素是利用人们的"奸"心。赏也主要用于告奸,要挑动人们互相监视,时时窥测对方,造成人人自危的局面。

作者们观察到,不论客观的矛盾,还是人为的矛盾,都会相激而产生一种力量。统治者的妙术则在于把这些相激而产生的力量统统收集起来,为己所用。前边讲到的人造的生力与杀力、贫与富不停地转化,把转化中生出的力量收集起来便是最典型的一例。

作者们在论述矛盾斗争时,特别看重"利"的意义与作用。他们认为矛盾的实际内容是围绕"利"字转化,解决矛盾的基本方式是利导;有时还要挑起利欲。赏与刑是因于利才有作用。对这两手的运用,《商君书》与其他的法家不尽相同。他们把赏视为一种特殊的驱使人们走上统治者指示轨道的鞭子;而刑则是要制造一种比你所不满意的现实更加残酷的环境,从而使你感到能有原来的水平就是幸福和幸运。

《商君书》的政治思想在历史上起过进步的作用,在当时最富有革命性质。沿着他们的设计,人们的财产、权力、地位在耕战中发生了迅速的变化,这种变化正是对旧的政治、经济关系的破坏和瓦解。而新的关系便在这种运动中产生了。关于这种变化的具体的历史内容,历史家们已作了论述。一般地说,新关系是在痛苦中产生的,有些方式还相当残酷,但痛苦的新生比残忍的陈旧总是一种进步。

---

① 《商君书·说民》。
② 《商君书·壹言》。

《商君书》的内容表明,在当时历史条件下,进步、改革、狡诈、阴谋、痛苦、残忍等是融为一体的,人们可以从理论上对它们进行分析,但在实际的历史运动中却是一个有机体,根本无法分开。

原载《山东师范大学学报》,1983 年第 4 期

论《庄子》的人性自然说与自然主义的政治思想 *

在先秦有关人性和政治理论问题的争论中,《庄子》一书的观点是独树一帜的。由于《庄子》是庄子学派的著作总汇,出自众手,各篇之间对这个问题的看法不尽相同,但基本观点是一致的,所以我们放在一起来论述。

近三十年来,人们对《庄子》的政治思想论述较少,而且多持批判与否定态度。的确,从《庄子》一书中很难找到积极的治世方案,相反,看到的多是些冷嘲热讽。然而在嘲讽之中却包含着出众的独到见解, 从另一个角度开辟了认识社会的道路。《庄子》对许多问题的结论是荒谬的,但在认识的过程中却有许多光彩夺目的思想之花。荒谬的结论已有很多人鞭挞过了,思想之花还有待进一步阐发。

一、人性自然说与回到自然中去的主张

在探讨人性问题时,必须回答关于人类起源的问题。殷周时期占统治地位的看法是:天生蒸民。直至春秋战国,这种观点仍相当流行,如墨子、孟子等人所持的就是这种观点。不过从春秋开始,已经有人对天进行了改造,把天说成是自然的原体,从而使天生民这个命题也就具有了自然主义的色彩。在中国思想史上,全面论述人是属于自然的一部分,是自然界的一种存在形式的,要首推《庄子》。《管子》一书中虽也有一些论述,但不及《庄子》。《庄子》中这方面的论述颇多,例如:

> "夫大块载我以形,劳我以生,佚我以老,息我以死。"①
> "舜问乎丞曰:'道可得而有乎?'曰:'汝身非汝有也,汝何得有夫道?'舜曰:'吾身非吾有也,孰有之哉?'曰:'是天地之委形也。生非汝有,是天地之

* 本文与王连升合作。

① 《庄子·大宗师》。

委和也;性命非汝有,是天地之委顺也;孙子非汝有,是天地之委蜕也。'"①

"人之生也,气之聚也。聚则为生,散则为死。"②

这里没有任何神秘主义的东西,人的形体、生死、繁衍等,都是自然赋予的,是自然的过程。在今天看来,这些论述未免太空泛了。但只就把人还给自然这一点,不能不说是人类自我认识史上的里程碑。

在《庄子》的作者看来,人既然是自然的一种存在形式,那么人的本性也就应当从自然中去寻找。人性如同鸭子腿短、仙鹤胫长一样,均属自然生就的。因此,人的自然的原生性就成为《庄子》人性论的最主要论点。

首先,《庄子》以人的原生性为出发点,从人的形体方面强调了人性自然说。《庄子·天地》篇云:"形体保神,各有仪则,谓之性。"人的形神按照各自的规则去活动叫作"自为"。《庄子·天地》篇所说的"自为",不是指人的自觉的能动性,而是指自发的自然过程。为了保持自然的形体,《庄子》提出了"活身""全形""卫生""尊生""养生""达生"等命题。

全生的妙道是避开社会的锋芒。《庄子·庚桑楚》篇说:"夫全其形生之人,藏其身也,不厌深眇而已矣。"成玄英《疏》(下简称《疏》)云:"全形养生者,故当远进尘俗,深就山泉。若婴于利禄,则粗而浅也。"避世藏身这是一种消极的方式,《庄子》还提出了一种比较积极的全其形生的办法,就是像庖丁解牛游刃于骨肉之间那样,要善于在社会的空隙中游泳。

为了卫生尊生就要明了形生高于一切,一切都要有利于形生。比如,人的形体要靠物质来营养,如果大吃大喝,事情就会走向反面。针对这种情况,《庄子》提出:"不以所用养害所养。""虽富贵不以养伤身,虽贫贱不以利累形。"在作者看来,"今世之人居高官尊爵者,皆重失也,见利轻亡其身,岂不惑哉!"依作者之见,权位或可贵,形生价更高,因而说:"夫天下至重也,而不以害其生。""天下大器也,而不以易生。"③

《庄子》还认为,一切有用之举都伤害形生,无为才是保全形生的要道妙术。《庄子·应帝王》说:"无为名尸,无为谋府;无为事任,无为知主。"《庄子》的作者甚至编造出一个七窍皆无的混沌之帝来,作为无为的典型。开窍、有为反而成为通向死亡

---

①②《庄子·知北游》。

③《庄子·让王》。

的道路。《庄子》的某些篇还提出了无用之用的说法,即有用的东西会招来伤形害生之祸,无用的东西反会保其生,全其形,从全形生的角度看来,无用才是有用。《庄子·人间世》篇曾用不材之木长生,果蓏之林早折,来证明自己的这个理论。

以上是《庄子》从各个方面来捍卫人的形体的自然。这里需要稍加说明的是,《庄子》所讲的养生全形,与那些延年益寿之术不同,后者曾屡屡受到《庄子》的抨击。在《庄子》看来,那些“道引”“吐故纳新”以求“寿考”者的致命伤在于怕死。[①]而《庄子》的全形养生说要旨在于遵从自然之道,不要让外界环境与内里心思搅乱了形生发展变化的天然过程。

其次,精神自然也是《庄子》人性自然说的重要方面。《庄子》认为,人之“心”不应当有所思,也不应当有所虑,要保持精神的纯粹性,只有这样,才能达到人性的自然状态。《庄子·庚桑楚》篇云:“全汝形,抱汝生,无使汝思虑营营。”《庄子·德充符》也说:“道与貌,天与形,无以好恶内伤其身。”实际上人不能无思无虑,所谓“心之官则思”是比较合乎实际的。在现实与理论的矛盾面前,《庄子》的办法是削现实之足适精神自然之履。《庄子·刻意》篇说:“纯粹而不杂,静一而不变,惔而无为,动而以天行,此养神之道也。”

“纯粹而不杂”即“一无所欲”,排除一切杂念,醒时无思虑,睡时不做梦。

“静一而不变”是说虽混迹尘世,但要置喜怒哀乐、好恶善丑于度外,不受其干扰。

“惔而无为”的核心是“不与物交”。只有断绝精神与物的交往,才能使神处于绝对虚无状态,才是最好的养神术。

“动而以天行”是说人的行动像天体运行那样,无心而动。“天行”是针对“人行”而言的。《庄子·秋水》篇说:“牛马四足,是谓天;落马首,穿牛鼻,是谓人。”可见,《庄子》所说的人行是指受心计支配的能动行为,天行是指自然的本能行为。作者主张取消人的主观能动性,一切顺乎自然的本能。

《庄子·缮性》篇还提出了恬智交养的养神办法,这种办法与上面《庄子·刻意》篇讲的养神术也颇接近。其文曰:“古之治道者,以恬养知(《释文》云:知读如智),知生而无以知为也,谓之以知养恬。知与恬交相养,而和理出其性。”这里所说的知与恬交相养,正如郭象《注》所说:“静恬而后知不荡,知不荡而性不失也。”性不失就是保持了人性的自然状态。

---

① 《庄子·刻意》。

总之，养神之术在于顺乎自然，只有一切顺乎自然，别无他求才叫作智。在《庄子》一书中，某些篇曾经简单地把性与心智，精神自然与思虑对立起来，认为心智是对性的破坏，提出取消心智；但更多的是，不是简单地否定心智，而是要求心智自觉地顺从自然。因此，二者虽然方法各异，但最终目的是相同的。

第三，生活自然构成了《庄子》人性自然说的另一个方面。《庄子》认为，弃知绝欲，无目的纯自然生活，就能使人性得到满足。这种满足就是《庄子》向人们展示的人性自然的状态。如《庄子·马蹄》篇说："民居不知所为，行不知所之，含哺而熙，鼓腹而游，民能以此矣。"（据刘文典《补正》："以"当作"止"）又说："彼民有常性，织而衣，耕而食，是谓同德；一而不党，命曰天放。"这里讲的衣食为性，只限于人的生理需要，而不是指人们对衣食的嗜好。在人的关系方面，这里的主张就是：人生在世，与所有的人都不亲不疏，不正不偏，一切任其自然。《庄子·让王》篇曾对这种自然生活具体的描述。尧让位于许由、子州支父，舜让位于子州支伯、善卷、石户之农，但这些人都因天下之位有碍于自然生活而不受。因此，这些人就成了《庄子》关于生活自然的理想人物，《庄子》借这些人的言行表达了自己的理想。舜以天下让善卷，善卷却说："余立于宇宙之中，冬日衣皮毛，夏日衣葛絺；春耕种，形足以劳动；秋收敛，身足以休食；日出而作，日入而息，逍遥于天地之间，而心意自得，吾何以天下为哉？悲夫，子之不知余也！"遂不受，于是去而入深山，莫知其处。《庄子》为这种自然生活提供了一个标志，那就是："同与禽兽居，族与万物并，恶乎知君子小人哉！"[1]也就是说，生活自然化到与禽兽为伍，排除一切社会关系，完全任其自然。

第四，如果说以上关于形体自然、精神自然、生活自然的主张是《庄子》为达到人性自然而进行的外围战的话，那么《庄子》所提出的"与天合一"等说法就是人性自然说的更高境界。《庄子·达生》篇提出，"形全精复，与天为一"。所谓"与天为一"，就是要把自己完全融化于自然之中，不应因为自己是"人"而喜而乐，也不应有任何高于其他物的感情。这正如《庄子·大宗师》篇所说："今之大冶铸金，金踊跃曰：'我且必为镆铘！' 大冶必以为不祥之金。今一犯（《疏》：犯，遇也）人之形，而曰：'人耳，人耳！'夫造化者必以为不祥之人。今一以天地为大炉，以造化为大冶，恶乎往而不可哉？"在作者看来，人不要因为是"人"而沾沾自喜，人与万物一样，都是天地造化的产物，应等量齐观。

---

[1]《庄子·马蹄》。

58

怎样才能做到与天地为一呢？《庄子》的作者所开的妙方之一就是"忘己"。《庄子·天地》篇说："有治在人，忘乎物，忘乎天，其名为忘己。忘己之人，是之谓入于天。"《庄子》认为，天下万事万物中最难忘却的是自己，如果连自己都忘掉了，自然就能进入与天为一的境地。

比"忘己"更深奥的妙境是"无己"。《庄子》所说的"无己"并不是简单地消灭自己，而是使自己与自然为一。如《庄子·则阳》就曾说："夫圣人未始有天，未始有人，未始有始，未始有物，与世偕行而不替(《疏》云：替，废也。)，所行之备而不洫。"《庄子》许多篇中都讲"无己"，以至宣颖得出了抓住"无己"二字，一部《庄子》尽矣的结论。宣颖的说法虽然失之于偏颇，因为《庄子》在许多地方也强调有己，但"无己"确实是《庄子》人性自然说的重要内容之一。

以上我们介绍的《庄子》人性自然说的内容不管多么玄妙、超脱，但仍是把人作为自然界的一种存在形式来论述的。也就是说，《庄子》虽然要求人彻底的自然化，但人总还是人，并未到达另一个世界去。"若夫乘道德而浮游则不然。无誉无訾，一龙一蛇，与时俱化，而无肯专为；一上一下，以和为量，浮游乎万物之祖，物物而不物于物，则胡可得而累邪！"[1]这就是说，"乘道德而浮游"虽然也是《庄子》描述的人性自然说的图画之一，但所达到的境界，不再是自然的人，而是从自然的人逸脱出来，具有神仙的味道了。《庄子》许多篇讲到的"真人""至人""圣人""神人""体道者"等，多半是神仙化的形象。因此，他们的"性"也不同于一般人，而是"其性过人"[2]。

这里应当指出的是，《庄子》书中这些神化了的"真人""至人"等，不是殷周以来传统的天帝观念的简单移植或改造，也不是生硬的自我异化，而是用逻辑的方式引导出来的形象。这种逻辑方式的特点，是在把人还给自然的过程中，让自然的单个的人与自然的总体和本源合为一体来实现的。

《庄子》一书对宇宙万物的本源与生成变化过程，曾进行过广泛的探讨。其主要论点是：道是宇宙的本源，天地是万物之母，阴阳是变化之因，等等。这些认识究竟是唯心的还是唯物的，我们且不去管它。我们要讨论的是这些论点与人性自然说的关系。《庄子》一些篇认为，真正明了事理者，就要使自己升

---

[1]《庄子·山木》。

[2]《庄子·天地》。

华,在精神上与道、天地、阴阳一体化,"与天地为一"①,"乘天地之正,御六气之辩"②,"乘道德而浮游","浮游于万物之祖"。这样一来,具体的自然的人就成为超自然的人,即所谓的"真人""至人"等。由于这些"真人""至人"是通过理论逻辑方式达到的,因此我们可以说,他们是理性之神。

"乘道德以浮游"这个人性自然说的理想国,虽然具有神秘主义的色彩,但从根本路线上看,与回到自然中去的全部论述,其方向是一致的。

综上所述,人性自然说与回到自然中去的主张,是《庄子》对人的最基本的认识。这种认识的致命弱点在于排斥人的社会性。然而就其强调人的自然性这一点来说,在人类自我认识史上又有不可泯灭的意义。在《庄子》成书的时代,社会扼杀了多数人的自然要求和生的权力,因此《庄子》把"人"的被扼杀的自然性揭示出来,提出人性自然说,不能不具有重大的历史价值。《庄子》强调人的自然本质,这又为批判和揭露当时被人们认为神圣不可侵犯的许多社会准则与传统,提供了理论依据。

二、对桎梏人性的社会关系与观念的批判

《庄子》从维护其人性自然说的立场出发,对社会关系的各个方面进行了猛烈的批判。庄子及其后学认为,当时的各种社会关系都是对人性的束缚,整个社会就是个大牢笼、大屠宰场。社会上无论是"善"的还是"恶"的东西,都对本性起着破坏作用。《庄子》甚至认为,越是被人们称为美妙的东西,对人性的破坏作用就越大。

《庄子》对所谓治人、治世进行了批判。人们在习惯上和传统上都歌颂治世、治人,谴责乱世、乱人。《庄子》却一反常人之见,认为一切祸乱的根源恰恰在这个"治"字上。《庄子》认为,人类的自然性与统治者的关系,如同陶土与陶冶者、树木与工匠、马与伯乐的关系一样,都是后者对前者原来自然状态的破坏。这种破坏表现在两个方面:一是"乱人之性",引起性情"烂漫"③,使人类自身每况愈下,不可收拾;二是"治人"也破坏了自然界的和谐,使得"乱天之经,逆物之情,玄天弗成;解兽之群,而鸟皆夜鸣;灾及草木,祸及止虫"④。

---

① 《庄子·齐物论》。

② 《庄子·逍遥游》。

③ 《庄子·天道》。

④ 《庄子·在宥》。

60

人们都称道黄帝、尧、舜是"治天下"的"圣人",然而在《庄子》某些篇的作者看来,历史上一切祸乱正是从他们的"治"开始的,故云:"治,乱之率也,北面之祸也,南面之贼也。"①《庄子》许多篇还讲到,救一世者,其后果殃及万世。《庄子·在宥》篇曾经以这种思想为指导,具体叙述了黄帝倡仁义乱世的历史。这种历史发展的结果是使人们"喜怒相疑,愚知相欺,善否相非,诞信相讥,而天下衰矣"。

人们都希望"治人"、贤能出来治世,而《庄子》却认为:"其存人之国也,无万分之一;而丧人之国也,一不成而万有余丧矣。悲夫!有土者之不知也。"②这就是《庄子》对那些希冀"治者"出来拯救人类的人们的回答。《庄子》的回答,未免太苛刻、太不通情理了,但在当时这却是最深刻最有价值的见解。这种见解是用近似荒唐的外衣包裹着的。

在战国时代,希望圣明君主出世拯救世道的呼声四起,弥漫了整个思想界。儒、墨、名、法,无不如此。《庄子》却相背而行,给那些想入非非、头脑发昏的人大泼其冷水。这些冷水,不管其中包含着多少恶意或悲观情绪,但都不失为一副清凉剂。寄希望于君主的越多,失去的就越多;把自己的命运全交给君主,自身也就失掉了。《庄子》看透这一点,是一大贡献。走到另一头,又是谬误。

在那个时代,不论治与乱,都与权力相连,有了权就有了一切,一般人都把权视为宝物,并为追逐它而打红了眼。而《庄子》却对权力投以蔑视的眼光,视权为脏品,认为权力是束缚人性的桎梏。《庄子》中许多寓言故事就是比喻这种道理的。例如,《庄子·秋水》篇说:"惠子相梁,庄子往见之。或谓惠子曰:'庄子来,欲代子相。'于是惠子恐,搜于国中三日三夜。庄子往见之,曰:'南方有鸟,其名为鹓鶵,子知之乎?夫鹓鶵发于南海而飞于北海,非梧桐不止,非练实不食,非醴泉不饮。于是鸱得腐鼠,鹓鶵过之,仰而视之曰:吓!今子欲以子之梁国而吓我邪?'"历史上有无其事,这无关紧要,故事的用意是深刻的,它清楚地表达了庄子一派对权力的看法,理论是通过文学的形式表达出来的。

由于庄子一派对权力的卑视,故认为:君主尽管握有权柄,号令一切,然而这正是自由的累赘和祸源。作者曾假魏文侯之口说:"夫魏真为我累耳!"③

---

① 《庄子·天地》。

② 《庄子·在宥》。

③ 《庄子·田子方》。

《庄子·山木》篇也曾讲过一个故事,说鲁侯有忧色,问术于道家市南宜僚,市南子对他说:丰狐文豹,小心翼翼,不免罗网之患,"其皮之为灾也"。鲁国正是鲁侯的招祸之皮。如果能忘其国,任其自化,也就不会有这些忧愁了。

以上是斯文的说理,在《庄子》一书中更多的则是怒骂。不肖主就不必说了,《庄子》许多篇专骂那些被人们称颂为神圣的帝王君主,认为黄帝、尧、舜、禹、汤、王季、文武王、周公是真正的伤天害理的罪魁。《庄子》认为,君主是真正的大盗大贼,"大盗者为诸侯","窃国者为诸侯"。君主的所作所为都是自私的,是违反自然规律的。"天地之养也一,登高不可以为长,居下不可以为短。君独为万乘之主,以苦一国之民,以养耳目鼻口。"①此话虽然是在痛斥魏武侯时讲的,但作者的真正意图是通过魏武侯这个典型来鞭打所有的君主。浅薄的人总是谴责士民的伪诈欺盗,而《庄子》却努力去捕捉引起士民这种行为的罪魁。在《庄子》看来,这个罪魁就是君主。君主们强民所难。"重为任而罚不胜,远其途而诛不至,民知力竭,则以伪继之。日出多伪,士民安取不伪!夫力不足则伪,知不足则欺,财不足则盗。盗窃之行,于谁责而可乎?"②对此,郭象注了四个字:"当责上也。"这是很确切的。

从历史的进程看,在剥削阶级占统治地位的社会中,凌驾于社会之上的权力是不会消失的。任何人想把这种权力一笔勾销,都只能是幻想。但这决不能成为阻止人们揭露和批判这种权力所造成的罪恶的理由。《庄子》许多篇对权力的揭露与批判不能说都是科学的,也不都是积极的,但却相当深刻。《庄子》第一次指出了当时权力的行使是对人性的破坏,是人类自然发展的异己力量,是造成社会罪恶的根源。

从人性自然的主张出发,《庄子》还把批判的矛头集中在心计与知识方面。人类有意识的思维活动,在先秦诸子中被称为"心""知""思"等。《庄子》诸篇对"心""知""思"的看法不完全一致,有的篇有限地承认"心""知"的作用,"心"应该用在顺"性"上,"知"应该用在知"道"上,从而使心、知、性统一起来。因而《庄子》有"养心""知道"之论。而另一些篇则认为"心""知"与人性是相背离的。心计、知识、智慧的活跃与发展,会破坏人性,是社会的祸乱之

---

① 《庄子·徐无鬼》。
② 《庄子·则阳》。

62

源,把"心""知"放到了被告席上。下边我们着重分析一下《庄子》中的后一种理论。

《庄子》认为,人类的原始状态是无心计、无知识的,因而过着无忧无虑的和平生活。自从黄帝、尧、舜等来到人间,这种生活环境就被破坏了。他们搅动了人心,挑起了情欲,把"心计"这个魔鬼放了出来,从而酿成了历史的大祸。"心""知"使人们争名夺利,结果破坏了自然界的秩序,造成了思想混乱,甚至使日月、天地、四时、万物都失去了本性。"心""知"一出现,人们都竞相施计斗巧,结果不仅使个人损性,而且造成"亡国戮民无已"①。在《庄子》看来,盗贼固然可恶,但如果没有贼心盗知,又怎会成盗贼!知识、智慧既是盗贼行为的发动机,又是盗贼行盗的工具。"举贤则民相轧,任知则民相盗。"②很显然,《庄子》的这些看法是令人难以接受的,但它却反映了一种事实,即当时政治上的奸诈、阴谋、猜忌及对劳动人民的巧取豪夺,总是与聪明才智相伴行的。尔虞我诈、欺世盗名就是令人注目的心知在邪恶方面的表现。当然,把争名夺利、寇攘奸宄的本质原因归结为聪明才智是错误的。可是我们从社会政治学的角度来看《庄子》的这个思想,它又具有独特的意义。它告诉我们,当时的大智大勇多半是用在争权夺利上的。从这个角度来理解《庄子》的说教,它对才智的抨击又有一定的合理性。

《庄子》对知识采取否定态度,不只是认为知识破坏了人的自然性并造成社会罪恶,而且还有更深的理论论证。哲学史研究者对此作了详细的分析,这里不再重复。

为了维护人性自然的主张,名利也是《庄子》批判的对象。应当说,名利是私有制社会里人与人之间最普遍的关系。就实而论,任何人也无法摆脱这种关系。但是《庄子》认为,人们只有从名利中解脱出来,才能回到自然。因此,《庄子》对名利欲望大加鞭挞。

《庄子》认为,名利欲望同人的本性是对立的。《庄子·庚桑楚》篇曾把名利欲望概括为四个方面、二十四种表现,说:"贵、富、显、严、名、利,六者勃志也;容、动、色、理、气、意,六者缪心也;恶、欲、喜、怒、哀、乐,六者累德也;去、就、取、与、知、能,六者塞道也。"以上四个方面、二十四种表现简称为"四六"。"四六"不去,人性难复。去掉"四六",便能使心归于正。"正"就是人性的恢复。故说:"此四六者,不荡胸中

---

① ②《庄子·徐无鬼》。

则正,正则静,静则明,明则虚,虚则无为而无不为也。"这种连锁反应的最终结果,就是《庄子》所理想的"有人之形,无人之情"①之人了。

《庄子》认为,名利之类都属于性外之物,而"外物不可必"②。如果一定要追求名利,就必然招祸。比如关龙逢、比干、箕子、恶来、桀、纣、伍员、苌弘、孝己、曾参等,都是因为追求外物——名或利,招来了伤性害己。这些见物忘本之举,是庄子学派所最禁忌的。父母与子女的关系是为"天属",而利是"天属"的破坏者。

《庄子》认为,名利之所以不可取,还因为名利必定要向灾祸转化。占有名利的人往往为他人所觊觎,最终倒霉。如《庄子·则阳》篇说:"荣辱立,然而睹所病;财货聚,然后睹所争。今立人之所病,聚人之所争,穷困人之身,使无休时,欲无至此,得乎?"《庄子》还指出,凡据名利者,如果他本人幸免于难,他的后代也必定遭祸。《庄子·盗跖》篇说:"尧舜有天下,子孙无置锥之地;汤武立为天子,而后世绝灭。非以其利大故邪?"《庄子》关于名利招祸的观点,如果不以个别人物为限,而是从总的趋势看,不无道理。因为只有"有者"才能有所失,一无所有者是不会失掉什么的。然而《庄子》忘掉了一个简单的事实:一个人如果不能得到起码的"有",连生命也是无法维持的。《庄子》把名利说得如此消极,与那个时代的时代精神是不相符的。但他所指出的名利招祸,名利不能永久垄断,则确有见地。

《庄子》抨击名利时还讲过如下一番道理:一个人得到的名利越多,他的尊严丧失得就越多。《庄子·列御寇》篇讲了这样一个故事,曹商为宋偃王使秦,因应对得所,秦王赐车百乘。曹商回到宋国,向庄子夸耀了一番。庄子有感于此,对曹商说:"秦王有病召医,破痈溃痤者得车一乘,舐痔者得车五乘,所治愈下,得车愈多。子岂治其痔邪?何得车之多邪?子行矣。"在庄子看来,名利所获多寡与人格下降程度成正比。为了保持自身人格的价值与尊严,最好不要让名利来玷污自己。作者的看法不免失之偏颇,但确实刺中了当时官场的流行病。

《庄子》抨击和摒弃名利的思想,是消极的,无益于当时的历史。但它所论述的名利与人性相矛盾的观点,却为人们认识社会打开了一个新窗口。

---

① 《庄子·德充符》。

② 《庄子·外物》。

《庄子》认为,儒家倡导最烈的忠孝仁义也是人性自然说的大敌,也在批判之列。在先秦诸子中,法家中的《商君书》派与韩非子,从维护法与利的角度批判过仁义,但并未全盘否定过仁义。《庄子》的某些篇也没有对忠孝仁义礼乐采取全盘否定的态度,而是按照道家的理论加以改造。但是《庄子》的多数篇章对忠孝仁义进行了猛烈的抨击,认为仁义人伦一类关系应当彻底摒除。

　　《庄子》多篇认为,仁义与道家所说的道德是根本对立的,二者不可同时并存。大道废而后仁义兴这一说法是《老子》一书首先提出来的,但未加论证。《庄子》继承和发挥了这一观点,认为"道""德"是自然的本性,仁义则是人的有意志的行为。故说:"道不可致,德不可至。仁可为也,义可亏也,礼相伪也。"①还说:孝悌仁义、忠信贞廉,"此皆自勉以役其德者也"②。因此,道德与仁义的对立是自然与人为的对立。道、德是自然的"全",而仁义则偏执一方。偏执一方就会必然走向另一方。《庄子·山木》篇所说"合则离,成则毁,廉则挫,尊则议,有为则亏,贤则谋,不肖则欺",就是讲这个道理的。《庄子》认为,偏执一方及其恶性循环,是对道、德自然本性的破坏。

　　《庄子》认为,仁义礼乐不属于自然本性,是那些好事的"圣人"(非道家所说之圣人)制造出来的。"毁道德以为仁义,圣人之罪也。"③《庄子》认为,仁义礼乐的兴起,破坏了人性自然状态。《庄子》说,民原本是无分的,自从有了礼乐,民便有了贵贱之分。烦琐的礼乐制度起着"匡天下之形"的作用④,对自由是一种束缚。仁义的畅行动摇了"天下之心",从而引起了"疑"。"疑"的结果是人们互相勾斗,造成大乱。⑤

　　《庄子》认为,人只要悬挂仁义礼乐名利之念,势必颠三倒四,坐卧不安。"不知乎,人谓我朱愚;知乎,反愁我躯。不仁则害人,仁则反愁我身;不义则伤彼,义则反愁我己。"⑥总之,只要与仁义沾边,便无一时安宁。

　　许多思想家总是把仁义与爱人连在一起,儒、墨两家尤甚。也有许多人睁大眼睛盼望爱人者出世,以便受其惠。庄子一派却冷眼相看,认为"捐仁义者寡,利仁义者众"⑦,越提倡仁义,假仁义以利己者就越多。甚至仁义其外,禽兽

---

　　①《庄子·知北游》。

　　②《庄子·天运》。

　　③④⑤《庄子·马蹄》。

　　⑥《庄子·庚桑楚》。

　　⑦《庄子·徐无鬼》。

其内,仁义变成了兽行的工具。我们不否认某些思想家宣传仁义爱人的诚心和身体力行的品质。但从历史的发展过程看,《庄子》的说法更符合或接近历史的实际。

如果说以上论述还多限于对仁义实践所进行的量的分析,那么《庄子》中也不乏对仁义爱人之说进行质的否定。例如:"虎狼,仁也。"①"夫兼爱不亦迂乎!无私焉,乃私也。"②就是对仁爱的彻底否定。《商君书》与《韩非子》亦曾把仁义比作虱子、蠹虫,其用意只在于说明仁义是社会的寄生物。而《庄子》对仁义的批判要比这深刻得多,它指控仁义是社会的刽子手。不是吗?在那个时代,可以有仁爱的呼声和笃信者,但却没有付诸实现的社会条件;仁爱之论可以是改造社会的美好愿望,但这美好的图画却被刽子手拿来当作包藏屠刀之用。仁爱的温情脉脉的外表所掩盖着的这种虚伪性和残忍性,是由庄子一派首先揭露出来的。应该说,仅此一点,《庄子》的看法就有划时代的意义。

《庄子》从人性自然说出发,还批判了喜生恶死的观念。生与死,是一个生理过程。但怎样对待生与死,就成为一个社会问题。当时厚生、厚葬已经给社会带来了灾难。因此,生死问题就成为各派思想家研究的对象。有的思想家把喜生恶死视为人的本性,并据此引申出一系列政治原则。《庄子》却认为,被生死问题所纠缠,实在是自寻烦恼。它提出了外生死的主张,以求彻底摆脱生死的束缚。如何才能做到外生死呢?《庄子》曾从各个方面进行过说明。其中最有价值的一点是它指出生死是自然的过程,而这个过程是人的主观意志不能改变的。如说:"死生,命也,其有夜旦之常,天也。人之有所不得与,皆物之情也。"③又说:"圣人之生也天行,其死也物化。"④以上这些说法用今天的观点来看,不完全是科学的,其态度也不都是可取的。但它沿着自然的过程来认识生与死,这在认识路线上是正确的。《庄子·刻意》篇既批评了那种"形劳""精用"不已的苦生行为,也反对用"道引""养形"来追求长寿的办法,认为二者均不合自然之道。基于此,《庄子》极端藐视厚葬思想及风气。请看庄子的表现:"庄子将死,弟子欲厚葬之。庄子曰:'吾以天地为棺椁,以日月为连璧,星辰为珠玑,万物为赍送。吾葬具岂不备邪?何以加此!'弟子曰:'吾恐乌鸢之食夫子也。'

---

① 《庄子·天运》。

② 《庄子·天道》。

③ 《庄子·大宗师》。

④ 《庄子·刻意》。

庄子曰：'在上为乌鸢食，在下为蝼蚁食，夺彼与此，何其偏也！'"①这实在是大彻大悟之论，发聋振聩之言。在厚葬成风的时代，庄子心胸坦荡，又有如此之高的认识，这的确是难能可贵的。

由于《庄子》把生死视为自然的过程，所以它劝人们不必喜生恶死。《庄子》认为原来"本无生""本无形""本无气"，后来才"变而有气，气变而有形，形变而有生"。②从生到死，只不过像春夏秋冬四时那样自然的运行。生总归要死，生如白驹过隙，一驰即过。这些看法基本上是正确的。但由于《庄子》强调生死的纯自然性，从根本上排除社会意义，以致得出了生死为一的结论。如《庄子·大宗师》说："善吾生者，乃所以善吾死也。"《庄子·知北游》说："若死生为徒，吾又何患？"总之，生与死是一回事。真理越过一步就会变成谬误。《庄子》由把生死看作是自然过程的正确命题发展到排斥社会性的纯自然过程就是一例。然而，超越真理的谬误中又包含着真理的因素，这一点也是我们不应该忘记的。

《庄子》的生死观，从根本上说是关于人生观的问题。《庄子》的人生观彻底否定了人生的价值，把生的意义轻率地从人类历史上抹去了。一般地说，任何否定人生价值的观念都是消极的。但在产生《庄子》的时代，劳动人民的价值虽然已被一些人呼唤了好久，但依旧停留在游说家的口头上，等级仍然是社会构成的主要形式。面对这种现实，《庄子》走到了另一个极端，与其肯定点什么，倒不如统统否定掉更痛快。《庄子》在这里有精神超脱的自我安慰，更有藐视一切的高傲。这里有沙子，也有黄金。

从以上论述我们可以看到，《庄子》对社会关系和人类一切文明成果进行了全面批判。《庄子》把人的自然性与社会性完全对立起来，无疑是一种谬误。但无可否认，在当时，社会关系毕竟是不平等的，到处都充满了剥削与被剥削、压迫与被压迫、文明果实被少数人所垄断、多数人处在被奴役地位的事实。《庄子》最先把这种对立揭示出来，不能不是历史的杰出贡献，不能不使人们认识历史的眼界大开！

三、政治主张与理想社会

《庄子》主张人类从社会关系的束缚中解脱出来，但实际上就像一个人不能提着自己的头发离开地面那样，任何人也无法离开社会。所以《庄子》的作

---

① 《庄子·列御寇》。
② 《庄子·至乐》。

者们又不得不回到社会中来,并以他们的人性自然说为依据,提出了相应的改造社会的方案,编造了他们的理想社会。

顺从自然是《庄子》社会政治思想的主要特点。根据前述天人关系的理论,《庄子》认为最好"不治天下"。如果"君子不得已而临莅天下,莫若无为"①。无为就是顺从自然。《庄子·天运》篇说:"天有六极五常,帝王顺之则治,逆之则凶。""六级""五常"何所指,注家不尽一致;大凡"六极"即"六合","五常"即"五行"之说比较切合《庄子》的思想。

顺民情性是《庄子》政治思想的另一个基本内容。《庄子·山木》篇以舜戒禹为托,言治民之要在乎顺形率情,说:"形莫若缘,情莫若率。缘则不离,率则不劳。不离不劳,则不求文以待形。不求文以待形,固不待物。""缘""率"皆顺从、遵循之意。缘形率情即任其自然。《庄子·则阳》篇曾用长梧封人戒子牢的一席话,具体形象地说明了治民的顺形率情之术:治民如同种庄稼,要顺其性而深耕细耘,否则带来的只能是报复。庄子批判了当时统治者治民中的离情灭性之举。《庄子·徐无鬼》篇讲到治民如同牧马,最重要的是"去其害马者而已矣"。其意同《庄子·则阳》篇。

《庄子》认为,要使民"安性命之情",就要"无擢其聪明"②。擢其聪明就会使民心动荡,民心动荡是变乱之因。怎样才不惊动民心呢?要在一个"静"字。《庄子》的作者认为,他们所处的时代是民心动摇的时代,而这种情况是黄帝以来治天下的"圣人"搞的。所以他们提出了弃圣绝智的主张:"圣人已死,则大盗不起,天下平而无故矣。"③

帝王问题是当时政治思想界广泛论述的问题之一,《庄子》也不例外,这在前边我们已经叙述过了。这里需要补充的一点是:在《庄子》之前,有不少思想家曾经严厉地批判过昏君、暴主,这种批评一般说来是作为歌颂圣明君主的陪衬来进行的。只有《庄子》对历史上的一切君主从理论上从整体上进行了批判,因此这种批判有着巨大的理论价值。我们还看到,《庄子》虽然主张弃圣绝智,但并不是彻底的无君论者。不过在谈到君主的地方,除几篇肯定了黄帝,部分肯定了尧、舜外,都是理论上的君主,称"君",或称"天子""帝王""圣人"。对君位取得的方式,《庄子》认为不应是争或盗,而是通过修行道德而取

---

①②《庄子·在宥》。
③《庄子·胠箧》。

得。当修行到"无天怨,无人非,无物累,无鬼责"的境地时,就能"一心定而王天下","万物服"。①《庄子·让王》篇还说:"唯无以天下为者,可以托天下也。"这就是说,只有那些无权力欲望的人,才可以把天下委托给他。究竟由谁委托,《庄子·庚桑楚》篇提出了"天助"的说法。《庄子》中"天"的概念,一般指自然。这里的所谓"天助",我们可以看成是自然之助。

《庄子》关于君主理论最耐人寻味的一点就是关于君主不能有超越社会之上的特权的主张。这种主张的理论依据是,任何人在自然面前都是平等的。《庄子·应帝王》篇说:"明王之治,功盖天下而似不自己,化贷万物而民弗恃;有莫举名,使物自喜;立乎不测,而游于无有者也。"当然,细细分析起来,《庄子》这个命题也有问题。乍然看去,功盖天下而似不自己同功盖天下而有天下是截然相反的,是对据有天下的批判。但实际上二者的前提是一致的,都是从"功盖天下"立论的。历史唯物主义的常识告诉人们,任何人都不能功盖天下,更不能化育万物。人类历史的悲剧之一,就是自己给自己树立了这样一个荒谬的命题,直到马克思主义出现以前,昏昏然而不自知。

与为而不有相接续的是无欲而天下足。《庄子·天地》篇说:"古之畜天下者,无欲而天下足,无为而万物化,渊静而百姓定。"这种说法显然是针对当时统治者贪多欲胜造成天下贫困而发的。这种"无欲"论表现在经济关系上就是主张薄税敛。《庄子·列御寇》篇以卖浆者薄利多销、生意兴隆为例,劝说"万乘之主"也要薄敛。薄敛,统治才能长久。

根据在自然面前人人平等的原则,《庄子》认为帝王应具备有势而不骄的品质。"势为天子而不以贵骄人,富有天下而不以财戏人。计其患,虑其反,以为害于性,故辞而不受也。"②这种思想无疑是针对那些依势骄人者而发的。这是《庄子》的作者以其人性自然说为中心,对权势者提出的限制措施。《庄子·田子方》篇曾讲到周文王委政于臧丈人,臧丈人"典法无更,偏令无出",国家大治的故事。"典法无更"是针对变法易俗而说的,因此是保守的;"偏令无出"则又有合理的成分,因为它反对的是人主随其喜好滥发命令的恶行。

《庄子》还提出帝王要掌握运而无积之术。《庄子·天道》篇说:"天道运而无所积,故万物成;帝道运而无所积,故天下归;圣道运而无所积,故海内服。"

---

① 《庄子·天道》。

② 《庄子·盗跖》。

"运"即顺自然之理,随自然之动。"积"是"运"的对立行为,指阻止或干预事物自然的运动过程。"积"为帝道之大忌。要想"运而无积",关键仍在于"静"。"静"在政策上的表现就是"无为"。《庄子》讲君道无为,但主张臣道有为。"上必无为而用天下,下必有为为天下用,此不易之道也。"①又说:"无为而尊者,天道也;有为而累者,人道也。""主者,天道也;臣者,人道也。"②这种"无为"的理论应该说也是从《庄子》顺自然的人性论蜕变出来的东西,而且蜕变得相当符合某些帝王的胃口。

《庄子》还认为,君主不应有超越社会的权利,但应有承担责任的义务。"古之君人者,以得为在民,以失为在己;以正为在民,以枉为在己。故一形有失其形者,退而自责。"③《庄子》把社会的一切过失都归咎于君主,这未免太过分了。尤其是提出"一形有失其形"就要下台反省,实在太苛刻了。但它的用意是清楚的,当今世主应"退而自责"。

在《庄子》一书的政治思想中,"平均"思想具有特殊的地位。针对社会贵贱贫富悬殊的现象,在《庄子》之前已有人提出了"平"和"均"的主张。但把"平均"连在一起的要首推《庄子》。《庄子·达生》篇说:"复仇者不折镆干,虽有忮心者不怨飘瓦,是以天下平均。"意思是说,名剑干将、莫邪虽被用来制造了仇恨,但复仇者不会把它折断以示报复,因为它是无情之物;被风吹落下来的瓦片打中最爱计较的人,他也不会产生怨恨之心,因为落瓦是无心之物,并非有意伤人。因此,无情才能达到天下平均。所以要消除不平,首先要根除人的情欲。把人们的情欲视为"不平"的原因,在今天看来无疑是肤浅的。但从历史上看,却是人类探讨不平根源的最早学说,也是当时对社会的最深刻的认识之一。这一观点的理论价值就在于,"不平"的原因不能从自然中寻找,而只能从人们的社会性中去求索。

《庄子》中的这种"平均"思想,仍渊源于在自然面前人人平等的学说。《庄子·人间世》篇说:"与天为徒者,知天子之与己,皆天之所子。"过去说只有最高统治者才配称"天子",而《庄子》却认为"天子"与"己"都是"天之所子"。这种天赋平等的思想,正是《庄子》平均学说的基础。

---

① 《庄子·天道》。

② 《庄子·在宥》。

③ 《庄子·则阳》。

《庄子·盗跖》篇还从福、害的转化关系上论述了"平"与"有余"的不同后果。"平为福,有余为害者,物莫不然,而财其甚者也。"接下去列举了"富人"因财物有余而带来的六种灾害。在作者看来,处于有余地位者,一旦大祸降临,身家性命不可保,欲"平"而不可得。反之,如果能保持与他人均"平",就不会招来别人的嫉妒,因此便可以保"福"而不败。《庄子》还对"维齐非齐"的观点进行了驳斥,指出:"以不平平,其平也不平。"①这就是,以不平求平,焉有平的可能!

《庄子》的平均思想从历史的角度看,是不现实的,不平是当时历史不可逆转的事实。然而这不能成为非难《庄子》这种平均思想的理由。人间不平的灾难产生了这首善良的幻想曲,它反映了苦难人们的心声。心声是衡量历史的尺度之一,我们不能否认它的历史价值。平均思想在当时乃至在整个中国古代都是反对等级制度的最有力、最革命的武器之一。

以上是《庄子》对现实政治提出的治理方案。另外。《庄子》中还有理想社会的描绘,这就是所谓的"至德之世""建德之国""至治之世""无何有之乡"等。《庄子》这个理想国的最主要特征是人完全回到了自然,人与"万物群生,连属其乡"②;"民如野鹿"③。在《庄子》看来,一切社会关系都是人性的异化,应当统统抛弃。所以,《庄子》的理想世界是以人性自然说为基础,从批判现实中引申出来的。

人类回到自然后的生活状况是怎样的呢?《庄子》是这样叙述的:人们的知识、心计减少到了最低限度,"民愚而朴,少私而寡欲"④;人类完全仰仗自然的恩赐,"山无蹊隧,泽无舟梁"⑤,无任何技巧可用。人们尽力劳作,只求一饱,"知作而不知藏,与而不求其报"⑥。人们不知仁义礼乐,但却生活得很谐调:"不知义之所适,不知礼之所将"⑦,"端正而不知以为义,相爱而不知以为仁,实而不知以为忠,当而不知以为信,蠢动而相使不以为赐"⑧。人们的行为既无一定的目的,也无特定的方向,"其行填填,其视颠颠"⑨。填填,安详满足貌;颠颠,无外求专一貌。"其生可乐,其死可葬"⑩,自然的出世,自然的生活,自然的消逝。除了自然的过程之外,自己既无须也不应该给后世留下什么值得回味的东西,要"行而无迹,事而无传"⑪。在这样的社会中,没有君子小人之分,

---

① 《庄子·列御寇》。

②⑤⑨ 《庄子·马蹄》。

③⑧⑪ 《庄子·天地》。

④⑥⑦⑩ 《庄子·山木》。

更没有"尚贤""使能"之举,阶级与国家都是不存在的。除此之外,《老子》所向往的小国寡民、老死不相往来的社会,也在《庄子》的理想之内。

对于《庄子》的上述思想,有的同志说这是庄子一派对原始社会的向往。的确,这种叙述多半以追叙历史的形式进行的。但这里有一个问题需要搞清楚:《庄子》这些观点主要是由追忆历史形成的呢?还是通过理论逻辑推理形成的?我们认为是后者。因为《庄子》的理想社会是建立在人性自然说的理论之上的,而不是从历史论证出来的。至于某些地方与原始社会相似,这是因为原始社会人类的自然性较之文明时代更突出的缘故。人具有自然性,又具有社会性,社会性是随着文明时代的到来而突飞猛进发展起来的。所以历史越古,人的纯自然性成分也就越多。因而《庄子》把人还原给自然的理论论证也就正好与这种历史发展的过程有某些吻合。

由于《庄子》的理想社会是理论逻辑推理的产物,所以具有突出的理论性质和现实批判主义性质。另外,《庄子》书中讲的历史不能当作信史看待,而应该视为理论的一种叙述形式。

《庄子》代表谁呢?有的说代表没落的奴隶主或贵族,有的说代表农民或农村公社成员。从这一端到那一端,莫衷一是。

研究历史,特别是研究政治思想,必须坚持阶级分析。但在我们看来,进行阶级分析并不限于给某种思想找一个阶级座位,做一个纯粹又纯粹的结论。如果那样做,有时反而更难把事情说清楚。我们认为,《庄子》的思想是当时某些阶级意识支流的混合物。所谓阶级意识支流,是为了与阶级意识主流相区分。在阶级社会中,每个阶级有它的主流意识,又有支流意识,主流意识有明显的区别,但支流意识却可能相互交错渗透。对于一个思想家,他可以代表一个阶级的主流意识,也可以代表支流意识,还可能是不同阶级支流意识的混成物。《庄子》的思想便属于后者。在《庄子》一书中,可以看到颓废没落者的奇谈怪论,但其中又有对吃人制度最无情的批判。《庄子》的作者们在讲了一整套不与当权者合作的理论后,有时又给当权者出谋划策。《庄子》把被剥削者的苦难当作抨击统治者的根据,喊出了被剥削者的心声,可是它又把被剥削者好不容易争来的一点点物质精神文明也要毁掉,以就人性自然说之范。在《庄子》的思想中,有不少是弱者的精神安慰剂。然而在当时的条件下,这种安慰剂又是维护强者占据物质优势的特殊堤防。

《庄子》代表谁呢?它代表了弱者的愤恨与自我解嘲。在当时,这些弱者主要是那些失意的知识分子和脆弱的小农。《庄子》的思想便是这两者支流意识的特殊的混合物。

原载中国哲学编辑部编:《中国哲学》(第11辑),人民出版社,1984年

先秦法家关于君主专制主义的理论

先秦法家是君主专制最积极的鼓吹者。学界对韩非的君主专制主义理论虽有不少论述,但对整个法家学派论述甚少,拙文试就这个问题作一点探讨。

一、圣化君主的理论

君权神授说是君主专制最有力的辩护词。法家虽然把君主专制思想推向了极端,可是他们对这一套理论却不大相信。他们走的是另一条路,概括言之叫作"圣化"。神化与圣化不同。神化把君主说成是神的化身或神的代理人,君主具有超人类的性质。圣化则不然。圣指极其聪明、极有才能和明达事理。《管子·正世》说:"圣人者,明于治乱之道,习于人事之始终者也。"《韩非子·奸劫弑臣》说:"圣人者,审于是非之实,察于治乱之情也。"神化与圣化在认识上是两种不同的认识道路,两种不同的思维方法。圣化具有突出的理论思维色彩。法家"圣化"君主有两个最主要的理论:一是君主拯救人类说;二是君与道同体说。

君主拯救人类说是从他们的历史观中引申出来的。法家认为历史是一个由低级向高级进化的过程。《商君书·开塞》把历史分为"上世""中世""近世"三个不同历史时期。韩非把历史分为"上古""中古""近世""当今"四个时期。在人类进化过程中充满了矛盾斗争。君主是人类历史发展到一定阶段社会矛盾运动的产物。法家面向人类社会自身,从人类社会内部矛盾运动中探讨君主的母胎,这是一个光辉的思想。不过他们的说法又不尽相同。慎到认为"天下无一贵,则理无由通"①。慎到所说的理,即人们的行为规范和准则。人类最初由于没有"理",所以天下大乱。天子是为了"通理"宁天下而产生的。《管子·君臣下》认为,人类最初由于无"君臣上下之别",造成了"以力相征"的乱局。

① 《慎子·威德》。

在相互争斗中,"智者假众力以禁强虐而暴人止,为民兴利除害,正民之德,而民师之"。这种智者就是最早的君主,因此又说:"神圣者王,仁智者君,武勇者长,此天之道,人之情也。"《商君书》的见解要更深刻些。作者从个人、家庭与社会的矛盾,财产分配的矛盾及权力占有的矛盾总合斗争中阐述了君主的产生。①韩非的看法更具特色。他认为人类最初完全依靠自然生活,由于人口增长的速度超过了自然财富增殖速度和生产增长速度,于是打破了原始生活的平衡,人们为了争夺生存空间引起了人与人之间的矛盾斗争。在人与自然斗争中产生了有巢氏、燧人氏、鲧、禹这些生产领袖,他们是后来帝王的雏形;在人与人之间的矛盾中产生了以权力为标志的真正的君主。②法家认为人类社会矛盾运动是君主产生的基础,君主又把人类从自相争斗濒临危亡的险境中拯救出来,把人类从"兽处群居,以力相征","智者诈愚,强者陵弱,老幼孤独不得其所"③的状况下解救出来,使人们各得其所。在法家看来,当时所知道的一切文明,如君臣之分、夫妇之别、礼义道德、赏罚、土地财货之分,乃至科学技术文明,都是圣人君主创造出来的,君主把人类从混浊引向光明。可是当今(即战国时期)又遇到了祸乱,"救群生之乱,去天下之祸"的历史任务又落在了"新圣"肩上。圣人君主拯救了人类,自然应居于人类之上,这在理论上是完全合乎逻辑的。

如果说君主拯救人类说从历史角度论证了君主专制的必然性,那么君与道同体说则从哲学高度论证了君主专制的绝对性。司马谈父子指出法家归本于黄老,这个说法是正确的。所谓归本于黄老,包括哲学上的许多内容,其中最主要的是接受了黄老有关道的理论。黄老的道是唯物的,抑或是唯心的,暂且不论,要之,道是万物之源,同时又是事物的运动规律。法家接受了这种理论并创造性地把道与法和君主联结起来,用道论证法和君主的必然性与绝对性。使君主专制获得了更充分的理论依据。

在法家中最早用道论证法的是慎到。道具有两个特点,一是包容万物,二是对万物一视同仁。法与道相对应,法是道在人世间的具体体现。因此法也有两个特点:其一,法包容一切人事,一切实行"法制","事断于法"④,"唯法所

---

① 参见《商君书·开塞》。

② 参见《韩非子·显学》。

③《管子·君臣下》。

④《慎子·佚文》。

在"①；其二,法对纷纭的人事要一视同仁,如同"权衡""尺寸"一样,公正无私。所以慎到又把法称为"道术""常道""法度""常法""度量"。《管子》书中法家派著作进一步阐发了慎到这种认识,他们把顺从"道"作为立法和执法的基本原则。正像《管子·版法解》所说:"法天合德","象地无亲","参于日月无私"。《管子·七臣七主》提出立法要从"天时",顺"地宜"。《管子·禁藏》还具体论述了四时之法禁,把自然规律纳入立法的内容,使人们必须遵守。法是"道"在人事上的体现,然而法又是君主手中的工具(这点下边再论述)。很明显,这种理论对君主专制是极为有利的。

韩非继承了上述理论,但又进一步提出了君与道同体说。《韩非子·扬权》说:"道不同于万物,德不同于阴阳,衡不同于轻重,绳不同于出入,和不同于燥湿,君不同于群臣,凡此六者,道之出也。"由此可见,君是道的人格化。韩非还反复强调君主要"体道"。《韩非子·解老》说:"夫能有其国保其身者必且体道,体道则其智深,其智深则其会(计算)远,其会远众人莫能见其所极。"君主"体道"的具体表现是把握住政令、法术及各种规定,人臣只能按照君主的规定去办。君主高于臣民的地方就在于体道,《韩非子·主道》说:"道者,万物之始,是非之纪也。是以明君守始以知万物之源,治纪以知善败之端。"《韩非子·扬权》说:"明君贵独道之容。"君主与道相对应,"道无双,故曰一",君主便是人间的"一"。

历史的进化说和道为万物本体与规律说,是先秦诸子思想中最光彩的部分,在当时也是最富有科学性的卓见。可是在法家那里都变成了论证君主专制的最有力的武器。法家是怎样把两者联结在一起的呢?他们论证问题的方法是:把个别提高为一般,把个性说成是共性,把偶然等同于必然。君主本来是"个别""个性""偶然",由于把两者混同起来,君主的地位发生了"质"的变化。君主成了历史进化中的决定力量,人世间一切文明的源头,规律的化身。你相信历史进化吗?进化的决定者是君主;你相信事物有本源吗?君主就是本源,就是一切文明的创造者;你相信规律和必然性吗?规律就在君主的手里和言行之中。法家通过对君主的圣化把君主置于人类社会之上和认识之巅。由于君主掌握至道真理,自然他应该指挥一切人。

从中国封建社会看,神化与圣化是维护君生专制的两大思想支柱,战国以前以神化为主,战国时期又发明了圣化,法家是圣化理论最主要的制

---

① 《慎子·君臣》。

76

造者。从西汉开始,实现了两者的结合,董仲舒是从理论上完成两者结合的代表人物。

二、君主一人操权任势

君主专制最大的特点是君主个人独裁,通揽一切权力。法家把君主独裁的思想发展到了极致。

法家一致认为最高执政者只能有一个人。在权力的层次结构中,每一层的最高权力也只能由一人独掌。慎到认为"两"和"杂"是乱之源。因为"两则争,杂则相伤"①。"两贵不相事,两贱不相使。"②解决矛盾的办法是定于"一"。"子有两位者,家必乱。子两位而家不乱者,父在也。""臣有两位者,国必乱。臣两位而国不乱者,君在也。恃君而不乱矣。"③一国之内只能有一个君主,"多贤不可以多君,无贤不可以无君"④。《管子》中的法家派继承了慎到这一思想。《管子·霸言》篇说:"使天下两天子,天下不可理也。"韩非从更广泛的范围内论述了势不两立,《韩非子·扬权》指出,"一栖两雄""一家二贵""夫妻持政"是祸乱之源。

君主只能有一个,这是实现君主专制的前提。权势独操,决事独断,则是实现君主专制最主要的两项内容。

在政治思想范围内,权和势这两个概念基本相同,但细分又略有差别。权指权力,势比权的含义要广泛些,包括权,还包括地位,以及驾驭政治权力的能力,正如韩非所说:"势者,胜众之资也。"⑤由于两者基本相同,法家常混同使用。慎到最早阐述了权势是政治诸因素中最具有决定意义的东西。政治上谁服从谁,不是以才能、道德、是非为标准,而是看权势的大小。"贤而屈于不肖者,权轻也;不肖而服于贤者,位尊也。尧为匹夫,不能使其邻家,至南面而王,则令行禁止。由此观之,贤不足以服不肖,而势位足以屈贤矣。"⑥慎到还进一步指出,君臣之间的关系也是由权势决定的。"君臣之间,犹权衡也。权左轻则右重,右重则左轻。轻重迭相橛,天地之理也。"⑦从理论上分析,慎到把权势

---

①③《慎子·德立》。

②④⑦《慎子·佚文》。

⑤《韩非子·八经》。

⑥《慎子·威德》。

看得高于一切,把道德、才能、是非当作权势的仆从,无疑是荒谬的,但在当时君主专制制度下,事情只能是这样。慎到以后的法家都接受了慎到君主独操权势的理论,并作了进一步发展。《管子·法法》说得更明白:"凡人君之所以为君者,势也。"《管子·明法解》揭露了君与臣民之间根本不是忠孝信义关系,而是以权势为转移,臣非"爱主也,以畏主之威势也。百姓之争用,非以爱主也,以畏主之法令也"。法家认为权势这种东西是须臾不可离之的。一松手,就会出现倾倒现象,《管子·法法》说,权"在臣期年,臣虽不忠,君不能夺也"。所以权势只能由君独操,《管子·七臣七主》说:"权势者,人主之所独守也。"《商君书·修权》也说:"权者,君之所独制也。"韩非把法家权势理论进一步推向极端。一方面,进一步强调了势是帝王的命根子,《韩非子·难三》说:"凡明主之治国也,任其势。"《韩非子·孤愤》说,"主失势而臣得国";另一方面,对势的内容又作了深入的剖析。他把势分为两种,一种叫自然之势,一种叫人为之势。自然之势指客观条件既成情况下对权势地位的继承。人为之势是指君主在可能条件下能动地运用权势。韩非认为自然之势不是主要的,因它是既成事实,真正的势应是人为之势,《韩非子·难势》说:"势必于自然,则无为言势矣……吾所言,谓人所得势(陶鸿庆云,'势'当为'设')也而已矣。"所得设之势,即人为之势。韩非强调人为之势,意在劝说君主不要满足于身处势位,而要能动的发挥权势的作用。韩非又把人为之势分为"聪明之势"与"威严之势"。"聪明之势"是指要利用天下之聪明为己之聪明,这就是《韩非子·奸劫弑臣》所说的:"明主使天下不得不为己视,使天下不得不为己听。故在深宫之中,而明察四海之内。""威严之势"是指严刑峻罚,《韩非子·人主》说:"威势者,人主之筋力也。"《韩非子·诡使》说:"威者,所以行令也。"把势分为自然之势与人为之势是韩非对势理论的新发展。

权势不仅要独操,而且决事要独断,掌握最后决断权。君主独断是否意味着君主不要臣佐助,不听取臣下意见呢?不是。不管法家中哪一个人物都十分重视臣佐的作用。慎到指出,君主之所以能成为君主的重要条件在于"得助于众"①。君主要有"兼蓄下者"的胸怀,"不设一方以求于人"②。慎到用"廊庙之材,盖非一木之枝也,粹白之裘,盖非一狐之皮也"③喻明此理。君主要想居廊

———————————

① 《慎子·威德》。

② 《慎子·民杂》。

③ 《慎子·知忠》。

78

庙,衣粹白之裘,就不能弃一枝之木和一狐之腋。慎到还用君主个人能力的有限性论证了君主不能事无巨细、包揽一切。他说:"以一君而尽瞻下则劳,劳则有倦,倦则衰,衰则复反于不瞻之道也。"①法家多数都主张君道无为,臣道有为。君道无为不是君主无所事事,撒手不管,而是指君主不要包办代替。君主的职责是用臣,如果代臣办事,"是君臣易位也",君主把自己降低到了臣子的地位。

君主的独断也不排斥兼听,法家相当重视倾听臣子的意见,《管子·八观》指出,无谏臣国必亡。韩非提倡众端参观,听无门户,《韩非子·内储说上》讲:"观听不参则诚不闻,听有门户则臣壅塞。"《韩非子·外储说左下》云:"忠言拂于耳,而明主听之,知其可以致功也。"《韩非子·八经》还以能否尽人之智作为品分君主的标志,文中说道:"下君尽己之能,中君尽人之力,上君尽人之智。"但是决断时必须由君主个人独断。这就是《管子·明法解》所说的"兼听而独断"。君主在决断之前一定要深藏不露,不可让臣下摸到自己的意向,为此在兼听之时绝对不动声色。为防止走漏风声,韩非特别提出要备内,专门写了《韩非子·备内》篇,警告君主,且莫让后妃、太子、左右之人得到消息。为防止说梦话泄露机密,韩非还劝君主要"独寝"。凡此种种都是为了确保独断。

韩非把国家视为君主的私有物,从而把君主独裁说推向了新的高峰。韩非之前的法家虽然都主张君主独裁,但在论述国家与君主的关系时,比较看重国家的利益。《慎子·威德》说:"立天子以为天下,非立天下以为天子也。立国君以为国,非立国以为君也。"《商君书》继承了慎到的这一观点,《商君书·修权》说:"尧舜之位天下也,非私天下之利也,为天下位天下也。"作者还批评了当时君主为私利而损国的行为。"今乱世之君臣,区区然皆擅一国之利而管(掌握)之重,从便其私,此国之所以危也。"但是到了韩非,情况发生了明显的变化。韩非一方面劝说君主要尊公利抑私便,另一方面他又直截了当地宣布国家是君主的工具和私物,《韩非子·外储说右上》说:"国者,君之车也。"国家只是君主的一具马车。

韩非描绘的君主专制的格局是这样的:"事在四方,要在中央。圣人执要,四方来效。"②君主"独制四海之内",臣属"远在千里之外,不敢易其辞"。"臣毋

①《慎子·民杂》。
②《韩非子·扬权》。

79

或作威,毋或作利,从王之指;无或作恶,从王之路。"①《管子·君臣下》也描绘了类似情景:"千里之内,束布之罚,一亩之赋,尽可知也。"

综上所述,君主独一,权势独操,决事独断,视国家为私物,支配国家的一切,这五点集中反映了法家君主专制的思想,实现这五者也就彻底地实现了一人独裁。

三、法是君主专制的工具

法家喊得最响亮的是以法治国、事断于法、贵公抑私。还有大量的言论要求君主遵从法制,抑私尊公。《慎子·威德》说:"法制礼籍,所以立公义也。凡立公所以弃私也。"《管子·法法》说:"巧者能生规矩,不能废规矩而正方圆。虽圣人能生法,不能废法而立国。故虽有明智高行,倍法而治,是废规矩而正方圆也。"《管子·七臣七主》说:"法令者,君臣之所共立也。"《商君书·慎法》说:"有明主忠臣产于今世,而能领其国者,不可以须臾忘于法。"《韩非子·诡使》说:"夫立法令者以废私也,法令行而私道废矣。私者所以乱法也。"根据这些及类似的言论,有人说先秦法家的法制(治)具有法律面前人人平等的精神,又有人说具有民主性。依我看,事情并非如此。法家的法制与这些毫不相干,相反,法家的法是君主专制的工具。

君主是法的规定物,还是法是君主的手中物,这是判断法是否具有民主性的基本标志。关于这个问题,《管子·任法》把问题说得十分明白:"有生法,有守法,有法于法。夫生法者,君也;守法者,臣也;法于法者,民也。"《管子·君臣上》说:"主画之,相守之;相画之,官守之;官画之,民役之。""上之人明其道,下之人守其职。上下之分不同任而复合为一体。"韩非子说得更明白,法、术、势是帝王之具。《韩非子·难三》说:"人主之大物,非法则术也。"很清楚,君主的意志就是法律。法家虽然反复规劝君主依法行事,但法家从来也没有把君主列入法网之内。他们一贯认为君主的权力在法之上。从逻辑和事实上讲,只要有一个人高于法,那么也就不存在法律面前人人平等。正像下棋一样,如果有一个棋子不受任何约束,那么虽然是一个子,但这一个子就可以否定全局,使棋不成其为局。法家的君主就是这个特殊的棋子。

---

①《韩非子·有度》。

法家所主张的法,撇开它的阶级本质,就其形式而论也不是平等法,而是等级法。慎到从理论上提出了法的基本职能在于明"分",后来的法家都承继了这一观点。那么法家所说"分"指什么呢?主要是别贵贱、明等级、定职守、审赏罚等。其中别贵贱、明等级是核心。《慎子·威德》指出法之分首先在于确定天子、诸侯、大夫各有定位,不得逾越。《管子·君臣上》说:"岁一言者,君也;时省者,相也;月稽者,官也;务四肢之力,修耕农之业以待令者,庶人也。"《管子·权修》《管子·立政》等篇还从"制服""量禄""饮食""衣服""宫室""轩冕""棺椁"等方面规定了等级之分。商鞅之法的基本原则就是:"明尊卑爵秩等级,各以差次名田宅、臣妾。衣服以家次,有功者显荣,无功者虽富无所芬华。"①法律既然明明规定人人不平等,哪里还会有法律面前人人平等呢?保护贵贱等级制的法只能是为专制主义服务的法。

　　法与民关系问题最能说明法的本质。法家认为法的基本任务之一是"胜民"和"弱民"。《管子·正世》说:"为人君者莫贵于胜。所谓胜者,法立令行之谓胜。"从法律的角度看,这种说法似乎无可厚非。但法家的胜民说有它的特殊内容。胜民的基本精神在于"弱民",《商君书·弱民》说:"正作民之所恶,民弱。"意思是说,政令实行人民所厌恶的东西,人民就会变弱。民不是怕苦、怕死吗?政令就要用苦与死时时威胁他们,使他们处处如临深渊,人民自然就怯弱了。奖励告奸是弱民的另一个法宝。《商君书·说民》篇倡导"任奸"而反对"用善","用善则民亲其亲,任奸则民亲其制"。任奸就是要奖励人人互相监视,互相揭发、告密,从而造成人人自危的局面,这样民就会变弱。用行政手段使民不停地由穷变富,再由富变穷,是弱民的又一方术。《商君书·说民》说:"治国之举,贵令贫者富,富者贫。"的确,在这种循环中,国家会变得强大,民会变得软弱。弱民的又一手段是愚民。《商君书·算地》说:"圣人之治也,多禁以止能,任力以穷诈。"意思是说要用各种办法限制人民的才能,窒息他们的智慧。在他们看来,愚昧无知的人是最容易统治的。法家的弱民主张最清楚不过地表明,法治是要人民变成法的奴仆,而法又牢牢掌握在君主手中。这里有什么民主可言?

　　我们还可以从轻罪重罚理论中看到法是君主专制的工具。在法家著述中有主张用刑和平者,如《管子》中的《霸行》《形势解》等。但占主流的是轻罪重罚主义。《管子·重令》提出:"行令在乎严罚。严罚令行,则百吏皆恐。"从理论

---

　　①《史记·商君列传》。

上分析,法家的重罚理论基于人性好利说。因为人性好利决定了人们不可能孜孜求善,而是沿着另一条道路行事,即"今之民巧以伪"①。如果对巧诈虚伪实行德义,只能是为虎添翼。治巧诈虚伪最有效的方式是刑罚,因此法的重点是"求过不求善"②。当然赏不是绝对的不要,但只能作为罚的补充,《商君书·算地》说:"夫刑所以禁邪也,而赏者所以助禁也。"赏固然要施于立功,更主要的是"施于告奸"。由于赏是罚的补充,所以在数量上,罚要多于赏,赏一而罚九。《去强》说:"王者刑九赏一,强国刑七赏三,削国者刑五赏五。"法家主张实行轻罪重罚还有这样一个逻辑:轻罪重罚使人们不敢犯轻罪,自然更不敢犯重罪。《商君书·说民》说:"故行刑重其轻者,轻者不生,则重者无从至矣。此谓治之于其治也。"《商君书·画策》把这叫作"以刑去刑"。轻罪重罚还不够,于是法家进一步提出了"刑于将过"主张,即是说,只要有犯罪的征兆就要用刑。《商君书·开塞》说:"刑加于罪所终,则奸不去……故王者刑于将过,则大邪不生。"这实在太严苛了,到了这一步,法已不成其为法,完全流于滥刑了。轻罪重罚理论是一种野蛮的主义,这只能是专制主义的极端表现。

由上可以看出,法家所实行的法治(或法制)与民主和在法律面前人人平等毫不相干,法家的法治只是君主专制的手段。法制与民主不是必然连在一起的。从历史看,可以有君主专制的法制,也可以有民主性的法制,对此要具体分析。法家的法制属于前者。

四、控制人民的生计

法家所主张的君主专制并不限于政治方面,他们认为还必须贯彻于经济生活过程,要使人们都仰赖于君主才得生活,正如《管子·形势解》说:"主者,人之所仰而生也。"

法家的头脑十分清醒,他们懂得,要控制人民的生计,首先必须把握人们的动向,这集中表现在对人性的看法上。先秦诸子对人性有各式各样的看法,许多人在善、恶上兜圈子,争论不休。法家直截了当地宣布,人的本性就是两个字:好利。《管子·形势解》说:"民利之则来,害之则去。民之从利也,如水之走下。"《商君书·算地》说:"民之生(性),度而取长,称而取重,权而索利。"《商君书·赏刑》说:"民之

①《商君书·开塞》。
②《商君令·靳令》。

欲富贵也,共阖棺而后止。"韩非把问题说得更透彻,父母子女之间"皆挟自为之心"①。父子间"犹用计算之心以相待也,而况无父母之泽乎"②。

人性既然好利,那么就要以利为枢纽去控制人民的生计。《管子·形势解》说:"人主之所以令则行,禁则止者,必令于民之所好,而禁于民之所恶也。"又说:"法立而民乐之,令出而民衔之;法令之合于民心,如符节之相得也,则主尊显。"但在实际上,法家绝不是一切从民利出发,也绝不让人们的利心漫游,而是以利为杠杆去控制臣民的生活。其主要办法可归纳为如下三点:划定利途;控制利柄;掌握分配。

法家主张要用强力手段划定利途,把臣民之利与君主之利结合起来,使人们追逐利益的一切举动都在有利于君主的轨道上转动,这叫作"利出一孔"。这个孔即耕战。除此之外,如工、商、学等都是这个孔道之外的异物。利出一孔还是利出多孔,法家认为关系到国家的兴衰。《商君书·靳令》说:"利出一空(孔)者,其国无敌。利出二空者,[其]国半利。利出十空者,其国不守。"《商君书·弱民》说:"利出一孔,则国多物。利出十孔,则国少物。守一者治,守十者乱。"

农要流汗,战要流血,这岂不是与人好利、好逸恶劳的本性相矛盾吗?法家毫不怀疑这个事实。《商君书·慎法》直言不讳地承认:"民之所苦者无(作"唯"讲)耕,危者无战。"《商君书·外内》说:"民之内事,莫苦于农。民之外事,莫难于战。"那么怎样才能使民走上耕战轨道?办法就是赏和刑。赏要重,使人见赏之多而忘流汗、流血,如《商君书·外内》所言,"民见赏之多则忘死";刑要严,使人"见不战之辱则苦生"。赏罚都以利为中轴。为了促使人们走上耕战之路,要狠狠打击一切非耕战之人,《商君书》作者把"豪杰""商贾""游士""食客""庶子""技艺者"等视为非耕战之人,主张采取断然措施加以制裁。韩非称这些人为蠹虫,主张严加取缔,直至灭身。在法家看来,问题并不在于有那么一些人不事耕战,而在于他们对农战之民起着瓦解作用。《商君书·农战》说:"农战之民千人,而有诗书辩慧者一人焉,千人者皆怠于农战矣。"法家主张一切图利者,非农无取,非战无由。当然事情并没有到此结束,螳螂捕蝉,黄雀在后。由农战而产生的大利要归于君主,这就是《韩非子·六反》所说的:"君上之于民也,有难则用其死,安平则尽其力。"

　　①《韩非子·外储说左上》。
　　②《韩非子·六反》。

控制利柄主要是讲君主要控制住土地。战国时期,诸侯在一国之内拥有土地的最高所有权。战国后期虽然出现土地买卖,土地开始变为私有,但终战国之世,土地国有占主要地位。法家坚定地维护土地国有,主张用土地作为控制人民生计的调节器。一方面用"授田"的方式把土地分给农民,并通过授田去控制农民从事农耕。《管子·国蓄》中讲的"分地",《管子·臣乘马》中讲的"均地",《商君书·算地》篇讲的"分田",《商君书·徕民》篇讲的"制土分民",都是说的授田制。另一方面,用土地作为奖赏的资本,用于奖励耕战之士。《商君书·境内》详细规定了依功等奖给土地等物的具体规定。《管子·八观》指出:"良田不在战士,三年而兵弱。"《韩非子·诡使》说:"夫陈善田利宅所以战士卒也。"《韩非子·显学》说:"夫上所以陈良田大宅,设爵禄,所以易民死命也。"《管子》中的法家派对土地问题在政治中的地位作了更深切的论述,《管子·乘马》说:"地者,政之本也,是故地可以正政也。"《管子·问》篇说:"理国之道,地德为首。"掌握了土地便操握了农民的生计与命运。君主支配土地,是君主专制的经济基础。

分配问题在当时主要指赋税。法家认为征收赋税要有一个"度量"线,超出限度,政令就难于实行。《管子·权修》说:"赋敛厚,则下怨上矣。民力竭,则令不行矣。"《管子·版法》说:"民不足,令乃辱。民苦殃,令不行。"《管子·正世》篇把适中的度量称之为"齐"。所谓"齐"即既不要使民无法生活,因"民迫则窘,窘则民失去所葆";又不要让民富,因民富则淫。在度量问题上最难解决的是"人君之欲无穷"与"地之生财有时,民之用力有倦"之间的矛盾。可是实际经验又证明,"未有多求而多得者也"[1]究竟如何解决这个矛盾,法家没有开出一个有效的药方,唯一的希望是明主当政,《管子·形势解》说:"明主度量人力之所能为而后使焉。"如果是一位暴主,事情就只能是另一种局面。在当时,对国家所控制农民来说,赋税是直接的第一次分配,而这种分配权掌握在君主手中。赋税的轻重关系到人民的死活,在这里充分体现了君主的威力。应该说,能规定人民生活之路又能掌握人民生活之计的君主,是最有权威的专制君主。

五、禁绝百家、言轨于法、以吏为师

法家君主专制的彻底性还表现在禁绝一切背离法令的思想与学说。《管子·

---

① 《管子·法法》。

法禁》说；"不贵其人博学也，欲其人之和同以听令也。"文中还提出了"一国戚，齐士义"的主张。由于当时各种不同理论全是由士提出来的，所以"齐士义"是实现思想专制的关键。如何齐呢？手段是"诛""挫""折""破"。《管子·法法》说："居傲易令、错仪画制作仪者，尽诛。"又说："强者折，锐者挫，坚者破。引之以绳墨，绳之以诛僇。"一切持法外之说者均为"不牧之民，绳之外也。绳之外，诛"。一路杀下去，"民毋敢立私议自贵者"，"万民之心皆服从上"。《商君书》的观点与上述主张基本相同，稍有差别的地方是把矛头主要指向了儒家，提出禁绝一切有关礼、乐、诗、书、修、善、孝、悌、诚、信、贞、廉、仁、义、非兵、辩慧等的主张与宣传。作者们把这些比作为虱子、臭虫之类的秽物，主张加以灭绝。

　　韩非继承了他的先辈，进一步提出言轨于法，以吏为师的主张，这样便在理论与实践的结合上把文化专制主义落实了。韩非提出所有的人思想方式和言论准则都要"以法为本"[①]。"境内之民，其言谈者必轨于法。"[②]"禁邪之法，太上禁其心，其次禁其言，其次禁其事。"这种主张从根本上扼杀了人们的精神生产活动。人类不同于动物的重要标志之一，是人类有能动的意识活动，有丰富的精神生产，把法作为人们的行动规范，从法学观点看，是合乎逻辑的，但用来限制人们的精神活动就太过分了。韩非讲的法集中体现了专制君主的意志，把人们的精神生活统统限制在这样的法令之内，不准有与这种法令相违背的精神生活和超出这种法令的新思想的产生，这是十足的文化专制主义。

　　为了把遵法守令，听从君主长官指挥和学习结合为一体，韩非提出了"以吏为师"。从教育的角度讲，"以吏为师"与当时流行的以贤为师有重大的区别。以贤为师看重的是知识、认识和道德。"以吏为师"把知识、认识、道德等内容抛到了一边，使教育完全变成了封建政治和专制君主的从属场，教育只剩下一个职能，就是封建政治驯化作用。这当然不利于人们对知识的追求和探讨。

　　法家主张禁绝百家，除了门户之见外，也还讲了一番道理。其中最根本的一点，他们认为儒、墨的仁爱之论违反人好利的本性。《韩非子·六反》说："今学者之说人主也，皆去求利之心，出相爱之道，是求人主之过父母之亲也。"韩

---

　　①《韩非子·饰邪》。

　　②《韩非子·五蠹》。

非认为这种要求既不可能,也做不到,于事无补,反而有害。其次,仁爱慈惠与法是对立的。法治要求按法处理问题,仁爱慈惠强调的是同情心,在政治上则表现为人治和心治。法家认为人治与心治是随心而定,没有客观标准,会招致政治上的败乱。《韩非子·奸劫弑臣》说:"世主美仁义之名而不察其实,是以大者国亡身死,小者地削主卑。何以明之?夫施与贫困者,此世之所谓仁义;哀怜百姓不忍诛罚者,此世之所谓惠爱也。夫有施与贫困则无功者得赏,不忍诛罚则暴乱者不止……吾以是明仁义爱惠之不足用。"《韩非子·难三》也说:"惠之为政,无功者受赏,而有罪者免,此法之所以败也。"人们都喜欢谈论仁爱与残暴的对立,在韩非看来,两者殊途同归,"仁暴者,皆亡国者也"。依韩非之见,仁与暴是人治的两种不同表现形式,在本质上无差别。第三个理由是,儒、墨诸派言辩而无验,迂腐而不实。儒、墨言必称尧舜,韩非认为这是诬妄之论。《韩非子·显学》说:"孔子、墨子俱道尧、舜,而取舍不同,皆自谓真尧舜,尧、舜不复生,将谁使定儒、墨之诚乎……无参验而必之者,愚也;弗能必而据之者,诬也。故明据先王,必定尧、舜者,非愚则诬也。愚诬之学,杂反之行,明主弗受也。"

上述说法未必对,但基本上还是讲道理的。当道理不足以毁掉其他学派时,便诉诸政治手段。韩非认为,称颂古圣者都是借古讽今,借先贤以刺今主。《韩非子·忠孝》说:"为人臣常誉先王之德厚而愿之,是诽谤其君者也。"为了挑起君主的猜忌,又说诸子百家称颂尧、舜是鼓动人臣造反。韩非认为尧、舜、汤、武都是人臣篡主之辈,"尧为人君而君其臣,舜为人臣而臣其君,汤、武为人臣而弑其主、刑其尸"。这些人哪里是什么先圣,都是奸劫弑臣。儒、墨歌颂这些人,分明是鼓动人们犯上作乱,"此天下所以至今不治者也"。于是要求君主采取严厉手段,取缔儒、墨等派,直至灭身。

先秦诸子中主张思想文化专制的当然不只法家,但法家无疑是最残酷的一派。

先秦法家为当时的社会变革提供了理论指导,在实际的政治生活中起过重要的促进作用。可是他们的君主专制主义理论同他们的社会改革主张又交融在一起。在当时,没有君主专制,变法就难于进行。在实际上,我们不可能把法家的君主专制主义理论与他们的变法主张分隔开来,但是又不能因分隔不开而连同君主专制主义理论也一并肯定。有人说,创造历史是一种美,实际上也是一种善。不过,在剥削制度下,历史创造的善常与恶相间。在许多情况下,恶的东西不只是与善相比较而存在,而是作为善的存在和发展的内在条件出现在历史上。法家在当时的历史条件下,是一批改革家,他们积极参加了创造历史和推动历史的活动,有的人为此还献出了自己的生命,如吴起、商鞅等。法家的改革无疑应属于历史进程中的善。然而他们的创造与改革恰恰是借助并通过君主专制制度进行的。法家的君主专制主义理论对君主专制制度的完善与强化起了推波助澜的作用。强化君主专制制度在当时是必然的,但却不好说它是历史之善,相反,在很大程度上应该说属于历史之恶。然而这种恶在当时特定条件下却又成就了历史变革之善。在剥削制度下,有完全的恶,却无纯粹的美和善,美和善中必定包含着恶,法家的改革主张与强化君主专制主义理论便是善恶交融的一例。

原载《南开学报》,1984 年第 5 期

法家"不尚贤"辨析——战国时期儒法之争问题之一

一、春秋时期尚亲与尚贤之争

西周时期用人的基本传统是尚亲、尚旧,以周天子为主导,亲、旧交织凝成一个十分稳固的利益集团,但到春秋时期兴起了尚贤与尚亲之争。任官尚贤源于诸侯国内外矛盾的激化,没有善谋善断之人,国不得治,争战则败。于是许多人把起用贤者视为头等大事。《国语·齐语》记载齐桓公把任贤作为一项基本的政策,发布命令,要乡长"进贤"。如有贤人而不报,谓之"蔽贤","蔽贤"是犯罪行为,要给予惩处。卫文公复国后,治国之策中有一项即"授方、任能"①,很快收到了实效。晋国任贤的风气最盛。晋文公之后,公族势力减弱,任职的主要是异姓大夫。当时异姓大夫刚刚兴起,不可能依靠既有的势力和亲亲关系,所以在厉公、悼公、平公时期能人辈出,使晋国政治很有生气,这是晋国得以保持霸主地位的重要原因之一。

尚贤的风气甚至对君主的继承都产生了影响。当时为争当君主引起了无数次的弑杀,可是偏偏竟有几个让贤的君主。宋宣公没有传位给他儿子与夷,以传贤为由,把君位传给自己的弟弟。当时有许多大臣不同意,他反驳道:"先君以寡人为贤,使主社稷。若弃德不让,是废先君之举也,岂曰能贤?"②曹国也发生了这样的事,诸侯要立子臧为君,他自称才德不足而不受。③

这一时期对贤臣作用的认识,有些人发表了许多新的见解。曹刿的身世不甚清楚,他是一个敢于向高贵者挑战的人物。鲁庄公时,齐攻鲁,曹刿请见,

---

① 《左传》闵公二年。
② 《左传》隐公三年。
③ 参见《左传》成公十五年。

其乡人曰："肉食者谋之，又何间焉？"曹刿说："肉食者鄙，未能远谋。"①从历史上看，肉食者未必都愚蠢，但寄生虫居多也的确是事实。曹刿的这句话是对贵人的挑战，很有见地。还有一些人认识到能否使能任贤，关系国家的兴衰。晋阳处父说："使能，国之利也。"②楚国的王孙圉认为贤能之人是国家之宝。王孙圉出使到晋，赵简子问："白珩"这块宝玉还在楚国吗？王孙圉回答道：楚从来没有把它视为宝，几位有才干的大臣，如观射父、左史倚相等，才真正是楚国之宝。"若夫白珩，先王之玩也，何宝之焉？"③楚国的声子在分析楚、晋政治时，认为楚国之所以弱败，晋国所以强盛，原因在于楚国的人才不被重用，到晋国之后，却成为栋梁之材，这就是他所说的："虽楚有材，晋实用之。"④

在举贤上受到称赞的是晋国的祁奚。他告老之时，以贤为标准，举仇、荐子和自己的属下。君子评论道："祁奚于是能举善矣：称其仇，不为谄；立其子，不为比；举其偏，不为党。"⑤这里应特别指出的是，祁奚举仇表现了宽阔的政治胸怀。

在当时人们看来，贤臣首先是指敢于进谏之臣。君主要想求治，最基本的条件也是重用谏臣。晋范文子说："兴王赏谏臣，逸王罚之。"⑥

那些亲、旧之族对起用远人、异姓总是抱持敌视的态度。《左传》襄公十年记载了一件同姓与异姓相争之事。"王叔之宰与伯舆之大夫瑕禽坐狱于王庭。士匄听之。王叔之宰曰：'筚门闺窦之人而皆陵其上，其难为上矣。'瑕禽曰：'昔平王东迁，吾七姓从王，牲用备具，王赖之，而赐之骍旄之盟，曰：'世世无失职。'若筚门闺窦，其能来东底乎！'"同姓骂异姓新起之族为"筚门闺窦之人"，适见其同姓近亲之神气。有些亲、旧之人常常动干戈反对起用新人远人。《左传》昭公七年记载，周单襄公弃亲用远，被襄、顷之族杀死；《左传》定公元年记载，周巩简公弃其子弟而用远人，被子弟杀死；《左传》成公十八年记载，晋厉公因用远人亦被杀；《左传》昭公七年载，燕简公用新人而被逐。可见，用新人、远人，遭到了亲、旧之人猛烈的反对。尚贤可谓是重大的人事变革。

---

① 《左传》庄公十年。

② 《左传》文公六年。

③ 《国语·楚语下》。

④ 《左传》襄公二十六年。

⑤ 《左传》襄公三年。

⑥ 《国语·晋语六》。

二、老孔之后兴起尚贤与"不尚贤"之争

春秋已降，儒家、墨家都是尚贤的后继者和新的推手，墨子更为激进，提出"量功而分禄。故官无常贵，而民无终贱，有能则举之，无能则下之"①。孔子与其后的儒者都主张尚贤，但他们也都主张亲亲，并给尚亲留下相当大的空间。儒家的尚贤观念以道德为最高境界，以礼为准则，尚贤主要看重执政者的品性，把政治希望寄托于圣贤。《礼记·中庸》载："文武之政，布在方策。其人存，则其政举；其人亡，则其政息。"《大学·九章》亦载："一家仁，一国兴仁；一家让，一国兴让；一人贪戾，一国作乱，其机如此。此谓一言偾事，一人定国。"提倡掌政者以身作则，有一定的合理性。在君主专制的条件下，对君主提出标准与要求，从理论上对君主也是一种制约，有时又是批评君主的武器。但把政治视为个人道德的扩大，把政治过程看作由己及人的过程并不符合实际。国家的成员无疑是由一个一个的人组成的，强调每个人的修养无疑有重要作用，但是每一个人加在一起的总和并不等于国家，也不等于政治。即使所有的人全部都是君子，也不能说一切问题就解决了。比如经济问题、制度问题、政策问题、外交问题等，不是简单的个人总和所能包容的。把国家和政治问题归结为个人的修养是片面的。

之后老庄和法家的兴起，对尚贤之说构成了挑战。最先提出挑战的不是法家而是老子，他说"不上贤，使民不争"，其出发点是愚民："圣人之治，虚其心，实其腹，弱其志，强其骨。常使民无知无欲，使夫知者不敢为，为无为，则无不治。"②老子之后的庄学对圣贤有更尖刻的批判，其理论要点大体承继老子，进一步论述圣贤破坏了人的自然性，而问题就出在"心"与"治"上。《庄子》许多篇都把人心视为人性的对立物，由心计而产生的机巧便是破坏自然性的工具。《庄子·骈拇》篇说，诸如绳、墨、规、矩等机巧，对人来说，都起着"削其性""侵其德"、毁其"常然"的作用。《庄子》认为，只有取消心计，禁绝一切欲望，摆脱一切社会关系，使人保持纯自然状态，如同日月、星辰、禽兽、树木一样，任其自然生活，把人完全融化在自然之中，才是最完整地保存了人性。儒家、墨家等歌颂治世、治人，谴责乱世、乱人。《庄子》却认为一切祸乱的根源恰恰在这个"治"字上。人类的自然性与统治者的关系，如同陶土与陶冶者、树木与工

---

① 《墨子·尚贤上》。
② 《老子·第三章》。

匠、马与伯乐的关系一样，都是后者对前者的破坏。这种破坏主要表现在两个方面：一是"乱人之性"①；二是"治人"也破坏了自然界的和谐。人们都称道黄帝、尧、舜是"治天下"的"圣人"，然而《庄子》某些篇指出，历史上一切混乱正是从他们的"治"开始的，故云："治，乱之率也，北面之祸也，南面之贼也。"②《庄子》许多篇还讲到，救一世者，其后果殃及万世。《庄子·在宥》篇曾经以这种思想为指导，具体叙述了黄帝倡仁义而乱世的历史，"昔者黄帝始以仁义撄人之心，尧舜于是乎股无胈，胫无毛，以养天下之形，愁其五藏，以为仁义，矜其血气，以规法度，然犹有不胜也，尧于是放讙兜于崇山，投三苗于三峗，流共工于幽都，此不胜天下也。夫施及三王，而天下大骇矣。下有桀、跖，上有曾、史，而儒、墨毕起。于是乎喜怒相疑，愚知相欺，善否相非，诞信相讥，而天下衰矣"，把矛头对准了儒家、墨家。人们都希望贤能出来治世，而《庄子》却认为："其有人之国也，无万分之一；而丧人之国也，一不成而万有余丧矣。悲夫！有土者之不知也。"③这就是《庄子》对那些希望圣贤出世拯救人类的回答。在战国时代，诸子百家希望圣明君主出世拯救世道的呼声四起，弥漫了整个思想界。《庄子》却相背而行，给那些寄希望于圣贤被弄得头脑发昏的人，大泼冷水。这些冷水，不管其中包含着多少恶意或悲观情绪，都不失为一副清凉剂。

老庄反对尚贤是追求人性自然，法家反对尚贤则是另一思路。法家是从社会制度与贤人政治的关系来立论的。法家倡导的法就是社会制度，用制度抑或贤人孰先孰后、孰高孰低呢？儒家认定圣贤、官吏是"民之父母"，法家却说，"法者，民之父母也"④强调法高于官吏，这一分歧反映了儒、法的不同。

法家鼻祖李悝倡导的是"为国之道，食有劳而禄有功，使有能而赏必行、罚必当"⑤突出的是功、能。卫人吴起在道德上可以说极端卑劣，但魏文侯和楚悼王不顾道德而用其能，且有大功于魏、楚。

法家在理论上认为君主应该把"法"和"公"置于首位，《商君书》的作者们最先提出反对人治，《去强》篇载："以治法者强，以治政者削。"陶鸿庆认为"治法""治政"应作"法治""政治"。"政治"指政令之治，即当时儒家所说的"人治"。慎到

---

① 《庄子·天道》。

② 《庄子·天地》。

③ 《庄子·在宥》。

④ 《管子·法法》。

⑤ 《说苑·政理》。

进一步明确提出反对"身治","身治"就是人治。韩非同样反对贤人政治,他明确提出:"上法而不上贤。"①"法治"与"尚贤""政治""身治"(人治)是两种不同的治国之道。为此法家讲了很多理由,归纳起来大致有如下几方面:

1.法(制度)比尚贤更重要

儒、法政治观念的核心都是君主专制体制,但又有小的差别,儒家讲得温情脉脉,法家相对直白。慎到反对尚贤有两个理由:其一,尚贤对君主是一种威胁,君主一元化政治体制需要的是"民一于君"②,"臣下闭口,左右结舌"③。可是,尚贤、尊贤降低了君主的地位,或者是给君主树立了一个对手,使民慕贤而不尊君。他告诫君主:"立君而尊贤,是贤与君争,其乱甚于无君。"④所以尚贤是很危险的。其二,尚贤与尚法相矛盾,提倡尚贤势必降低法的地位,把政治命运系在贤者的身上。法作为制度表现为一般的规定性,反映的是普遍的东西,而人,即使是圣贤,只是历史进程中的偶然因素,把政治命运系于偶然因素之上,无疑是危险的。法家认定尚贤不足以治国,治国之道在于实行法治(也称"法制"),"唯法所在"⑤,"事断于法,是国之大道也"⑥。

法家还认为,君主的"德行""知""勇力"不一定比一般人强,但照样可以治国,其主要依据是有法;臣民之中,有些人虽有"圣知""勇力",却不敢与君争强,其原因就在于有法的限制。法是君主治国之本,是君主的凭借,"君必有明法正义,若悬权衡以称重,所以一群臣也"⑦。

2.政治中的权势胜于道德

法家认为在政治中谁服从谁,不是以是非和道德为标准,而是要看权势的大小。"贤而屈于不肖者,权轻也;不肖而服于贤者,位尊也。尧为匹夫,不能使其邻家;至南面而王,则令行禁止。由此观之,贤不足以服不肖,而势位足以屈贤矣。"⑧从理论上看,慎到把权力看成高于一切,把道德、是非看成权力的仆从,无疑是权力至上主义。但这种说法是符合当时君主政治实际的。臣民中在才能、道德、见识等方面都超过君主的大有人在,然而,他们仍然必须听命于君主,君主所依恃的就是权势。所以慎到说,这种权势是不可须臾离之的,

① 《韩非子·忠孝》。
②③④⑥ 《慎子·逸文》。
⑤ 《慎子·君臣》。
⑦ 《艺文类聚》卷五四引《申子》。
⑧ 《慎子·威德》。

正如腾蛇、飞龙不可离开云雾一样,一旦云消雾散,失去依靠,就会立刻掉下来,只能与蚯蚓同辈。君主也是一样,一旦失去权势,只能与匹夫为伍。

法家并不是一概排斥道德,在很多论述中都讲道德,特别是《管子》一书中的法家,具有法、儒合流之势,倡言道德的言论很多。就连韩非也专门写了《忠孝》篇(有人说《忠孝》篇不是韩非的著作,是混入的),并明确勾勒出了"三纲"的要点,以至于有人说"三纲"源自韩非。其实"三纲"的要素在孔子那里已大体具备。总之,不能简单说法家排斥道德和非难道德,只是在他们看来,道德在政治中不是顶层的指导全局的要素,而权势与法等才是顶层的实在物。显然,法家的看法更接近事情的本身。

3.事关"公""私"关系问题

公私关系事涉存亡。法虽然是由君主制定出来的,可是法一旦制定出来,君主也必须遵从。因此法家把法视为"公"的体现,认为法是社会的"公器",犹如度量衡一样,离开度量衡而定轻重那就是"私"。因此,君主也有奉公和行私的矛盾。君主无上的权势应通过推行法制来体现,而不能随个人的好恶乱施淫威。个人的"爱""欲"都不能超出法的规定范围。"欲不得干时,爱不得犯伍",赏罚不能随心所欲,"定赏分财必由法"①。慎到指出:"立法而行私,是私与法争,其乱甚于无法。"②这个道理讲得极为深刻。因为"私与法争"会造成政治分裂:一方面有法而行私,使法丧失了应有的权威;另一方面,既然有了法,法便不以制定法律者的个人意志为转移而成为一种标准,起着衡量每个人的作用,包括君主在内。所以有法而不行法,必然造成法与统治者两败俱伤。

所谓的贤人之治("政治""身治")强调的是个人的品质与修养及由此而发出的政令。由于人品有极大的随意性,无一定之规,所以多与"私"相关联。以"私"治国则"国削"。《商君书·慎法》提出:"有明主忠臣产于今世,而能领其国者,不可以须臾忘于法。"又说:"爱人者不阿,憎人者不害,爱恶各以其正,治之至也。臣故曰:'法任而国治矣。'""身治"无一定标准,随心而定。《慎子·君人》载:"君人者,舍法而以身治,则诛赏予夺,从君心出矣。"君主以自己的主观好恶进行赏罚予夺,臣属也必将以自己的主观喜恶相对待。君心与臣心相抵牾,结果"受赏者虽当,望多无穷;受罚者虽当,望轻无已"。而且心机易变,只要

---

① 《慎子·威德》。
② 《慎子·逸文》。

93

一转念,对事情的处理便会差之千里。"君舍法而以心裁轻重,则同功殊赏,同罪殊罚矣";赏罚不公,"怨之所由生也"①。而"身治"使"国家之政要在一人之心矣"②。这是很危险的。

4.君主能力是有限的,只有靠法来控制全局

君主不要以为自己听觉很灵敏,真实的情况是"十里之间,而耳不能闻";不要以为自己眼睛明亮,"帷墙之外,而目不能见";不要以为自己的心明察一切,"三亩之宫,而心不能知"③。更何况偌大的天下,辽阔的地域,怎么能靠个人的耳、目、心去认识,去掌握呢?如果凭借自己的耳、目、心去处理天下芸芸众事,那就不可避免地要出现漏洞。由此法家主张,治理国家不能依赖自己的知觉,而要设法把握事物的必然性和全局,事情千头万绪,一个人无论多么高明,他的认识能力也是有限的。"一人之识识天下,谁子之识能足焉?"④慎到以个人知识、能力的有限性为据提出,只有靠法才能把握住一般和控制全局。这一认识实在是超群卓识。

5.法是驭臣之纲,臣下是靠不住的

申不害一反常人之见,他认为对君上来说最可怕的,还是服侍其左右的大臣,"今人君之所以高为城郭而谨门闾之闭者,为寇戒盗贼之至也。今夫弑君而取国者非必逾城郭之险而犯门闾之闭也"。他提醒君主,盗贼固然不可不防,可是取而代之者并不是这些人,多是那些居住在萧墙之内不用逾城犯闭的大臣。所以他又说:"妒妻不难破家也,乱臣不难破国也。"⑤申不害还告诫君主,对君臣关系要有清醒的估计,那就是所有的大臣都靠不住。韩非亦认为,君主如果寄希望于臣子对己忠贞,到头来必定为臣子所捉弄,"失之数而求之信则疑矣"⑥。《管子·君臣下》篇把国乱分为五种:"宫中之乱""兄弟之乱""大臣之乱""中民之乱""小人之乱",前三乱都是君主的亲近。《管子·重令》篇指出,政有六"攻",即"亲也、贵也、货也、色也、巧佞也、玩好也","攻"而不备则有六败。韩非同样认为对君主威胁最直接的是近人,他专门写了《备内》篇来

---

① 《慎子·君人》。

② 《慎子·威德》。

③ 《吕氏春秋·任数》。

④ 《慎子·逸文》。

⑤ 《申子·大体》。

⑥ 《韩非子·难三》。

论述这个问题。

对君主而言,任何人都很难靠得住,臣下大都属虎狼之辈,时时刻刻想篡权夺位。大家都说尧、舜、汤、武是圣人、而韩非却说他们是一帮杀君的逆臣。①因此君主千万不要"尚贤",如尚贤,"臣将乘于贤以劫其君"②。君主唯一可信的是法,以法防"奸"。《韩非子·守道》篇云:"立法,非所以备曾、史也,所以使庸主能止盗跖也。"他认为历史上的贤君和暴君都是千世不一出,绝大多数的君主是"中人",中人只要"抱法处势"也可以治天下。甚至认为桀纣只要"抱法处势"亦可保平安,这无疑是绝顶荒谬的。韩非的不尚贤,主要出于戒备的心理,尚贤将被贤者所篡,"信人则制于人"③。假若一个亲信也没有,事情也难办,不过越少越保险,即《韩非子·五蠹》篇载:"贞信之士不盈于十。"

法家也不相信什么忠臣。慎到说:"忠盈天下,害及其国。"④在先秦诸子中这真是一曲绝唱。当时人们普遍地呼吁忠臣,慎到的看法与这种论调恰恰相反,乍然看去,使人感到有些蹊跷,其实慎到的认识还颇有些道理。首先,慎到认为忠与法是对立的,按照法的规定,臣只能在规定的职守范围内尽其智力,"忠不得过职,而职不得过官"。通常所说的忠臣总是超出法的范围,不在其位而谋其政。这样,忠臣的行为便破坏了法。在慎到看来,这是断不能容忍的,他提出"忠臣不生圣君之下"。其次,从历史上看,忠与治乱兴亡没有必然的因果关系。"乱世之中,亡国之臣,非独无忠臣也。治国之中,显君之臣,非独能尽忠也。"既然有忠臣也可以亡国,显君之臣又未必都是赤忠,那么有什么理由把忠臣作为治国的依托呢?再次,忠臣常有,而国未必常安,"世有忠道之人,臣之欲忠者不绝世",而君主并没有因此而常得安宁。最后,忠与智是两回事。有些忠臣成事不足,败事有余,因为并不是所有的忠臣都像比干、子胥那样有才能。有些忠臣忠则忠矣,主意并不高明,结果"毁瘁主君于暗墨之中,遂染溺灭名而死"。遇到这样的忠臣,非但不能救乱世,而"适足以重非"⑤。应该说,慎到的看法是别有见地的。

申不害认为,君主不应把精力放在论人之忠奸上,重要的是应该抓住一

---

① 按:《竹书纪年》也是这种看法。

② 《韩非子·二柄》。

③ 《韩非子·备内》。

④⑤ 《慎子·知忠》。

般的规定,并按规定进行检查、考察和评论得失。"为人君者,操契以责其名。名者,天地之纲,圣人之符。张天地之纲,用圣人之符,则万物之情无所逃之矣。"①对官吏不要求他们如何表示忠诚,而是要求他们按规定办事,只有遵从规定才是真正遵从君主。君主不准臣下有超出规定的能动性,即使这种能动性符合君主的利益,也要禁绝,因为这种能动性破坏了君主的绝对权威,它与不执行君令在本质上并无差别。申不害主张严格实行"治不逾官,虽知不言"②。由于要求一切官吏都必须按君主的规定办事,因此君主的规定便格外的神圣,失之毫厘,谬之千里。在申不害看来,君主"一言正而天下定,一言倚而天下靡"③。其目的旨在强调君主发号施令要慎之又慎,一句话会牵动全局,告诫君主只能"正",不能"倚"。但这句话也表现出申子所主张的君主专制达到了何种程度,只有在绝对的君主专制的条件下,才可能出现一言治天下,一言乱天下的局面。因此他又说:"明君治国,三寸之机运而天下定,方寸之谋正而天下治。"④申不害的主观意图或许并不坏,但这与其说是历史的幸运,不如说是历史的苦难!

君主驭臣的标准是法,依靠的是权。《管子·明法解》说:"制群臣,擅生杀,主之分也。"君主要抓住人欲生恶死这个中轴以驭群臣,否则"使人不欲生,不恶死,则不可得而制也"。

法家的上述理论固然让人战栗,就实而论,大体是符合当时实际的,在历史上第一次较深刻地揭开了君臣关系的帷幕,即君臣之间是互相利用的关系。君主不必寄希望于臣子尽忠,需要的是守法和有实效的智能。

6.在法之下任用智能

在对待智能上,法家有不同看法。

一种看法是:尚法并不否定智能(有时还贤能并提)。慎到指出,历史上三王五伯之所以能成大功,都因为得到了天地之助、鬼神之助、万物之助。一句话,"得助则成,释助则废"⑤。"得助于众"的关键在于"兼畜下者"。他说:"民杂处而各有所能。所能者不同,此民之情也。""下之所能不同,而皆上之用也。是

---

① 《申子·大体》。

② 转引自《韩非子·难三》。

③ 《太平御览》卷六二四引《申子》。

④ 《太平御览》卷三九〇引《申子》。

⑤ 《慎子·威德》。

以大君因民之能为资,尽包而畜之,无能去取焉。是故不设一方以求于人,故所求者无不足也。大君不择其下,故足。不择其下,则易为下矣。易为下,则莫不容。莫不容,故多下。多下之谓太上。"①慎到在政治上颇通辩证法,这里他提出了两种关系及其处理办法:一是"民能"与"君用"的关系。民各有其长,各有其短,君主不要求备于民,要善用其长,兼畜而择能用之。二是"上"与"下"的关系。君主不要挑剔,不管什么样的"下"都要兼容,这样"下"就多。拥有的臣民越多,"上"的地位就越稳固,权势也就越大,故"多下之谓太上"。

慎到还说:"将治乱,在乎贤使任职,而不在于忠也。故智盈天下,泽及其君。"②韩非反对尚礼、恃信,但他也提出使能,在《韩非子·孤愤》篇中说:"主利在有能而任官。"从表面上,尚贤与任能没有什么明显的差别,不过在韩非那里,两者泾渭分明:尚贤突出的是人,任能仅限于在法的范围之内任人。韩非很清醒,没有臣僚的辅佐,只有君主,必将一事无成。《韩非子·观行》篇说:"虽有尧之智,而无众人之助,大功不立。"《韩非子·难二》篇说:"凡五霸所以能成功名于天下者,必君臣俱有力焉。"但君与臣的关系是一种交换买卖关系,关键在于君主要善于做买卖。君卖给臣的爵禄是实惠的,臣卖给君的智力必须是有用的,这就是"法术""智术"。韩非认为,"法术之士"是霸王之具,那些既无法术又无智术而身居重位的"贵重之臣",以及那些善说会道而不切实用的"文学之士",是一帮无用于君,多余而有害的人,君主应该用铁手腕罢免或削除。

法家主张君主专制,又主张臣子进谏,但臣子能否进谏,不取决臣子本人,而取决于君主。《管子·法法》篇载:"世无公国之君,则无直进之士,无论能之主,则无成功之臣。"《管子·七臣七主》篇云:"凡私之所起,必生于主。夫上好本,则端正之士在前;上好利,则毁誉之士在侧。"

另一种看法是:任法不任智。申不害提出:"尧之治也,善明法察令而已。圣君任法而不任智,任数(法术)而不任说。黄帝之治天下,置法而不变,使民安乐其法也。"③申不害虽主张"不任智",但又主张使能:"法者见功而与赏,因能而授官。"④

君主最终的统治对象是民,然而,君主却不能直接面对民,必须通过官吏这一中间环节实现统治。《韩非子·外储说右下》载:"闻有吏虽乱而有独善之

---

① 《慎子·民杂》。

② 《慎子·知忠》。

③ 《太平御览》卷六三八引《申子》。

④ 转引自《韩非子·外储说左上》。

民,不闻有乱民而有独治之吏","明主治吏不治民"。在整个统治结构中,官吏为"本",民为"末",官吏如网之纲,民如网之目,治吏比治民更重要。

君主驭臣之术,首先在于选臣。选臣就要有一个标准,《管子》中的法家将"朝之经臣"标准概括为三个字,即德、功、能。德指德行、品质,其主要内容是忠于君、守法和致力于行政,这三者是统一的,能行此三者为忠臣。《管子·君臣上》篇云:"能上尽言于主,下致力于民,而足以修义从令者,忠臣也。"忠君并非盲目服从,要与法结合起来。《管子·君臣下》篇载:"能据法而不阿,上以匡主之过,下以振民之病者,忠臣之所行也。"除了德之外,还有功与能。功指实际效果,能指能力,这两项必须与德联系起来。君主选任臣属要以法为准,绝不可从己之好恶。《管子·明法》篇载:"先王之治国也,使法择人,不自举也;使法量功,不自度也。故能匿而不可蔽,败而不可饰也;誉者不能进,而诽者不能退也。"

总之,"不尚贤"本意是在说明法比贤更重要,贤在法之下,法高于贤。

三、尚贤与"不尚贤"之争的历史意义

尚贤与"不尚贤"之争的本意是尚贤与尚法之争。如何评价其意义,主要是看何者更能适应历史之变。

尚贤无疑是打破尚亲、尚旧的一次重大变革,对打破尚亲、尚旧有着巨大的历史作用,亲旧集团是历史进程中的阻力,尚贤的推行打破了亲旧势力控制政治的局面,为改进政治生态增加了动力。《论语·颜渊》载:"政者,正也","君子之德风,小人之德草,草上之风,必偃",把政治过程视为上行下效的道德推演过程,尽管有很大的片面性,但还是有相当意义的。因为当时的政治是由君主而下的垂直统辖系统,在"上"的是否"正"对下属肯定有相当的制约性和示范性。但这种认识有很大的局限性和片面性,最主要的是缺乏制度设计。

如果我们考察一下春秋以降的历史,可以看到一个明显的事实,变法与与制定新法都是与几个大国的发展同步前进的,都是与适应地域国家的发展相配套的。

在君主专制制度下,实际上很难区分国家与君主的权限。然而,基于统治者整体利益和社会变动的要求,又需要把两者加以区分。君主作为国家的统治者,他的行为不一定反映统治者最普遍的利益和社会新秩序的要求,甚至

会损害这种利益和要求,特别是随着统治地区的扩大,臣民的增多,政治情况必然复杂化。战国时期国家形式与职能和春秋以前大不相同。春秋以前国家形式主要通过氏族宗法制表现出来,国家的职能在很大程度上是在宗法制外壳下实现的。到了战国时期,这种情况有了重大的变化,地域国家取代了氏族宗法制国家,郡县制和官僚制占了主要地位,统治集团内部结构相应地也有很大变化。情况越复杂,越需要找出一个政治上的中轴线,找出内在的规定性。如何解决这个矛盾?这就是法家所呼吁的:提倡国家观念,国家政治要规范化,建立法制,君主应该遵从法,国家利益高于君主个人私利等。尚法不尚贤问题的出现,主要目的是要打破把政治系于"人"之下的思想牢笼,从而使政治系于法制之下。法家讲的尚法不尚贤不是简单地反对用贤能之人,而是强调建立适时的政治制度,以制度保证政治的需要和适应当时的社会转型的需要。当时的社会转型是历史进程中的全局性的课题,法家应该说是社会转型中最先进的推动者和最适时的应对者。

尚法、君臣共同尊法、奉法,会不会削弱君主专制制度呢?不会的,相反只会加强。不过加强的办法不是简单地突出君主的道德,而是通过法制来实现。应该说,这种办法更富有理性,从而也更有实效。

值得注意的是,在君主专制时代,君主是政治的核心,君主的作为对政治有决定性的影响,在法家看来,君主明则治,暗则乱。《管子·明法》篇载:"所谓治国者,主道明也;所谓乱国者,臣术胜也。"治乱与否还在于君主是否坚持法治。从法家的整个思想看,他们强调以法治国,但归根结底法又系于君主,法是一人之下,万人之上的一种政治工具。从理论上分析,只要有一人高于法,那么就不可能是真正的法制或法治,最终仍然归于人治,这种法只能说是一人奴役万人的工具。

原载《天津社会科学》,2016 年第 6 期

论慎到的势、法、术思想

一、慎到及其在法家学派中的地位

《史记·孟荀列传》载:慎到,赵人,曾游齐稷下学宫。慎到生卒年代已不可确考。《孟子·告子下》曾记载:"鲁欲使慎子为将军。"赵注:慎子名滑釐。焦循《孟子正义》认为"釐"与"来"通训,"来"与"到"义同,据此判定慎子名滑釐,字到。《汉书·艺文志》慎子条下班固自注:"名到,先申、韩,申、韩称之。"申不害相韩昭侯,卒于公元前337年。慎到如比申子早,也要长孟子若干岁。可是《盐铁论》又载,慎到在齐宣王和齐湣王时游稷下,比前一说晚了几十年。这里我们从《汉志》说。

慎到在先秦颇有影响。《荀子》《庄子》《韩非子》《吕氏春秋》都称引过他。关于他的思想倾向历来有不同看法。《庄子·天下》把慎到归入道家又兼及法。韩非相当尊重慎到,视为法家。荀子的评价不统一,在《荀子·非十二子》《荀子·解蔽》篇中主要批判了慎到的法,显然把慎到视为法家。但在《天论》篇又批判了慎到的道家思想。《吕氏春秋·慎势》把慎到列为法家。《史记·孟荀列传》说慎到"学黄老道德之术"。而班固的《汉志》又把慎到列入法家。这些分歧一直延续到现在。无论入法入道均有理由。从哲学上看,慎子属于道家。从政治思想上则为法家的重要代表人物。

慎到曾有系统的著作,《史记·孟荀列传》中云:"慎到著十二论。"《汉志》云:"慎子四十二篇。"原书已散失,传世的仅有七篇及诸书引用的佚文。这就是目前通行的《慎子》。另商务印书馆所出《四部丛刊》影印明万历年间吴人慎懋赏本,多数研究者认为是伪书。现在研究慎到,主要依据残本《慎子》一书,及诸书中保留的有关慎到的言论。

《慎子》一书不仅讲势,而且尚法,书中虽没有明确提出"术"的概念,但有一部分内容是论"术"的。这样在《慎子》一书中,势、法、术思想都具备了,这对考察后来法家思想渊源有重要的意义。如果把《慎子》与《申子》《商君书》《管子》书中法家派的著作及《韩非子》加以比较，《慎子》一书有明显的特点，这就是贵势而不尚独断，尚法而不崇尊严，任术而不贵阴谋。整个思想显得庄重、深沉。慎到又是法家中最先把道法结合起来的人物。所以在法家学派中占有特别重要的地位。

二、贵势与天子为天下说

在权、法、礼、政策等政治诸因素中，慎到把权力，即势，放在了首要地位。掌握权势是从事政治活动的前提条件。慎到从历史与现实的经验中论述了：在政治中谁服从谁，不是以才能、是非和道德为标准，而是要看权势的大小。"贤而屈于不肖者，权轻也；不肖而服于贤者，位尊也。尧为匹夫，不能使其邻家；至南面而王，则令行禁止。由此观之，贤不足以服不肖，而势位足以屈贤矣。"①慎到的说法显然是在反驳儒、墨等派崇尚圣贤的说教。从理论上看，慎到把权力看成高于一切，把道德、才能、是非看成不过是权力的仆从，无疑是荒谬的。但在实际上，这种说法是符合当时历史实际的。臣民中，无论是在才能、道德、见识哪一方面都超过君主的，大有人在。然而他们仍然必须听命于君主。君主所依恃的就是权势。所以慎子说，这种权势是不可须臾离之的。正如腾蛇、飞龙不可离开云雾一样，一旦云消雾散，失去依靠，就会立刻掉下来，只能与蚯蚓同辈。君主也是一样，一旦失去权势，只能与匹夫为伍。

为了确保权势的威力，最忌讳同一种权力有"两"，即二元化或多元化。"两则争，杂则相伤。"②慎到认为权力的平等同事奉与役使关系不能并存，"两贵不相事，两贱不相使"③。如果有并行的权力，那么在其上则要有一个更高的权力加以制约。"臣有两位者国必乱。臣两位而国不乱者君在也。恃君而不乱矣。"④一国之内只能有一个君主，"多贤不可以多君，无贤不可以无君"⑤。在政治体制上，慎到主张君主一元化的寡头政治。

君主要实现寡头政治，最紧要的是权势一定要超过一切臣属。"君臣之间，犹权衡也。权左轻则右重，右重则左轻。轻重迭相橛，天地之理也。"⑥谁权力大谁就有

①《慎子·威德》。

②④《慎子·德立》。

③⑤⑥《慎子·佚文》。

指挥权。君主怎样才能使自己的权势大于臣子？慎到提出，要在"得助于众"①。他从生活中的事例说明得助的重要。"爱赤子者，不慢于保。绝险历远者，不慢于御。"意思是，喜爱儿子的人，不要怠慢保傅；历险远游者，不要怠慢赶车的。从历史上看，三王五伯之所以能成大功，都因为得到了天地之助、鬼神之助、万物之助。一句话，"得助则成，释助则废"②。"得助于众"的关键在于"兼畜下者"。他说："民杂处而各有所能。所能者不同，此民之情也。""下之所能不同，而皆上之用也。是以大君因民之能为资，尽包而畜之，无能去取焉。是故不设一方以求于人，故所求者无不足也。大君不择其下故足。不择其下则易为下矣。易为下，则莫不容。莫不容，故多下。多下之谓太上。"③从这段论述可以看到，慎到在政治上颇通辩证法。这里他提出了两个关系及其处理办法：一是"民能"与"君用"的关系。民各有其长，各有其短，君主不要求备于民，要善用其长，兼畜而择能用之。二是"上"与"下"的关系。君主不要挑剔，不管什么样的"下"都要兼容，这样"下"就多。拥有的臣民越多，"上"的地位就越稳固，权势也就越大，故"多下之谓太上"。

慎到一方面特别强调权势的重要，权势要集中于君主之手；另一方面，又指出权势的大小取决于能否得到"下"的支持。这样一来，慎到主张的"势"不是脱离"下"的权力至上论，权势应以"下"为基础。慎到这种思想的产生与当时的社会背景是相适应的。战国中期是君主集权的形成发展时期。然而由于当时国与国之间的斗争和各国内部争权的斗争，都与争民紧密相关，谁能争取群众支持自己，谁胜利的可能性就大得多。慎到的主张正是反映了这种历史潮流。

从政治体制与权力结构上看，慎到主张君主独操大权。但他又提出君主应该掌权为天下，而不应借权吞天下。他从君主的产生论述了这个问题："古者立天子而贵之者，非以利一人也。曰：天下无一贵，则理无由通。通理以为天下也。"④慎到这里提出了贵、利、理、天子、天下五者的关系。天子是基于社会的需要，为通天下之理而产生的。贵天子是为了通理平天下，不是为了利一人。因此"立天子以为天下，非立天下以为天子也。立国君以为国，非立国以为君也"⑤。慎到这种说法可说是开亘古之新论，启迪后人之烛光，给君主占有天下说以有力的一击。

---

①②④⑤《慎子·威德》。

③《慎子·民杂》。

在春秋以前宗法分封制下，国事与家事是一回事。国家机构与职能很大一部分寓于血缘宗族关系之中。到了战国，情况有了很大变化。国家机构与职能的大部分与君主的宗族关系相分离，国事与君主的私事明显地区分开来。从春秋中后期开始，一些思想家逐渐把君主个人与社稷、国家区分开来。慎到在这里把两者作了更明确的区分。这种区分在理论上有重要意义，是国家观念发展的重大突破。不仅国家与君主一分为二，而且慎到指出国家的利益高于君主个人的私利，君主应该为国家和天下服务。

慎到在理论上还提出了一个非常有意义的问题：圣人与百姓谁养活谁？许多思想家认为圣人、君主养育万民，由圣君明主"利民""抚民""养民""安民""惠民""亲民"，向民施恩赠惠。慎到与上述看法相反，他认为"百姓之于圣人也，养之也；非使圣人养己也"[1]。慎到的百姓养圣人之说，从经济关系上给"立天子以为天下"的主张，提供了有力的根据。

慎到还提出了如下一个论点："圣人之有天下也，受之也，非取之也。"[2]究竟谁把天下授给了圣人，慎子没有交代。不过其中寓意是清楚的，圣人不应把天下攫为己有。

慎到以上的说法，在理论上无疑是对君主的一种制约。它教导君主应该摆正个人与天下的关系，从道理上看，无疑是一首绝曲。然而如何实现这一理论，在那个时代，慎到是不可能找到一种切实可行的办法的。

慎到提倡君主权力一元化是现实的，而君主为天下则不过是一种空想。君主们对权力一元化理论无疑感兴趣，而为天下的旗帜多半被踏在了脚底下，不过有时也会举起来招摇一番，以示自己无私，颇能欺骗一些老实人。

三、尚法贵公论

一些研究者把慎到视为主势的理论家，其实他也很注重法。法治与人治是儒、法在政治思想上的一个重要分野。儒家主张人治，《中庸》明确提出反对法治。慎到与之相对立，鲜明地提出实行法治，反对"身治"。身治即人治。慎到指出"身治"有两大弊端：第一，"身治"无一定标准，随心而定。"君人者，舍法而以身治，则诛赏予夺，从君心出矣。"君主以自己的主观好恶进行诛赏予

夺,臣属也必将从自己的主观喜恶看待这种诛赏予夺。君心与臣心相抵牾,结果"受赏者虽当,望多无穷;受罚者虽当,望轻无已"。而且心机易变,只要一转念,对事情的处理便会差之千里。"君舍法而以心裁轻重,则同功殊赏,同罪殊罚矣。"赏罚不公,"怨之所由生也"①。第二,人治使"国家之政要在一人之心矣"②。事情千头万绪,一个人无论多么高明,他的认识能力也是有限的。"一人之识识天下,谁子之识能足焉?"③慎到从个人认识的有限性论证了把国家政要系于一人之心是危险的,实在是超群卓识。

人治不足以治国。治国之道在于实行法治(也称法制),"唯法所在"④,"事断于法,是国之大道也。"⑤慎到对立法的原则、法的目的、法的职能、执法原则,以及如何处理守法、变法等问题,都做了简要而明确的论述。

慎到从两个方面论述了立法原则。从哲学上看,法是"道"的人事化、社会化的表现。慎到认为每一种具体事物都有局限性。在一般人看来,天地无所不包。慎到却高人一筹,认为天、地也有短处,"天能覆之而不能载之,地能载之而不能覆之"⑥。天、地尚且如此,万物更不待言了。所以"万物皆有所可,有所不可"。既然每个事物都有个性与局限性,因此只拘泥于个别的、具体的事物,必然要陷入片面性,故曰:"选则不遍,教则不至。"意思是说:只要有选择,必定选不全而有遗漏;有所教,必定不能周全而有偏颇,顾此而失彼。"道"与天地不同,它包容万物,但并不消除事物的个性,"大道能包之而不能辩之"⑦。"辩"依马叙伦《庄子义证》作"平"解。这句话的大意是:大道虽然包容万物,但不使万物等齐划一。那么《庄子·天下》说慎到主张"齐万物"又是什么意思呢?据侯外庐的解释,"齐万物"之"齐",如同《荀子·荣辱》所说的"斩而齐"之"齐"。"斩"读如"儳","儳",互不齐也。又如《荀子·正名》篇所说的"差差而齐"之"齐",即"非齐之齐"⑧。这样"齐万物"的"齐"并不是把万物整齐划一,而是说对不齐的万物保持同距离,一视同仁。据此可知,"道"与具体事物的关系具有两个特点,一是包容万物,二是对万物一视同仁。慎到认为法与"道"相对应,

---

① 《慎子·君人》。

② 《慎子·威德》。

③⑤ 《慎子·佚文》。

④ 《慎子·君臣》。

⑥⑦ 《庄子·天下》。

⑧ 参见《中国思想通史》(第一卷),人民出版社,1957年,第602页。

法也有两个特点,一方面是包容一切人事;另一方面对不齐的人事一视同仁。法犹如"权衡""尺寸"一样,是衡量人事的标准。由于法无所不包,又一视同仁,所以法能起"一人心"①的作用。因而法又称之为"道术""常道""法度"。

法要因"道",但同时又要面向现实。慎到指出:"法非从天下,非从地出,发于人间,合乎人心而已。"②所谓"合乎人心",就像《荀子·非十二子》中所说:"上则取听于上,下则取从于俗。"合人心、从俗,也就是因人情。人情的具体表现是"自为",他说"人莫不自为也"③。关于"自为"慎到没有作进一步解释,从《慎子》及其《佚文》看,"自为"就是为自己,为利。"家富则疏族聚,家贫则兄弟离,非不相爱,利不足相容也。"④兄弟之间尚且计利,亲族之外更不待言了。所以他又说:"匠人成棺,不憎人死;利之所在,忘其丑也。"⑤慎到所说的立法因人情、合人心的实际内容,便是从人情好利出发,把法的关系建立在利害关系上。

法要遵"道"与因人情的理论,奠定了法家立法理论的基础。先秦后起的法家关于立法原则的种种理论,都是以这两条为基础而展开的。

立法要因人情好利之性,但是法又不是简单直接地保障一切个人私利,而是要在相互利害关系中找出一个共同的准则,从而使人们好利的本性获得普遍的保证。这个共同的准则叫"立公去私"。立法就是实现这一目的的手段。《慎子·威德》说:"法制礼籍,所以立公义也。凡立公所以弃私也。"什么是"公"和"私"呢?慎到没有明确的论述。大凡"公"指的是有关事物的一般规定。他说:"著龟所以立公识也,权衡所以立公正也,书契所以立公信也,度量所以立公审也。"权衡、度量是从具体的重量和长度中抽出来的公共标准。法制如同权衡、度量一样,是从人事中概括出来的共同准则。这种准则便是"公"。慎到所说的"私",不是指自私的私,而是指与法相违背的或破坏法制规定的行为。所以慎到的"公""私"是政治法律概念,而不是指道德或财产占有关系的概念。关于这一点我们从慎到论君主与公、私的关系中可得到证明。慎到认为君主并不是"公"的化身,"公"在理论上比君主更高。法虽然是由君主制定出来的,一旦制定出来,君主也必须遵从。因此君主也有奉公和行私的矛盾。君主无上的权势应通过推行法制来体现,而不能随个人的好恶和乱施淫威来表现。个人的"爱""欲"都不能超出法的规定范围,"欲不得干时,爱不得犯法",赏罚不能

---

① 《慎子·威德》。

②④⑤ 《慎子·佚文》。

③ 《慎子·因循》。

随心所欲，"定赏分财必由法"。①慎到指出："立法而行私，是私与法争，其乱甚于无法。"②这个道理讲得极为深刻。因为"私与法争"会造成政治分裂。一方面有法而行私，使法丧失了应有的权威；另一方面，既然有了法，法便不以制定法律者个人意志为转移而成为一种标准，起着衡量每个人的作用，包括君主在内。所以有法而不行法，必然造成法与统治者两败俱伤。

法的目的是要求奉公弃私，那么通过什么具体办法实现呢？这个办法就是"分"。所谓"分"，就是分清每个人的职守，分清每种行为的界限。慎到举了如下例子，说明"分"的重要作用。"一兔走街，百人追之，贪人具存，人莫之非者，以兔为未定分也。积兔满市，过而不顾，非不欲兔也，分定之后，虽鄙不争。"③《吕氏春秋·慎势》引述过这段话，字句略有不同。《吕氏春秋·慎势》中有一个重要的结论是《慎子·佚文》中所无的。这个结论是"故治天下及国，在乎定分而已矣"。具体而论，有君臣之分，天子、诸侯、大夫各有其位，不得逾越；有职守之分；如"士不得兼官，工不得兼事"④；有权限之分，如"职不得过官"⑤；有赏罚之分，赏罚要与功罪相当，"定赏分财必由法"⑥；在家庭有父子、嫡庶、正妻嬖妾之分，等等。

慎到不愧为一个政治设计家。在他的设计图中，所有臣民都被法"分"为特定的个体，法作为纽带把每个个体联结起来，使之成为整个国家体系中的一个部件，君主把握着法，掌握着全体。因此慎到的法制也可叫作分而治之。

有了法就要依法办事，执法的关键人物是君主。"为人君者，不多听，据法倚数以观得失。无法之言，不听于耳；无法之劳，不图于功；无劳之亲，不任于官；官不私亲，法不遗爱。上下无事，唯法所在。"⑦把法作为察言、观行、考功、任事的准绳。《庄子·天下》篇曾概括为四条原则："公而不当（借为'党'），易（平易）而无私，决然无主，趣物而不两。"大意是不阿党，不行私，不先入为主，一视同仁。依慎到之见，如果真正依法办事，不需要超人的才智，有中人的水平便可治理国家。"厝钧石，使禹察锱铢之重则不识也。悬于权衡，则氂发之不可差，则不待禹之智，中人之知莫不足以识之矣。"⑧

慎到还提出了守法与变法的关系问题："治国无其法则乱，守法而不变则

---

②③⑧《慎子·佚文》。

①④⑥《慎子·威德》。

⑤《慎子·知忠》。

⑦《慎子·君臣》。

衰。有法而行私谓之不法。以力役法者,百姓也;以死守法者,有司也;以道变法者,君长也。"①寥寥数语,提出了有法与无法、守法与变法的关系,以及君、吏、民在法中各占什么地位。就有无相比,有胜于无,"法虽不善犹愈于无法"②;有法必须执法,有法不执法,如同无法;严于守法又要善于变法,守法而不知变亦不能治国。君主、臣民在法中的地位是迥然不同的,君主掌握制法与变法之权,官吏只能充当执法的工具,而百姓则只能充当法的奴仆。

如何保证使私不侵犯公呢?对臣下来说由君主加以制约。对于君主来说,就只能靠道理和君主的认识了。慎到晓以利害,劝君主克己奉公,除此之外,他没有提出任何制约君主必须奉公的办法。所以在实际上,君主的权可以高于法,君主的私可以破坏公,君主的行为可以使全部法陷于瘫痪。在君主专制制度下,这是不可避免的。

慎到的尚法贵公思想要求把国家职能规范化,通过规范的形式体现和保证统治阶级的普遍利益。在春秋以前的分封制中虽然也有泱泱大国,但更多的是小国寡民。小国寡民不会迫切提出政治规范化的问题。随着兼并的发展,一些国家的地域成倍地扩大,臣民成倍地增加,组成统治者的成分也复杂化了。于是要求政治向规范化发展。如果我们考察一下春秋以来的历史,可以看到一个明显的事实,变法与制定新法都是与几个大国的发展同步前进的。

尚法贵公思想还表明国家职能观念由自发向自觉化又迈进了一步。关于国家职能的观念早就产生了,不过在春秋以前多半以传统习俗为基础,体现在宗法关系之中。尚法贵公的提出,把国家职能的观念上升为理论,并极大地冲击了宗法关系对国家作用的影响。

尚法贵公在理论上还提出了君主与国家职能的关系问题。在春秋以前国家职能是从属于天子、君主的,而尚法贵公思想则认为天子、君主应该是国家职能的执行者。

尚法贵公思想在慎到那里是相当严肃的,后来的法家吸收了一部分,但有很大部分被庸俗化了。

---

① 《慎子·佚文》。
② 《慎子·威德》。

四、"尚法不尚贤"与"君无事臣有事"的驭臣之术

儒家倡导君臣关系应建立在礼义忠信基础之上。慎到认为这是不可能的,君臣之间是权力与利害的较量。可是君又不能不用臣。为防止君轻臣重的现象发生,慎到讲的驭臣之术便是为君主开的一剂药方。

这剂药方的主药叫"尚法而不尚贤"。战国时期尚贤之风吹得很盛,尤其以儒、墨为最。慎到迎面泼了一瓢冷水。他告诫君主尚贤是最危险的,"立君而尊贤,是贤与君争,其乱甚于无君"①。慎到反对尚贤有两个理由。其一是尚贤影响了一元化政治。君主一元化政治需要的是"民一于君"②,"臣下闭口,左右结舌"③。可是,尚贤、尊贤降低了君主的地位,或者是给君主树立了一个对手,使民慕贤而不尊君。所以尚贤是万万使不得的。其二,尚贤与尚法相矛盾。如果提倡尚贤势必降低法的地位,把政治命运系在贤者的身上。慎到反对尚贤的第一个理由显然是从君主着想,没有什么值得称道的价值。但第二点则很有见地。法作为制度在政治中表现为一般的规定性,反映的是普遍的东西。而人,即使是圣贤,只是历史进程中的偶然因素。把政治命运寄于偶然因素之上,无疑是危险的。

慎到反对"尚贤",但在用人上他非但不反对使能任贤,而是极力倡导。他要求"臣尽智力以善其事"④。他还特别强调,一国之治乱,不能全归功或归罪于君主一人。"亡国之君,非一人之罪也;治国之君,非一人之力也。将治乱,在乎贤使任职。"⑤可见慎到对臣的作用有足够的估计。慎到的这种说法与"尚贤"之论不同之处在于,慎到的使贤任能是以君主独操权势与行法为前提的。在这两个前提下,君主要善于用臣之智能和一技之长。慎到指出,每个人各有所长,各有所短,君主应"不设一方以求于人"⑥。君主把每人之所能、所长集合起来,君主就无所不能。"廊庙之材,盖非一木之枝也;粹白之裘,盖非一狐之皮也。"⑦君主要想居廊庙,衣粹白之裘,就不能弃一枝之木,一狐之腋。

为了充分发挥臣子的智能与作用,慎到还提出了"臣事事而君无事,君逸乐而臣任劳"的主张。慎到说的"君无事"并非君主两袖清风,不做事,当摆设。而是指君主要善于发挥臣子的才智,让他们把事情干完、干好。最美妙的状况

---

①②③《慎子·佚文》。

④⑥《慎子·民杂》。

⑤⑦《慎子·知忠》。

是臣子尽力，君收其利，即所谓"仰成而已"。做到这一步，不一定需要有超众的才能，妙道在于有得当的驭臣之术。这种术即前边讲到的贵势、尚法、兼畜、用长等。在慎到看来，君主事必躬亲，骋能恃才不表示君主聪明，倒是无本事和低能的表现。"人君自任，而务为善以先下，则是代下负任蒙劳也，臣反逸矣。"①君主什么事都包揽起来，看起来很有权，其实干的是臣子应该干的事，实际上把自己降低到臣子的地位。君主自以为自己最有本事、最聪明，那么臣子们谁敢"与君争为善以先君"呢？臣子们只好把智慧藏起来。然而臣子们是不会闭目养神的，他们睁大两眼注视着君主的行动，一有过失，"臣反责君"，使君主处于尴尬的地位。如果君主是一个平庸之辈，而又要摆出一副无所不能的架势，指挥一切，势必出乱子；即使"君之智最贤"，但一个人的智慧毕竟有限，"以一君而尽瞻下则劳，劳则有倦，倦则衰，衰则复反于不瞻之道也"。说得多么透彻。依慎到之见，君主的职责是用臣，而不是代臣行事。代臣办事"是君臣易位也，谓之倒逆，倒逆则乱矣"②。荀子批评慎到"蔽于法而不知贤"③是不中肯的。

慎到把事情看得很透彻。君主不要指望臣子无条件地忠于自己，无条件地为自己献身。从人皆"自为"的本性看，这是不可能的，臣子有这种表白也是靠不住的。慎到提出要"用人之自为，不用人之为我"，因为"人莫不自为也，化而使之为我，则莫可得而用矣"④。在这里慎到提出了"自为"与"为我"两个涉及君臣基本关系的概念。"自为"即为自己，"为我"是什么呢？郭沫若的解释较为贴切："为我"是君主站在自己的立场，要求天下人都为自己服务，"为我"之我是王者一人之我。⑤讲得更明白些，"为我"就是臣子牺牲个人利益献身于君主。依慎到之见，因人之情就是因人"自为"之情，如果臣子抛弃"自为"，那么君主就没有可"因"的了。一个连自己都不为的人，对君主难道是可靠的吗？显然是靠不住的。君臣之间是权衡利害的关系，而一切为了君主的人失去了与君主交换的价值，君主既无可"因"，自然就失去了可用的基础。

与上述思想一脉相承，慎到也不赞成用忠臣。他说："将治乱，在乎贤使任职，而不在于忠也。故智盈天下，泽及其君；忠盈天下，害及其国。"⑥在先秦诸

---

① ②《慎子·民杂》。

③《荀子·解蔽》。

④《慎子·因循》。

⑤ 郭沫若：《稷下黄老学派的批判》，《十批判书》，人民出版社，1976年。

⑥《慎子·知忠》。

子中这真是一曲绝唱。当时人们普遍地呼喊要忠臣,认为忠臣不见用是亡国的重要原因。慎到与这种论调恰恰相反,乍然看去,使人感到有些蹊跷。其实慎到还颇有些道理。首先,慎到认为忠与法是对立的,按照法的规定,臣只能在规定的职守范围内尽其智力,"忠不得过职,而职不得过官"。通常所说的忠臣总是超出法的范围,不在其位而谋其政。这样,忠臣的行为便破坏了法。在慎到看来这是断断不能容忍的。他提出"忠臣不生圣君之下"。其次,从历史上看,忠与治乱兴亡没有必然的因果关系。"乱世之中,亡国之臣,非独无忠臣也。治国之中,显君之臣,非独能尽忠也。"既然有忠臣也可以亡国,显君之臣又未必都是赤忠。那么有什么理由把忠臣作为治国的依托呢?再次,忠臣常有,而国未必常安。"世有忠道之人。臣之欲忠者不绝世。"君主并没有因此而常得安宁。最后,忠与智是两回事。有些忠臣成事不足,败事有余,因为并不是所有的忠臣都像比干、子胥那样有才能。有些忠臣忠则忠矣,主意并不高明,结果"毁瘁主君于暗墨之中,遂染溺灭名而死"。遇到这样的忠臣,非但不能救乱世,而"适足以重非"①。应该说,慎到的看法是有见地的。

慎到的上述理论是符合当时实际的,在历史上第一次较深刻地揭开了君臣关系的帷幕。君臣之间是互相利用关系。君主不必寄希望于臣子尽忠,需要的是有实效的智能。

五、结语

综上所述,慎到的势法术是互相制约,互助补充的关系。势是法、术的前提,但又不能离开法、术独立行施。势要通过法来实现,通过术驾驭臣并处理与臣的关系。

在君主专制制度下,实际上很难区分国家与君主的权限。然而基于统治阶级整体利益的要求,又需要把两者加以区分。君主作为国家的主脑,在最基本的问题上不会背离本阶级的利益。但他的行为又不一定反映本阶级最普遍的利益和要求。甚至会损害这种利益和要求。特别随着统治地区的扩大,臣民的增多,政治情况必然复杂化。战国时期国家形式与职能与春秋以前大不相同。春秋以前国家形式主要通过氏族宗法制表现出来,国家的

---

①《慎子·知忠》。

110

职能在很大程度上是在宗法制外壳下实现的。到了战国,这种情况有了基本的变化,郡县制和官僚制占了主要地位,统治集团内部结构相应也有很大变化。情况越复杂,越需要找出一个政治上的中轴线,找出内在的规定性。可是君主有权不受这种规定的约束。于是君主个人行为和决断背离本阶级一般要求的情况就不断发生。如何解决这个矛盾?这就是慎到所呼喊的:提倡国家观念,国家政治要规范化,建立法制,君主应该遵从法,国家利益高于君主个人私利,等等。

沿着慎到设计的道路走,会不会削弱君主专制制度呢?不会的,相反只会加强。不过加强的办法不是简单地突出君主个人无限的权力,而是通过实现法制来进行。应该说,这种办法更富有理性,从而也更加牢固。

慎到的理论是相当严肃的,早期法家多半都具有这个特点。相形之下,后期法家显得庸俗多了。

原载《文史哲》,1983 年第 1 期

论先秦民的反抗斗争和统治者对民的理论

中国历史上的农民战争次数之多,规模之大,的确是世界历史上所仅见的。与此同时,封建统治者统治经验之丰富、应变能力之强,也是世界上所罕见的。统治者这些经验与能力自然不是从天上掉下来,而是在与农民和被剥削者的斗争中积累起来的。中国历史上统治者不是一批经验主义者,无论他们对农民与被压迫者采取怎样的政策,在大多数情况下,都有相应的理论为指导,其中最主要的是对民的认识。本文仅就先秦时期统治阶级对民的诸种理论与政策作一初步研究和说明。

一、关于民在政治中地位的诸种理论

民是被压迫者、被剥削者,社会地位低下而卑贱。就分散的、单个的个体而言,高贵的统治者很少能把他们放在眼中。然而民的集体行动和自发运动所形成的流向,迫使统治者不得不另眼看待。敏感的政治家与思想家们更从中看到:原来自己的命运是由这些卑贱者的行动和流向决定的。先秦统治阶级的政治家与思想家对民在政治中地位的认识大致经历了如下三个发展阶段:一,神是决定一切的,民是神的从属品;二,神、民结合,由民情见神意,神依民情定存亡;三,政在得民,民的背向决定着政治兴败。

殷代的统治者是中国历史上有史可稽的最古老的统治者。在殷代,被剥削者虽然屡有反抗,似乎殷代统治者没有受到过严重的教训。在殷代统治者眼中,民的动向虽不可忽视,如盘庚提出过"重我民""罔不唯民之承""视民利用迁"①等初步的重民思想,但指导思想是放在了神上。只要诚心事神,得到上帝的保佑,便可万事大吉。所以当殷王朝面临覆灭危机,祖伊向

①《尚书·盘庚》。

殷纣王进言,纣王还若无其事地讲:"呜呼!我生不有命在天。"①

然而上帝没有保住殷王的王冠,由于民众逃叛,前徒倒戈,大邦商竟被小邦周一举推翻了,民众在历史上第一次显示了他们的威力。历史向周的统治者提出了两个尖锐的问题:上帝的权威究竟有多大?民众的力量应该怎样看?聪明的周公巧妙地把两者结合起来,在当时条件下,给了最完满的回答,在周公看来,上帝无疑仍具有无限的权威,但上帝的意志已不单单是王的意志的升华和集中,同时还要看民意。民意成了上帝意志的指示器之一。"天畏棐忱,民情大可见。"②大意是,上帝的畏严与诚心,从民情上可以看得到。"弗造哲,迪民康,矧曰其有能格知天命。"③大意是说,如果没有使民明白事理,引导民达到安康之境,怎么能说知天命呢?《泰誓》逸文把上述思想表达得更为清晰:"民之所欲,天必从之。"④根据上述道理,周公总结出一条历史经验,叫作"唯命不于常"⑤,就是说上帝之命不是固定不变的,谁有德,谁能得到民众的支持,上天就会把大命赐给他;反之,就会废弃他。周公还进一步用这个道理解释了夏、商、周三个朝代的更替。周公从历史和现实的经验中得出政治结论是:尊天、敬德、保民。这三者联为一体,循环补充。

西周后期,民众造反赶跑了周厉王,给统治者以沉重打击。其后,在内外交困中,赫赫的西周灭亡了。春秋是一个更加动荡的时代,有的国君被民众赶跑了,有的因得到民众的支持上了台,还有的因民众不合作或怠工怠战被他国灭亡了。于是具有现实感的政治家与思想家,对民在政治中的作用又有了新的认识。许多人从不同的政治变动中得出了一个大致相同的结论:民的背向决定着政治的兴衰和国之存亡。楚灭了蓼、六两国,鲁臧文仲总结蓼、六灭亡的教训时指出:"德之不建,民之无援,哀哉!"⑥梁因民溃被秦灭掉,这件事给统治者以深刻的教训。楚国的尹戍在若干年后总结这一历史教训时说:"民弃其上,不亡何待?"⑦虢国的史嚚对民在政治中的作用

① 《尚书·西伯戡黎》。

②⑤ 《尚书·康诰》。

③ 《尚书·大诰》。

④ 《左传》襄公三十一年。

⑥ 《左传》文公五年。

⑦ 《左传》昭公二十三年。

概括得更为精辟:"国将兴,听于民;将亡,听于神。"①

　　基于上述的认识,许多政治家与思想家,把当权者对民的政策与态度看作政治预报的信息。吴王亲和其民之时,楚国子西便指出:"吴光新得国而亲其民,视民如子,辛苦同之,将用之也。"②吴申胥在论述了吴王夫差、越王勾践、楚灵王各自的政策之后指出:"悦民者必胜,骄民者必败。"齐襄公为政无常,鲍叔牙预言:"君使民慢,乱将作矣。"③后来果然出了乱子。楚斗且批评楚王搜刮过甚,民心离散时指出:"民心之愠也,若防大川焉,溃而所犯必大矣。"④

　　由于民的重要,许多政治人物还经常把争取民众作为策略手段和角斗工具来使用。比如晋大饥,向秦求救,秦国有一派主张支援,一派反对。主张支援的子桑说:"重施而报,君将何求?重施而不报,其民必携,携而讨焉,无众必败。"⑤这里很清楚,子桑把援晋作为策略手段来使用。一次赤狄侵晋,晋是否还击,晋内部有不同意见,中行恒子说:"使疾其民,以盈其贯,将可殪也。"⑥意思是纵狄之君残民,而后攻之。卫州吁为了争君位,首先"求宠于诸侯以和其民"⑦。宋公子鲍也是先施贷于民,得到民的支持,而后夺取了君位。类似情况,史不绝书。

　　战国时期社会震荡激烈。从历史上可以看到一个带规律性的现象:越是震荡时代,民众的力量显示得越充分。战国时期除了楚国庄蹻起义,表面上没有震动整个社会的民众反抗运动。但是民众的逃亡就足以使统治者头痛不已。孟子见梁惠王,梁惠王自我吹嘘了一通之后,向孟子首先询问的一个问题就是,为什么"邻国之民不加少,寡人之民不加多"⑧。至于战争中的士气问题,更是统治者所关切的。政治家们忙于解决实际问题,而思想家们却琢磨着实际问题背后的动因,探索政治兴败的关键。战国时期的诸子从不同立场与观点出发,经过不同的思维道路,最后汇到一点,民的问题是政治中的根本问题。

---

①《左传》庄公三十二年。

②《左传》昭公三十年。

③《左传》庄公八年。

④《国语·楚语下》。

⑤《左传》僖公十三年。

⑥《左传》宣公六年。

⑦《左传》隐公四年。

⑧《孟子·梁惠王上》。

儒家以宣传仁爱、礼义著称。然而只要论述到政治,他们几乎都把能否得民视为兴败的关键与根本。不管人们对孟子的"民为贵,社稷次之,君为轻"①有怎样的解释,其对民的重视是无可否认的。孟子的基本思想是政在得民,失民必定失败。《孟子·离娄上》说:"暴其民,甚则身弑国亡,不甚则身危国削。"又说:"桀纣之失天下也,失其民也,失其民者,失其心也。得天下有道;得其民,斯得天下矣。"荀子在许多问题上与孟子多有异议,但对民的作用的认识却十分接近,《荀子·王霸》中说:"用国者,得百姓之力者富,得百姓之死者强,得百姓之誉者荣。三得者具而天下归之,三得者亡而天下去之。"

法家主张以法治国,一断于法,他们有许多严刑峻法和刻民之论。可是当他们谈到执法的基础时,差不多又都回到民的背向上来。《管子·形势解》说:"人是之所以令则行,禁则止者,必令于民之所好,而禁于民之所恶也。"《管子·明法解》说:"明法之道,在民所欲,以求其功……立民所恶,以禁其邪。"如果法令超出了民力,违背了民情,事情就会走向反面。《管子·权修》说:"赋敛厚,则下怨上矣;民力竭,则令不行矣。"《管子·版法》说:"民不足,令乃辱;民苦殃,令不行。"法令虽然十分威重,但与民相背,就失去了权威的基础。

马王堆《老子》乙本卷前古佚书,大家都认为属于战国时期黄老派作品,这些古佚书也十分重视民在政治中的作用。《十六经·观》中指出,"毋乱民功,毋逆天时"是政治的基本原则,只有如此,才能"民[乃]蕃兹(滋),君臣上下交得其志"。《十六经·前道》中说:"圣[人]举事也,阖(合)于天地,顺于民,羊(祥)于鬼神,使民同利,万夫赖之,所谓义也。"《经法·君正》讲:"号令阖(合)于民心,则民听令。"

《吕氏春秋》许多篇反复强调了民为政之本。《吕氏春秋·顺民》说:"先王先顺民心","凡举事必先审民心,然后可举"。《吕氏春秋·务本》说:"宗庙之本在于民。"

总之,战国诸子从不同角度几乎都把民之背向作为政治兴败的根本原因。实际的政治家和掌权者是否都接受这一理论,在实际的政治生活中是否能把这一点作为处理事情的圭臬,那是另一回事。但是这个思想为多数思想家们所公认,并大事宣扬,无疑具有重要意义。这个思想为统治者指明了政治的安危点是对民的政策与态度,得民者昌,失民者亡。思想家们的这种认识是民在历史中实际作用的反映。没有民众的波澜壮阔的斗争,代表剥削阶级利益的

---

①《孟子·尽心下》。

思想家与政治家是不会自觉地产生这种认识的。所以说,这种思想是民众的革命斗争打出来的。统治阶级承认民众在政治斗争中的最后决定作用,并不改变他们的阶级性质,相反,谁愿意接受这种认识,并在实践中注意这个问题,那么谁就能得到更多的主动权。这种认识也决不损害统治者的利益,相反,更利于他们的长治久安。

二、君主与民关系的诸种理论

从殷周开始,政治制度是沿着君主专制制度不断强化的轨道向前运转的。在这种制度中,君主是统治阶级的最高政治代表,拥有无限的权力。对君主和民的关系持怎样的认识,无论是对君主还是对民,还是对整个统治阶级,都有十分重要的意义。从先秦的情况看,关于君民关系的认识,大体是沿着如下两条道路展开的。

一种观念是,把君主说成是民的救星、保护者和天经地义的主人,民只能跪拜在君主脚下充当奴仆,不得有任何违抗行为和心思。这种观念在传世的最早文献《尚书·盘庚》篇中表达得已相当充分。盘庚对民众说:"予迓续乃命于天,予岂汝威,用奉畜汝众。"大意是,你们的生命是我从上帝那里请求下来的,我不是用势压你们,是为了畜养你们。既然民众的生命都是殷王从天那里请求来的,由此自然得出另一个结论,那就是一切都必须听从殷王指挥和决断,这就是文中所说的:"勉出乃力,听予一人之作猷。""暨予一人猷同心。"如果不听我殷王的指挥和命令,我就要把你们都杀死,使你们断子绝孙,"我乃劓殄灭之无遗育"。这种君主专制思想随着君主专制制度的加强而不断地充实和发展。这里我们不能详细论述具体发展过程,只想指出这种思想发展的两个方向,一是神化君主,二是圣化君主。所谓神化,就是把君主说成是超人类的异己力量,说成是神或神的化身或神的嫡系。殷代早期的王是上帝的代言人,但本身似乎还未神化。到殷后期,殷王与上帝相对应称为"下帝"或"王帝",最后两个王则直接称"帝乙""帝辛",显然本身已具有神的性质。周初之王并不称天子。成康以后除称王外,还称天子,显然也具有神性。这一类的神化,在以后一直层出不穷。圣化与神化不同。先秦时期的圣与神有别。圣指极端聪明、才能超群、明达事理。《诗·桑柔》说:"维此圣人,瞻言百里。维彼愚人,复狂以喜。"这里圣与愚相对,圣人能登高望远。《洪范》说:"思曰睿(借为'容'),睿曰圣。"大意是思考通达就可以称之为圣。因此,"圣化"就是指把君主说成具有超乎一般人之上的才能与智慧。正像《管子·正世》所说："圣人者,明于治乱之道,习于人事之终始者也。"《韩非子·奸劫弑臣》说："圣人者,审于是非之实,察于治乱之情也。"《易传·系辞上》说："天生神物,圣人则之;天地变化,圣人效之。天垂象,见吉凶,圣人象之。"先秦诸子几乎都宣扬圣人,所以圣人有各种不同的形象与品质。但都是超乎一般人之上的人,这些人虽不等于君王,但在政治上都可以成为君主帝王,君主也应该具有圣人的品质。神化与圣化是两种不同的认识道路,圣化具有明显的理论思维特点。它宣扬君主居于人类认识之巅和才能之巅。尽管神化与圣化在认识路线上有原则区别,但对强化君主专制,两者异曲同工。

历史并不是按照理论家们的宣传前进的,不管怎样宣传君主是神、是圣,在实际上君主们作了自我暴露,自己的行为揭穿了神与圣的画皮。更为有意思的是,民众反抗斗争使一顶顶王冠落地。历史事实逼迫着一些人不得不去思考:君主是民众的保护人和救命者吗?君主与民究竟是谁养活谁?在政治上君主与民的关系应该是怎样的?一批善于思考的人对这些问题提出了新的理论与新的见解。这些新理论与新见解虽然都没有从根本上否定君主与君主专制制度,但有一个共同点,即强调了君主与民的相对性,君主的命运最后取决于民的向背。综合有关论述,可以归纳为如下几个主要观点:

(一)立君为民说。君主是怎样产生的,先秦诸子有各式各样的说法,其中涉及立君为民,还是生民为君这样一个重要问题。对此有两种截然相反的观点。殷周以来传统思想是生民为君。针对这种思想,开明之士提出了立君为民说。表达这个思想最清晰的思想家是慎到。《慎子·威德》说:"立天子以为天下,非立天下以为天子也。立国君以为国,非立国以为国君也。立官长以为官(管),非立官以为长也。"《商君书·修权》篇继承了慎到这一论点,文中说:"尧舜之位天下也,非私天下之利也,为天下位天下也。"荀子也接受了这一说法,《荀子·大略》篇说:"天之生民非为君也。天之立君,以为民也。"《吕氏春秋·恃君》说:"置君非以阿君也,置天下非以阿天子也,置官长非以阿官长也。"《吕氏春秋·贵公》篇说得更明确:"天下,非一人之天下也,天下之天下也。"

立君为民,还是生民为君,这是截然相反的两种理论。从表面看,君主专制主义与立君为民说是格格不入的。其实,两者之间存在辩证统一的关系。君主专制越强化,与民众的对立就越明显,尖锐的对立对君主并不一定是好事。事实上的对立正需要理论上的调和来弥补与掩盖。立君为民说正好起着这种作用。在中国历史上我们常常可以看到,专制的君主最爱唱为民的高调,有些人越专制唱的调越高。当然,我们还应看到这种理论另一方面的作用。这种说法不能不说是对君主的一种制约,并为批评君主的残暴行为提供了理论根据。一些思想家正是根据这一理论原则对当时的君主进行了严厉的批评。《商君书·修权》说:"今乱世之君臣,区区然皆擅一国之利,而管一官之重,以便其私,此国之所以危也。"孟子批评得更为尖锐,斥责当时的君主多是禽兽食人之辈。君主专制制度在制度上缺乏自我调节能力,这种说法至少在理论上可以补充制度上的不足,给人以精神上的满足或希望。

(二)君主利民说。这种说法在理论上是立君为民的逻辑发展。这种说法意在说明如何处理君民利害关系问题。君与民之间存在利害矛盾,这是事实。如何处理利害关系呢?早在殷代,盘庚就把自己说成是民利的代表者,盘庚为迁都发布的训辞中,一方面说是上帝的旨意,另一方面又讲"视民利用迁"。继起的周王也常常以"保民"为己任。不过这种思想在殷周时期并不占主导地位。居于主导地位的是臣民必须绝对服从君主。直到春秋亦复如是,诸如"竭力致死,无有二心""君命无贰""君,天也"等一类的说法仍禁锢着人们的思想。

然而客观的利害冲突证明,民众是不会乖乖地把自己的一切都交给君主的,一些君主因过分侵害民利,结果被民众赶下了台,这是一种情况;另一种情况是,一些人物肯舍弃自己部分利益,适当给民一些好处,反而在政治斗争中获胜。正反两方面的事例,促使一些人对君民利害关系问题重新进行了思索。与臣民服从君主观念相反,提出君主的使命应该是利民。当君与民的利益发生矛盾时,君主应该以民为上。春秋时期的邾文公讲过一句很有分量的话。邾文公卜问迁都,史曰:"利于民而不利于君。"邾文公对此答道:"苟利于民,孤之利也。天生民而树之君,以利之也。民既利矣,孤必与焉。"①这句话清楚地表明,民利高于君利。我们很难相信君主们会把民利真的放在第一位。不过春秋时期开始,我们可以看到诸如"抚民""亲民""恤民""安民""惠民""利民"之类的呼声充斥思想界,继起的诸子百家不管他们的政治主张怎样不同,几乎都宣布自己的主张和政策方案对民最为有利,并要求君主付诸实施。

①《左传》文公十三年。

孔子最看重礼义道德，他用卑薄的眼光看待利，辱骂"小人喻于利"①。可是他又把尊重和照顾民利的统治者誉为君主和圣人。他认为具备"五美"才可以从政，而"五美"之首便是"因民之所利而利之"②。子贡问老先生："如有博施于民而能济众，何如？可谓仁乎？"老夫子答曰："何事于仁！必也圣乎！尧、舜其犹病诸！"③可见他是相当重视利民的。利民是君主们应该做而难于做的事。

墨子以宣传"兼相爱，交相利"著称。在他看来，"天子者，天下之仁人也"④。仁人最主要的品质是，"必务求兴天下之利，除天下之害"⑤。《墨子·尚贤中》又讲："民生为欲甚，死为甚憎，所欲不得，而所憎屡至，自古及今，未有尝能以此王天下、正诸侯者也。"意思就是说，违背了民众的意愿和利益，是不可能王天下的。所以墨子也认为君主应把民利放在首位，视为圣事。

孟子的"仁政"论与荀子的"富民"论更深入地论述了君主应该以利民为己任。

在先秦诸子中，法家鼓吹君主专制最烈，君主利益高于一切。然而即便如此，他们也没有抛弃利民说。他们毫不掩饰地宣称自己的法治是为了君，但同时也是为了利民。《管子·君臣下》说，只有"为民兴利除害，正民之德"者，才可王天下。《韩非子·问田》中说："立法术，设度数，所以利民萌便众庶之道也。"在一般人看来，严刑峻法总不好与爱民、利民联在一起，可是法家却偏偏要把两者联结在一起。《商君书·靳令》说："重刑少赏"，是真正的"爱民"。何以会如此？照法家的说法，轻罪重罚，人不敢犯小罪。人人都不敢犯小罪，当然更不敢犯大罪了。人人不敢犯罪，这不是爱民又是什么呢？把严刑苛罚也说成是爱民、利民，毫无疑问是狡辩。这种狡辩的出现，正说明了利民思潮影响之深广！

从历史的实际看，叫得最响的未必真正于民有利。降一调的，未必就一定比前者逊一等。这一点留给历史学家去考察。这里需要稍加说明的是为什么在君主专制越来越强的时代，伴之而起的却是利民之论？为什么君主们也把自己说成民利的体现者？我想至少有如下两方面的原因。一方面是君主们为了遮盖自己的丑行，掩人耳目，这种理论使民众从情感上可以减少对抗情绪；

---

① 《论语·里仁》。
② 《论语·尧曰》。
③ 《论语·雍也》。
④ 《墨子·尚同中》。
⑤ 《墨子·兼爱下》。

另一方面似乎也还应看到,这是统治者为了调节与民众的关系,而必须具备的一种理论武器。人民的反抗斗争,使统治阶级的思想家和部分实际政治家认识到,使民众获得某种利益是维护自己统治的必要条件,否则,对维护自己的统治也是不利的。正是上述两方面的原因,决定了利民说成为不可抗拒的思潮,各个派别都想方设法给它以一定的地位。

(三)民养君说。君与民谁养活谁?从思想史上看,君养民说更为古老。《尚书·盘庚》篇反复强调王"畜众""畜民",周初的统治者则反复宣传周王"养民"。君为民之父母则是这种说法更为温情的表现。于是诸如"养民如子""民之父母"遂成为口头禅。

与君养民思想相反的民养君说,在思想史上是晚出的。最早把事情颠倒过来的是《诗经》中的《伐檀》与《硕鼠》两篇诗。作者以诗的形象语言表达了经济的内容,指出贵族老爷是由受苦的民众供养的。在统治阶级中较早涉及这个问题的要数周宣王时的虢文公了。他在论述"民之大事在农"时指出:"上帝之粢盛于是乎出,民之蕃庶于是乎生,事之供给于是乎在,和协辑睦于是乎兴,财用蕃殖于是乎始。"①虢文公承认了供养上帝与统治者的财用都是由民生产出来的。春秋周景王时期的单穆公更明确指出,民众的生产活动是君主府库之源。他说:"绝民用以实王府,犹塞川源而为潢汙也,其竭也无日矣。"②楚灵王时的伍举也指出:"夫君国者,将民之与处;民实瘠矣,君安得肥?"③孔子所说的"百姓足,君孰与不足?百姓不足,君孰与足?"④也是这个道理。以最明快的语言表达民养君的是慎到和孟子。慎到说:"百姓之于圣人也,养之也;非使圣人养己也。"⑤慎到所说的"圣人"也就是君主。孟子说"无君子莫治野人,无野人莫养君子","治于人者食人,治人者食于人"⑥,把问题说得很清楚。慎到与孟子都肯定民养君是合理的,在认识上,这种说法与君养民说显然是不同的,它把被颠倒的关系颠倒过来了。

民养君说的提出,自然不是要说明谁剥削谁,而是要说明生产与财政的关系。在当时的历史条件下,民是生产者,而君主关心的是财政,君主靠财政过活。

---

① ②《国语·周语》。

③《国语·楚语》。

④《论语·颜渊》。

⑤《慎子·威德》。

⑥《孟子·滕文公上》。

民养君说指出了生产是财政的基础。正如荀子所指出的:"田野县鄙者财之本也,垣窌仓廪者财之末也。"在处理生产与财政的关系上应该"节其流,开其源"。生产发展,财政才能充足,"下有余,而上不忧不足"。反之,"田野荒而仓廪实,百姓虚而府库满",这叫作"伐其本,竭其源",一旦出现这种情况,对统治者是极其危险的,必然会出现"将以求富而丧其国,将以求利而危其身"①。

明白民养君,对统治者来说是十分重要的,它提醒君主和统治者不要一味苛征,应注意开源节流。开源节流不只是个经济问题,它同时又是一个尖锐的政治问题。很明显,没有民众的反抗斗争,统治者是不会自觉地认识这个问题的。

(四)得民为君说。殷周时期认为王是由上帝选定的,周公结合朝代更替作了具体叙述。夏桀暴虐无道:"天惟时求民主,乃大降显休命于成汤,刑殄有夏",命成汤"代夏作民主"②。等到殷纣王重蹈夏桀之辙时,于是"天休于宁王(即文王),兴我小邦周"③。周代商"受命,奄甸万姓"④。《诗·皇矣》篇还用形象的语言描绘了上帝环顾四方求"民主"的过程。

君权神授无疑是一种能迷惑人的理论,但它又有明显的缺漏。由于王的恶劣表现,常常使神与民处在对立之中。周公早已发现这个大漏洞。为了补漏,他在天和王直接对应关系中补充了一个"德"字。由殷代的天−王直接的对应关系政变为天−德−王迂回对应关系,从而使矛盾得到了缓解。但在谁能为王的问题上民仍处于被动的地位。然而实际的政治生活向人们提供了如下的事实:民的反抗使一些君主垮台了,另一些人由于得到民的支持却步上君主宝座。面对这种事实,一些具有现实感的思想家指出:得到民的拥护便可以为君主,无须再到上帝那里去,乞求上帝的保佑。

比较早地论及这个问题的是晏婴。他在论述各国的政治形势时说:姜氏已走到"季世",没有前途了,"齐其为陈氏矣"。原因在于"公弃其民,而归于陈氏"⑤。晏婴虽然带着惋惜和伤感的情绪讲这段话,但在无奈之中承认了得民者便可取而代之为君王。

---

①《荀子·富国》。

②《尚书·多方》。

③《尚书·大诰》。

④《尚书·立政》。

⑤《左传》昭公三十二年。

把问题明朗化的是史墨。鲁国的季氏把鲁昭公赶跑了。昭公寄食他国，死于异乡。对此很多人议论纷纷，斥责季氏。史墨一反众论，他说："鲁君世从其失，季氏进修其勤，民忘君矣。虽死于外，其谁矜之？"由此进一步提出"社稷无常奉，君臣无常位，自古以然"的结论。就历史事实看，季氏还没有取而代之，史墨却从中悟出了这样的道理：得民之助者可以当之无愧地做君主。这真是时代的强音！

战国时期有更多的人论述了得民之助即可为君的思想。这里仅举几家之言。

《孟子·尽心下》："得乎丘民而为天子。"

《管子·霸言》："得天下之众者王，得其半者霸。"

《荀子·王制》："王者富民，霸者富士，仅存之国富大夫，亡国富筐箧实府库。"

《吕氏春秋·用众》："凡君之所以立，出乎众也。立己定而舍其众，是得其末而失其本……夫以众者，人君之大宝也。"

得民之助即可以为君的理论，是对君权神授的否定，也是对一氏相袭，永远垄断君权的否定。这个理论对改朝换代的原因作了切合实际的说明，同时又是对君主的一种理论制约，指明君主应把政策的重点放在争取民众上。

(五)民弃君说和民水君舟说。民众能否造君主的反？这无疑是个最尖锐的问题。先秦的思想家们没有从正面论述这个问题。不过有些人从侧面讲到，民可以弃君，可以推翻困民之主。楚尹戌在谈到梁被灭时指出："民弃其上，不亡何待？"①卫国的民赶跑了卫君，晋侯说："卫人出其君，不亦甚乎？"师旷回答道："养民如子"的君主可称为"良君"，如果对民横施淫威，只能称为"困民之主"，对于"困民之主"，民众是可以推翻他的。②师旷绝不是鼓动民众造反，但他承认了反抗困民之主是合理的。孟子用委婉的方式也承认了在一定条件下民抗上的合理性。一次邹国与鲁国争杀，邹国的三十多个官吏被鲁国杀死，邹国之民对此无动于衷。邹穆公很恼火，对孟子说："诛之，则不可胜诛；不诛，则疾视其长上之死而不救，如之何则可也？"孟子没有直接回答，他换了一个角度说，邹国之民饥寒交迫，四处逃亡，君主的府库，却装满了财货粮食，视死不救。两相对比，民抗上不是很自然的吗？他引用曾子的一句话，这叫作"出乎尔者，反乎尔者也"③。

---

① 《左传》昭公二十三年。

② 《左传》襄公十四年。

③ 《孟子·梁惠王下》。

荀子把问题阐述得较为明白。他用"鸟则择木,木岂能择鸟"做比喻,指出民犹如鸟一样是可以选择君主的。他历数了暴君罪行之后指出:"臣或弑其君,下或杀其上,鬻其城,倍其节,而不死其事者,无它故焉,人主自取也。"①一句话,民叛上是君主暴行的必然结果。荀子还有一句著名的话:"君者,舟也,庶人者,水也。水则载舟,水则覆舟。"②君主惹得水翻云怒,那么君主就非覆没不可。

以上诸种君民关系的理论,绝不是思想家们生造来的,而是现实关系较为真实的反映。这些理论无疑包含着对民众的同情,也看到了民众的力量,闪烁着光辉。但对君主来说,也并没有太大的伤害作用,这些理论是奉献给君主们的一服清醒剂。如果君主能明乎此,只会增强他们的应变能力和自我调节能力。

三、关于民性和民基本要求的认识

如前所述,既然民在政治生活中有那么大的作用,那么,怎样才能赢得民心,获得民众的支持呢?于是提出了"民性"问题,不过更集中讨论了民众的本质与要求。民性问题是属于当时"人性"问题的一个重要内容,当时有关人性的讨论,包括了民性,有些著作中人性和民性是一回事;但是有些地方人性与民性又不尽相同,关于这一点下边再论述。

关于民性问题,春秋时期已经提出来了。晋国师旷说:"天生民而立之君,使司牧之,勿使其性。"③师旷所说的民性指的是民众对基本生活条件的需要,这一点可从他下一段话得到证明。他批评晋君奢侈时讲道:"宫室崇侈,民力彫尽,怨讟并作,莫保其性。"④这里的性指的是生活和生命。郑子产从自然感官欲上提出了民性问题。他说天地之性表现为"六气"(杜预注:"六气"为阴、阳、风、雨、晦、明)。天地六气禀赋于民则表现为好、恶、喜、怒、哀、乐。这六者之中,好、恶是纲,好、恶又集中表现在生、死上。子产说:"生,好物也。死,恶物也。好物,乐也。恶物,哀也。"⑤子产这里说的民性与人性是一回事。吴王夫

---

① 《荀子·富国》。

② 《荀子·王制》。

③ 《左传》襄公十四年。

④ 《左传》昭公八年。

⑤ 《左传》昭公二十年。

差说："民之恶死而欲贵富以长没也,与我同。"①晋国尹铎说:"思乐而喜,思难而惧,人之道也。"②楚国子文说:"人生求富。"③从上述言论中我们可以看到,民性的基本内容是指对物质生活条件的追求和自然感官欲的满足。继后诸子百家对民性问题做了更深入具体的分析。

孔子对人性问题只讲过一句话,即"性相近也,习相远也"④。性的内容指什么?材料阙如,不可确知。不过孔子对民性的论述是相当明确的。他说:"君子怀德,小人怀土;君子怀刑,小人怀惠。""君子喻于义,小人喻于利。"⑤孔子对小人好利之性虽持卑薄态度,但又认为这是不可忽视的事实,在实际政策中应加以考虑和照顾。据此而提出了利民、惠民等主张。

墨子没有明确提出人性问题。不过他所讲的,"衣食者,人之生利也"⑥,"人情者则曰男女"⑦,实际就是讲人性问题。从墨子的著述看,对民的生利与男女问题,给予了充分的重视。为此,他大声疾呼,应改善民众的生活条件,指出"饥者不得食,寒者不得衣,劳者不得息"⑧是民之巨患。他还猛烈抨击了贵族们妻妾成群,造成许多人不能成家的社会灾难。在墨子看来,衣食和男女是民的最基本的要求。

孟子讲性善,这是众所周知的。据此他倡导仁义,反对讲利。然而孟子并没有把这个问题绝对化。细加分析就会发现,孟子的义、利之论,针对不同对象所强调的重点不同。对于统治者他强调仁义。对于民,他倒认为,民只有获得了实际物质利益之后,才可能行仁义。孟子说得很清楚:"今也制民之产,仰不足以事父母,俯不足以畜妻子,乐岁终身苦,凶年不免于死亡。此惟救死而恐不赡,奚暇治礼义哉?"⑨孟子认为对民而言,恒产与衣食是第一位的需要。"民之为道也——有恒产者有恒心,无恒产者无恒心。"⑩又说:"圣人治天下,

①《国语·吴语》。

②《国语·晋语》。

③《国语·楚语下》。

④《论语·阳货》。

⑤《论语·里仁》。

⑥《墨子·节葬下》。

⑦《墨子·辞过》。

⑧《墨子·非乐上》。

⑨《孟子·梁惠王上》。

⑩《孟子·滕文公上》。

使有菽粟如水火。菽粟如水火,而民焉有不仁者乎?"①基于上述认识,孟子认为得民之道首先在于满足民的生活要求。且看他如下一段话讲得何等深切:"得其民有道:得其心,斯得民矣;得其心有道:所欲与之聚之,所恶勿施尔也。"②孟子的确骂过庶民把性善的本性丢掉了。但他并没有让"性善论"束缚自己的手脚,他对庶民的物质欲望有轻蔑之处,但更有尊重之处。在孟子那里人性与民欲问题是不统一的。

荀子主张人性恶。在荀子看来人的本性可归之利、欲二字。"生而有好利焉","生而有耳目之欲,有好声色焉"。"今人之性,饥而欲饱,寒而欲暖,劳而欲休,此人情性也。"③"好荣恶辱,好利恶害。"④荀子虽然承认求名利是人的本性,但他又认为这种本性是恶的,应该进行改造。不过荀子所说的改造,也并不是完全取消人的利欲要求,而是根据礼义原则加以调整,在礼义的范围内还要适当满足这种要求,这就是他所说的,通过礼义的调整达到"以养人之欲,给人之求。使欲必不穷乎物,物必不屈于欲,两者相持而长"⑤。毫无疑问,统治者得到的自然要多,但庶民也应得到起码的物质生活条件。

法家与荀子不同,他们不仅公然承认民的本性是追求名利,每个人都是为自己,即所谓的"自为"。同时还认为,这种本性改不了,也无须改。这类的言论极多,仅摘录几段以示其概。《管子·形势解》:"民之从利也,如水之走下。"《商君书·算地》:"民之情,饥而求食,劳而求佚,苦而索乐,辱则求荣,此民之情也。"《商君书·刑赏》说:"民之欲富贵也,共阖棺而后止。"《韩非子·难二》说:"喜利畏罪,人莫不然","好利恶害,夫人之所有也"。法家所说的民性也就是人性。基于上述认识,法家主张要把全部政策都建立在名利基础之上,只有用名利作杠杆才能调动民众。

道家的认识较为特殊。他们认为人性自然。对民来说,这种自然性的内容主要指不受外界干涉的自然生活。《庄子·马蹄》篇说:"彼民有常性,织而衣,耕而食,是谓同德。一而不党,命曰天放。"道家从人性自然出发,一再呼吁要满足人民的生活要求,并对统治者的剥夺进行了猛烈的抨击。

以上种种说法,不论从哪一个角度论述问题,几乎一致认为,改善和满足

①《孟子·尽心下》。

②《孟子·离娄上》。

③④《荀子·性恶》。

⑤《荀子·礼论》。

民对物质生活的需求是民性的基本内容。思想家与政治家得出的这个共同结论,应该说是民众历史运动客观内容在他们头脑中的反映。民众的历史运动是多色的、错综复杂的组合。然而隐藏内部的实质东西是争取物质利益。应该说,关于民性的种种见解极大地推进了对人民群众历史活动内在本质的认识。中国历史上的统治阶级,特别是他们的思想家,为了剥削与压迫民众,对民的本性与要求进行了研究,在认识上抓住了民众历史运动的内在追求。当然统治阶级能认识到的,不等于他们能做到。但这种认识却极大地增加了他们的应变能力,据此来调整政策,以对付民众的反抗或与民众周旋。

四、对民的几种政策思想

在实际政治中如何对待民,这就是政策问题了。政策的制定与前几个问题的认识有极密切的关系,但又不是一回事,因为还有一个具体化的问题。统治阶级对民的政策是千变万化的,犹如万花筒,常因人而异,对此不能一一讨论。这里只就先秦思想家提出的政策原则,从类型上作些粗略分析。

(一)富民、利民政策。春秋时期许多人提出"惠民""利民""恤民""亲民"等主张,这些主张被后来的儒家和墨家所继承。儒家与墨家在许多问题上针锋相对,但对民的政策原则是基本相同的。孔子提出了"因民之所利而利之","庶、富、教"等惠民主张,孟子的仁政及荀子的富民、裕民说等,贯穿一个基本思想,即"下富而上富"①。墨子从兼相爱、交相利出发,也很注意富民、利民。儒、墨的富民、利民当然不是以利民为目的,它的实际内容不外是轻徭薄赋,使民以时。关于儒、墨的有关主张,很多人已论述过了,这里从略。

除了儒、墨主张富民之外,法家中也有主张富民者,如《管子·治国》篇说:"凡治国之道,必先富民。民富则易治,民贫则难治。"不过在先秦法家中,这类主张不占主要地位。

(二)瘠民政策。与上述政策相反,有的人认为,民不可富,只有使民处于死亡边缘才好统治。鲁国的季康子母亲讲过一段话,颇为典型。这位老太太说:"昔圣王之处民也,择瘠土而处之,劳其民而用之,故长王天下。夫民劳则思,思则善心生;逸则淫,淫则忘善,忘善则恶心生。沃土之民不材,逸也;瘠土

---

①《荀子·富国》。

之民莫不向义,劳也。"①晋国的韩献子也说过:"国饶则民骄佚。"②这种主张被后来法家中的某些人所接受,成为他们政策思想的组成部分。

(三)政策在于掌握住"度量"线。与上述富民、瘠民政策不同,法家中一些人认为,政策的关键在于掌握住君民关系之间的度量线。《管子·法法》说:"君有三欲于民……三欲者何也?一曰求,二曰禁,三曰令。""求必欲得,禁必欲止,令必欲行。"然而从欲望着眼,那么人君的欲望是无穷的。正如《管子·权修》篇所说:"人君之欲无穷。"与人君之欲无穷相对,民力却是有限的,"地之生财有时,民之用力有倦"。于是君主无穷之欲与民有限之力之间发生了矛盾。实际经验证明,竭泽而渔则无鱼,正如《管子·法法》所说:"未有能多求而多得者也,未有能多禁而多止者,未有能多令而多行者也。"基于上述认识,作者提出,君主的欲望应该建立在民力实际可能的基础上。《管子·形势解》提出,要善于审察度量关系。文中说:"造父,善驭马者也。善视其马,节其饮食,度量马力,审其足走。故能取远道而马不罢。明主犹造父也,善治其民,度量其力,审其技能,故立功而民不困伤。"又说:"明主度量人力之所能为而后使焉。故令于人之所能为,则令行。"一言以蔽之,既不要使民富,又不能置民于死地。用今天的话讲,使民能维持简单再生产,恰到好处。

(四)弱民政策。弱民,又称之为胜民,这是法家的主流思想。《管子》中的法家派著作、《商君书》《韩非子》都有论述,其中以《商君书》论述最详。弱民包括政治、经济、文化各个方面。政治上弱民之术主要是严刑苛罚和奖励告奸。《商君书·弱民》说:"政作民之所恶,民弱。"意思是:政令实行人民所厌恶的东西,人民就会变弱。民不是怕苦、怕死吗?政令就要用苦与死时时威胁他们,使人民处处如临深渊,人民自然会变得怯懦。在人民之间,要倡导"告奸",反对"用善"。《商君书·说民》说:"用善则民亲其亲,任奸则民亲其制","任奸则罪诛"。"任奸"就是奖励告密,互相揭发和监视。要造成人人自危的局面,这样则民弱。在经济上要通过行政手段不停地使民由穷变富再由富变穷。作者认为民穷则思富,富则淫。这里显然受到前面所说的瘠民思想的影响。如何解决这个矛盾呢?那就要设法使民在穷富之间不停地循环转化。《说民》说:"治国之举,贵令贫者富,富者贫。贫者富,富者贫,国强。"君主既然操纵了民众贫、富转化之机,毫无疑问,在这种转化中,君主会变得越来越强,民会变得越来越

---

① 《国语·鲁语》。

② 《左传》成公六年。

弱。在文化上，则要实行最严酷的愚民政策。愚民政策是先秦许多思想家所共有的主张，但这一派更为酷烈。这一派主张除了让民学习法令之外，不得学习其他任何东西。要取缔法令之外的异说，对持异说者，非禁即戮。《管子·法法》说："倨傲易令，错仪画制，作议者尽诛。故强者折，锐者挫，坚者破，引之以绳墨，绳之以诛僇。"一路杀下去，"民毋敢立私议以自贵"，"万民之心皆服而从上"。韩非进一步提出"以法为本"[①]，"以吏为师"，"境内之民，其言谈者必轨于法"[②]。总之，要使人民只知道服从、听命，此外，不得有任何知识与想法。

（五）无为政治。在先秦诸子中，许多人都讲无为而治，孔子讲，法家讲，道家也讲。主张对民实行无为政治的主要是道家。道家的无为政治又分为各式各样，要之，统治者应减少行政干预，使民顺其自然生活，统治者要尚节俭，等等。关于无为政治问题已多有论述，不再赘述。

（六）宽猛并济政策。统治者对被统治者历来实行软硬两手政策，当时称之为文与武，德与刑，宽与猛等。从政治上提出宽猛并济的是孔子。按《左传》昭公二十年载，孔子在评论郑国镇压"萑符之盗"时，提出了宽猛并济说，孔子说："政宽则民慢，慢则纠之以猛。猛则民残，残则施之以宽。宽以济猛，猛以济宽，政是以和。"从《论语》看，孔子主张先德而后刑，与宽猛并济说稍有出入。何者为是，姑且不论。这种政策思想为后来许多人所采纳。

以上六种政策有相通之处，也有明显的差异。相通之处在于，这些政策都以利为中心点，相异之处是展开的方向不同，对"利"的运用方式不同。对统治者来说，政策方案越多，可供选择的余地就越大，从而应变能力就越强。统治阶级从民的反抗斗争中学到了许多东西，对民政策的多样化与多变性就是突出的表现之一。

以上，我们谈的都是统治阶级对民的认识、理论与政策。文中虽没有具体论述民众的实际反抗行动，其实，这些认识、理论与政策都是统治阶级的代言人为了统治民众和对付民众的反抗斗争而提出来的。一个统治阶级为了维护自己的统治，必不可缺的条件之一，是对被统治者的认识与研究。认识越深入、具体，就越能提高他们统治能力。

在以往的农民战争史研究中，曾广泛地涉及统治阶级的政策问题，并作

---

①《韩非子·饰邪》。

②《韩非子·五蠹》。

128

了相应深入的探讨。美中不足的是,对统治阶级政策的理论原则研究得较少。中国历史上的统治者并不都是盲目的行动派。他们中的许多人相当注意总结经验与教训,并且竭力使之上升为理论。这些理论丰富了统治者的头脑,帮助他们提高了统治艺术。

仅从上面谈到的对民的理论,我们可以放开地说,不论是我们现在所说的"让步政策""反攻倒算政策",或是两者的结合,以及其他什么政策,在理论上都是统治阶级思想家考虑过的,论证过的,也都是可以采取的。

人民的反抗斗争对统治阶级的政治思想有决定性的影响。而代表统治阶级的思想家所提出的政治理论与原则,又对统治阶级的实际政治起着指导作用。因此研究农民战争史,应该分一臂之力去研究一下人民反抗斗争对统治阶级的政治思想有哪些影响。反过来,再从统治阶级的政治理论角度具体分析他们的政策与措施。我想这样对推进农民战争史的研究不是没有裨益的。

原载《中国农民战争史研究辑刊》,1985 年 6 月

先秦礼论初探

从先秦的历史看,礼可以说是无所不包的社会生活的总规范,融习俗、道德、政治经济制度、婚姻制度、思想准则为一体。礼最初表现为不成文的习惯,到后来形成条文规定,渗透到整个社会机体的各个方面,对汉族文化的形成有过巨大的影响。

礼在西周以前,以成俗或直接规定的形式存在。从春秋开始,人们才开始给礼以理论的论证。

春秋战国时期的"礼崩乐坏"只是礼发展中的一个阶段,并不是礼本身的废弃。因为礼赖以存在的社会土壤依然存在。儒家在礼衰之时,看到了它必将复荣,为礼的再兴进行了顽强的奋斗,这个时期,除少数思想家主张废除礼,多数思想家都给礼留了大小不同的席位,历史是这样的怪癖:一方面是礼崩乐坏,另一方面又是复兴礼的呼声四起,特别是理论性的论证,为礼的再兴提供了理性根据。先秦诸子关于礼的理论极为庞杂,这里只就几个问题作一综述。

一、关于礼的价值的诸种理论

要说明一个事物存在的合理性,最要紧的莫过于论证它的价值,即说明它的地位、作用和影响。礼的价值在哪里呢?把礼作为人与动物区分的标志,是儒家论证礼的价值最称意的一说。最先提出这个问题的是孔子。他说:"今之孝者,是谓能养。至于犬马,皆能有养。不敬,何以别乎?"①敬是礼的主旨之一,孔子的说法蕴含了用礼作为人与动物区分标志的理论萌芽。孟子说:"人之所以异于禽兽者几希。"②意思是,人不同于禽兽的地方就那么一点点。这一点点即"不

---

① 《论语·为政》。
② 《孟子·离娄下》。

130

忍人之心"，亦即仁、义、礼、智。荀子从几个方面探讨了人与动物的差别，其中最主要一条是人有礼义之分。"人之所以为人者，非特以其二足而无毛也，以其有辨……夫禽兽有父子而无父子之亲，有牝牡而无男女之别。故人道莫不有辨。"①"辨"即"别"。"别"是礼的核心。《荀子·王制》也说："水火有气而无生，草木有生而无知，禽兽有知而无义；人有气、有生、有知，亦且有义，故最为天下贵也。"这里所说的"义"即"礼"。《礼记·曲礼上》说："鹦鹉能言，不离飞鸟。猩猩能言，不离禽兽，今人而无礼，虽能言，不亦禽兽之心乎？夫唯禽兽无礼，故父子聚麀。是故圣人作，为礼以教人。使人以有礼，知自别于禽兽。"《冠义》说："凡人之所以为人者，礼义也。"《郊特牲》说："无别无义，禽兽之道也。"这一理论也被某些法家所接受，《管子·形势解》说："辨明礼义，人之所长；而蝚蝯之所短也。"

在先秦诸子中，关于人与动物区分的标志并不只上述一说。墨子提出以"力"作为区分人与动物的标志。"力"近似今天所说的"劳动"。墨子的说法无疑更为深刻和接近科学，可惜墨子的理论仅如火石的闪光，未能引起理论上的大火。所以最有影响的还是儒家倡导的礼义说。用礼作为人的标志，礼的价值无疑被提到了无以复加的高度。在华夏族范围内，礼集中体现了人们的社会性和社会关系。社会性无疑是人所特有的。不过，礼仅通行于华夏族，具有鲜明的民族性，把一个民族所特有的东西说成是整个人类的共性，不免失之于偏谬。

先秦时期存在着许多民族或部族。华夏族与其他族的区分在哪里？许多人认为区分的主要标志是礼义。平王东迁时，辛有适伊川，看见有被发而祭于野者，于是感慨地说："不及百年，此其戎乎！其礼先亡矣。"②周内史过认为蛮夷之族都是失礼义而被流放者的后裔，蛮夷与华夏的区别也在礼。孔子评价管仲时曾说："微管仲，吾被发左衽矣。"③辛有、内史过和孔子都认为只要改变礼俗必然出华而入于夷。《左传》襄公十四年记载姜戎氏驹支的话："诸戎饮食、衣服，不与华同。"也是从礼俗上分华夷的。一些人自认为礼是文明的最高点，常因夷狄不行礼而诬之为禽兽。周富辰诬狄为"豺狼之德也"④。周定王因

①《荀子·非相》。
②《左传》僖公二十二年。
③《论语·宪问》。
④《国语·周语》。

131

戎狄不遵从礼义而破口大骂："夫戎狄,冒没轻儳,贪而不让。其血气不治,若禽兽然。"①直到战国,许多人亦复如是。赵武灵王胡服骑射引起一场华夷之辩。两方态度相背,但都认为华夷之别主要在有无礼义。秦出自戎狄,习俗与中原有别,所以春秋时常被一些人视为夷狄。自商鞅变法之后,秦日益强大,东方诸国不得不刮目相视,但仍有一些人常借礼义上的差别,辱骂秦为虎狼之国。

礼无疑是区分华夏族与戎狄的重要标志。一般地说,生活方式、习俗及文化水平与经济的发展是同步关系,经济越发达,生活方式、习俗、文化水平相对也较高。先秦时期,华夏族的经济水平总的看,居于先进地位,礼作为一种生活方式和文化也较先进。不过用礼义作为歧视和贬低戎狄诸侯的根据,不只走到了极端,也变成了谬误。对此,先秦有识之士早有所批评。赵武灵王曾指出,各族生活习惯不同,只要"利其民""便其事"即可取,不必拘泥于传统之礼。可惜,这种观点未能为多数人所接受。

由于礼被视为人的标志、华夏族的灵魂和行为准则,因此众多的人把它看作治国的大纲与根本。《左传》《国语》中有许多这类论述:"礼,经国家、定社稷、序民人、利后嗣者也。"②"礼,王之大经也。"③"礼,国之纪也。"④

由孔子开创的儒家,也可称之为礼家,政治上的共同主张是以礼治国,孔子反复讲:"为国以礼。"⑤孟子重在讲仁政,但对礼也十分重视。荀子的政治思想全部内容都是围绕礼展开的,是礼治主义的典型。《大略》说:"礼之于正国家也,如权衡之于轻重也,如绳墨之于曲直也。故人无礼不生,事无礼不成,国家无礼不宁。"《礼记》的作者们把礼在政治中的作用提到了无以复加的高度,有关论述比比皆是,无须征引。《易传》以讲变为其特征,然其政治也同样落实在礼上。《系辞上》说:"圣人有以见天下之动,而观其会通,以行其典礼。"

法家政治思想的主旨是法、势、术,提倡"以法治国"。其实除了《商君书》某些篇对礼有批判外,多数法家认为礼与法并行不悖,也是治国基本手段之

① 《国语·周语》。

② 《左传》隐公十五年。

③ 《左传》昭公十五年。

④ 《国语·晋语》。

⑤ 《论语·先进》。

一。商鞅变法并未废除礼,只是对礼作了某些变更,慎到把法与礼并提,认为礼与法本质一样,都是"立公义"①。《管子》中的法家派著作对礼更为重视,《管子·君臣下》说:"选贤遂材而礼孝弟则奸伪止。"《管子·形势解》说:"礼义者,尊卑之仪表也。"《管子·任法》说:"群臣不用礼义教训则不祥。"当然,礼法相比,礼要从法,正如《管子·任法》中所说,"仁义礼乐者皆出于法"。韩非是法家的集大成者,对仁爱进行了猛烈的抨击,但对礼却另眼相待,认为礼也是治国所不可缺少的。

道家倡导以"道"治国。在《老子》与《庄子》某些章句与篇章中,道与礼水火不容,痛斥礼是杀人的罪魁与刀刃。可是某些章句、篇章中,仍给礼留下了一定的位置。《庄子·在宥》篇,一方面轻蔑礼,另一方面又认为道化之礼仍是必要的,"存可也"。"节而不可不积者,礼也。"《庄子·天道》篇提出,在"大道"为纲的前提下,礼仍可作为治之目的。《庄子·天地》篇虽认为"礼法度数"是"治之末"。但只要以道为指导,礼仍然可存。还有些篇把礼作混世的手段。《庄子·大宗师》说:"以礼为翼,所以行于世也。"《管子》中道家派著作和主黄老的马王堆《老子》乙本卷前古佚书,完全把道与礼统一起来。《管子·心术上》说:"虚而无形谓之道,化育万物谓之德;君臣、父子、人间之事谓之义;登降、揖让、贵贱有等,等疏有体(原作'之体',依丁士涵校改),谓之礼;简物小大('大'原作'末',依丁士涵校改),谓之道;杀僇禁诛,谓之法。"道、德、义、礼,结构成一条龙。在佚书中虽未论及礼,但有关贵贱"等级"之论与礼无二致。

墨家以批判儒学著称,对儒家主张的礼乐进行过猛烈的抨击,斥为亡国之道。可是细加考察就会发现,墨家批判的是儒家关于礼的繁缛之论,并不反对礼的本身。相反,墨子对"无君臣上下长幼之节,父子兄弟之礼"②的现象十分恼火。依墨子之见,只要符合节用和义利原则,礼仍是不可缺少的。"昔者尧舜有茅茨者,且以为礼。"③"宫墙之高足以别男女之礼,谨此则上。"④《鲁问》记载墨子的治国大纲:"国家昏乱则语之尚贤尚同,国家贫则语之节用节葬,国家喜音湛湎则语之非乐非命,国家淫僻无礼则语之尊天事鬼。"《墨辨》还对礼作了与儒家完全相同的解释,《经上》说:"礼,敬也。""礼贵者公,贱者名,而俱

---

① 《慎子·威德》。

② 《墨子·尚同中》。

③ 《墨子·三辨》。

④ 《墨子·辞过》。

133

有敬慢焉。等异论也。"荀子在《乐论》篇指责墨子不要礼,不符合墨子实际。

在先秦诸子中,绝大多数思想家都把礼视为治国方略中不可缺少的一着。当时的社会是个等级社会,礼的最本质的规定性是明等级。因此把礼视为治国之本有着深刻的社会基础。也只有实现礼,统治者才能稳坐泰山。礼被视为国基和国策,它的价值自然是无上的。

在阐述礼的价值的诸种理论中,值得特别注意的是,还把礼视为认识上的是非准则。孔子讲的"非礼勿听,非礼勿言"便是以礼为听言之准绳。荀子对判别认识的是非标准虽有过不少精湛的见解,但最高标准仍然归结为礼。《荀子·解蔽》说:"非察是,是察非,谓合王制与不合王制也。天下有不以是为隆正也,然而犹有能分是非治曲直者邪?"荀子的王制即礼。《礼记》的作者们把问题说得更加明确。《礼记·礼运》说:"礼者……所以别嫌明微。"《礼记·曲礼上》说:"夫礼者,所以定亲疏,决嫌疑,别同异,明是非也。"具体言之,便是以礼正名,决讼,察物,同心。

以礼正名这种做法早就行于世了。有关理论在春秋已见其端倪,如叔向有过类似正名的论述。不过,明确提出"正名"论的是孔子。关于孔子的"正名"说,人们从各方面进行了论述和评价。从认识论方面考察,孔子主张以礼为标准进行决断。叔向反对子产铸刑书,孔子讥斥晋铸刑鼎,都是以礼为准绳。

《礼记·礼器》说:"欲察物而不由礼,弗之得矣。故作事不以礼,弗之敬矣。出言不以礼,弗之信矣。故曰,礼也者,物之致也。"礼既要指导认识,贯彻认识的过程,还要作为认识的标准,即所谓"物之致"。

先秦诸子关于认识标准问题有多种说法,如墨子的"三表"说,韩非的功用考验说,庄子的彼一亦是非,此一亦是非的相对主义说,等等,足以增人智益。但是把礼作为认识的准绳和是非标准,应该说最有普遍性。礼是华夏族在千百年中凝结出来的习俗,并由习俗转为制度,形成了民族的心理和特有的文化形式,在科学未获发展的时代,用习俗常规来判断是非,往往比什么都更有力量。礼作为一种习俗和制度无疑有某些合理的东西,但也有许多悖谬的内容。谬误借助合理的内容而得以存在和流行。从认识论上看,礼决不应是检验认识正确与否的标准,而应是认识的对象。它本身正确与否都应该属于再认识的课题,把礼作为判断是非的标准只能教人盲目地随俗,教人承认现实的即是合理的,只有窒息作用,决不会给人以启迪。

关于礼的价值还表现在,它是立身之本和品分人格高低的标准。早在《诗·邶风·相鼠》中就说:"人而无礼,胡不遄死!"儒家对这一点尤为强调。孔子说:"不学礼,无以立。"①孟子讲:"礼,门也。"②《礼记·乐记》说:"礼乐不斯须去身。"礼乐是使人保持"人道"的保障。《礼器》:"礼也者,犹体也。体不备君子谓之不成人。"根据对礼的态度和履行情况儒家把人分为君子、小人、佞人、恶人等。这类论述比比皆是。

对于礼的价值先秦已有许多人提出了异议。道家中的某些人想用道打倒礼,法家中的某些人想以法取代礼或使礼变为法的补充,墨子也把礼降到次要地位。名家惠施对礼义也颇为不恭,"不法先王,不是礼义"③。然而历史表明,这些人的目的都没有达到。相反,经过较量,礼从春秋战国的危势中苏醒过来,到汉取得优势,直到封建社会的末日,除农民造反的日子受到威胁外,一直稳坐泰山。礼有这种幸运,当然不只是靠了儒家的韧战,最主要的还是因为它自身固有的价值获得了生存权。人类历史上无数的事例说明:一个事物仅靠它质朴的自然形态,未经人们从理论上加以论证之前,它的影响与作用只能在自发状况徘徊;一旦获得了理论的论证,而这些理论在一个时期又不能被人所否定,这个事物就会在理论指导下由自发状态进入自觉状态,就能最大限度地发挥它的作用与影响。如果没有儒家这帮理论家,礼的命运未必如此显达。

有关礼的价值的论述,虽有许多悖谬夸大之处,但在当时又有相当的历史根据。认识史一再表明,无稽之论不难攻破,但理和谬相掺的东西却难被人识破,也难驳倒。儒家关于礼的价值论就属于后一种情况。

二、关于礼的精神实质的理论

最早,礼表现为以习俗为基础的行为规范,浑然一体,不分形式和内容。到了春秋,人们开始把礼分为礼之仪和礼之质。所谓仪,指的是外在的行为规范,又可称之为形式;质则指内容和精神。鲁昭公到晋国,彬彬有礼,晋侯对女叔齐说:我听人讲,鲁君不知礼,我看不是这样。女叔齐对曰:"是仪也,不可谓礼。礼所以守其国,行其政令,无失其民者也,今政令在家,不能取也。"④礼之本在于掌握权力,鲁昭公把权都丧失了,只注意琐琐碎碎的形式,怎么能谈得上知礼?女叔齐认为权力是礼之本,揖让之类是礼之末,一次,赵简子问郑子

---

① 《论语·季氏》。

② 《孟子·万章下》。

③ 《荀子·非十二子》。

④ 《左传》昭公五年。

大叔"揖让周旋之礼"。子大叔对曰:"是仪也,非礼也。"①孔子把礼分为"文"与"质"。《礼记》把礼的形式称之为礼之"数"或礼之"文";把礼的精神标之为礼之"义"或礼之"本"。精神重于形式,"礼之所尊,尊其义也"②。

春秋以前,人们对礼并不分什么"义"和"数"、"质"和"文"。当时遵从礼之仪,也就实现了礼之质。在古代社会,事情常常是这样,人们对一个事物多半是在传统的习惯中作为当然的事实和前提加以承受。在一个事物尚未受到怀疑或损坏时,人们也不急于去探索它的内在实质。常常是在一个事物面临危机时,人们才去发掘它的实质。反对者是为了推翻它或取而代之;维护者则要说明它存在的内在依据。维护者关于礼的精神实质的论述,可概括为如下两个方面:主导方面可称之为"分";辅助方面可用仁、和二字来说明。

礼的本质在于维护等级,这一点早就有人论述过。如春秋时期,晋随武子说:"其君之举也,内姓选于亲,外姓选于归,举不失德,赏不失劳,老有加惠,旅有施舍,君子小人,物有服章,贵有常尊,贱有等威,礼之不逆也。"③北宫文子说,礼仪之本在于区分"君臣、上下、父子、兄弟、内外、大小"④。时代虽然在变,君臣、上下、贵贱有沉有浮,但君臣、上下、贵贱的等级差别依旧存在。儒家基于贵贱等级的事实,干脆把问题挑明,礼的精神实质就是"分"。最早用"分"概括礼的本质要属荀子。他提出,人与动物差别之一在人能"群";人之所以能"群",又在于有"分"。《荀子·王制》说:"人何以能群?曰分,分何以能行?曰义。"又说:"先王恶其乱也,故制礼义以分之。"《礼记》把问题说得更加明确,《坊记》说:"夫礼,坊民所淫,章民之别……"《乐记》说:"礼义立,则贵贱等矣。"

"分""别""等"表现在社会生活各个方面,如君臣上下之分,等级之分,财产与权力的等差之分,职业之分,衣食住行器用之分,等等。通过"分"使每个人各就各位,各奉其事,各尽其职。"分"的目的就是要维护社会的等级秩序。君主和尊贵者则握分之枢要,掌分之权柄。

礼的本质在于"分",但讲"分"的并不限于礼。法家的"法",其基点也是讲"分"。慎到最先指出,法在于"定分"。其后所有的法家都接受这一说法。墨子提

---

① 《左传》昭公二十五年。

② 《礼记·郊特牲》。

③ 《左传》昭公十二年。

④ 《左传》襄公三十一年。

倡"尚同",而实现同首先要按等级"分事"。①另外像《管子》中的道家派,马王堆《老子》乙本前古佚书黄老派也都讲等级贵贱之分。既然多数思想家都讲"分",不管他们与儒家有多少争论,在总的倾向上,对儒家倡导的礼之分,只能起加固作用。

礼的本质在"分",那么通过什么形式分,便可以灵活对待了,损益变通,无所不可。懂得万变不离其宗这个道理,就可以从僵化的形式主义中解脱出来,至少可以不为形式所窒息。

分是礼的主导。但是光讲分,势必对立昭然,反而不利于分,于是有仁、和出来补充。应该说仁、和这种思想同"分"一样的古老。殷周时期德的观念就是仁、和思想的先导,不过在春秋以前等级贵贱之分较为稳定,仁、和的思想不显著。仁、和是随着春秋战国社会的大变动,上下、贵贱的交流,下层群众作用日益显得强大而提出来的。

春秋时期已广泛使用仁这个概念。但仁作为一种理论体系的中心范畴,是由孔子酿造而成的。经孔子之手,仁与礼形成表里关系,正如他所说:"人而不仁如礼何?人而不仁如乐何?"②历史的经验证明,强调分,贵贱固然分明,可是分明的结果却是对立。贵者总是少数,贱者总是多数。多数一造反,少数尊贵者便像热锅上的蚂蚁,坐卧不安。有许多尊贵者被抛下来,落入皂隶之中,甚至想为皂隶而不得,刀起头落,魂入黄泉。这种沉浮之变证明了光讲分,反而不利于维护贵贱上下之别,需要在"分"之间增加一种润滑剂。周的统治者提出以"德"养民,春秋时期许多人更进一步提出"亲民""惠民""利民""恤民"等,其目的都在于求得缓和贵贱之间的矛盾。孔子的仁学便是这股思潮发展的结果和升华。孔子的"仁"具有面面观的性质。在面面观中也有重点,这就是"克己复礼"和"爱人"。孔子的爱人是提倡泛爱。有人说,这不是超阶级的爱吗?其实不必担心。在贵贱等级分明时代,提倡泛爱不仅无损于等级的差别,恰恰起着掩饰等级和缓和等级冲突的作用。分强调的是个性或特殊性,爱人宣传的是共性。越强调分,就越需要用共性去调和。儒家很懂得相反相成的道理。

爱人强调的是一种精神,"和"则是设法在分之间求得协调和互相补充。"和"作为一个政治和哲学概念最早是由周太史伯提出来的。"和五味以调口,

---

① 参见《墨子·非乐上》。
② 《论语·八佾》。

137

和六律以聪耳。"①一百年以后,齐国的晏婴提倡君臣之间要以"和"相待。"君所谓可而有否焉,臣献其否以成其可;君所谓否而有可焉,臣献其可以去其否。"②孔子的弟子有子明确地提出:"礼之用,和为贵。"③"和"对于"分"是一种制约和补充,预防"分"走向极端和破裂。

为了求得和,要善于把握住"中",《中庸》说:"执其两端,用其中于民。"《易传》以言变为其特色,是儒家的哲学教科书。可是《易传》不是沿着事物无限的发展展开自己的思路,而是在变中求不变,其妙术之一便是把握住"中""中正""时中"。"中"相当难掌握。能做到"允执其中"④,就进入了理想之境。《中庸》说:"中也者,天下之大本也。"中并不是一个介于双方的第三者,而是指对立双方的联结点。中要求双方都要向对方靠拢,以求对立双方的平衡。比如儒家提出的富民足君就是很典型的事例。孟子猛烈抨击过横征暴敛,可是当白圭提出二十税一时,他又极力反对,认为这会使君主处于寒伧之境。他的原则是不轻不重,亦即"中",使两头都能过得去。根据分的原则,高贵者要威严,可是威严又容易引起对立,于是儒家一再强调要威而不猛。凡此等等,不一而足,一句话,中就是要设法把握住维持分的稳定的关节点。

中既然是维持分的稳定,于是又可以反过来讲,礼之分也须求其中。正如《礼记·仲尼燕居》所说:"礼乎礼!夫礼所以制中也。"

事情并不都是按着理想的模式走,当礼之"分"走向极端,有可能引起破裂时怎么办?儒家认为解救危机最有效的方式莫过于让。早在孔子之前就有人说:"让,礼之主也。"⑤恕与让相近,又有人说:"恕而行之,德之则也,礼之经也。"⑥孔子继之,并加以发展,他说:"能以礼让为国乎,何有?不能以礼让为国,如礼何?"⑦让才能和,和而后安。让与争相对立。礼之分已为争准备好了条件,如果再提倡争,岂不是火上加油,所以在礼的范围内,争是大忌。有鉴于

---

① 参见《国语·郑语》。
② 《左传》昭公二十年。
③ 《论语·学而》。
④ 《论语·尧曰》。
⑤ 《左传》襄公十三年。
⑥ 《左传》隐公十一年。
⑦ 《论语·里仁》。

此,孔子倡导"君子无所争"①。如果礼之分已公开破裂,那就不再是礼范围内的事了。对此,儒家另有方剂。

分是礼的主体和主旨。仁、和及中、让则是"分"的补充和润滑剂。把"分"与仁、和统一起来,是一种非常美妙的境况。君君、臣臣、父父、子子、兄兄、弟弟、农农、工工、士士、商商,安然有序。而每人的地位高下悬殊,却都以悬殊为安,不怨天,不尤人,心满意足。

三、关于礼的渊源的诸种理论

理论认识只限于论证对象存在的价值与本质还不够,还要揭示出对象必然存在的根据,才能说是达到了深入。古今中外的历史证明,一个事物的必然性及其根据讲得越充分,就越能征服人。儒家及维护礼的人们,花了大量心血去发掘礼赖以生存的必然根据。在当时条件下,这个问题实在难以说清楚,即使在儒家内部也无首尾一贯的统一理论。这里我们只好用归类的办法,分别加以叙述。

1.天神生礼说

天神生礼是殷周以来的传统观念,春秋战国之时,天神虽大大降价,但依然为众多的人所信奉。天生礼作为一说也依然流行于世,"礼以顺天,天之道也"②。大戴《礼记·曾子天圆》说:神者,"品物之本,礼乐之祖"。这一说没有新东西,毋庸多言。

2.礼是天、地、人统一性的体现

春秋以降,在思想界兴起一股强大思潮,即从天、地、人的统一性论述人事。天地观念包含着事物的本源、规律或必然性,又常常兼有神秘性,是一个模糊的概念,容量极大。天、地、人的关系是一种由宏而微的层次结构,其间存在着制约关系和统一性。关于其间的制约关系与统一性问题,这里不能详细讨论,只能当作既定的前提。礼便是这种制约关系和统一性的体现和反映。子产说:"夫礼,天之经也,地之义也,民之行也。天地之经,而民实则之。"③礼既是天、地、人的统一规律和秩序,人只能恪守实行。《礼记·乐记》说:"礼与天地同节。""礼者,天地之序也……序故群物皆别。"又说:"天地尊卑,君臣定矣。

①《论语·八佾》。
②《左传》文公十五年。
③《左传》昭公二十五年。

卑高已陈,贵贱位矣,动静有常,小大殊矣。方以类聚,物以群分,则性命不同矣。在天成象,在地成形,如此则礼者天地之别也。"《易传》也有相类的论述。《礼记·礼运》说:"夫礼必本于天,动而之地,列而之事,变而从时……"《丧服四制》说:"凡礼之大体,体天地,法四时,则阴阳,顺人情,故谓之礼。"在这种天、地、人对应论中,既有规律和必然性,又有模拟和比附,还有人造的结构,其中不乏神秘性。礼便是这一切的集中体现和反映。

从天、地、人的制约关系和统一性考察问题,是古代思想家的一大贡献。就礼的内容而论,的确有一部分反映了这种制约关系和统一性,如顺天地之规律,行四时之政等。但也有许多规定与天、地、人之间的制约关系与统一性并无联系,如贵贱等级之分绝不是根源于天地之别,强把两者对应起来,完全是无类比附。这样用天、地、人的统一性与其间的制约关系证明礼的必然性与合理性,在当时有很大的说服力。

3.礼根于人性和人性与环境的矛盾

人性问题是战国诸子讨论的一个热门问题。儒家中的两大巨擘都认为礼与人性紧密相关。

孟子倡导性善说,人天生具有恻隐之心,羞恶之心,辞让之心,是非之心。其中辞让之心便是"礼之端"[1]。又说:"仁、义、礼、智,非由外铄我也,我固有之也。"[2]依孟子之见,礼根源于人的本性。这是一种先验论。

荀子主张人性恶。人天生好利厌贫,追求耳目声色,图荣恶辱。当人们带着这些本性走上社会时,欲望的无限性与社会财富的有限性发生了矛盾。"欲多而物寡,寡则必争。"[3]人的欲望是平等的,同时又具有排他性,这种平等性与排他性造成争,因争而乱。如果任人性自由遨游,人类会陷入永劫不复的深渊。于是有圣人起,制定了礼,用以驯服和钳制人性之恶,使欲不穷于物,使人各安其位。在荀子看来,礼是为了解决和调和人性与社会财富与权力分配之间的矛盾而产生的。

在《礼记》中还有一些篇侧重从节制人的情感来论述礼的产生。《礼运》说:人有喜、怒、哀、惧、爱、恶、欲之情,有饮食男女之欲,死亡贫苦之恶。人的

---

[1]《孟子·公孙丑上》。

[2]《孟子·告子上》。

[3]《荀子·富国》。

欲望有时表现于外,有时深藏于心,不可测度。如果没有一定规矩外控内抑,势必酿出祸乱。于是制定出了礼,或以公开的方式裁抑人的欲恶,或以教育的方式疏导其心,使人反躬自省,自我控制。

怎样看待诸种人性说,笔者另有专文论述,本文不再重复。这里需要稍加说明的是,儒家把礼同人性联结在一起,使礼获得了深奥的哲学依据。孟子的说法是一种明显的先验论。其他诸论,应该说有一定的合理因素。人的欲望与社会生活之间存在着矛盾,这是事实。在社会生活中,人的情欲应该有所节制,不加节制,任其自由放纵,人将与禽兽为伍。节制情欲是诸子中多数人的共同主张。诸子中也有主张纵欲的,这些主张虽不能说毫无道理,但谬误多于合理。不能为多数人所接受。

礼在节制和陶冶性情上有过不可泯灭的历史功绩。不过繁缛的礼仪等级规定又使人动辄得咎,在礼的桎梏下使人的性情向畸形发展。随着历史的发展,消极作用越来越突出。

4.为维持人的再生产而制定了礼

人的再生产,这个概念是近代才提出来的。但问题本身早已为古人所注意。先人一向把传宗接代视为头等大事。慎终追远,崇拜祖先不只表现为道德观念,还有一整套祭祀制度。孝在礼中占有特别重要的地位:"孝,礼之始也。"①孝道是儒家思想的主要支柱之一。《礼记·礼器》进一步阐述了礼的本质在于尊祖反初,文中说:"礼也者,反本修古,不忘其初者也。"《乐记》也说:"礼,反其所自始。"古代的尊祖和孝敬家长除为了保障人的再生产这一目的外,还有经济的原因。在当时自然经济条件下,家庭是社会的经济细胞,家长则是细胞核,尊祖崇孝也是维护社会经济细胞所必需的。

婚姻制度的建立与改善是由野蛮走向文明的重要标志。婚姻制度的直接目的之一是实现人类再生产。于是有的人认为礼本于婚姻的需要。《礼记·昏义》说:"夫礼始于冠,本于昏。"《易传·序卦》说:"有天地然后有万物,有万物然后有男女。有男女然后有夫妇。有夫妇然后有父子。有父子然后有君臣,有君臣然后有上下。有上下然后礼义有所措。"《礼记·内则》说:"礼,始于谨夫妇,为宫室,辨内外。"男女婚姻是人类赖以延续的不可缺少的链条,是人们社会生活不可缺少的组成部分。人们很早就认识到"同姓相婚,其生不蕃",时时

---

① 《左传》文公二年。

注意改进婚姻制度。因此把礼视为始于婚姻，是有一定根据和道理的。

人是物质的，必须靠物质来维系，其中以饮食为先。于是又有人提出礼出于饮食之道。《礼运》说："夫礼之初，始诸饮食。"人类为了生存，在饮食上费尽了心机，从茹毛饮血，到熟食、美食，经过了艰苦的历程。人无食不得生，很早就有人提出了民以食为天；神鬼是人虚幻出来的自身模特，也要吃要喝。祭祀的贡品便是为神鬼填腹果肚。人要食，食不得其道，又反受其害。正如《庄子·让王》中所指出的，许多人"以所用养害所养"。所以需要讲求饮食之道。把礼说成是起于饮食，未必抓住要点，但作为依据之一，又不无道理。

5.礼起于治乱

许多思想家从社会历史进程中的矛盾说明了礼的产生。他们大都认为人类最初乱作一团，不可自理。于是有圣人出，制礼以弭乱。《管子·君臣下》说，人类初始无君臣之别，"以力相征，乱而不止"，待圣人制定出礼法道术，天下才走上正常生活之路。儒家诸书及《墨子》《商君书》《吕氏春秋》等，都有类似的论述。这种说法看来平淡无奇。它的长处在于把礼视为历史发展到一定阶段的产物，是为解决社会矛盾而由人制定出来的。

6.礼生于理、义或顺民心以成礼

《管子·心术上》说："礼者，谓之有理。"《礼记·仲尼燕居》说："礼也者，理也。"《乐记》说："礼也者，理之不可易者也。"何谓理？在诸子中含义不尽相同，这里不能详说。要之，理指的是事物的必然性和道理。这样一来，礼就是必然性和道理的体现。把礼视为理，显然是一种更高的抽象。

与上述说法相近的另一种说法，认为礼出于义。晋师服说："义以出礼，礼以体政，政以正民。"①郤缺说："义而行之，谓之德礼。"②《管子·心术上》说："义者，谓各处其宜也。礼者，因人之情，缘义之理，而为之节文者也。"义是什么，这又是一个剪不断，理还乱的问题。通常的说法，义者，宜也。《礼记·曲礼上》说："礼从宜。"各家对宜又有不同的理解，大凡解释为适当、适宜不违其要义。礼出于义同样也是一种更高的抽象。

如果把理与义落实在实际，便与世故和习俗紧密相关。于是又有礼根于习俗之说。《慎子·佚文》说："礼从俗。"《礼记·坊记》说："礼者，因人之情而为

---

① 《左传》桓公二年。

② 《左传》文公七年。

之节文,以为民坊(防)也。"俗,情可考之于人心,所以荀子对礼又有一种变通的说法:"礼以顺人心为本……顺人心者,皆礼也。"①

从理、义、世俗上说明礼的产生,使礼获得了群众基础,同时又使礼具有了灵活性,礼应随时而变更。

除以上诸说外,还有其他一些说法。道家中有的主张礼出于道,法家认为礼出于法,等等。

给一个事物寻找的根据越多,越充分,它就越有存在的理由。学思兼具的儒者从天上、地下、四面八方、七情六欲都掘出了礼赖以存在的根据。上述种种说法不能说都正确,但从那个时代看,或多或少都有一定的道理。而且是不能完全驳倒的。当时虽有人,如《老子》和《庄子》中某些篇的作者,曾把礼置于被告席,但由于驳不倒上述种种道理和根据,不免归于失败。

人类的社会生活不能没有自我控制和行动规范,否则人将不成其为人。在华夏族的历史上,礼充当了自我控制的工具,也是一种自我规范。

礼是华夏族及其后裔汉族文化的重要组成部分,从某种意义上说是它的标志之一。在由野蛮走向文明的过程中,礼对华夏族生活规范化曾起过积极的作用,其中许多合理的东西在先秦及其以后一直熏陶着人们。由于礼以传统和习俗为基础,陈陈相因,所以又有许多规定因程式化而变成僵化,落了了生活的后面,在历史的进程中,扮演着保守的角色。关于礼在历史上的作用问题不能全面讨论,只简单谈谈对人们思维方式的影响。关于思维方式又有一系列的哲学问题,显然也不是本文结语所能承担的。这里只是从历史的角度作一点分析。

礼对思维方式最主要的影响表现在,礼由行为规范而变为思想藩篱并造成等级思维。孔子讲的如下两句话把问题基本概括了。一句话是:"君子思不出其位。"②另一句是:"非礼勿视,非礼勿听,非礼勿言,非礼勿动。"③按照认识规律,一切客观存在的事实,无一例外地都应作为认识对象。人们的认识与思考只对对象负责。在认识对象面前,一切人都应该是平等的,都有认识的权利。在礼的束缚下,人们的认识的权利被礼所局限,人不能超越自己的社会地

---

① 《荀子·大略》。

② 《论语·宪问》。

③ 《论语·颜渊》。

位探索问题。表现在政治上就是"不在其位,不谋其政"。用礼限制和剥夺人们的认识权利,这是礼给中国历史造成的一大灾祸。

依据认识只对对象负责这一规律,那么在认识过程中除了对象作为认识前提之外,不能再有别的任何前提。孔子讲的"四勿",却把礼当作了认识的前提,并为认识划定了圈子,这样一来,超出礼以外的东西不仅被排斥在认识之外,而且认识的结论在认识未进行之前已基本被确定。认识的主要任务是对礼的规定进行解释,而不是另辟蹊径探索新问题。在中国的历史上,礼对思维的束缚是极为严酷的。以儒家为例,无数有才华的人物把毕生的精力都花在了对"经典"的"注""疏""解""诂""训""正义"上,其中虽不乏卓识新见,但从整个倾向看,是用死的拖住活的,扼杀了新生。

由于礼的最基本的规律性是"分",是等级,与此相适应,要求人们处处"克己",以安于分,安于等级。"克己"对人们思维方式有着极大的影响,遇到社会矛盾,它要求人们尽量在自身中加以克制和消弭,通过修己、约己、自戒、自讼、自责、自省、知足、谦谦、不争、虚心、养心、修身等一系列克己的办法,引导人们向内下功夫,而不是正视矛盾,冲破束缚,开拓认识的新领域。毫无疑问在社会生活中,不能无限制地放纵自己,要有一定的自我克制,这是完全必要的和应该的。可是儒家的克己却教导人们时时处处都要把己作为斗争对象,"不怨天,不尤人"。积极的思维表现为对外物的追求。勇于探索,不囿于成见,充分发挥认识主体的作用。"克己"使人变成谦谦君子,安于成见,循规蹈矩。以礼为指导,最忌讳"攻乎异端"。从认识史上看,异端未必都是认识上的进步,但认识的进步必定是异端,不异乎旧,哪里来的进步!

在礼的束缚下,思维的基本原则表现为"过犹不及"。从纯粹的理论形态上看,过犹不及似乎较为全面、合理。但是从历史进程看,这是一个保守的命题,因为过与不及这个命题中潜藏着一个标准,这个标准只能是旧事物的质,而不可能是新事物的质。新事物的质是在取代旧事物的过程中逐渐显露出来的,是在与旧事物的"中"矛盾斗争中形成的,过与不及则是反对旧"中"不可避免出现的两翼。从旧事物的"正"不可能直接过渡到新事物的"正",新事物的"正"又不可能被人们一眼看穿,一把握住。所以"过犹不及"从静态上看颇为合理,在历史进程中,它总是引导人们站在旧的方面或固定化事物的一边去考察变动的事物。因此从本质上看,它是一种保守的思维方式,是礼对思维影响最深的一点。

历史的经验证明,只要人们还没有从陈旧的规定中解放出来,不管你的思维多么缜密,认识本身早已被局限了;只有冲破陈旧规定的束缚,参加到开创历史新局面中去认识,才能更上一层楼。在认识发展史中,礼主要起了桎梏作用。

原载《中国文化研究辑刊》,1987 年 1 月

法家在统一帝国中的作用

一、王占有天下观念的形成

在中国的历史上,西周时期已有了大一统的观念,表达这一观念最著名的是《诗·北山》中说的:"普天之下,莫非王土;率土之滨,莫非王臣。"这一观念的形成不是诗人一时之兴,而是渊源有自。后人追溯的第一个王朝——夏朝,就是一个相对统一的王朝。承夏而起的商朝更是一个规模宏大的王朝。商朝的上帝是最高神,最高统治者称作"王",又称为"帝""下帝",与上帝对应。由于商王的独一性,又称为"予一人"。胡厚宣先生对"余一人"有过精辟的考辨,"余一人"的政治内涵表示天下之大,四海之内,"余一人"为最高,处于承天继祖救民的地位。"天"在甲骨文里并没有神的意义,但在《尚书·盘庚》篇天与上帝基本是同指,只有王才能承天之命,是天的化身,并占有和支配所有的臣民。

继商而起的周王承继了有关王的观念,并进一步创造出"天子"观念。天子就是最高神——天的人格化。"天"在空间上是无限的,"天下"相应地在空间上也是无边的。"天"主宰"天下",周天子作为天帝在人间的代理占有"天下","四方"和"万邦"无论与周天子血缘关系是亲是疏,名义上归周天子统辖。"盠方彝"铭文载:"天子不叚,不(丕)其万年保我万邦。"《尚书·洛诰》:"曰其自时中乂,万邦咸休,惟王有成绩。"《诗·大雅·六月》:"文武吉甫,万邦为宪。"西周实行分封制,诸侯的权力与地位只有经过周天子的册命才算获得了合法性。《诗·唐风·无衣·毛传》云:"诸侯不(丕)命于天子,则不成为君。"《毛传》成书时间虽晚,但其说基本上符合历史事实。授权的主要内容是"授民、授疆土"及名号和礼器等。在文献与金文中都有很多记载。

西周以后天子式微,但统一的观念在征战中更加发展,虽然还没有取代周天子的含义,但以霸代行天子的意味很浓,于是出现了"霸王"一词,这是天

146

子观念的新发展。战国七雄的出现是诸侯相互兼并的必然结果,七雄已不满足仅仅称"侯"而相继称"王"。到了战国中期,两大强国——齐、秦对"王"也不满足而改称"帝",因诸侯群起反对,又不得不取消。

与称霸、称王、称帝相伴的是一统观念的迅猛发展。当时的君主及一些思想家和游说之士曾不断谈到统一问题,用他们的语言来说,叫作"霸王""霸王之业""帝""一天下""定于一""天子""兼天下""尽亡天下""并诸侯""吞天下""称帝而治""跨海内制诸侯""地无四方,民无异国""天下为一""得天下",等等。这些不同的称呼反映着一个问题:统一。

二、法家之外诸子说统一

在走向统一中诸子们各扮演了什么样的角色? 提供了什么思路?

先说道家。老子理想的世道是小国寡民,老死不相往来的境界;还说过"以道佐人主者,不以兵强天下",似乎是反对统一。但如果全面考察老子的言论,这只是一隅之论。有人说《老子》是一部兵书很有道理。[1]既然是兵书,总与征战相关,征战与兼并是走向统一必由之路。《老子》一书中论兵的地方多多,说明他不反对战争,也说了不少有关王天下的话。"王法地,地法天,天法道,道法自然。"又说:"知常容,容乃公,公乃王,王乃天,天乃道,道乃久。""侯王得一以为天下贞。""圣人在天下,歙歙为天下浑其心。""天下大事必作于细。是以圣人终不为大,故能成其大。"又说:"大国以下小国则取小国。小国以下大国则取大国。故或下以取,或下而取。"很清楚,王与天、道、天下相匹配,那就意味着王统有天下。

《庄子》一书虽对君主进行了正面的抨击,但《庄子》又不是彻底的无君论者。在它描绘的理想社会的蓝图中,有的有君主,有的无君主;在谈论君主的地方,除几篇肯定了黄帝,部分肯定了尧、舜外,都是理论上的君主,或称"君",或称"天子",或称"帝王",或称"圣人"。《庄子》认为取得君位的方式不应是争或盗,而应该是通过修行道德而来。"君原于德而成于天。故曰:玄古之君天下,无为也,天德而已矣。"《庄子·天道》篇说,修道达到了"无天怨,无人非,无物累,无鬼责"的境地,就能"一心定而王天下","万物服"。《庄子·让王》篇云:"唯无以天下为者,可以托天下也。"《庄子·庚桑楚》说:"人有修者,乃今有恒;有恒者,人

---

[1] 毛泽东曾说《老子》是一部兵书。唐代王真在《道德真经论兵要义书述》中说:"五千之言……未尝有一章不属意于兵也。"苏辙、王夫之、章太炎都认为《老子》是兵书。

舍之,天助之。人之所舍,谓之天民;天之所助,谓之天子。"《庄子·应帝王》云:
"明王之治,功盖天下而似不自己,化贷万物而民弗恃。"根据在自然面前平等
的原则,《庄子》认为帝王应具备有势而不骄的品质。"势为天子而不以贵骄
人,富有天下而不以财戏人。"《庄子》中有几篇讲君道无为与臣道有为是作为
一个问题的两个方面来论述的。"无为"是讲的人君南面之术,"不自虑""不自
说""不自为";但臣必须"有为"。"上必无为而用天下,下必有为为天下用,此
不易之道也。""主者,天道也;臣者,人道也。"《庄子·应帝王》篇阐述了如何与
帝王打交道。"帝王"一词虽未必是《庄子》作者所创,但是最早使用者之一。
《庄子》讲了这么多帝王和帝王之道,由此推论,作者们并不一概反对统一。只
是他们开出的药方别有特色。

再说儒家。孔子主张礼乐征伐自天子出,幻想恢复到西周,这也是一种
统一。

孟子急切希望统一,只有"定于一"才能安定。他反对霸道,认为只有实行
王道才能统一天下。王道之本是行仁政,行仁政就能使天下归心。齐宣王想效
法齐桓、晋文,称霸天下。孟子认为行不通。他说,像齐国这样的大国有"九"
个,"以一服八"根本不可能。行仁政无敌于天下。他反复说:"仁者无敌。""夫
国君好仁,天下无敌。""得道者多助,失道者寡助。寡助之至,亲戚畔之;多助
之至,天下顺之。""不嗜杀人者能一之。"孟子的统一大体仍是封建体制:"得
乎丘民而为天子,得乎天子为诸侯,得乎诸侯为大夫。"孟子反对用武力来统
一,"善战者服上刑"。

荀子同样主张统一,面临当时的形势提出了王、霸、强、安、危、亡诸命题。
孟子从理论上把王、霸对立起来,主王道而斥霸道。荀子关于王、霸的分野与
孟子有同有异。在荀子看来,王与霸虽有差别,但不是截然对立的。荀子鄙薄
的是强、安、存、亡之道:"王夺之人,霸夺之与,强夺之地。夺之人者臣诸侯,夺
之与者友诸侯,夺之地者敌诸侯。臣诸侯者王,友诸侯者霸,敌诸侯者危。"荀
子说的"强道"与孟子所说的"霸道"相类。在荀子看来,"霸道"是"王道"的候
补者。王、霸相通,"上可以王,下可以霸"。但更强调王道。

还有墨家。墨子主张兼爱、非攻,乍然看去主张诸侯和平共处。但翻开另
一面,从"义"出发而主张"诛",于是有"非攻而是诛"的悖论,"攻"与"诛"真的
能分清吗?他主张"尚同",一统于天子,而且是绝对性的"上之所是,亦必是
之;上之所非,亦必非之",一切听从于天子,显然也归于统一。墨子后学一些

人到秦国,转向支持秦用霸道来统一。

阴阳家的五德终始的循环论,一方面比较合理地说明了朝代的更替,特别是其中关于周代之火德已衰,必将有体现水德者取而代之,这一点太符合战国诸侯的口味了。它在理论上论证了周必亡,新圣必兴,给那些想摘取王冠的诸侯以极大的鼓舞,推进了统一思想的发展。

农家中的一派对统一别有主张,如徐行等被批为"无所事圣王","欲使君臣并耕,悖上下之序"。他主张诸侯等统治者应该是自食其力之后的业余兼职,这显然谈不上统一,可谓虚君论。梁启超在《先秦政治思想史》中说其是"无政府主义","绝对平等、自食其力——各以享用自己动作之结果为限,无上下贵贱之分"。另外还有一批隐者,如《易·蛊》说的"不事王后,高尚其事",这类人就以自耕为乐。孔子的弟子原宪,在孔子死后"遂亡于草莽中","不厌糟糠",自得其乐。《战国策·齐策》有一段记载赵威后问齐国使者说的话:"於陵仲子尚存乎,是其为人也,上不臣于王,下不治其家,中不索交诸侯,此率民而出于无用者,何为至今不杀耶!"这些隐者也不会关心什么统一问题,可谓是无君论者。

名家公孙龙主张"无一",反对统一;主张"兼爱",反对兼并。他认为,"兼爱"必须以"离"为基础,而不能搞什么"同"。在列国纷争的形势下,"尚同"只能导致兼并,这是一目了然的事实。他从"惠民"的主张出发,主张以"离"为本,各国自治,无须统一,因为只有"离",各国才能"偃兵",人民才能从刀兵之苦中解脱出来。

三、法家主张以霸道实行统一

在战国社会变动中,法家对社会变动反应最灵敏,观察最细致,并为历史之变开了催产剂。战国时期最为突出的一个社会矛盾是诸侯国之间的争战与争斗,这关系到每一个国家的生死存亡。前边简述了诸子对争战、兼并的不同看法,在种种不同见解中,法家最为实际,特别注重实力,是"力"的讴歌者。他们分析了历史的进程,认为当时是力的竞争时代,"上古竞于道德,中世逐于智谋,当今争于气力"[1]。"先王所期者利也,所用者力也。"[2]"古人亟于德,中世

---

① 《韩非子·五蠹》。
② 《韩非子·外储说》。

逐于智,当今争于力。"①孔子罕言"力",说明"力"已经向他袭来。墨子明确地提出了"力"的概念,并论述了它在政治中的作用,但没有直接与统一相联系。法家认定实力是解决社会矛盾的基本手段,特别是在国与国之间的争斗中,实力是决定性的因素。只有力量雄厚才能统一天下,《商君书·慎法》说,一个国家有成千上万辆的兵车,这样的国家即使像夏桀那样的君主,也不会向敌人屈服,不会说半句软话。反之,一个国家进不能攻,退不能守,即使有尧那样的贤圣君主,也不能不屈服于强国。在国与国的矛盾关系中,要想吃掉一方或绝对压倒一方,最有效、最可靠的手段就是"力","力多则人朝,力寡则朝于人,故明君务力"②。"兵不必胜敌国,而能王天下者,未之有也。"③

法家指出,力量不是从天上掉下来的,力量藏于民。《商君书·靳令》说:"圣君之治人也,必得其心,故能用力。"更具体地说力量来自于耕战。《商君书·农战》说:"国待农战而安,主待农战而尊。"他们批评当时的一些君主,整日冥冥幻想壮大自己的力量,却找不到力量在哪里,太糊涂了。法家提醒君主:力量就在农、战!要采取一切办法,把民引到农、战轨道上来。办法的中轴是一个"利"字。正如《商君书·慎法》所说:"民之欲利者,非战不得;避害者,非战不免。"

如何得民心,用其力,必须面对现实中的问题,进行改革、制定相应的政策。战争不仅是军事的较量,同时又是经济力和智力的较量。在新的矛盾面前,许多传统的东西不仅不能适应需要,而且越来越成为阻力和障碍。他们认为旧的贵族垄断政权的局面过时了,不劳而获、无能而在位、无功而受禄的情况与战争的需要发生了尖锐的冲突;旧的经济体系,即贵族分割土地和支配劳动者的状况阻碍了国家经济实力的增长,他们深切认识到:"意民之情,其所欲者田宅也。"④从法家之祖李悝就极力推行"授田"制,尽地力之教,使农民变成国家编户齐民,既有利于生产力的提高,又大大增加了国家的财力;分封制度妨碍了政治和军事力量的集中,等等。针对这些过了时的东西,法家提出要按功劳重新分配权力、地位和俸禄。无功者靠边站,有功者升上来;打破旧贵族对土地和人口的分割与占有,使土地掌握在国

---

①《韩非子·八说》。

②《韩非子·显学》。

③《韩非子·七法》。

④《商君书·徕民》。

家之手,使劳动者变成国家直接控制的编户民,国家要把土地当作鼓励人们积极耕、战的奖品。法家以耕战为杠杆推动了当时政治、经济的改革,适应了当时社会发展的需要。他们制定了相当完整的使民务农之道、使民勇战之道、以农养战和农战交用之法。

法家勇于破除陈旧的观念,他们的变法观像一把锐利的宝剑,斩断了一切迂腐守旧,死抱住历史僵尸不放的陈词滥调,为社会性的变法改制提供了最有力的论据。《商君书·六法》说:"先王当时而立法,度务而制事。法宜其时则治。事适其务故有功。"《商君书·更法》说:"三代不同礼而王,五霸不同法而霸。"当今面临的任务就是"更法""更礼"。"反古者未必可非,循礼者未足多(肯定)也。"正如《商君书·开塞》中所说:"法古则后于时,修今则塞于势。"并喊出了时代的最强音:"不法古,不修(循)今。"改革必须向现实问题开刀。韩非也是一样,司马迁说韩非的著作是"观往者得失之变"而写成的,这个评价很中肯。

变法、利益、力量三者构成法家的政治理论基础。改革必须切中时代的脉搏,抓住人民的意愿,这就是利益。作者并不是道德家,而是以利益为诱饵,从人民中钓出巨大的力量。君主掌握这种力量,一方面用来攻打敌人,争王,图霸。另一方面又要施于人民,使人民慑服,接受统治。变法、利益、力量三者是有机连在一起的,三者并举。

各国为了争王争霸打红了眼。如何看待战争,是诸子争论的一个中心议题。法家与前边一些人的看法有极大区别,他们认定战争是解决问题的唯一办法,王冠只有用战争摘取。尽管在具体的论述中,有些地方使人有血淋淋之感,手段也极为残忍,但从那个时代看,应该说,抓住农、战,确实握住了链条的中心环节。与其他诸子相比,远不如他们娓娓动听,但是从历史进程看,大而无当的娓娓动听之论,远不如切实的政策有利于事。孟子说春秋无义战,难道战国就有义战吗?义在哪一方?当时盛行的是丛林法则,何为王?《荀子·王制》:"臣诸侯者王。"《荀子·正论》:"令行于诸夏之国谓之王。"《韩非子·五蠹》:"夫王者,能攻人者也。"

历史进程是极其复杂的过程,不能把历史道德化,试问:什么样的道德是唯一正确的?又由谁判定?统一只能是"打"出来的,不可能靠道德实现。统一与道德不在一个层面上。

统一是中国历史发展的大势,还是相反?在当时的历史条件下,除了战争之外还有什么能是统一的切实之路？贾谊是儒家，他在《过秦论》中提出攻守之势不同，战国是相"攻"之时，他没有非议当时征战。

从秦国的历史看，秦孝公采纳了商鞅所说的"霸道"，拒绝"帝道"和"王道"。霸道大体就是变法一套，推行不久而成为"兵革强大，诸侯畏惧"的强国。进而促成了秦帝国的出现。秦统一后的诸种问题不在此论述。

原载《读书》,2016 年第 7 期

论儒家文化的中"人"*

以儒家文化为主体的中国传统文化表现出一种"人本主义"倾向,特别是对于理想人格的虔诚修养和执着追求,在长达两千年的封建社会中曾成为汉族文化-心理结构的重要组成部分。新儒学据此认定儒学倡导个性独立,人格尊严,并且还是民主政治的基础。然而,有一个巨大的历史现象令人困惑:为什么这样富于"人本"精神的学说却长期被封建统治者尊为"经典",奉为圭臬,与儒学"人本主义"相伴行的、相为表里的不是民主政治,而是君主专制。为了弄清这个问题,有必要对传统儒家思想文化中有关"人"的认识作一番考察,以便更确切把握儒家"人本主义"的内涵。

一、人的本质——伦理道德性

人类的真正觉醒严格地说是从人把自我作为独立的认识对象开始的。

幼年时期的人类崇拜自然,自然力有着无限的权威,在意识中,自然力又表现为人格神。原始神秘主义束缚人们的思维和整个精神世界,人不是自我的主人,而是神的附属物。人类的觉醒首先要摆脱原始神秘主义的桎梏。

就中国历史来看,殷商时期基本是神的世界。然而,正当殷商帝王们虔诚地"率民以事神"①的时候,一股人文主义思潮伴随着殷周之际的社会震荡悄然萌发。继殷而起的周朝统治者从现实社会的政治动乱中觉察到人自身蕴聚着巨大的力量,人间事务不能仅仅求助于神的庇护。周公悟出了一个新道理:"敬天保民","天听自我民听,天视自我民视",以民情知天命。这不只是一条重要的统治经验,同时也是认识上的一大进步,意味着人和神灵世界某种程度的分离。人

---

* 本文与葛荃合作。
① 《礼记·表记》。

从神的附庸地位逐渐提升,人神之间形成了某种程度的相向制约关系。周初统治者对民的重视逐渐汇集成一股强大的社会政治思潮,有力地震撼和动摇了原始神秘主义的束缚,人们的认识从崇拜天神向转向人自身迈出了有力的一步。

春秋战国时期的历史激变为人们认识的飞跃创造了新的条件。先进人们的目光进一步转向人自身。子产说:"天道远,人道迩"①,孔子说:"未知生,焉知死"②,他们显然没有否定神秘世界,但他们把它放在了遥远的地方。摆在他们认识日程上的是现实的人自身及其生活环境。

如果说理性认识的深化是古代文明赖以形成的内驱力之一,那么人类自我认识的演进程度则是衡量一个民族理性发展的标志。老子把人还给了自然,孔子把人还给了社会,这种认识上的成就使他们二人成为中国历史上文化转型的开拓者和巨擘。其后,思想家们对于人自身的价值、人存在的地位及其意义进行了普遍反思,促进了人们理性的觉醒。

把人还给自然无疑是认识上的一大进步。然而,与之俱来的并不都是人的自信和自主的喜悦,有时反而唤起灵魂深处的原始恐惧和无限的苦恼。面对着无限广袤的自然天地和人自身极其渺小的强烈对比,老子,特别是庄子被这一对比猛烈地震动了。庄子感慨万分说:"吾在天地之间,犹小石小木之在大山也。"③他为人的卑微而惶惑,人根本无从摆脱对自然的依赖:"夫大块载我以形,劳我以生,佚我以老,息我以死。"④说到底,"吾身非吾有也"⑤,人不过是自然的某种存在形式。人的生命注定要由自然摆布,"生之来不却,其去不能止"⑥。人根本不能把握自我,不能主宰自我的人生注定是一大悲剧。人的存在还有什么意义!庄子一下子丧失了对人生的信念,由此走向消极遁世,幻想用一个永远没有开始的永恒来抵销对人生悲剧的恐惧。于是他"同物我","齐生死",一头转回大自然的怀抱,在观念上否定人自身的存在。

与老庄相反,以孔子为代表的儒家文化却表示了对人的极度重视,他们从不同角度和各个层次寻求"人是什么"的答案,企图发现人的价值和人存在

---

① 《左传》昭公十八年。
② 《论语·先进》。
③ 《庄子·秋水》。
④⑥ 《庄子·大宗师》。
⑤ 《庄子·知北游》。

的意义。其中以荀子的概括最为精练。他说:"水火有气而无生,草木有生而无知,禽兽有知而无义,人有气有生有知亦且有义,故最为天下贵也。"①在儒家看来人与动物的区分可归纳为如下三方面。

其一,人、兽虽然都有知觉,但人的知觉具有审美意义。《礼记·礼运》说,人是"食味别声被色而生者也"。孟子、荀子都认为"食"与"色"是人之本性。宋儒邵雍也说:"人之所以能灵于万物者,谓其目能收万物之色,耳能收万物之声,鼻能收万物之气,口能收万物之味。"②这就直接把人置于认识客观世界的主体地位。这种知觉加审美认识的形成从观念上自觉地把人和自然世界区分开来,推动了人的自我认识。

其二,人能通过劳动改造和驾驭自然物。汉儒董仲舒说,人能"生五谷以食之,桑麻以衣之,六畜以养之,服牛乘马,圈豹槛虎,是其得天之灵,贵于物也"③。《易传》也提出,人类社会的物质文明和精神文明都是由人类中的杰出人物创造出来的。④进行对象性活动是人所特有的本质。

其三,区别人兽的根本标志是人有伦理道德,董仲舒:"物疢疾莫能为仁义,唯人独能为仁义。"⑤人"入有父子兄弟之亲,出有君臣上下之谊,会聚相遇,则有耆老长幼之施,粲然有文以相接,欢然有恩以相爱,此人之所以贵也"⑥。朱熹也说:"故人为最灵,而备有五常之性,禽兽则昏而不能备。"⑦人有伦理道德是区别人和动物的主要界限,也是决定人之价值的基本标准。这个认识贯穿整个儒家文化,成为人们试图把握自身存在意义的根本立足点。

儒家在人类自我反思过程中概括出人具有感知功能、能创造和独特的道德本质。人不仅能建立一个不同于自然本质的物质世界,而且能构筑起一个主观理性世界。这就充分表明他们已经明确地认识到人是宇宙间唯一不同于任何其他事物的特殊的类存在物。于是,一股巨大的喜悦和自豪之感便油然而生,充溢于整个儒家文化之中。"人者,其天地之德,阴阳之交,鬼神之会,五行之秀气也。"⑧人是天地的造物,却又不同凡俗,他是天地秀气日月精华的结

①《荀子·王制》。
②《皇极经世·观物内篇》。
③⑥《汉书·董仲舒传》。
④ 见《系辞下》。
⑤《春秋繁露·人副天数》。
⑦《答余方叔》。
⑧《礼记·礼运》。

晶。"天地之性人为贵,明于天性,知自贵于物"①,儒家对于人在宇宙间地位之高贵有着充分和清醒的觉察。

但是,我们必须看到,儒家关于人之赞歌的主旋律是"凡人之所以为人者,礼义也"②。人的最本质的规定是道德,人不外乎是"有道德的动物"。这个认识既有不可低估的积极意义,又暴露了儒家关于人的自我认识的根本弊端。

伦理道德是人的社会性表现之一,是人类文明理性的重要组成部分。伦理道德规范调节着人类社会的群体关系和内在秩序,是人类能够作为社会群体而存在的必要条件和保障。儒家强调伦理道德与人之社会存在的内在联系,为人们自觉地协调社会群体秩序而存在奠定了认识基础。儒家把伦理道德视为人之本质固然有一定道理,但它把复杂的人简单化了。人作为社会存在物,他的活动遍及经济、政治、文化、家庭等各个层次和领域,并在这些活动中相互结成了各种社会关系。其中,人对外部自然世界的改造亦即生产活动是最基本的活动,人们在生产活动中结成的经济关系是人们最基本的社会关系。人类"正是通过对对象世界的改造,人才实际上确证自己是类的存在物"③,人的主体性首先要在改造征服自然世界过程中得到确立和体现。人类的理性文明在很大程度上也是伴随着人对自然世界对改造征服才得以发展,并不断丰富和完善自身。可是,儒家却用伦理道德概括了人的最基本的本质,以伦理关系取代人的其他社会关系。在他们看来,人存在的价值和意义就在于人对自身道德本质的体认、修养和践行。因而,他们关于人的反思视野基本局限于人自身道德的完善。"人之所以为人者,礼义也"的命题,与其说是揭示了人的本质,不如说是宣布了一个限制人自身的根本律令。虽有益于维护人类社会的秩序性和整体性,却又在一定程度上阻碍了人们向着解放和自由迈进。

儒家关于人的自我认识的积极意义是有限度的。

二、"人道"原则与对个体人的压抑

当人的理性觉醒使之第一次认识到人和宇宙间其他物种的根本区别的时

① 《汉书·董仲舒传》。

② 《礼记·冠义》。

③ 马克思:《1844 年经济学–哲学手稿》,人民出版社,1979 年,第 49 页。

候,他们就从把自己同一于自然界的野蛮人即本能的人,进化到自觉的人。他们的生命活动本身成了自己的意志和意识的对象。这种将自身区别于动物亦即整个自然界的人的自觉,就是人的类主体意识。也就是说,人们在观念上把外部世界视为可以认识的,不同一于人自身的客体存在,人自身是认识的主体。人的类主体意识的形成和发展有助于人的主体性的发挥,使之能自觉地作为一股巨大的能动的主体力量,在不懈地对外部世界的认识、改造、征服过程中,创建出人类社会理性文明。

迄今为止,人类发展史向我们表明,人的全面发展包括不可分割的两方面,即人的社会化和人的个体化。前者是说,任何个人的发展必然要通过社会化途径,通过人我之间的社会联系和交往;后者指的是,人的社会化须以作为独立个性存在的个体人为基点,即以人的个体化为条件。因之,人的个体性发展与人的社会化一样,同是人全面发展的必要条件。人的个性形成的一个重要前提是,人们须在观念上将自己与人群整体区分开来,个人须在意识上把自身视作既不能与人类群体分割,又有其独立意义的一种客体存在,认识到自己本身是一个不同于其他一切人的,与任何人不相重复的,独特的个性存在。这种相对于人群整体的个人意识,即是人的个人主体意识。

人的类主体意识和人的个人主体意识是人类自我认识发展必然经过的,依次相连的两个发展阶段。一般说来,在人类社会初期,人与自然的矛盾占据主导地位,与之相应,人的类主体意识是人类自我认识的主流。这是人类自我认识发展的初级阶段。随着人类社会物质文明的发展,人的社会化不断加深,个人与人群整体,即"个体与类"的矛盾逐渐上升,人的个人主体意识在人的自我认识中的地位日趋明确和重要,人的"自由个性"日趋丰富。在社会发展的高级阶段将实现以"每个人的自由发展"为条件的"一切人的自由发展"的联合体,当然,也只有此时,才可能实现"人和自然界之间"及"个体和类之间的抗争的真正解决"。①

现在我们回头检核儒家关于人的自我认识,我们会发现,儒家仅仅是人的类主体意识的理性觉醒。他们关于人之本质的抽象不是基于对个人与人群整体关系的考察,不是从社会关系的总和上把握人,而是基于人和动物的比

---

① 马克思:《1844 年经济学-哲学手稿》,人民出版社,1979 年,第 73 页。

较。《礼记》说:"无别无义,禽兽之道也"①;荀子则说:"人道莫不有辨。"②这里的"人道"相对"禽兽之道"而言,概括了人的道德本质,它的核心是"礼义"。《逸周书》说:"人道曰礼③,《礼记》说:"亲亲、尊尊、长长,男女之有别,人道之大者也。"④不言而喻,儒家关于人的类主体意识的觉醒实际上只限于伦理道德。儒家这一觉醒应该说在一定意义上悟解到人之为人的价值。可是,接踵而来的并非人的个性的自由发展,相反却最终导致了人的个性的泯灭。关于这一点我们从两个层次进行分析。

首先,从总体上看,"人道"体现着儒家关于人的社会性的基本认识。他们理解的"人道"的核心是血缘人伦关系。《礼记·礼运》说,"何谓人义?父慈、子孝、兄良、弟弟、夫义、妇听、长惠、幼顺,君仁、臣忠。十者谓之人义。"在儒家看来,人类社会不外乎是一个以血缘家庭为基本连接点的多层次人伦关系网络,人在社会生活中的其他关系都不过是血缘人伦关系的外化和延伸。譬如,君臣关系是人伦关系的延伸,"夫妇之道,不可以不正也,君臣父子之本也"⑤。社会的其他关系,如邻居、朋友,也必须向伦理关系认同。如孔子说:"里仁为美,择不处仁,焉得知。"⑥《中庸》说:"信乎朋友有道,不顺乎亲,不信乎,朋友矣。"儒家所理解的社会性,究其根本不过是人的"家庭性"或"家族性"。

人作为社会群体中的一员,他的社会性不只体现在血缘人伦关系之中,同时也体现在经济关系、政治关系、文化活动等种种社会联系交往之中。一般说来,人们结成的社会关系和社会交往越广泛、越普遍,个人的社会化程度就越高,他的道德义务感就越开阔,人的主体意识就越强。也就是说,当人们不仅作为血缘社会的成员,同时也作为社会经济和政治生活中的成员而有意识地活动着的时候,他的道德义务感就会超出血缘家庭(族)的范围,扩大到面向整个社会。他将逐渐摆脱对血缘家庭(族)的依附,在繁杂、多变和丰富的社会交往和联系中,体味他的个体价值和相对独立的个人尊严,他的个人主体意识就益发清晰和自觉。儒家的局限是用血缘人伦关系作为人的全部社会关

---

① 《礼记·郊特性》。
② 《荀子·非相》。
③ 《逸周书·礼顺》。
④ 《礼记·丧服小记》。
⑤ 《荀子·大略》。
⑥ 《论语·里仁》。

系的枢纽,人们的自我认识被血缘人伦观念层层缠绕,致使本来应当享受丰富多彩的全部社会生活的人陷溺在人伦关系网络中。人们不是以相对独立的个人身份出现在社会舞台上,更不是作为社会整体中相对独立一员展现他的个性。儒家文化中没有相对独立的个人,只有形形色色的角色,只不过随着时间的推移和种种具体条件的变化,人们在人伦关系网络中所处的具体地位不同而扮演不同的角色罢了。在"人道"观念约束下,人的价值取决于对"亲亲、尊尊"等伦理道德的认同,个人只有在遍布整个社会的人伦关系网络中才能找到自己的位置。而且人们越是要证明自己是人,就越要沿着"人道"的轨迹,紧紧相互攀扶在人伦关系网络上,使自身溶合于社会群体之中。反之,如果有谁敢于背离儒家所规定的"人道",他就失去了人的资格。正如孟子批评墨子所说,亵渎人伦关系就是禽兽。因而儒家文化中的人并不涵指独立个体的人,而是指依照人伦关系网络组织起来的人类群体。他们苦苦思索试图揭示人自身的奥秘,不过是在追寻人群整体和谐与人的群体价值。"人道"本身就表现出一种内在秩序与整体和谐之美:"礼者,贵贱有等,长幼有差,贫富轻重皆有称者也。"①儒家从血缘人伦关系中概括出几对关系,通过"礼"的规定使之规范化。"君臣、上下、父子、兄弟,非礼不定"②,每一对关系中都内含着严格的隶属性,如"妻者夫之合,子者父之合,臣者君之合"③。人们遵循儒家的"人道"就被无情地固定在各自的等级地位上,无条件服从上下隶属关系。人们的衣着服饰、言谈举止,思想感情,无一不被等级格式化。所谓"非礼勿视,非礼勿听,非礼勿言,非礼勿动"④,"君子思不出其位"⑤。任何个人只能在适应"人道"规定中寻找或实现自我。"人道"的基本精神是个人向着人群整体的认同和皈依。因之,以"人道"为核心的儒家文化没有促使个人主体意识生长的土壤,儒家对人的赞誉充其量不过是肯定了类存在的人,体现了人的类主体意识的理性觉醒,却抑制了个人主体意识的形成。

其次,从"人道"的具体内容来看,几乎每一项原则规定都是对人的个性的否定。

---

① 《荀子·富国》。
② 《礼记·曲礼上》。
③ 《春秋繁露·基义》。
④ 《论语·颜渊》。
⑤ 《论语·宪问》。

"人道"的具体内容很多,要之,即"三纲五常"。"三纲五常"最基本的精神是绝对尊崇父家长的权威。儒家认为,相对臣、子、妻而言,君、父、夫都具有父家长的身份。其中,君主是全社会最大的父家长。"天子者,天下之父母也"①;夫权则是父家长权威的另一种表现形式。各级父家长在其各自统辖范围内拥有独一无二的至上权威,如荀子说:"君者,国之隆也;父者,家之隆也。隆一而治,二而乱"②,《礼记》中的《坊记》《丧服四制》等篇也都强调了"天无二日,民无二王,国无二君,家无二尊,以一治之也"。这个认识被统治阶级奉为法典,《唐会要》中就有相同的记述。儒家在理论上赋予父家长的权威以专制的特质。父家长对其辖治下的家庭成员拥有绝对的控制统属能力。"凡诸卑幼事无大小,必咨禀于家长"③;父家长还直接主宰着家庭成员的肉体和命运。譬如,他有权对子女施以暴力制裁。早在《吕氏春秋》里就讲过,"家无怒箠则竖子婴儿之有过也立见"④。《颜氏家训》里也有相同的记载。父家长有权依自己的意志处置子女直至买卖挞杀。父家长的意志则受到法律的保护。《清律例》规定"父母控子,即照所控办理,不必审讯"⑤,在父家长的绝对权威之下,哪里还有什么个人的自主性和独立性。

　　"三纲五常"在观念上强调"孝"。儒家认为,"孝,德之本也"⑥。子女对父要孝,臣对君要忠,忠是孝的政治表现形式;妻对夫要顺,顺是孝的内在规定性之一。此外,五常之首是仁,"仁之实,事亲是也"⑦,"孝悌也者,其为仁之本与!"⑧"孝道"就成为规范人们行为的根本规定。依照孝的规定,第一,个人没有意志自由权,其爱憎要以父母的意志为转移。"父母之所爱亦爱之,父母之所敬亦敬之。"⑨第二,个人没有行为自主权,《礼记》的记述十分详细:"凡为人子之礼,冬温而夏清,昏定而晨省;……见父之执,不谓之进,不敢进;不谓之

---

① 《盐铁论·备胡》。
② 《荀子·致士》。
③ 司马光《书仪》卷四《居家杂议》。
④ 《吕氏春秋·荡兵》。
⑤ 《清律例》卷二八。
⑥ 《孝经·开宗明义章》。
⑦ 《孟子·离娄上》。
⑧ 《论语·学而》。
⑨ 《礼记·内则》。

160

退,不敢退;不问,不敢对","出必告,反必面,所游必有常"。①第三,个人没有婚姻自主权,儒家认为男婚女嫁是作人的根本义务:"上以事宗庙,下以继后世"②,也是传延后代的手段,"不孝有三,无后为大"③,"父母之命"具有绝对的权威。第四,个人没有任何私有财产权,"父母在……不敢私其财"④,人们在没有成为父家长之前,经济上从属于整个血缘家庭。第五,在孝道的规定下,人们连自己的身体也属父母所有:"身体发肤,受之父母,不敢毁伤。"⑤人们保护自身就是尊行孝道,"父母全而生之,子全而归之,可谓孝矣。不亏其体,不辱其身,可谓全矣"⑥。于是儒家把任何有可能伤害自己身体的活动、言行都纳入禁止之列,计有"不登高、不临深、不苟訾、不苟笑","不服闇,不登危"⑦,等等,还特地说明,这样并非怯懦,而是"惧辱亲也"⑧。就这样,在孝道的规范下,人们连最起码的人权都没有,只剩下服从的义务。用温情的血缘关系剥夺人的基本权利,这是儒家思想的一大特点。

那么,父家长是否有其个人的意志和行为自主权呢?相对家庭成员而言,各级父家长拥有绝对的辖制权力,然而其本身也要受孝道约束。在中国传统社会中,孝道被扩大到社会政治生活的各个角落,具有普遍原则的意义。儒家规定孝的公式是:"夫孝始于事亲,中于事君,终于立身"⑨,孝无所不包,无处不在。曾子曰:"居处不庄,非孝也;事君不忠,非孝也;莅官不敬,非孝也;朋友不信,非孝也;战阵无勇,非孝也。"⑩父家长也要以孝道为守则,无条件服从全社会的大家长——君主。

倘若生之为女人,就更加可悲。女人的地位更低了一等,"男尊女卑,故以男为贵"⑪,儒家给女人立的戒条是"三从四德","女子者,顺男子之教而长其礼

---

① 《礼记·曲礼上》。
② 《礼记·昏义》。
③ 《孟子·离娄上》。
④ 《礼记·坊记》。
⑤ 《孝经·开宗明义章》。
⑥ 《礼记·祭义》。
⑦⑧ 《礼记·曲礼上》。
⑨ 《孝经·开宗明义章》。
⑩ 《礼记·祭义》。
⑪ 《晏子春秋·天瑞》。

者也,是故无专制之义,有三从之道"①,即"幼从父兄,嫁从夫,夫死从子"②,服从更是女人的天职,"妇将有事,大小必请于舅姑"③,妇女只能充当劳动和生育的工具。《清律例》就明载"盖夫为妻纲,妻当从夫"④,对于女人来说独立意志和人格等更无从谈起。

儒家的精神世界是一个群体的世界,其中没有个人的位置,不存在现代意义上的人权因素。

三、圣人崇拜和封建专制

儒家文化不倡导个人主体价值,是不是意味着根本否定伟大人格的存在呢?事情并不这么简单。我们看到历史上有许多思想家反复吟咏着伟大人格的理想之歌,有些思想家还身体力行,以追求人格自我完善作为人生目标。当前,一些国内学者也反复论证儒家文化的真谛是倡导人格平等、人格独立,认为孔孟仁学"把个体独立人格,推衍到空前的高度"⑤,"孔子的'仁'在内在方面突出了个体人格的主动性和独立性"⑥,等等。儒家著作中有些文字确有类似含义。归纳起来大致可分为五个方面。

其一,尊重个人的志气或志向。孔子曾允许他的门徒"各言其志"⑦,他还说:"三军可夺帅也,匹夫不可夺志也。"⑧

其二,在某些外在的社会压力和政治权威面前,表现出某种独立性倾向。如孟子说:"富贵不能淫,贫贱不能移,威武不能屈,此之谓大丈夫。"⑨荀子也说:"是故权力不能倾也,群众不能移也,天下不能荡也……夫是之谓成人。"⑩

其三,在追求道德理想时,突出了个人主观能动性:"我欲仁,斯仁至矣"⑪,

① 《孔子家语·本命论》。
②③ 《礼记·内则》。
④ 《清律例·妻妾殴夫》条后总论。
⑤ 《孔子研究》创刊号。
⑥ 李泽厚:《中国古代思想史论》,人民出版社,1985年,第25页。
⑦ 《论语·先进》。
⑧ 《论语·子罕》。
⑨ 《孟子·滕文公下》。
⑩ 《荀子·劝学》。
⑪ 《论语·述而》。

"能循天理动者,造化在我也"①。

其四,在人生道路选择上,允许有一定的灵活性,譬如"通则一天下,穷则独立贵名"②,"穷则独善其身,达则兼善天下"③,等等。

其五,表现为一种宏大的人生抱负,肯于为了理想的实现而献身。如孟子立志"居天下之广居,立天下之正位,行天下之大道"④,如胡宏"立身行道",向往着"杰然自立,志气充塞乎天地……身虽死矣,而凛凛然长有生气如在人间者"⑤。

无可否认,以上这些表述确乎塑造出一种顶天立地人格形象。他们志高而行洁,"夫贤人君子,以天下为己任者也"⑥,有着强烈的社会责任心。在儒家文化的人格力量感召之下,也确实培养出一些仁人志士。其中不乏感天动地的壮举和悲剧式的英雄人物。他们的业绩流为口碑,传布民间,在一定程度上充实了我们的民族自尊心。

可是我们更应该看到,儒家崇尚的人格从其体系看又无可挽回地否定了人的个性和独立性。

儒家关于人格的全部表述显示了一个共同的倾向:他们崇尚的人格并不包涵对个人的地位、尊严和基本权利的维护,而是体现着个人对儒家道德理想的强烈追求与献身精神。一般说来,对于人的地位平等,个人的尊严和基本权利的自觉是形成独立人格的基本条件。"大丈夫"们表现出来的"独立性"倾向,并非由于社会政治等外在压力而深感人的尊严和自身权力受到凌辱,激起其人格的自觉,而是在践行儒家道德理想中,与社会现实种种障碍相矛盾而形成的道德皈依精神。"大丈夫"体现的人格不是以追求人的个体价值、个人尊严、人的个性自由和人的全面自由发展为内涵的个体独立人格,而是以维护人群整体价值为基本内涵的理想化共性人格。"大丈夫"所表现的宏大抱负和强烈的社会责任感及使命感在心理上超越了个体自我,跃升为人群整体道德理想的代言人。就这一点而言,儒学大师们曾争为表率。例如,孔子曾自

---

① 《皇极经世·观物外篇》。

② 《荀子·儒效》。

③ 《孟子·尽心上》。

④ 《孟子·滕文公下》。

⑤ 《五峰集》卷二。

⑥ 《盐铁论·散(聚)不足》。

诩"天生德于予"①,"文王既殁,文不在兹乎"②。孟子以拯万民于水火的替天行道者自居。他借伊尹之口说:"予,天民之先觉者也,予将以斯道觉斯民也。非予觉之,而谁也?"③张载也自命要"为天地立心,为生民立命,为往圣继绝学,为万世开太平"④。他们追求道德理想的意志之坚决,抱负之宏大,精神之崇高,使他们远远高于芸芸世间的凡夫俗子和庸碌之辈,成为先知和当世的精神领袖。他们俨然将自己比作理想化共性人格的最高象征——圣人君子。

在儒家文化中,圣人君子是理想化、抽象化了的人,是人的类主体意识的集中表现。荀子说:"君子者,天地之参也,万物之总也,民之父母也。无君子则天地不理,礼义无统。"⑤《礼运》说"圣人参于天地,并与鬼神,以致政也"。圣人君子代表人类与天地相参,体现着人群整体价值,维护了人群整体尊严,他们是人群整体的总代表。虽然儒家承认凡人和圣人有着共同的起点,"人皆可以为尧舜"⑥,但是,真正能达到光辉顶点的毕竟只是圣人。因为"圣人者,人之至者也"⑦,圣人身上汇聚着人类的全部智慧和美德,是人们修身养性的道德样板和做人的楷模。他规划着凡人的精神生活,通过"化性起伪","以矫饰人之情性而正之,以扰化人之情性而导之,使皆出于治、合于道也"⑧。既然儒家把圣人推到人类道德的制高点,"人皆可以为尧舜",又向所有人洞开圣人宝殿的大门,那么,通过修身之道向圣人皈依遂成为一切不甘于沦为凡人的有识之士毕生的宏愿。然而,另一方面,圣人崇拜又极大地桎梏着人的才能向着多样化、多方面发展,凡人在圣人面前,没有任何个性和独立性可言,只有心悦诚服地崇拜和追随圣人,才能使自己的道德得以提升。人的个性自由被圣人的华光窒息了,人的个体独立人格在圣人博大的共性人格面前消失殆尽。因之,儒家的圣人崇拜本身即意味着对人的个性和独立性的剥夺。而且,这种崇

---

① 《论语·述而》。

② 《论语·子罕》。

③ 《孟子·万章上》。

④ 《近思录拾遗》卷三。

⑤ 《荀子·王制》。

⑥ 《孟子·告子下》。

⑦ 《皇极经世·观物内篇》。

⑧ 《荀子·性恶》。

164

拜越虔诚,越神圣,对人之个性和独立性的剥夺就越彻底。正因为如此,封建专制统治者才欣然举起儒家的旗帜,招摇近二千年。

圣人崇拜在儒家思想中占有特别重要的地位。人生最高理想是实现个人自身道德的完善,人的其他发展道路均属末流。修身遂成为每一个社会成员应尽的根本义务;"自天子以至于庶人,一是皆以修身为本"①人们通过一系列修身之道,不断地向圣人靠拢,而圣人的最明显的标志是达到了"天人合一"。

天在儒家思想中虽不完全是神秘主义的绝对,但它确实是支配人类的一种力量和本体,而儒家所主张的人伦道德等原则正是以天作为本原的。所谓"法象莫大乎天地"②,"故圣人法天而立道"③,在儒家看来,人间道德法规不是人类社会自身的产物,而是宇宙法则在人间的再现。结果是,一方面,道德法规的内涵无限扩张,"礼者,天地之序也"④,它"合于天时,设于地财,顺于鬼神,合于人心"⑤,涵盖了整个自然与社会,具有无限的适用性和最高权威。另一方面,自然世界的阴晴圆缺,四时流转也具有了道德意义,宇宙有了道德属性,这是一种宇宙法则社会化和道德法规宇宙本体化的互换过程。既然儒家认为道德性是人的本质,那么,在宇宙本体与道德法规的互换过程中,人的本质就被无限地升华,以至等同于宇宙本体。人们对自我本质体认的同时就是对宇宙本体的认知,反之,对于宇宙本体的认同便意味着人们寻找自我本质的最后完成。孟子就此归纳出一个公式,他说:"尽其心者,知其性也,知其性,则知天矣。"⑥意思是,人只要尽力挖掘自身固有之德,就能体察自身本质,就能进而悟解宇宙的真谛。宋儒对于孟子之说作了详尽阐发,特别强调天和人本质上的内在同一。他们认为,人的本质与天道不是并列的相似,而是同一事物的不同表现。张载说:"所谓诚明者,性与天道不见乎小大之别也。"⑦程颐说:"道未始有天人之别,但在天则为天道,在地则为地道,在人则为人道。"⑧

---

① 《大学·一章》。
② 《易·系辞上》。
③ 《汉书·董仲舒传》。
④ 《礼记·乐记》。
⑤ 《礼记·礼器》。
⑥ 《孟子·尽心上》。
⑦ 《张子正蒙·诚明》。
⑧ 《二程语录》卷二上。

朱熹也说："合天地万物而言，只是一个理。"①人对于宇宙的认识不在于孜孜以求地探索天地自然本身的奥秘，而是在于对人自身的扪心检索。程颢说："只心便是天，尽之便知性，知性便知天，当处便认取，更不可外求。"②朱子的"格物致知"，也不是要人们"存心于草木器用之间"，而是要"穷天理，明人伦"，所以他说"如今说格物，只晨起开目时，便有四件在这里，不用外寻，仁义礼智是也"③。因而，儒家把人看作一个微型宇宙，"万物皆备于我"④，"大则君臣父子，小则事物细微，其当然之理，无一不具于性分之内也"⑤。天道的永恒法则就根植于人的内心深处。这便是儒家"天人合一"论的要旨之所在。

"天人合一"的运动形式是天与人之间质的相向互换，人的道德本质外化为宇宙本质，反之宇宙本质内化为人的本质。正如陆象山所言："宇宙便是吾心，吾心便是宇宙"⑥，人们就在这天人之间的双向运动中，通过"尽心、知性、知天"的程式，完成其向着道德化宇宙的精神回归，这也就是完成了自身道德本质和个人存在价值的实现。

同时，由于"圣人与理为一"⑦，所以，"惟圣人既生而知之，又学以审之，尽人之性，尽物之性，德合天地，心统万物，故与造化相参"⑧。当人们沿着"尽心知性知天"的阶梯实现了自我道德本质的时候，同时也就是向着圣人皈依的完成。

儒家强调天和人的内在同一，表明儒家对于人之主体性的认识是含混不清的，人兼具主、客体双重性质。一个既是主体，又是客体的人，其视向必然是内化的。于是人自身成为儒家文化的认识焦点。《中庸》说："君子不可以不修身，思修身不可以不事亲，思事亲不可以不知人，思知人不可以不知天。"《大学》说："古之欲明明德于天下者，先正其国；欲正其国者，先齐其家；欲齐其家者，先修其身。"改造自我成了人们认识外部世界和人的所有社会政治行为及

---

① 《朱子语类》卷一。
② 《二程语录》卷二上。
③ 《朱子语类》卷十五。
④ 《孟子·尽心上》。
⑤ 《孟子集注·尽心上》。
⑥ 《象山全集·年谱》。
⑦ 《二程语录》卷二三。
⑧ 《知言》。

活动的起点与归结点。其结果是整个儒家文化缺乏追求宇宙起源和探究自然法则的高层次思辨传统，难以形成科学的理性。

"天人合一"的最高境界是"合外内之道"①，使人在观念上与天地万物融为一体，达到"人与天地一物也"②。既然天人无二，"物我一理"③，人们在认识上便"视天下无一物非我"④，我是万物，万物就是我，如程颐所说："大而化，则己与理为一，一则无己。"⑤人们也只有将自我融化在天地万物之中，才有可能将自身道德本质升华到最高层次，如张载所言："无我而后大，大成性而后圣。"⑥"天人合一"否定了人的独立和个体存在，"圣人崇拜"桎梏着人们的精神世界。人们要么是儒家式的"君子"，要么是无知无识的"小人"。不论是"小人"还是"君子"，在他们的意识里都没有对自身价值的觉醒，因而难以形成对自身权利的自觉追求，也就无所谓"人的尊严"。在儒家文化的规范之下，人们生来就是君父的子民，实则成为封建专制治下的驯民。

圣人崇拜作为一种特有的文化机制，恰恰适应了封建专制主义的政治需要。

纵观全部儒家文化，我们看到儒家关于人的认识表现为一种理论上的二律背反。

一方面是关于人类的赞美诗，儒家自豪地宣告人之为人的价值所在，肯定了人的类存在，他们推崇圣人，对于理想化共性人格给予高度的称颂。他们注重人的群体价值，对于推进人类社会向着高度理想化道德社会迈进抱有强烈社会责任心。

另一方面，儒家又从各个方面对于人的个性和独立性进行了无情的剥夺，用一种普遍的道德规范否定了人的个体存在。

人的个体化是人之全面发展的不可或缺的一个方面。儒家文化中的人却只有社会群体化单向发展途径，人们的精神归属道德化宇宙，他的血肉之躯归属父母所有，他的意志和行为被父家长和君权紧紧束缚住。人们越是要成

① 《中庸》。
② 《二程语录》卷一一。
③ 《二程语录》卷一八。
④ 《张子正蒙·大心》。
⑤ 《二程语录》卷一五。
⑥ 《张子正蒙·神化》。

为儒家文化称道的人,就越要泯灭个性,否定自我。沿着儒家的道路不可能导向个人尊严,个性解放,自由意志和独立人格,儒家文化造就了一个顺民社会,从而成为君主专制主义生存的最好的文化土壤。我们弄清了儒家文化中"人"的真实面目,所有关于儒家文化的"人道""民主""自由""个人尊严"等,只能是海市蜃楼。

原载《社会科学战线》,1988 年第 1 期

中国传统政治文化导论 *

一

政治文化是现代政治学研究领域之一,它的定义迄今众说纷纭。一般认为,所谓"政治文化"指的是政治系统赖以生成的文化条件或背景,亦即一个民族在特定时期流行的一套政治态度、信仰和情感的集合,主要表现为个人对政治系统及自我在政治系统中所担任角色的心理取向。政治文化与政治系统互为因果,是个人政治行为和选择的主观的决定性因素,并对政治运行施以影响。现代政治文化研究一般以现时的个人心理为主要对象。

我们所说的"中国传统政治文化"与传统的"政治系统"相对,即中国古代君主政治赖以生成、运转和发展的文化条件和背景。

研究中国传统政治文化不同于研究现代政治文化。现代政治文化研究以现实人的政治心态为主,可以通过抽样调查、行为测量、心理分析、统计等方法进行。传统政治文化的主体已消失,它蕴藏在历史的残骸之中,要通过分析历史文物和文献资料展现出历史人的政治心理、情感和意识。在这里,依据材料分析、实证与揣摩将得到广泛的运用。

在古代中国,政治具有极强的弥散性,几乎渗入整个社会文化,使之呈现出鲜明的总体性政治价值取向。也就是说,不仅直接与政治系统密切相连的文化显现出政治性价值取向,同时在宗教、教育、伦理,甚至社会物质文化等方面,均无一例外地显示出明显的政治性价值取向。由此形成中国传统文化所特有的政治文化化与文化政治化过程。因此,假使我们像研究现代西方政治文化那祥,仅仅以政治系统为轴心来界定中国传统政治文化的研究对象和

---

* 本文与葛荃、刘刚合作。

范围,无疑过于狭小,很难把握其基本脉络,也难以窥其全豹。鉴于此,我们研究中国传统政治文化除了借鉴现代政治文化的研究主题,譬如权威类型及其合法性、政治一体化、政治参与、政治社会化等,还必须在研究主题和范围方面做必要的开拓工作。中国传统政治文化的领域极其宽泛,表现形式除了心理、情感、意识,还包括政治理论思想形态。

基于上述情况,在研究传统政治文化时,我们不能简单引用现代政治文化研究方法,必须根据对象特点进行改造和创新,以展现"历史人"的政治价值取向,政治心理和意识。在进行历史的描绘时,尽管有些细节可能会模糊不清,但并不会影响总体认识的清晰度。

二

中国传统政治文化内涵宽泛,问题繁多。但若提纲挈领,这三方面的研究是必不可少的。

第一,研究中国传统政治文化的价值系统。价值系统是政治文化的基本构成。中国传统政治文化的价值系统是一个以王权主义为核心,以宗法观念、清官思想、平均主义为补充的"刚柔结构"体系。研究中国传统政治文化必须从解剖这个价值系统入手。

王权主义的主要内涵是王权至上和王权崇拜。王权主义作为传统政治价值系统的核心,决定着传统政治文化的特质,制约着其他价值构成,并通过多种社会化渠道,对人们的政治意识和政治选择施以强烈的影响。宗法观念的基本点是父家长权威至上和父权崇拜。父权是王权的原型和权力基础,王权则是父权的最高代表。父权崇拜为君主政治提供了广泛的社会心理基础,并对国家政令法规的制定和实施产生直接的影响。清官思想主要表现为一种政治理想,其根本价值准则是"忠君爱民",缓和社会冲突。清官形象是儒家传统"仁政"思想的人格化,被社会各个阶层所接受,作为王权主义的内在调节机制发挥作用。平均主义更多地体现着小生产者的政治期盼,表现为一种政治理想,反映了社会下层成员对于等级特权的对抗心理。其中隐含着某种潜在的政治参与意识,在一定时期和条件下会直接作用于政治的运行。然而平均主义的"均平"理想一般要通过"替天行道"的方式来实现,实践的政治归宿依然是王权主义。因此平均主义基本是作为君主政治运行的外部社会调节机制而发挥作用。

要言之，王权主义是中国传统政治文化价值系统的核心，宗法观念与之相辅相成；清官思想和平均主义作为某种调节机制，对人们的政治意识、观念和心理进行调节，潜移默化地引导和决定着人们的政治价值取向及行为选择，从而对政治运行过程产生直接的影响。

第二，研究中国传统政治文化的政治社会化过程。政治社会化是政治文化形成、持续、改变和发展的过程。对个人来说，是个人获得政治知识，形成政治信仰、观念、态度和行为模式的学习过程。对于政治系统来说，则是通过有意识的政治教育和训练，以培养政治人的过程。在中国传统社会，君主专制政治系统的社会化功能极为发达，在王权主义的统摄之下，传统政治文化的社会化过程具有如下特征。

其一，"教化"作为君主政治的基本职能之一，成为最主要的政治社会化途径。所谓"教化"，即以王权为中心的政治系统，通过宣讲、表彰、学校教育，以及各种祭祀仪式等方式，将王权主义的价值体系灌入人们的意识之中，培养出符合君主政治需要的忠臣和顺民。辟庸(雍)庠序是古代的教育系统。《白虎通义》说："天子立辟庸者何？所以行礼乐，宣德化也。"辟庸是贵族子弟学校，亦是"行礼乐，宣德化"的教化机构。"上自黄帝，下及三王，莫不明德教，谨庠序，崇仁义，立教化。此百世不易之道也。"①传统社会又极重祭祀，即所谓"国之大事，在祀与戎"。祭祀不仅仅是神祖崇拜仪式，而且是一种仪式化的政治学习和文化传播适应过程。通过祭祀祖先，使父家长的权威一再得到确认，并将"父家长崇拜"的观念输入人们的心理-意识之中。同样，君主通过祭祀天地，使君主的统治权威得到确认，并将君主权威的合法性观念注入人们心中。"教化"是政治社会化的基本手段，也是君主的要务。

其二，政治社会化与政治录用密切结合。政治录用是政治系统的重要功能之一，指通过一定的方式，依照一定的政治标准选用人员，并在政治结构中担当各种角色。政治录用与政治社会化相互作用。政治录用不仅能调整、引导和确定人们的政治选择倾向，而且其本身直接作用于社会化过程，表现为一种特殊的政治社会化功能。例如，汉代的政治录用方式为"察举征辟"和通习经术入仕。"举辟"和通经术本身就具有极明显的价值输出功能。人们为进入

---

① 《盐铁论·遵道》。

政治系统,直接参与政治资源分配,就会自觉地接受"孝廉忠义"等儒家政治准则和观念。明代八股取士,以程朱之学为考核标准,人们便一心研习程朱理学,接受程朱之学内涵的政治价值准则。显而易见,传统中国的政治录用实际具有政治社会化功能,所以唐太宗会得意地说:"天下英雄尽入吾彀中。"

其三,家庭、学校具有直接社会化效应。西方政治学研究一般将家庭、学校视为间接政治社会化过程。中国传统社会的家庭和学校则具有直接性质。传统政治文化认为家庭与学校都是政治系统的有机构成,国家(王朝)是家庭(族)的扩大,君主是"天下之父母也"①。君主具有最高统治者和最大父家长双重身份。因此,人们在家庭范围内接受教育,正是通过亲子之情培训儿童的政治情感和选择倾向。"出则事公卿,入则事父兄"②,家庭教育为人们日后步入社会,做忠臣顺民奠定了心理和情感基础,"君子之事亲孝,故忠可移于君"③。学校则以儒家的忠孝仁义为教,注重政治思想培养,使学生逐渐建构起王权主义认知体系。传统中国的家庭及学校的政治社会化功能具有直接性。

其四,"内圣外王"是个人政治社会化的最高和成熟阶段。个人政治社会化通常指个人政治人格和政治角色形成过程。西方政治学研究大多将这一过程分为儿童期和成人期两个阶段,认为基本文化因素(价值、角色、行为模式)的内化和传递主要在儿童期完成,成人期则是调整、维持、补充和发展阶段。就中国传统社会来看,个人政治社会化可分为先天和后天两个阶段。古人认为文化因素可以遗传,夫妻之道是伦常纲纪的基本体现之一,胎教是道德培养的第一步。据《韩诗外传》载,孟子之母曾说:"吾怀妊是子,席不正不坐,割不正不食,胎教之也。"载道的夫妻生活和妊娠期的胎教构成个人政治社会化的先天阶段。从婴儿期开始的人生旅程,是个人政治社会化的后天阶段。这一阶段又可分为小成、大成、完成三个时期。小成期以"敬事"教育为主,大成期以"明理"教育为主,完成期则通过道德修养和社会政治实践,即所谓"修身,齐家,治国,平天下"的过程,达到个人政治社会化的最高阶段:"内圣外王"。这一境界标志着政治人格的最终形成。

第三,研究传统中国的政治一体化问题。所谓"政治一体化",简言之,主

---

① 《盐铁论·备胡》。

② 《论语·子罕》。

③ 《孝经·广扬名》。

要指人们(政治系统中一般成员)对国家的认同问题。人们通过对国家的认同,意识到各自的同一性,从而获得某种属于特定政治系统的归属感,并为其所属的政治权力或统治权威提供合法性基础。从民族心态看,人们对国家的认同意识是构成民族精神或国民性的重要内容之一。中国传统政治文化的政治一体化主要包括以下三层次。

其一,血缘认同。中国人之所以为中国人,主要取决于两点,一是"文",二是"种"。这后一点就体现了"血缘认同"。古人云:"非我族类,其心必异。"历史上的"华夷之辨"以血缘认同为基点,形成强大的民族凝聚力和同化力,"炎黄子孙"通过"用夏变夷",聚合了众多民族,形成了世界第一大族:中华民族。这不仅表现为文化同化过程,同时也是血缘认同的结果。在传统中国,血缘认同具有特殊重要的政治一体化功能。"天下一家""四海之内皆兄弟也"的传统观念,体现了以血缘认同为基础的伦理主义精神。这种精神与"普天之下,莫非王土,率土之滨,莫非王臣"的专制主义精神相结合,构成中国特有的政治伦理大一统。血缘认同为王权主义和君主政治的一统天下提供了相应的政治心理条件,从另一个方面增强了君主统治权威性。

血缘认同作为中国传统政治文化的重要构成,融合在人们的政治观念和意识之中,诸如君父、臣子、子民、父母官等即明显含有血缘认同成分。血缘认同将血缘关系和政治关系融合为一体,传统政治价值的核心"三纲",即把夫妇和父子的血缘关系视为君臣政治关系的根基。《易传·序卦》认为:先有天地,后有万物和男女,"有男女然后有夫妇,有夫妇然后有父子,有父子然后有君臣",把君臣政治关系看作夫妻、父子血缘关系在社会政治发展过程中的自然延伸。在君父与臣子的政治角色中,也依然保留了父与子的行为模式。血缘认同为国家权威的合法性提供了社会心理基础,使个人与国家在心理和意识上自然而然地融为一体。

其二,文化认同。中华民族之形成的另一重要条件是"文",即"文化认同"。中华民族历来以"礼义之邦"自诩,具有鲜明的文化认同倾向。《礼记·冠义》曰:"凡人之所以为人者,礼义也。"只要皈依礼义,即使异族亦可入主中原,纳入中华民族之列;反之,假如缺少这种文化认同,即使"华夏"也会堕为"夷狄",难免与禽兽为伍。中国传统政治文化将人分为小人、君子、贤人、圣人,这种区分无疑是以对文化的认同程度为标准的。其中小人和圣人分处于人之两极。小人是与禽兽相差无几的人欲之身,圣人则是集礼义之大成的天理化身。从人自身的发展来看,文化认同的最高境界是圣人。圣人在人格心理上,是泯灭了自我和本我的纯超我象征;在观念形态上,是淡化了主体性的必然性之化身;在政治行为上,是载道和传道的工具。圣人的本质是王权主义的国家权威的人格化,因此对圣人的认同,既是个人自立和自我完成的修身过程,同时又是治国平天下的政治实践过程,亦即所谓"内圣外王"的过程。对圣人的普遍认同,赋予中国人以统一的国家人格和政治理想。

其三,权威认同。国家权力集中表现为权威,血缘认同和文化认同最终要归结为权威认同。人们在血缘认同过程中对父家长权威的绝对崇拜,促成了根深蒂固的权威认同心理因素。成人对待国家权威的态度和方法,可以追溯到儿童对待父母权威的态度和方法,二者具有深刻的同一性。中国传统政治文化中血缘认同的普遍化,又导致了政治心理中的成人儿童化现象,在君主面前,人们不是"臣子",就是"子民",都是"君父"的晚辈。文化认同则缔造了权威类型中的最高角色——圣人。秦汉以后,君主与圣人在主流上是统一的。由于血缘认同和文化认同的政治作用,使得人们对君主权威的认同极具普遍性和广泛性,成为传统民族精神结构中的主体。人们对君主权威的认同,主要体现在对君主人格魅力的崇拜和对传统权威合法性的认可上。具体言之,君主的人格魅力表现在其能够"参天地,化万物,立人极"。君主的人格反映着必然性,因此,不仅能决定政治盛衰,国家兴亡,所谓"一言而兴邦","一言而丧邦","人存政举,人亡政息";而且是道的主宰和决断是非的总裁:"圣人也者,道之管也"①,"正嫌疑者视圣人"②。君主权威的传统合法性则表现为一种无须证明的"历来如此",如"天无二日,民无二王","天子无妻(齐),告人无匹也","率土之滨,莫非王臣","君亲无将,将而诛焉"等,就反映了"历来如此"的权威性。不过,一般说来,人们对君主权威的认同并非一概对现实中具体君主的认同,而是对体现着原则的理想君主的认同。人们希冀理想君主和厌恶昏君,为"有道伐无道"的传统"革命"提供了合法性依据。因而,农民起义和易姓"革命"不过是以特殊方式对君主权威的认同。正是这种"反皇帝不反皇权"的改朝换代,不断地强化着人们对于君主权威的认同感。对明君的崇拜和对昏君的厌恶使很多中国人在显意识中表现为对君主的顶礼膜拜, 而在潜意识中

---

① 《荀子·儒效》。
② 《春秋繁露·深察名号》。

174

又怀有"彼可取而代之"的皇帝梦,从而形成畸形的兼具奴性与"革命"性的独特国民性。

政治一体化除了国家认同问题,还包括政治过程中各结构之间的关系,政治转换中不同利益的综合,以及各种团体或亚文化间的联系方式等问题。中国传统政治文化内容极其丰富,远非上述三个方面的描述所能涵盖,我们的论述只不过"管中窥豹,略见一斑"。但就大体而言,我们自信还是把握了中国传统政治文化的一些基本问题。

三

中国传统政治文化的研究,要采用多学科综合性方法,涉及政治学、历史学、文化学、社会学、心理学等学科。这是就其方法而言。本文所要讨论的是选用何种视角,采用何种方式来把握研究对象。这里谈以下五个方面。

1.整体研究。首先,要把中国传统政治文化视作一个有限的系统,研究其内在结构的同一性,以及具有同一性的观念、意识和心理。例如清官意识、圣人崇拜、臣民心理等就是超阶层和利益集团的系统化意识。其次,将这个有限的系统放在与外部世界的关系中研究其特性。例如,天朝上国的政治心态、闭关锁国心理等。总之,整体研究就是要把握传统政治文化的总体特征及其本质精神,诸如社会组织方面的王权主义,宗法意识,等级观念,平均主义;国家权威方面的大一统观念,正统主义和三教合一的意识形态;民族关系方面的华夏中心意识,文化同化主义;社会政治生活方面的忠君爱国,重义轻利,慎独和出世观念;政治思维方式方面的天人合一,中庸之道,历史循环,等等。整体研究有助于我们从宏观上把握传统政治文化的基本特性和发展大势。

2.分层研究。在传统中国,各个社会阶层和利益集团均有不同的利益要求和政治期盼,表现为不同的价值取向和行为模式,因而需要进行分层研究。例如,就政治参与来看,一般民众基本持非参与态度。但他们的政治情感、利益要求和期盼,往往会通过戏曲、曲艺、小说、话本中的忠奸褒贬或因果报应表达出来,经过某种输入环节进入转换过程,从而对政治运行产生影响。士人阶层通常持有积极参与态度。他们大多通过察举、科举、入幕为僚或盟党结社、操纵舆论等方式参与政治生活。可是另一方面,士人们往往又具有"天下有道则仕,无道则隐"的价值观念。仕和隐构成士人政治意识的两极。因此在士人"以天下为己任"的心态中,往往又潜藏着某种非主体性危机。此外,每一个阶层之中,又可以进一步分层考察。譬如,一般民众之中,农民阶层的利益要求和政治期盼,城市小工商业者的政治心态;士人阶层中,步入仕途的当权集团的政治观念和行为准则与在野集团的政治期盼等。至于其他阶层,如商人、宗教团体等,更是属于分层研究的范围。分层研究有助于我们从不同视角,对传统政治文化进行多维透视,以便准确把握其实质,弄清其本来面目。

3.个案研究。一般说来,文化发展往往会集中体现在某个精英人物或优秀分子身上,于是个人成为政治文化的缩影和文化发展过程中的焦点。精英人物的个性不仅对一定政治文化的形成产生重大影响,而且会在文化的轨迹上留下不可磨灭的足印。在中国古代,孔子就是这样的人物。孔子对中国传统政治文化的影响堪称独步。他生前是学者,死后被尊为圣人,成为中华民族的精神领袖。孔子的独特个性使其在行为上不像老子那么"清静无为",也不像墨子那样具有"赴火蹈刀,死不旋踵"的气概,而是表现为一种平易近人的中庸精神,虽然缺乏超越性,却更具广泛性,容易为民众认同。于是,孔子成了圣人,中国传统政治文化也表现出以中庸为神圣的特性。又如汉高祖刘邦,从一个溺儒冠的草莽英雄转变为中国历史上第一个祭孔的皇帝,这种价值观念的变更和心态转换也颇耐人寻味。再如五代时的冯道,历四朝,事五姓,在改朝换代的利益冲突中左右逢源,自号"长乐老",实为政治舞台上的"不倒翁"。对这样的人物进行个性分析,无疑有助于深入揭示封建官僚的政治心态特性。个案研究通过微观分析,以把握传统政治文化的细部结构及其发展过程中的精微环节,有利于把传统政治文化的研究推向深入。

4.过程研究。所谓过程研究就是对中国传统政治文化作历史的考察,亦即对政治文化本身的形成和发展过程进行考察。通过这一研究,我们将把握传统政治文化演进的来龙去脉,找出发展的规律性。过程研究大致有两种方法。一是还原法,即从现实出发,寻找社会政治现象背后的文化-心理原型。例如,"革命"问题是社会政治生活中一个重要问题,运用还原法进行研究,我们就必须回答诸如关于"革命"的文化-心理原型是什么,传统革命观与现代革命观有何差异等问题。二是推进法,即从传统出发,考察政治文化发展变化的时代轨迹。例如王权主义是中国传统政治文化的核心问题,在不同的时代有着不同的特征表现,秦专任法术,汉王霸并用,唐三教并行,宋以后则以理学为正统。对这一过程进行实证性的描述,阐明其发展的内在联系,从而逐步由传统逼近现实。

中国传统政治文化肇始于三代,定型于春秋战国,先秦诸子建立了中国传统政治文化的基本模式。一般说来,过程研究必须有一个坚实的基点,它既是还原的终点,又是推进的起点。先秦诸子的政治文化模式就提供了这样一个基点,就像演绎的内容隐含在逻辑的前提中一样,秦汉以后政治文化的发展主体上不过是先秦模式的展开或萎缩。

5.比较研究。这是一种跨时空研究,这种研究并不只意味着超出本民族的社会历史局限,将文化放在世界各民族文化之林中进行比较;更主要的是,它必须提供一种文化类型,这种文化类型综合了具有恒久性和普遍性的文化因素,比较研究主要是文化类型的比较。中国传统政治文化主体上是一种臣民型政治文化,与西方的公民型政治文化大相径庭。这种臣民型政治文化是由一系列具有某种恒久性的臣民文化因素综合而成的,这些文化因素固然因时代不同而有相应的表现形式,但其精神实质却有一贯性。例如,从"马上得天下"到"枪杆子里面出政权";从"存天理,灭人欲"到"斗私批修""灵魂深处爆发革命";从"用夏变夷"到"中体西用";从"重农抑商"到"割资本主义尾巴"等。它们之间有着某种内在的文化联系和一致性。因此,文化类型能跨越具体的历史发展阶段和社会政治条件,在不同的社会形态中存在。文化类型并非永远"恒久"不变,文化的转型与社会发展并不一定是同步的,既可能超前,也可能落后。就趋势而言,以臣民型为主体的中国传统政治文化必然要向着现代的公民型政治文化转化,比较研究的目的就在于促进文化转型,并为现实的文化选择提供适宜的参照系。

四

中国传统社会是君主专制主义的一统天下。在君主政治数千年相对稳定发展过程中,与之相应,传统政治文化也逐渐凝聚成一种稳定的价值体系,并且弥散于社会政治生活的各个领域,固着于人们的观念、意识和心理之中,凭借着各种文化形式和社会化渠道,连绵不绝地一代代传延下来。随着历史的演进,19世纪下半叶,中国社会的经济结构、政治结构及其统治形式发生了几次重大变革,每一次变革都意味着一种新型政治价值系统的建立;与此同时,政治文化的价值构成也随之发生变化。在实际历史过程中,新型政治价值系统的社会化过程不能不受到稳定的传统政治文化体系的顽强抵制,因之,政治文化价值系统的转型需要长期的,甚或是数百年的社会化过程。我们看到,迄今为止,实际发生的政治文化转型主要局限于政治文化的表层结构,而传统政治文化价值系统的主体作为深层文化因素依然延续下来。关于这一点,我们只要回顾一下"文革"的"忠字化"运动便可知晓。

总之,传统政治文化的价值主体仍然遗留在我们的民族意识和大众心理之中,仍然左右着人们的基本价值取向和政治选择。这就是为什么帝制政治形式早已被历史抛弃,而专制主义的种种政治弊端,诸如个人专权、个人崇拜、言论和思想专制、官僚主义及与之俱来的贪污腐败等始终阴魂不散的重要原因。从政治文化看,至今我们还没有完全走出中世纪。

民主政治不是空中楼阁,实现政治民主的基本前提之一是建立与之相宜的政治文化环境。否则必如沙上筑堡,难免造成政治要求与实践效果相悖的现象,使民主形同虚设。开展对传统政治文化的深入研究和清理是促进政治民主进一步发展和完善的不可缺少的条件。

原载《天津社会科学》,1989 年第 2 期

王权主义的刚柔结构与政治意识——中国传统政治文化特点分析 *

一、中国传统政治文化的总体特征

"政治文化"作为专门研究课题已近 30 年,然而,关于政治文化的内涵,却人异其说,殊无定论。原因之一是各国学者多以本民族的历史、文化、政治环境和思维方式作依据来把握政治文化的含义,赋予其特定的内容。例如,欧美学者理解的政治文化多以个人为本位,注重人的社会政治心理。台湾学者马起华在《政治学原理》一书中列举了西方学者的 14 种定义,就这些观点的共通之处作了归纳:"政治文化是个人对于政治系统及自我在系统中所任角色的心理取向……一般地和稍详细地说,政治文化乃是政治系统成员所内化的对于政治系统及自身在政治系统中所担任角色的信仰、感情、认知、评价、认同、观念、判断、兴趣和态度。"这样的认识显然不适合概括中国传统政治文化。在界定政治文化的多种思路中,我们倾向于如下认识:

所谓"政治文化"是政治中的主观因素,是政治思想、政治信仰、政治观念、政治价值标准、政治意识和政治心理的总和。它的表现形式有理论形态、心理趋向和情感倾向等。以一定的社会环境为背景,它的形成可能源于个人,也可能源于某一阶级、阶层、集团、团体或全体社会成员。因之,政治文化本身兼具个人、阶级、社会等多重属性。政治文化与政治机构和制度互为因果,对于政治运行具有直接的影响。

从这样的认识出发,总览中国传统政治文化,可以发现两个显著的特点。第一,中国传统政治文化的组成呈多层次性;第二,在多层次结构中有一条主线起着主导作用。

---

* 本文与葛荃合作。

所谓"多层次性"是说中国传统政治文化内容丰富,包罗甚广,主要可分为四大层次。

1.王权主义。这是传统政治文化的核心,其特点是宣扬君权至上;君主是全社会的最高主宰、神圣不可侵犯。王权主义的形成是中国古代社会君主政治的需要;反之,王权主义又巩固和强化了君主专制统治。在政治运行过程中,王权主义直接促进君主专制政治系统的建立和完善,是指导政治输入和输出体系,即政令法规的制定与实施的理论依据。王权主义的表现形式以理论形态为主,本质上是统治阶级的政治价值体系。在长期的社会政治实践中,王权主义通过多种社会化渠道,直接控制和影响人们的政治意识。

2.宗法观念。宗法观念是普遍用于整个社会成员的社会政治观念,其主要内容是父家长权威至上,严格的血缘宗亲观念,人伦等级意识,重男轻女意识和一系列相应的道德准则。宗法观念的形成有着深远的历史根源和社会基础。在中国传统社会,宗法观念为一系列社会和政治组织、机构的建立提供了广泛的文化-心理基础,并直接影响到国家法律和政令的制定与实施。宗法观念既有完整的理论体系,如儒家经典中有详尽的论述,"三礼"和《孝经》尤为集中;又形成了相对稳定的社会政治心理和情感倾向;同时,又有相应的法规(法规、乡规、族规等)强迫人人遵行。作为一种政治文化现象,宗法观念的社会性大于阶级性。

3.清官思想。清官思想与其说是政治思想,不如说是一种政治理想的体现。对于不同社会阶层有不同的意义。对于政权系统成员而言,清官思想是个人在政治活动中的行为准则,表现为一种积极的政治参与意识;对于社会下层来说,对清官的向往和崇拜,体现着人们的政治期盼,其中又隐含着人们对于时政的评估。这种思想本身有着深刻的阶级性,却迎合了社会各阶层的不同需求。

4.平均主义。平均主义主体上是一种社会政治理想,它的形成至少有三个渠道,一是某些政治思想家的社会政治理想,譬如儒家的"不患寡而患不均"和"大同"理想,墨家的"兼相爱,交相利"政治理想等。二是某些宗教思想中的"平等""平均"观念。如佛教的"众生平等",道教的"太平"理想。三是小生产者基于社会贵贱贫富不均而凝成的生活向往。平均主义的基本内涵是主张社会地位和社会财富的平均化,即"等贵贱、均贫富"。作为一种政治文化现象,更多地体现了社会下层成员对于特权的极端不满和对抗心理。平均主义具有鲜明的阶级性,在一定社会范围内形成潜在的政治参与意识,在一定条件下有可能直接作用于政治的运行。

以上所列举的仅仅是构成中国传统政治文化最主要的内容。此四者皆自成体系,又紧密交融在一起,相互作用和影响,使中国传统政治文化呈现出十分复杂的局面。

所谓"多层次结构中有一条主线",是说中国传统政治文化层次虽多,王权主义却是其主体,其他文化层次均为王权主义的从属、派生、支流或补充。

宗法观念虽有广泛的社会性,但它又是王权主义的从属。宗法观念的中心价值观是父家长崇拜。但与王权主义相比,父家长的权威要从属于王权。《礼记·大传》说:"君有合族之道,族人不得以其戚,戚君位也。"宗法观念内涵严格的血缘宗亲意识,但作为政治文化来看,血缘宗亲意识只能是君臣等级观念的基础。《礼记·昏义》说:"男女有别,然后夫妇有义;夫妇有义,而后父子有亲,而后君臣有正。"其中,君臣等级高于血缘宗亲。《中庸》所讲的"五伦"及后来的"三纲",均以君臣关系列在榜首。宗法观念既受王权主义支配,又是王权主义的社会心理基础。

清官思想是王权主义的派生。清官思想内涵的主要价值标准,如清廉不贪、执法公允、为民请命、爱护百姓、搏击豪强、惩治贪官,等等,均能在王权主义体系中找到其理论根源,本质上不过是传统的"仁政"思想和"君民舟水"说的人格化。清官思想既能满足社会下层求温饱、抗欺凌的政治期盼,又符合王权主义维护君主政治的总体要求,因之,这种文化层次是王权主义内在调节理论的派生。

平均主义在外观上与王权主义是对抗的。王权主义要求一切权力和利益归君主支配,与之相对,平均主义则要求社会财富的平均占有。但是,平均主义一般只是潜在的政治意识,非在特定条件下不会触及君主政治的运行。平均主义体现着小生产者的政治希求,这种希求的实现又寄希望于好皇帝。因而,平均主义的政治归宿是皈依于王权主义,作为君主政治运行的外部社会调节机制而发挥作用。

因此可知,王权主义是中国传统政治文化的主体与核心,认识传统政治文化必须从解剖王权主义开始。

二、王权主义的刚柔结构

王权主义的体系庞大而完备,它的内在构成呈一种刚柔二元结构。刚是指王权主义的绝对性而言,柔指的是王权主义的内在调节机制。下面分而述之。

王权主义的主题是宣扬君权至上,围绕着这个主题,主要形成了三层认识。

1.王是沟通天人的中枢

中国传统的思维方式之一是"一体化",就是把天地自然与人类社会看作一个统一体。人既是天地间一种特殊的类存在,所谓"天地之性人为贵,明于天性,知自贵于物"[①];同时又与天地自然紧密相连。董仲舒说:"何谓本?曰天、地、人,万物之本也。"[②]人与天地同是构成人类社会的基本要素。那么王处于什么样的位置呢?一言以蔽之,王是沟通天人的核心人物,处于把握自然、统属人类的特殊地位。如董仲舒所说:"古之造文者三画而连其中谓之王。三画者,天、地与人也。而连其中者,通其道也,取天、地与人之中以为贯而参通之,非王者孰能当是。"[③]传统思想关于圣人有多种解释,其中之一是把理想的王称作圣人。理想的王具备不同寻常的聪明才智,能通晓和把握自然与社会的运行变化规律:"圣人知必然之理,必为之时势"[④],"明君守始以知万物之源,治纪以知善败之端"[⑤];又能洞悉政治的治乱与兴衰:"明于治礼之道"[⑥]、"审于是非之实"[⑦]。因而,唯有王能驾驭自然:"人君,统治天地阴阳者也。"[⑧]也唯有王能代表普天下芸芸众生直接与天对话:"圣人参于天地,并于鬼神以致政也。"[⑨]王与天地结成三位一体,"作乐以配天,制礼以配地"[⑩],化育天下万民。荀子说:"天下者至重也,非至强莫之能任;至大也,非至辨莫之能分;至众也,非至明莫之能和。此三至者,非圣人莫之能尽,故非圣人莫之能王。"[⑪]"天下之治无不统主。"[⑫]

在传统思想中,常常把天祝作王的上司。如:"《春秋》之法,以人随君,以

---

① 《汉书·董仲舒传》。

② 《春秋繁露·立元神》。

③ 《春秋繁露·王道通三》。

④ 《商君书·画策》。

⑤ 《韩非子·主道》。

⑥ 《管子·正世》。

⑦ 《韩非子·奸劫弑臣》。

⑧⑫《徂徕石先生文集·十一·水汉责三公论》。

⑨ 《礼记·礼运》。

⑩ 《礼记·乐记》。

⑪ 《荀子·正论》。

君随天"①,"唯天子受命于天"②,等等。神秘主义在中国传统政治文化中始终占有一张席位,但永远不是主导。神秘主义的权威基本被用作巩固君权、愚弄人民的手段,所谓"君子以为文,而百姓以为神"③。天与王相提并论的主要目的是神化君权,论证君权合理,"王者,天之所予也"④,反而突出了君主的地位。

在实际政治生活中,王的最高主宰地位主要体现在两个方面。其一,王处于社会政治等级的顶端。早在春秋时代就有"天有十日,人有十等"⑤的认识。后来经过思想家们不断完善,等级被视为社会的普遍规律,成为一种基本的政治价值观念。荀子说:"少事长,贱事贵,不肖事贤,是天下之通义也。"⑥韩非也说,"臣事君,子事父,妻事夫"是"天下之常道也"。⑦任何人都能在遍及社会的等级中找到自己的位置,王则矗立在等级金字塔的宝顶之上。"天子无妻(齐),告人无匹也。"⑧王的地位至高无上。越强调等级,君主的权位越牢固,实际上统属着整个等级系统,"人君者,所以管分之枢要也"⑨。其二,王是政治运行的中枢和主导力量。从总体上说,历史的运行并非个人意志可以逆转,可是在君主专制条件下,王的特殊地位和巨大权力使之成为举足轻重的人物。传统思想认为政治运行基本受王权支配,肯定王在政治生活中的决定作用。孔子认为君主能"一言而兴邦","一言而丧邦"⑩;荀子说:"君不贤者其国乱"⑪;古佚书《经法·论约》说:"无主之国,逆顺相功(攻),伐本隳(隳)功,乱生国亡";董仲舒讲得更明确:"君人者,国之元,发言动作万物之枢机。"⑫王是政治

①《春秋繁露·玉杯》。

②《礼记·表记》。

③《荀子·天论》。

④《春秋繁露·尧舜不擅移汤武不专杀》。

⑤《左传》昭公七年。

⑥《荀子·仲尼》。

⑦《韩非子·忠孝》。

⑧《荀子·君子》。

⑨《荀子·富国》。

⑩《论语·子路》。

⑪《荀子·汉兵》。

⑫《春秋繁露·立元神》。

生活中的主导力量，治乱兴衰系于君主一身，"治天下者惟君，乱天下者惟君"①；"其人存则其政举，其人亡则其政息"②。君主既然决定着全部政治生活的运转，当然成为全社会的最高主宰。

2.王拥有统属社会一切的巨大权力

王权主义肯定了君主的崇高地位，又赋予其巨大的权力。在理论上，君主拥有对全体社会成员的人身统属权。封建时代的政治集团往往是家庭或家族的扩大。"天子者，天下之父母也。"③"臣之于君也，下之于上也，若子之事父，弟之事兄。"④君主是全社会最大的父家长，"视天下人民为人君囊中之私物"⑤。君主有权随意处置他的臣民，喜怒之间便决定了人们的命运。

在观念上，君主是全国土地和财富的最高所有者，所谓"普天之下，莫非王土"⑥，"邦者，人君之辎重地"⑦。君主"视天下为莫大之产业，传之子孙，受享无穷"⑧。就实际历史过程来看，君主除了直接占有一部分土地，还拥有最高赋税征收权，通过超经济强制，实际享有全国最大的财富。

君主作为国家元首，他所拥有的巨大权力又集中体现在政治权力方面。主要有如下几种。

第一，君主拥有政治权力的独占权。古代许多思想家都论及这一原则。孔子早就提出"唯器与名不可以假人，君之所司也"⑨。这里的"器与名"指的就是权力。其后，《商君书·修权》指出："权者，君之所独制也。"《管子·七臣七主》说："权势者，人主之所独守也。"韩非讲得更全面，认为凡政令财务人事诸权，"此人主之所以独擅也"⑩。君主独揽大权是保持其绝对地位的重要前提，"主之所以尊者，权也"⑪，否则君将不君。

---

①《潜书·鲜君》。

②《中庸·二十章》。

③《盐铁论·备胡》。

④《荀子·议兵》。

⑤《明夷待访录·原臣》。

⑥《诗·北山》。

⑦《韩非子·喻老》。

⑧《明夷待访录·原君》。

⑨《左传》成公二年。

⑩《韩非子·主道》。

⑪《韩非子·有度》。

第二,君主拥有最高决断权。如果把政治权力分解为参政、议政、决断、监督诸种,决断权无疑最重要。孟子在回答齐宣王如何鉴选贤才时,曾涉及决断权的归属问题。他认为,君主作重大决策时,要广泛听取进源,不可轻信左右或群臣。假如国人众口一词,君主还要亲自调查,情况属实,再做最后裁决,"如此,然后可以为民父母"①,最高决断权始终操在君主手中。《管子·明法解》也说:"明主者,兼听独断,多其门户。"韩非讲得最清楚:"人主不亲观听,而制断在下,托食于国者也。"②君主独揽最高决断权,就在政治决策中掌握了主动,其他人只能顺着君主的指挥行动。

第三,君主拥有刑赏大权。这是君主维护其权威,控制臣民的重要手段。韩非把"杀戮"和"庆赏",作为君主控制臣下的工具,说:"明主之所导制其臣者,二柄而已矣。"③《管子·任法》说:"明王之所操者六:生之,杀之,富之,贫之,贵之,贱之。此六柄者,主之所操也。"《吕氏春秋·义赏》也说:"赏罚之柄,此上之所以使也。"孔孟儒家以倡导"仁政""教化"为旗帜,却从未否定君主的刑杀之权,无论"教"或是"杀",权力仍为君主所有。

第四,君主拥有最高军事统辖权。传统社会里,"国之大事在祀与戎","君之所以卑尊,国之所以安危者,莫要于兵"。④因而传统思想强调君主要亲自把握军事大权。《管子·参患》说:"主不积务于兵者,以其国予人也。"《地图》篇明确规定:"宿定所征伐之国,使群臣、大吏、父兄、便辟左右不能议成败,人主之任也。"荀子也说:"凡受命于主而行三军。"⑤孔孟虽不言阵战之事,但从总体上看,他们并没有否定君主的最高军事统辖权。

传统思想把一切权力都奉献给君主。

3.王是认识的最高权威和终极裁决者

在传统思想中,王是人们崇拜的对象,也是认识的对象。多数思想家曾就君主的起源、地位、职责,以及君主与天地、臣、民的关系进行了广泛的讨论。有些思想家还依照自己的价值标准给君主分类,寄托了对理想君主的热切向往。对君主进行再认识意义重大,其中内含着社会一般成员与统治者之间某

① 《孟子·梁惠王下》。

② 《韩非子·八说》。

③ 《韩非子·二柄》。

④ 《管子·参患》。

⑤ 《荀子·议兵》。

种心理上的对等。然而,另一方面,传统思想又确认王是认识的最高权威和终极裁决者。其中一个重要的理论依据是:人们认识和行为的最高准则——道,是由圣王制定的。

在传统思想中,道的内涵宽泛,其中之一是从具体的政策、法则和事理中抽象出一般理性原则,称为"道",或"人道"。秦汉以后儒学被尊为官学,礼制和伦理道德准则就成为道的基本内涵:"道也者何也?曰:礼义辞让忠信是也。"①"亲亲、尊尊、长长,男女之有别,人道之大者也。"②道用于规范人的行为和认识,成为人们必须遵行的最高准则,所谓"君子义以为质,礼以行之"③,"谁能出不由户,何莫由斯道也"④。传统思想认为道的产生源于圣王。《中庸》说:"虽有其位,苟无其德,不敢作礼乐焉;虽有其德,苟无其位,亦不敢作礼乐焉。""言作礼乐者,必圣人在天子之位。"⑤所以荀子说:"礼义者,圣人之所生也。"⑥张载也说:"礼者,圣人之成法也。除了礼,天下更无道矣。"⑦王能定道,亦能主宰道,"圣人也者,道之管也"⑧。既然道是人们行为和认识的最高准则,那么道的主宰者——王就成为认识的最高权威和终极裁决者。正如董仲舒所说:"圣人之所命,天下以为正。正朝夕者视北辰,正嫌疑者视圣人。"⑨

从历史过程来看,帝王的权威高于认识。秦始皇"禁绝百家,以吏为师",运用权力裁决认识;汉武帝"罢黜百家,独崇儒术",也是依靠行政钦定认识的统一标准。儒家学说之所以列为经典,成了封建时代的政治指导思想,也是缘于汉代及历代君主确认。当思想界出现重大分歧,只有君主有权做最后裁决。汉代的石渠阁会议和白虎观会议就是典型的例证。就连编纂国史,注疏儒经多数也须由君主钦定。君主还可以随意指斥思想异端,判定思想罪。中国历史上文字狱比比皆是,恰恰说明帝王是认识的最高权威。

---

①《荀子·强国》。

②《礼记·丧服小记》。

③《论语·卫灵公》。

④《论语·雍也》。

⑤《中庸集注》引郑氏注。

⑥《荀子·性恶》。

⑦《经学礼窟·礼乐》。

⑧《荀子·儒教》。

⑨《春秋繁露·深察名号》。

综上所述，我们看到传统思想从各个方面肯定了君主至高无上的权威，把王权推向绝对。可是在具体政治实践中，却往往出现另一种极端。君主在运用权力过程中，常常受到个人才智、情欲等各种条件和因素的限制或影响，有时很难在个人意志和权力之间保持平衡。这不仅会造成政治混乱，在一定条件下还会招致亡国之患。夏桀、殷纣及秦二世而亡的事实令人触目惊心。为了防范王权走向极端而失控，思想家们又提出一系列调节王权的理论。兹择其要，有以下五种。

1.天谴说。传统思想中关于天的认识并不一致。有人强调天的神秘主义性质，有人把天解释为自然。但总起来看，天基本上是一种超人间的支配力量。天谴说认为天与人事有着必然的联系，因为"物固以类相召也"①。当君主的行为引起政治混乱，导致某种危机时，天就会通过灾异示警。"国家之失乃始萌芽，而天出灾害以谴告之"，继而"乃见怪异以惊骇之"；君主尚不知改过，"其殃咎乃至"②。君主见到"五行变至，当救之以德，施之天下，则咎除"③。天谴说利用超人的神秘权威制约君权，看来似乎荒诞不经。然而，在君权至上的时代，直言不讳批评君主常常会大难临头，利用荒诞约束谬误在特定时期不失为一种可行的办法。

2.从道说。道作为一般理性原则用于政治领域，就成为确定和把握政治运行的一般准则；体现着统治阶级的普遍利益。"道也者，所由适于治之路也。"④"道也者；治之经理也。"⑤以孟、荀为代表，提出"从道不以君"⑥，运用理性原则调节王权。

"从道不从君"说允许臣采用某些激烈方式约束其君，为了"尊君安国"，臣可以"抗君之命"，"反君之事"。对个别失去君主资格的无道昏君，甚至可以废黜或杀掉，称作"有道伐无道"。具体方式有"易位""变置""诛一夫"等。这显然是调节王权的极端形式，只有在特殊条件下，只有具备大德或受天命者才能行其事。在具体历史过程中，"有道伐无道"表现为王朝更迭。"夏无道而殷

---

①《春秋繁露·同类相动》。

②《春秋繁露·必仁且智》。

③《春秋繁露·五行变救》。

④《汉书·董仲舒传》。

⑤《荀子·正名》。

⑥《荀子·臣道》。

代之,殷无道而周代之,周无道而秦代之,秦无道而汉代之。"①

从道说把王放在道的准则面前进行衡量,臣以道作旗帜,在一定条件下可以对君主政治的运行进行积极主动的调节。

3.圣人和尊师说。传统思想中圣人的内涵极纷杂,最主要的一种认识是视圣为人的完美形象。圣人上通天地,"穷神知化,与天为一"②,下体万物,是大智大慧的化身和人伦道德的集中体现。"圣人,人伦之至也。"③圣人的形象尽善尽美。在政治生活中,圣人是理想的统治者,肩负实现理想政治的重任,如孟子期待着"圣人之治天下,而民焉有不仁者乎"④。实际上圣人已成为各种理想政治准则的集合体。在君主专制时代,个人在崇高的王权面前十分渺小,于是批评时政者大多举出圣人的旗帜。这倒不只是为了壮胆,也是为了加强批评的说服力,使"乱世闇主高远其所从来,因而贵之"⑤。圣人是调节王权的理论工具。

比圣人低一级的是贤人君子。孔子说:"圣人,吾不得而见之矣。得见君子者,斯可矣。"⑥贤人君子是道的积极追求者,学习并掌握着道的原则。传统思想认为贤人君子与君主的关系不同寻常。在政治上,贤人君子是君的臣属,但在道德和知识方面又高出君主,应是君之师。孟子把这个问题讲得很清楚,说:"以位。则子,君也;我,臣也,何敢与君友也? 以德,则子事我者也,奚可以与我友?"⑦师的职责是传道、授业解惑,君主能从中学到不少治国之术,"是故古之圣王,未有不尊师者"⑧。贤人君子凭着这种特殊条件,能在一定条件下对王权有所调节。孟子说:"唯大人为能格君心之非"⑨,"务引其君以当道,志于仁而已"⑩。尊师说利用知识和道德约束权力,试图把王权纳入理性的轨道。

4.社稷和尚公说。君主专制政治的特点是君主与国家权力合二而一。可

---

① 《春秋繁露·尧舜不擅移汤武不专杀》。
② 《易说·系辞下》。
③ 《孟子·离娄上》。
④ 《孟子·尽心上》。
⑤ 《淮南子·修务训》。
⑥ 《论语·述而》。
⑦ 《孟子·万章下》。
⑧ 《吕氏春秋·劝学》。
⑨ 《孟子·离娄上》。
⑩ 《孟子·告子下》。

188

是在实际政治运行过程中,君主的倒行逆施有时会导致政权倾覆,君与社稷即国家政权又不完全同一。有些思想家对这种现象进行甄别,提出社稷利益高于君主利益。晏子曾就臣、君和社稷的关系首发议论:"君为社稷死,则死之,为社稷亡,则亡之;若为己死而为己亡,非其私暱,谁敢任之?"①孟子也提出:"民为贵,社稷次之,君为轻。"②社稷是统治阶级整体利益的体现,当君主利益与统治阶级整体利益发生冲突,人们便可以举出社稷约束君主,对君的行为进行调节。

与社稷说相近的是"尚公"。传统思想中的"公"有多种解释,或以君主利益为公,或以执法公平为公,也有以国家法规礼仪为公。这里说的"公"指最后一种。"公"代表着国家和统治阶级的共同利益,君主个人利益解为私,公私相较,公高于私。《吕氏春秋·贵公》说:"昔先圣王之治天下也,必先公,公则天下平矣。"君主运用权力须遵循"任公不任私"③的原则。"尚公"说要求君主接受公的检验,从而对君主个人的意志行为有所调节。

5.纳谏说。思想家们在对君主进行再认识过程中,觉察到君主本人并非十全十美,法力无边。"物固莫不有长,莫不有短,人亦然。"④君主个人的才智、见闻均有限度。这种矛盾极易造成君主与整个社会客观壅塞,下情难以上达。"主德不通,民欲不达"⑤,"则过无道闻"⑥,以至造成统治失灵,政治混乱。因而,君主必须依靠众人的才能智慧。"夫取于众,此三皇五帝之所以大立功各也。"⑦"故天子立辅弼,没师保,所以举过也。"⑧历史上的圣王都曾广泛纳谏,如"尧有欲谏之鼓,舜有诽谤之木,汤有司过之士,武有戒慎之鼗"⑨。纳谏说从君主自身认识的有限性,为调节王权的必要性提供了根据。

以上这些认识从不同角度论证了调节王权的必要性,提供了制约王权的理论依据。这些认识交互融贯,构成王权主义内在的理论调节机制。

王权主义的绝对化理论与调节理论有机地融为一体,呈现出一种刚柔互补状态。其中,维护君权至上的刚性原则是王权主义的主体,这些原则是坚定

---

① 《左传》襄公二十五年。

② 《孟子·尽心下》。

③ 《管子·任法》。

④⑦ 《吕氏春秋·用众》。

⑤ 《吕氏春秋·达郁》。

⑥ 《吕氏春秋·雍塞》。

⑧⑨ 《吕氏春秋·自知》。

不移、不可动摇的。董仲舒说:"道之大原出于天,天不变,道亦不变。"①石介说:"圣人之作,皆有制也,非特救一时之乱,必将垂万世之法","皆为万世常行不可易之道也"。②王权主义的基本原则是永恒的。调节王权理论本质上是对王权绝对性的理论补充,其立论的前提无一不是对君权的肯定。道所内涵的等级伦理规范就是王权赖以生存的制度保障,天又是道的本原,"故圣人法天而立道"③,圣人则是道的最高体现。天、道、圣人对王权的调节并不触犯君主政治制度本身,调节的对象是那些倒行逆施,背离原则,有损于统治阶级整体利益的昏君闇主。王权调节理论的出发点和归结点只能是使君主政治体制更加巩固。

政治的运行有其内在规律,政治现象本身却是千变万化的。王权主义的刚柔二元结构使之具有较强的应变性和调节性。刚性原则决定着君主政治的基本方向,柔性理论则根据具体情况不断地积极地进行自我调节,以保证君主政治正常运行,减少政治失误。刚柔二元结构使王权主义本身具有顽强的生存能力。

三、王权主义刚柔结构下的政治意识

王权主义作为中国传统政治文化的主体,对于人们政治意识的形成有着深刻的影响,直接关系到人们与政治系统的关系,及其在政治生活中的地位和作用。由于王权主义内在结构的作用,人们的政治意识分成不同类型。下面略作分析。

1.非参与意识

现代"政治参与意识"指的是人们对于自身在政治生活中的主体地位有着高度的自觉,对于自己与政治运行,政治输入与输出的关系,有着高度的认识。形成现代政治参与意识的前提之一是个人具有独立人格和独立意识。王权主义控制下的中国传统社会,人们畏惧王权,又崇拜王权。对于广大社会下层和一般民众来说,只能匍匐在君主脚下做顺民。在王权主义束缚下,个人没有独立的人格和意识,没有对于自身权利的自觉。人们对于自己在政治生活

---

①③《汉书·董仲舒传》。
②《徂徕石先生》。

中的地位和作用的认识只限于服从政令法规，即对于政治输出有所认知；至于个人与政令法规的制定，即政治输入的关系则毫无知觉，所谓"民日迁善而不知为之者"①。因此，安分守己是普遍的美德，人们的义务是完粮纳税，应役当差。至于国家政治，决非细民百姓可得干预，国家兴亡，自有"肉食者谋之"。

在王权主义束缚下，除了入仕为臣，没有其他参政途径可供选择。人们的政治期盼是世事太平，风调雨顺，"仰足以事父母，俯足以畜妻子，乐岁终身饱，凶年免于死亡"②。对王权的服从和崇拜，在人们的政治意识中形成高度的"强制因素"，简言之，人们从顺从王权，以至于对所有的权威都选择服从崇拜的态度，下至家长、族长、地方三老乡官、州府县各级官长，无一不对其畏惧而顺从，由此而形成遍及社会的权威人格。他们把自己的利益寄托在各级权威身上，这就必然形成对好皇帝和清官的向往。好皇帝能带来"太平盛世"，清官能"为民请命"。

非参与意识一般形成于文化层次较低的阶层，人们知识的获取主要来源于习惯、家长(族长)的训诫和政府法令。不过非参与意识不只限于低文化层次，高知阶层中也有可能形成。某些人出于种种原因隐姓埋名，归隐山林，他们的政治期盼是自然主义的田园生活，对于政治运行采取不闻不问的逃避态度。

总起来看，非参与意识是王权主义绝对化影响的结果。这种意识的长期存在，又为君主专制政治提供了广泛的社会心理基础。

2.无主体性参与意识

无主体性参与意识表现为：有积极进入政权系统的愿望，对于自己在政治输出过程中的地位和作用有一定的自觉，对于政治运行的全过程，特别是对于政治输入即政令法规的制定过程则采取消极的顺从态度。

无主体参与意识的形成一般限于政权系统内部，其来源主要有二途。其一是以财谋官的有产者。在权力至上的社会政治环境里，占有权力是进而占有更多财富的捷径。有产者为攫取更多的财富便交通王侯，捐买官爵，进入政权系统。其二是以道谋官的儒生，儒家文化从始至终走着与政权相结合的道路，依附王权不仅提高社会地位，还能带来高官厚禄。"学而优则仕"为谋富贵的儒生指明了方

---

① 《孟子·尽心上》。
② 《孟子·梁惠王上》。

向,儒生们纷纷通过科举,"以一日之长决取终生之富贵"①,进入政权系统。这两种人进入政权系统,他们真正的兴趣和目的是求富贵,捞利禄,"趣于求田问舍"②。由于他们的政治期盼是取得君主亲信,以谋高官厚禄,封妻荫子,永沐皇恩,因此,他们一进入政权系统便紧紧依附在王权周围,对于君命或是上司之命都采取服从态度,没有政治主动性。例如汉代以布衣拜相封侯的公孙弘便是典型。他"每朝会议,开陈其端,使人主自择,不背面折庭辩"③,每次上奏,"有所不可,不肯庭辩"④,由此得到君主赏识,一岁数迁。

无主体性参与意识是王权主义绝对化的产物。

3.有限主体性参与意识

有限主体性参与意识一般产生于较高文化层次,表现为对政治运行的全过程均有积极参与的态度,对于自己在政治系统中的地位和作用具有较为清晰的认知,自信"任重而道远"⑤。他们的政治期盼是理想政治的实现,如"仁政""有道之世"等。即使被排除在政权系统之外,他们也不会对政治运行抱漠视态度,反而横议时政,臧否人物,所谓"不任职而论国事"⑥。一旦进入政权系统,这些人在一定时期和一定范围内能坚持原则,忠于职守,敢于直言进谏,"当理不避其难,临患忘利,遗生行义,视死如归"⑦,对君主个人的意志和行为敢于表示异议,甚至对抗。历史上的忠臣、循吏大多属于这种参与意识的体现者。

有限主体性参与意识是王权主义内在调节机制的产物,这种意识在实际政治运行中,从根本上起着维护王权、提高君主政治安全系数的作用。

这些为实现道而积极参与的人仍然处在王权主义的覆盖之下。他们的参与意识本身并不内涵人的个体独立人格和意识,因而不能与现代民主政治的参与意识同日而语。

4.特殊的参与意识

特殊的参与意识曰"革命"⑧。当统治者难以继续推动政治系统正常运转,社

---

①《历代制度详说·举目详说》。

②《西园闻见录·谱系》。

③④《汉书·公孙弘传》。

⑤《论语·泰伯》。

⑥《盐铁论·儒效》。

⑦《吕氏春秋·士节》。

⑧《易·革·彖传》。

会的对立与冲突日益激化，便会有人呼出"替天行道"的口号，以期推翻现政权。

"替天行道"体现着一种积极的政治参与意识。这种意识的形成很复杂，它可以源于王权调节理论中的"有道伐无道"；也可能是源于平均主义而形成的潜在参与意识的突然爆发；还可能源于因王权主义的极端化而形成的政治逆反心理，等等。

这种参与意识具有鲜明的指向性和短暂性。一旦阻碍政治系统正常运转的障碍被铲除，参与的势头会迅速减弱。因为"替天行道"的目的就是重建理想的君主政治，平均主义在当时条件下只能达到"反皇帝不反皇权"，冲击个别地主而不反地主阶级。所以究其实，"替天行道"不过是通过极端形式对君主政治的运行进行调整，所表现的参与意识仍在王权主义的束缚和影响之下，其最终结果仍是重建王权体系。

王权主义对于中国传统政治意识的形成作用至深，受其影响，政治成为极少数人的事，绝大多数人受非参与意识支配，甘心做王权统治下的顺民。这样的政治文化土壤只能结出君主专制政治之果。近代民主政治成长的前提是必须更新这种土壤，新的政治文化只能在批判旧的政治文化中发展起来。

原载《论中国传统政治文化》，吉林大学出版社，1987年

中国传统的人文思想与王权主义

在中国传统文化再认识过程中，有些学者提出，中国传统文化的特点是人文主义，理由是中国传统文化注重世俗而不追求神学。就此而论，我认为是可以的，并想就其表现再补充几句。但在论者之中还有人提出，以儒家为代表的传统人文思想是提供天下为公、人格平等、人格尊严、个性独立、道德理性、民主政治的基础，则不敢苟同。以我之见，中国传统的人文思想，其主导方向恰恰是王权主义，并使人不成其为人，兹试言一二。

一、传统人文思想的表现

夏、商、西周基本上是神的世界。从春秋开始，神的地位逐渐下降，人的地位逐渐上升。老子与孔子是人文思想发展中的两位巨擘，是中国历史上思维方式转向的标志，他们二人把先前零星的人文思想上升为理论，老子把人还给自然，孔子把人还给社会，从而奠定了中国历史上人文思想的基础。中国传统的人文思想如下几方面值得注意。

第一，在人与神的关系上，倡导先人而后神。

在中国古代思想史上，除少数人外，绝大多数思想家都没有把神赶出庙堂。相反，或多或少都给神留下了一席之地。老子认为道是最高的存在，并支配一切。他从本体论上抛弃了神，可是在信仰的范围内仍然保留着神。孔子讲"祭神如神在"，也是从信仰上说的。从传统思想看，神不限于信仰，有时也会侵入本体论和决定论中来。但终究人更重要，并以人的需要和精神改造神。以民情知天命，先人而后神、敬鬼神而远之和神道设教诸思想是人文思想对神道观念的改造和修正。

以民情知天命早在西周初已提出来，是"德"的这一观念发展的伴生物。德包含着对神的崇敬，但更注重人事。德把敬神与保民统一起来。"天畏棐忱，

194

民情大可见。"①"民之所欲，天必从之。"②"天视自我民视，天听自我民听。"③这类话巧妙地把神、人结合为一体，并成为传统中认识神人关系的指导思想。这种认识实际上把神人文化。在儒家中，董仲舒是把神学推向极致的人物之一。然考其基本精神，天神的目的仍是为人谋利益，天"生育养长，成而更生，终而复始其事，所以利活民者无已。天虽不言，其欲赡足之意可见也"④。天人感应、天谴论大抵也是以人事为根据的。

人既然是神的目的，因此在处理神人关系或当两者发生矛盾时，众多的思想家主张先人而后神。这种思想虽不是孔子的发明，但他作了更确切的论述。"季路问事鬼神。子曰：'未能事人，焉能事鬼。'"⑤"务民之义，敬神鬼而远之，可谓知矣。"⑥庄子也讲："六合之外，圣人存而不论。"⑦即对神的问题不作理论的深究。把神作为工具，是进一步把神人文化的表现。墨子把这种思想阐述得十分明确。他认为，天神犹如"轮人之规，匠人之矩"⑧，是人手中的工具。《易·象传》提出的"圣人以神道设教"，对后来的思想影响更大。"神道设教"，在解释上虽然可以走入神秘主义，但更多的是把神道作为工具来看待。只要把神作为工具，不管神在外观上有多尊严，它已失去目的意义，真正的目的是人。而以人为目的的实用主义正是人文思想发展的标志之一。

第二，在人与自然的关系上，倡导人与自然相谐和，并利用自然，为人造福。

人是从哪里来的？西周以前认为是神的产物。道家、阴阳家、《易经》的出现改变了这种认识。他们从不同角度酿出了一种共同看法，即人是自然的产物，人是自然的存在。《易·序卦》说："有天地然后有万物。有万物然后有男女。有男女然后有夫妇。有夫妇然后有父子。"《庄子·知北游》："人之生，气之聚也。聚则为生，散则为死。"人作为自然的存在，是人文思想的理论基础。

思想家普遍认识到，人的活动要受到自然的制约。自然的力量比人的力

①《尚书·康诰》。

②《左传》襄公三十一年。

③《孟子·万章上》。

④《春秋繁露·诸侯》。

⑤《论语·先进》。

⑥《论语·雍也》。

⑦《庄子·齐物论》。

⑧《墨子·天志中》。

量在总体上更富有威力，"逆天(指自然)者亡"，正反映了这一认识。然而人在自然面前并不是无能为力的，人可以通过主观努力和探索，求得与自然的谐调，"法天""法地""法四时"①，是取得人与自然谐和的基本方式。只要能取得谐调，人不仅可以利用自然，自然简直是为人而存在。"万物同宇而异体，无宜而有用为人，数也。"②"天地之生万物也，以养人。"③

在传统认识中，一方面强调了自然对人的制约，要把"法自然"作为人类安身立命的起点，但同时又指出人可以"制天命而用之"。指明人是自然界的主人，可以利用自然为己造福，这样在人与自然的关系上突出了人的价值。

第三，在人的社会生活中，强调人性，并以人性为基础推演社会的人际原则。

传统思想深入探讨了人性问题。关于人性问题的实质，近人多归结为道德善恶问题。毫无疑问，这是人性问题中十分重要的内容。不过细研究起来还有更深层的含义，这就是人的自然性与社会性的关系问题，即生理本能、物质需求与社会关系、社会意识形态的关系问题。对两者关系，不同流派有不同的见解，大体有四种思路。

一种用自然性排斥社会性，如老、庄、魏晋玄学中的一些代表人物。他们认为现存的社会制度和道德观念等，都是对人性的桎梏和破坏，特别是儒家的仁义道德，是戕害人性的刽子手，是吃人的"虎狼"④。他们要求把人还给自然。

另一种则用一定社会制度和社会观念排斥人的生理本能和物质需求。孟子及宋明理学基本上是沿着这一道路思考问题。他们认为人性是善的，这种善即儒家的道德规范。人的欲望和物质追求是给道德完善造成麻烦的根源。在孟子及理学家们看来，人欲是破坏善的罪魁。因此要发扬善，必须与人欲做斗争。

第三种看法，认为人的自然性与社会性是统一的。法家持此说最力。法家认为，人的本能需要与社会追求是一个东西，即名和利。这种本性无须改，也改不了，改了反而有害。关键是如何利用这种本性以为统治者服务。

第四种认为，两者既有统一又有矛盾。此论以荀子的性恶说为代表。荀子从礼义道德来衡量人欲，认为人欲与礼义相悖，因此宣布人性恶。不过他没有

---

① 《管子·版法解》。

② 《荀子·富国》。

③ 《春秋繁露·服制象》。

④ 《庄子·天运》。

走到极端,一方面主张限制和改造人性的恶,另一方面又要适当满足人的起码生活需求,礼便是调节两者之间关系的准绳。

关于人性的讨论,从根本上说,是探索人类怎样认识自己,以及人应该有什么样的价值。在道家看来,人的价值与回到自然的程度成正比,越是自然化,价值越大。法家则认为人的价值是在追求名利中表现出来的。道、法两种价值观虽有很深的影响,不过在传统思想中占主要地位的是孟子的性善论。另外,在汉代,荀子的性恶论也有一定的影响。孟、荀两家看起来截然相反,但归结点却是一致的。孟子认为仁义礼智是人的性善的逻辑展开,荀子认为仁义礼智是改造人性恶的结果。孟、荀都尊尧、舜为圣人,尧、舜是人的价值最高体现,是人的典范。孟、荀从不同角度出发,都提出了人皆可以为尧、舜的主张。孟子教导人们说,性善自我发扬,就能上升为尧、舜。荀子教导人们说,用礼义改造自己的尽头就会变成尧、舜。他们认为人的价值是在同自己的欲望斗争中提高和发展的。宋明理学沿着孟子的方式进一步论述了人的价值只有在道德化的道路上才能充分显示出来。

道德完善并不是个人的私事。在儒家看来,个人道德完善是社会完善的基础和起点。修身–齐家–治国–平天下这一公式集中表达了他们的见解。在这一公式中,个人的价值与作用被置于崇高无上的地位,不但神被抛到九霄云外,社会的其他关系与因素也被排挤到次要地位。

这里,我们不去评论上述思想的得失,但有一点是可以肯定的,人文思想获得了充分的展开。

第四,人们在自我追求中主要是求圣化而不是神化。

在古代传统思想中,不是没有自我神化的追求,但占主流的是追求圣化,即通过自我修养和完善,成为圣人、贤人、仁人、大丈夫、成人、君子、善人。这些人的共同特点是道德模范。圣化和神化的道路虽然并非水火不容,比如在修养过程中有共同点,但终结点有着原则的区别。神化追求超越自我,最后变成一个彼岸世界中的一员;圣化则力求最大限度地实现自我,在充分发挥自己的主观能动性和执着的追求中,把社会的一切美集中于一身,从而上升为一个超人。传统中的圣贤,特别是儒家中的圣贤,都以悲天、悯人、救世为己任。因此对圣贤、仁人的追求,促进了人文思想的发展。

第五,把自然、社会和人自身作为认识的对象和实践的对象。

前边所讲的几点,在逻辑上必然导出把自然、社会和人自身作为认识的主要对象和实践对象。在认识史上虽然也有对天国的幻想，但人们普遍关心的是现实生活中的人，以及与人相关的自然界。老、孔之后两千年，知识界讨论的主要问题，几乎一直是围绕天人关系、历史之变、心性、治乱、道德、民生等问题开展的。在这里，认识对象与实践是一致的，诚如章学诚所言："古人未尝离事而言理。"①由于把现实生活作为认识和实践对象，从而为人文思想开辟了广阔的道路。

以上从不同角度对传统人文思想的具体内容做了说明。那么，传统人文思想思维方式最主要的特点是什么呢？这就是人们常说的一体思想，即把自然、社会和人视为一个谐和的统一体。这种统一是通过自然的人化、社会化和人与社会自然化达到的，简称自然的人化和人的自然化。在自然的人化与人的自然化观念中，有一些合理的，甚至包含着一些科学的因素。比如人与自然存在某种统一性。诚如荀子所言："水火有气而无生，草木有生而无知，禽兽有知而无义。人有气、有生、有知，亦且有义。故最为天下贵也。"②即在气、生、知上，人与自然有某种统一性，这种看法是很有道理的；但在自然与人统一的理论中，还有许多是通过人为的对应模拟生造出来的。《易·系辞上》说："天尊地卑，乾坤定矣。卑高已陈，贵贱分矣。"接着论述乾代表"天""君""金""玉"；坤代表"地""母""众"（臣民）"布"，等等。《文言》则讲"地道""妻道""臣道"属阴，阴应顺天从阳。在这些论述中，人分贵贱，天地乾坤阴阳也分贵贱，而且在论者看来，人的贵贱倒是从天地贵贱中引申出来的。中国古代各派思想家都讲"公"，公本是道德观念，但各家都说公是"天道"的本性，并外化而为道德之"公"。把天道道德化，反过来又用道德化的天道论证人世道德，这是古代天人合一的重要内容之一。

人自然化，自然人化的思维方式，把一切个体都视为恢恢天网中的一个结。个体在关系网中只有相对的地位，君主是人间最尊贵的，独一无二。但君主也只是关系网中的一环。他只有顺天、从人，才能保障自己的安全和尊贵。这种观念无疑具有合理的一面，从现代的系统论观点看，古人是把自然、社会、人视为一个有组织的严密的大系统，每个事物都受系统关系的制约。但是古人在构筑这个大系统时，对系统的认识不是建立在分析科学的基础之上，

①《文史通义·内篇·易教上》。
②《荀子·王制》。

而是以直观的模糊认识来完成的，因此所谓的系统关系有许多是虚构的、臆想的。另一方面，这个系统结构本质上是按照社会现实的等级结构来组织，并且都贴上了道德的标签。人自然化，自然人化的结果，既使人不成其为人，又使自然不成其为自然。自然与人都因此而失真。但由此却得到一个对当时君主政治非常实惠的东西，即大一统。在天、地、人大一统中，君主具有承上启下，圆通万物的作用。

二、王权主义

有一种意见认为，人文思想与民主、自由相联系。其实无论从逻辑上还是从历史上看，这种说法都难于成立。从逻辑上讲，专制主义可以包括在人文思想之中；从历史上看，中国古代的人文思想很发达，君主专制主义也很发达，专制主义恰恰以具有浓厚的人文色彩的儒家思想为理论基础。另外，从内容上看，中国古代人文思想的主题是伦理道德，而不是政治的平等、自由和人权，当时的伦理道德观念最终只能导致专制主义，即王权主义。在古代的传统思想，特别是儒家思想中，虽然有不少重民、爱民、利民、惠民、恤民、爱民如子、民为邦本等主张和理论，这些常被人们誉为民本主义和民主主义等。其实，事情的本质未必如此。古代的重民、爱民并不是目的，一般地说，它只是一种手段，孔子讲得很清楚："惠足以使人。"[1]不管人们就"爱民"问题讲了多少美好语言，民基本上是被恩赐和怜悯的对象。民从来没有比这个地位更高。那么谁是目的呢？谁是操握民这个工具的主人呢？是君主、是帝王。人们常爱把范仲淹的"先天下之忧而忧，后天下之乐而乐"作为民主思想的典型加以征引，其实不应忘记他前边说的两句话："居庙堂之高则忧其民，处江湖之远则忧其君。"这两句正说明君主是目的，民只是被怜悯的对象。

我们说君主是目的，并不是说君主是不受任何制约的。从理论体系上看，君主也是被规定的对象。他不仅要受到天、人的制约，还要受名分、伦理道德的制约，即受到道统的制约。中国传统的名分、道德和道统确实对君主的行为有规定和制约作用，但是我们不能忽略这样一个基本事实：在总体上，这些理论又是对君主地位的肯定和维护。对君主严格的要求正是为了保证君主地位

---

[1]《论语·阳货》。

的巩固与稳定。道德自然化,恰恰成为君主因自然而为必然的证明。另一方面,君主尽管只是整个关系网中的一个结,但是他在这个网结中非同一般的网结,而是处于枢纽和指挥地位的纲。如下一些理论从各方面论证了君主的绝对性:

第一,君主能参天地,是调节人与自然的中枢。

天地化育万物是古人的共同认识,在天地化育万物过程中,人并不是纯粹的外在物,他们可以参加到天地育化万物的行列中来。《荀子·天论》说:"天有其时,地有其财,人有其治,夫是之谓能参。"人虽具参天地之才能,但并不是人人都能做到的,只有圣人君子才能做到这一点。《中庸》说:圣人"能赞天地之化育"。荀子说:"君子者,天地之参也,万物之总也,民之父母也。无君子,则天地不理,礼义无统。"①中国传统思想中的圣与王在理论上不完全一致,但一般说来又是"内圣而外王",正如董仲舒所说:"古之造文者三而连其中谓之王。三画者,天地与人也,而连其中者通其道也。取天地与人之中以为贯而参通之。非王者孰能当是。"②《礼记·乐记》说:"天高地下,万物散殊,而礼制行矣。流而不息,合同而化,而乐兴焉。"意思是说,礼乐原本于天地,但是礼乐又不是纯自然的产物,它是圣人根据天地的本性而制作出来的:"故圣人作乐以配天,制礼以配地。礼乐明备,天地官矣(郑玄注,官犹事也,各得其事)。"只有经过圣人之功,天、地、人才能和谐相配。圣人、君主参天地的理论,把君主抬到超人的地位,君主不但被圣化,而且也有神化的意味。

第二,君主体现着自然与社会的必然性,把握着必然之理。

中国古代的思想十分注重自然与社会的必然性,他们把这种必然性称之为"道""理""时""势""必""然""节""序""数",等等。传统思想认为,"天道"与"人道"在原则上是统一的。人道本于天道。"君子尚消息盈虚,天行也。"③天行即天道,君子重视消长盈虚,因消长盈虚是天道,是自然规律。《荀子·王制》说:"君臣父子兄弟夫妇,始则终,终则始,与天地同理。"这里所说君臣、父子、兄弟、夫妇指人伦,始终指世代相传而不变。人伦与天地同理。人的一切规范几乎都本于自然之理。《易经》就是天道与人道相统一

①《荀子·王制》。

②《春秋繁露·王道通三》。

③《易·剥·象传》。

的文化表现。《系辞上》说:"《易》与天地准,故能弥纶天地之道。"圣人作"易"体现了天人的统一和必然。

人们都要受到自然社会的必然性的制约,但对人来说有自觉和不自觉之分。"百姓日用而不知"①,是"作而行之者"②,处于浑浑噩噩的自发状态;君主、圣人的专职是"坐而论道"③,只有他们知"道",并把握着必然性。"圣人者,明于治乱之道,习于人事之始终者也。"④"道不同于万物,德不同于阴阳,衡不同于轻重,绳不同于出入,和不同于燥湿,君不同于群臣。凡此六者,道之出也。"⑤君主是道在人间的体现。君主也只有"体道"⑥才能成为君主。所以又说:"道者,万物之始,是非之纪,是以明君守始以知万物之源,治纪以知善败之端。"⑦"天者,理也;神者,妙万物而为言者也;帝者,以主宰事而名。"⑧帝王是把握天理引诸人世的中枢。

帝王体现着规律,体现必然,人们要遵从规律和必然,首先必须遵从帝王。

第三,君主是政治治乱的枢机和决定力量。

中国古代的各家各派,从不同的角度出发,几乎一致认为君主在国家治乱中具有决定性的作用,这种认识同君主专制制度的不断强化是一致的。在君主制制度下,君主个人具有无上的权力。由于权力支配着社会,君主的一言一行都会对社会政治局面发生重大的影响,于是就出现了鲁哀公与孔子关于"一言可以兴邦"和"一言而丧邦"问题的讨论。⑨孔子对这两句话虽然作了一些具体分析,附加了一些条件,但最后还是基本同意的。在这一言可以兴邦,一言可以丧邦的体制下,君主在国家治乱兴衰中,无疑具有决定性的作用。"君不贤者其国乱。"⑩"君者,民之源也。源清则流清,源浊则流浊。"⑪基于这

---

①《易·系辞上》。

②③《周礼·冬官·考工记》。

④《管子·正世》。

⑤《韩非子·扬权》。

⑥《韩非子·解老》。

⑦《韩非子·主道》。

⑧《二程遗书》卷一一。

⑨见《论语·子路》。

⑩《荀子·议兵》。

⑪《荀子·君主》。

种认识而有"观国,观君"①之说。儒家主张人治,对于君主更寄予厚望。《中庸》说:"文武之政布在方策。其人存,则其政举;其人亡,则其政息。"在整个封建时代,几乎所有的思想家,都把希望寄予圣明君主身上。事实上,君主并非都是圣明,相反,众多的君主是残暴之徒,于是出现了矛盾。基于这种情况,对君主进行品分的理论在各家各派中都占有显著地位。每位思想家都按照自己的理论标准,把君主分为圣主、明主、昏主、闇主、残主、亡主等。

对君主进行品分,在认识上具有重要意义。它说明君主是认识的对象,可以分析,孟子在评价梁惠王时就表现得相当勇敢:"不仁哉,梁惠王也。"②荀子把当时所有君主放在他的理论面前衡量时,得出一个彻底否定的意见,认为当时的君主皆"乱其政,繁其刑"③之辈。

传统思想一方面把君主视为治乱之本,另一方面又把君主作为认识对象,进行无情的分析。这两种观察问题的方法,看起来是矛盾的。如对君主的理论要求会与君主现实表现发生某种冲突;然而两者又是统一的,对君主的品分不是对君主专制制度的否定,而是从更高的角度对君主专制制度进行肯定,在对昏君的批评中衬托着对明主的热切希望。从理论上考察,对君主寄予希望越多,臣民的历史主动性失去的就越多,从而越有利于君主专制制度的稳固。

第四,君主拥有全面所有权。

自从《诗经·北山》提出"普天之下,莫非王土;率土之滨,莫非王臣"之后,遂成为形容王权至上的口头禅。从经济过程上看,全国的土地与臣民是不是属于王有,这里不去讨论。但作为一种观念却几乎是无可置疑的。秦始皇统一中国之后即宣布:"六合之内,皇帝之土……人迹所至,无不臣者。"④刘邦称帝之后即宣布天下为己业。黄宗羲曾指出,人君"视天下为莫大之产业"⑤。《管子·形势解》甚至给君主下过这样的定义:"主者,人之所仰而生也。"

与这种最高所有权思想相对应的,是恩赐思想的盛行。一切阳光和雨露,都属于圣明君主,甚至连处死都称为"赐死",而且成为死者的一种殊荣。

---

① 《管子·霸言》。
② 《孟子·尽心下》。
③ 《荀子·宥坐》。
④ 《史记·秦始皇本纪》。
⑤ 《明夷待访录·原君》。

全国一切的最高所有权属于王,臣民的一切是王恩赐的,这两种观念的结合,把君主置于绝对的地位,为君主专制提供了强有力的理论根据。

第五,君主是认识的最高裁决者。

权力和认识本来属于两个不同范围内的事。在古人的认识中,坚持和提倡权力和认识二元者虽时有其人,但在传统中占主要地位的是把两者并为一元,君主是认识的最高裁决者。《尚书·洪范》关于王道皇极的论述颇有代表意义。"无偏无陂,遵王之义;无有作好,遵王之道;无有作恶,遵王之路;无偏无党,王道荡荡;无党无偏,王道平平;无反无侧,王道正直。"这几句话是传统思想中的最高信条之一,它的妙处在于把王权、认识、道德和行为准则四者结合为一,而且以王权为核心,其中的王虽然是抽象的王,但上升为具体时,则表现为对王权的肯定。思想家倡导的"内圣外王"理论,为王之权力、认识、道德的统一作了更具体、更深入、更巧妙的论证。圣和王虽然常常有矛盾和冲突,但圣的最后归宿是王。因此,王高于圣。荀子把君主说成"居如大神,动如天地"①,就是把君主视为认识和道德的最后裁决。郑玄说:"言作礼乐者,必圣人在天子之位。"②也说明天子高于圣人。法家提倡的"以吏为师"从政治实践上就权力裁决认识作了规定。在秦以后,法家虽然被排斥于正宗之外。但他们的许多思想,其中包括"以吏为师"却被统治者视为法宝而加以使用。儒家虽然不停地强调道德及相关认识的独立性,但是当理论分歧不可开交时,最后还是皇帝加以裁定,石渠阁和白虎观会议便是由皇帝裁决认识分歧最为典型的两次举动。朱元璋删《孟子》也证明权力高于认识。历史上连续不断的文字狱是权力与认识发生尖锐冲突的表现。中国的经学有着非常丰富的内容,但它作为官学,不仅为维护王权和封建秩序服务,同时又受王权的支配。哪些列为"经"及标准注疏,都是皇帝下令确定的。其实何止经学,史学的主干部分,所谓正史等,多半是遵照官方的旨意来编写的。到了清代,连版本都由皇帝"钦定"。从理论的认识过程和逻辑来看,未必都以王为中心,但实际上王权高于认识过程和逻辑。中国古代不存在独立的认识主体,这一点就决定了难以有独立的认识。

王权主义与人文思想不是两种对立的思想体系,王权主义属于人文思想

---

① 《荀子·正论》。

② 《中庸集注》引郑氏注。

的一部分。从历史上考察,中国古代人文思想相当发展,同时君权专制也十分发展,而且专制君主正以人文思想很浓的儒家思想为统治思想。这种情况与西方近代的历史过程有极大的不同。近代西方的人文思想与封建专制是对立的。中、西之所以会有这样大的差距,关键是人文思想所背靠的历史条件不同。近代西方人文思想的发展以商品经济发展为基础;而中国古代的人文思想是建立在自然经济基础上的。在以小农为主的自然经济基础上,不可能产生民主思想,只能产生家长主义。家长主义是王权主义的最好伴侣。

三、使人不成其为人

王权主义与人格平等、个人尊严、个性独立是对立的,前者的存在以压抑后者为前提和条件,两者冰炭不可同炉。正如马克思所说:"专制制度唯一的原则就是轻视人类,使人不成其为人。"[1]那么,为什么一些人说中国传统文化导向了人格平等、个性独立呢?因为在古代传统人文思想中,确实有强调个人尊严和人格独立的一些词句,如"三军可夺帅也,匹夫不可夺志也"[2]。"事君者从其义,不阿其惑。"[3]"从道不从君。"[4]"大人当否,则以道自处,岂肯枉己屈道,承顺于上?"[5]沿着这条路线走,确实培养出了不少志士仁人和不惧万难的硬汉子。但是从历史上来看,我们只能说这是个别现象。中国古代的人文思想从总体上不是把人引向个性解放和人格平等,而是引向个性泯灭,使大多数人不成其为人。造成这种结果的重要原因是王权至上和道德至上的理论及其相应的规定。

关于王权至上的理论前节已论述。这里再讲如下一点,即等级制及其相应的理论对人的束缚。等级制及其相应的理论把王抬到了金字塔顶,并使所有的臣民变得既不自立,又无自由。有人说中国缺乏等级制。的确,乍然看去,中国古代的等级制不像西欧中世纪那样僵化和稳固。其实中国古代的等级制也是相当发达的,只不过有自己的特点罢了。其特点就是多元性和成员

---

① 参见《马克思恩格斯全集》。

② 《论语·子罕》。

③ 《国语·晋语一》。

④ 《荀子·臣道》。

⑤ 《伊川易传》卷一《象》。

的流动性。多元性表现在不同的等级系统,如爵制、官品、门第、户等、职业贵贱,以及民族等差等;流动性指等级中的成员因种种原因有升降和贵贱对流。等级的多元性和成员的流动性不是打破了等级,反而使等级制更加顽固,成为中国历史上的一个痼疾。由于等级制的顽固存在和发展,在观念上论证等级合理性遂成为统治阶级代言人的一大任务。古人论证等级合理的理论十分发达,这集中反映在关于礼的理论中。礼的本质就是讲"分",讲"别",讲"贵贱"。

等级贵贱的理论与规定,首先使人丧失了独立的人格,人一生下来就是他人的从属物。人没有独立的人格,个人的尊严和自由从何谈起?

人的自由首先应表现在思想自由上,因为思想这种东西难于以有形的方式被他人占有。但是在中国的古代,代表统治者的思想家们却绞尽脑汁,想方设法去束缚和限制人们的思想自由。礼的规定与理论在这方面起了极为恶劣的作用。这集中表现在,把礼作为思想的藩篱、思维的前提和判断是非的标准。孔子讲的如下两句话颇为典型。一句话是:"君子思不出其位。"[①]另一句是:"非礼勿视,非礼勿听,非礼勿言,非礼勿动。"[②]按照认识的规律,一切客观存在的事实,都应作为认识的对象。人们的认识与思考只对对象负责,人人都有认识的权利。然而在礼的束缚下,人们不能超越自己的社会地位去探索问题,表现在政治上就是"不在其位,不谋其政"。孔子讲的"四勿"把礼当作认识的前提,为认识划定了圈子。这样一来,人的认识结论在认识未进行之前已被确定。正如荀子所讲:"非察是,是察非,谓合王制不合王制也。天下有不以是为隆正也,然而犹有能分是非,治曲直者邪?"[③]荀子的王制即礼。《礼记》的作者把问题说得更加明确。《礼运》说:"礼者……所以别嫌明微。"《曲礼》说:"夫礼者,所以定亲疏,决嫌疑,别同异,明是非也。"当诸属于自己的思想也失去自由时,还有什么个人的自由与尊严可谈?专制王权的发展是以对社会上除王之外的每个人的剥夺为前提的;专制王权愈发展,剥夺的就愈多。

在传统思想中,与王权主义并行的是道德至上的理论与规定。儒家的道德理论是典型的人文思想。这种理论从外表上看,特别注意发挥人的主观能

---

①《论语·宪问》。

②《论语·颜渊》。

③《荀子·解蔽》。

动性、主观修养与自我完善，然而问题恰恰藏在其中。按照儒家传统道德的教导，主观能动性越充分地发挥，就越导向对自我的剥夺；达到自我完善，也就达到了自我泯灭。鲁迅先生把传统的仁义道德归结为"吃人"二字，有些人不以为然，认为是形而上学，是虚无主义。静心思之，从理论角度上看，鲁迅先生的说法未必十分准确(按，鲁迅讲这话时是以文学家的面目出现的，而不是以理论家面目谈问题)，不过在我看来，鲁迅先生的话更接近事情的本质。本来是讲求人的完善的道德，怎么会变成"吃人"呢？看起来有点蹊跷，然而妙道正在其中。

我不否认儒家的道德理论在中国历史上曾起过有益的作用。在人的自身完善中曾充当过善良的导师。但最后的归宿仍不免是"吃人"。对此可以从两方面考察。

其一，儒家把道德看成人们生活的最高层次，从而限制了人的全面发展。

道德是任何时候都不可缺少的，是维系社会正常生活所必需的。但是道德并非人们唯一的社会生活，而且在复杂的社会生活中也不具有决定意义。儒家的错误恰恰是把道德视为人类社会生活中最根本的东西。人之所以为人，人与动物的区别，就在于人有伦理道德，最早提出这个问题的是孔子，他认为，只有礼才是区别人与动物的标志。孟子讲："人之所异于禽兽者几希。"[1]意思是，人不同于禽兽的地方就那么一点点，这一点点即"不忍人之心"，亦即仁、义、礼、智。荀子说："人之所以为人者，非特以二足而无毛也，以其有辨。"[2]"辨"即"别"，"别"是礼的核心和本质。《礼记·冠义》说："凡人之所以为人者，礼义也。"朱熹也认为，人之所以为人，在于具备仁、义、礼、智等道德。[3]把道德作为人与动物区分的标准，在理论上有重要意义，它从根本上论证了道德是人的本质。

人的本质既然是伦理道德，由此推演下去，要做一个人，首先必须把道德修养放在首位，人的价值要由道德的高低来决定。因此做人的第一要义就是"立德"。在人的活动中，德是"体"，是"帅"，是目的，其他都是为德服务的。正像司马光所说："德者，才之帅也；才者，德之资也。"北宋刘彝对此也有过论

---

① 《孟子·离娄下》。

② 《荀子·非相》。

③ 参见《孟子集注》。

述:"臣闻圣人之道,有体、有用、有文。君臣父子仁义礼乐历世不可变者,其体也;诗书史传子集垂法后世者,其文也;举而措之天下,能润泽斯民,归于皇极者,其用也。"①在刘彝看来,全部社会文化只不过是道德的表现形式。

关于道德与经济的关系,在历史上表现为义利之争。在儒家的传统中,义是第一位的,利是次要的,因此贵义而贱利,甚至把利当作抨击的对象。孔子讲:"君子喻于义,小人喻于利。"②孟子讲:"亦曰仁义而已矣,何必曰利。"③董仲舒说:"正其谊不谋其利,明其道不计其功。"把经济生活置于可有可无的地位。宋代理学家对义利之辨看得很重。程颢说:"天下之事,唯义利而已。"④朱熹认为义利是"处事之要"⑤。在义利关系上,理学家有一个基本倾向是重义而轻利,甚至排斥利。总之,在儒家看来,经济生活对人无关紧要,首要的是道德。

把道德视为人的生活最高层次,从表面上看,很难说它是一种低劣的理论。但问题也正在于此。人们的社会生活是多方面的,在各种活动中最具有决定意义的是生产和经济生活。儒家的道德至上论颠倒了社会生活的关系。由此引出的关于人的价值观念必然是错误的、片面的。把道德视为一切生活的统帅和本体,限制了人的全面发展,扼杀了充分施展才干的可能性。

其二,从道德具体规范上看,它把人变成畸形的人,使人不成其为人。

儒家所倡导的伦理道德,有着特定的历史内容,它的主旨是什么?仁者见仁,智者见智,莫衷一是。不过在我看来,"三纲五常"可谓儒家道德的真谛。"三纲五常"所表示的是一个完整的关系网,每个人都不过是这个关系网中的一个小结,在这个关系网中,没有个人的独立价值和地位,每个人只是当作一个从属物而存在。

"三纲五常"理论导出的最为明显的后果之一,是把人作为工具。从表面看,儒家道德十分强调个人主体意识,强调个人修养和个人追求,如"我欲仁,斯仁至矣"⑥。然而这只是起点,真正的归结点是成就道德。在儒家道德中最富于温情的要属孝道。父母子女是人间至亲,提倡孝道最能打动人的心弦,也符合

---

①《宋元学案》卷一"安定学案"。

②《论语·里仁》。

③《孟子·梁惠王上》。

④《遗书》卷第十一。

⑤《朱文公文集》卷七四《白鹿洞书院揭示》。

⑥《论语·述而》。

人情,然而正是孝道使人一生下来就失去了独立的意义。因为在儒家孝道中,儿女是作为父母的从属物而存在的。孔子对孝有过不少论述,归纳起来主要有如下三个层次的内容。最低层次是"养",比养更高一层次是"敬",在孝中最高层次是"无违"。孟懿子问孝,子曰:"无违。"所谓"无违",即"生,事之以礼;死,葬之以礼,祭之以礼"①。"父在,观其志;父没,观其行。三年无改于父之道,可谓孝矣。"②在孝中,养与敬有其合理的意义,但无违则纯属悖谬了,而后者恰恰又是后来儒家所极力提倡的。《中庸》说:"夫孝者,善继人之志,善述人之事者也。"又说:"事死如事生,事亡如事存,孝之至也。"《礼记》许多篇都讲到孝,孝的最本质的规定是"顺"。孝道的主旨是儿女对父母的服从,而这种服从以盲从为前提。由此可以看到,儒家正是在最富于人情的关系中,巧妙地取消了人的独立性。儿子只是父亲的工具,他本身不具有目的的意义,推而广之,这样的人无疑是君主专制的最好的群众基础。这正是专制君主为什么大力倡导孝道的原因。

把人变成道德工具的基本办法是强调和倡导自我净化,时时处处把自我当作斗争对象。当客观与主观发生矛盾时,当社会与个人发生冲突时,当人与己发生不睦时,首先反思自己是不是符合礼义道德。礼义被视为超越一切的绝对,个人主体在礼面前,只有相对的意义,个人一切言行都要以礼为准,孔子讲的"四勿"充分说明了这一点。为达到"四勿",时时要克己,克己而后能复礼。孔子一再教导人们,处处要"约之以礼"③,要自戒,要自讼,要"自省",要"自责",要"慎言""慎行",要"不争"。克己有其合理的一面,因为每个人都是社会中的一个成员,自己应该时时考虑自己应以什么方式存在于社会。但是孔子的克己走得太远了。他不是引导自身在适应社会中改造社会,而是处处克制自己安于现状、安于传统,通过自我斗争、自我克制从主观上消弭各种矛盾。

为了彻底克制自己,并使人彻底变为道德工具,儒家对欲望发动了猛烈的抨击。在儒家看来,人欲是破坏道德的罪魁祸首;无欲而后入道德。这种思想在孔子那里虽然还未形成系统理论,但已包含了这种思想的萌芽。他说:"君子谋道不谋食。"④颜回则是典型。"贤哉,回也。一箪食,一瓢饮,在陋巷,

---

① 《论语·为政》。

② 《论语·学而》。

③ 《论语·颜渊》。

④ 《论语·卫灵公》。

人不堪其忧,回也不改其乐。贤哉,回也。"①孟子的人性善说从根本上把道德与欲望视为对立的不可两存之物,要存心、尽性,就要向欲望斗争。只有"寡欲"才能道德化。荀子的人性恶论实际上宣布人生来的感官欲都是坏的,必须用礼义加以遏制和改造,人才会变成尧舜,才能道德化。《礼记》明确提出"天理"与"人欲"的对立。"天理"即礼,作者主张存天理灭人欲。宋明理学把这一思想作了极致的发展。张载说:"徇物而丧心,人化物而灭天理者乎?"②为此提出"灭人欲""立天理"。程颐也提出:"灭私欲,则天理明矣。"③还提出,人的本质即"天理","人只有个天理。却不能存得,更做甚人也?""人只要存一个天理。"④正是从这一点出发才得出"饿死事极小,失节事极大"⑤。存天理,灭人欲,从某种意义上看,是要充分发挥人的理性,作为一个完全自觉的人;但是他们忽略了一个基本事实,人是有血有肉、有七情六欲的人,一句话,人是物质的。排除人的物质性而要纯理性的人,这种人是不存在的,如果有,一定是个异化的人,畸形的人!当我们把儒家所说的天理还原为历史时,那就不难发现,天理只不过是封建秩序的抽象化。天理从最高意义上肯定了封建秩序。正如二程所说:"父子君臣,天下之定理,无所逃乎天地之间。"⑥"居今之时,不安今之法令,非义也。"⑦教人安于封建秩序的道德,不管其中人文思想多么发展,在本质上它只能是人的桎梏。

中国传统的人文思想,是历史留给我们的一份厚重遗产,但其中的精华,有时也夹杂着糟粕,作为特定的文化形态,两者几乎是很难分解的。因此,在建设社会主义新文化过程中,我们不可能采取简单的拿来主义。其中的精华也不可能原封不动地移植,必须经过再认识,再消化,而后才会变成有益的营养。目前有一种议论,认为西方的现代技术加上儒家思想,就是东方起飞的道路。在我看来,这是绝对不可能的。翻开历史,何曾有过超时代的文化?每个时代文化的主体精神,都是由该时代塑造出来的。新时代的文化不管与传统

---

① 《论语·为政》。

② 《正蒙·神化》。

③ 《遗书》卷第二十四。

④ 《遗书》卷第十八。

⑤ 《遗书》卷第二十二。

⑥ 《遗书》卷第五。

⑦ 《遗书》卷第二上。

文化有多少联系和承继关系,它的基本精神都是新时代的产物,是由新时代的人创造出来的。以儒家为代表的传统文化在现实生活中虽然还有广泛的影响,但这不能证明它具有不变的永恒价值;西方文化中的衰落现象也不能证明儒家文化就包含着更多的真、善、美。以近一百年为例,中国人的观念发生了何等重大的变化? 一百年以前,儒家思想还被奉为道体,而今情况何如? 马克思主义只是在"五四"前夕才传到中国,现在已成为指导我们思想的理论基础。这一点足以证明传统的、民族文化的主体不是不可变的,恰恰相反,不仅可以变,而且必须要变!

随着中国社会主义商品经济的发展,中国传统的文化观念定将发生根本性的变革。我们应该力促这种变革一定要沿着马克思主义方向,并吸收人类一切先进的文化,向前滚动。而不是寄希望于所谓传统儒家人文主义的复兴。马克思主义与儒家思想具有两种完全不同的文化基础,随着马克思主义的社会主义新型文化的形成与发展,儒家文化的影响只能越来越小才是正常的。把中国新时期文化的发展寄希望于儒学的再兴,不过是老调重弹而已。近代史既然已经证明,儒家文化过去不曾救中国,它怎么可能在经历了没落之后又会胜任救世的角色?!

原载《南开学报》,1986年第4期

王权主义概论

马克思在谈到法国中世纪的特点时，曾说过这样一句话："行政权力支配社会。"虽然马克思没有详细展开论述，但这句话对我认识中国传统社会起了提纲挈领的指导作用。我稍加变通，把"行政权力"变成"王权"二字。我认为中国传统社会的最大特点是"王权支配社会"。与"王权"意义相同的还有"君权""皇权""封建君主专制"等。

从历史的总过程看，我仍相信生产力的发展状况与生产关系决定着社会的基本形态。这是最基础性的看法。王权支配社会问题是在此基础上提出的一个具体的社会运行机制问题。这是既有联系又有区别的两个不同层次的问题。前者要回答这个社会何以是这样？后者则是回答这个社会运动的主导力量是什么？就中国古代社会而言，我认为区分这两个不同层次对更真实地把握历史过程是有意义的。

在社会生产力发展缓慢的历史时期，在生产力还没有突破现有的社会关系以前，社会的运动主要是受日常的社会利益矛盾驱动的。这里所说的日常利益是指形成利益的社会条件没有什么大的变化，利益的内容大体相同，利益分配和占有方式大体相同。社会利益无疑有许多内容，但主要的还是经济利益。在长达数千年的中国传统社会中，经济利益问题主要不是通过经济方式来解决，而主要是通过政治方式或强力方式来解决的。这样，政治权力就走到历史舞台的中心，并在相当长的时期内成为社会运动的主角。

中国从有文字记载开始，即有一个最显赫的利益集团，这就是以王-贵族为中心的利益集团，以后则发展为帝王-贵族、官僚集团。这个集团的成员在不停地变动，而其结构却又十分稳定，正是这个集团控制着社会。这是一个无可怀疑的事实，我的问题就是以此为依据而提出的。

这种王权是基于社会经济又超乎社会经济的一种特殊存在。它是社会经济运动中非经济方式吞噬经济的产物,是武力争夺的结果,所谓"马上得天下"是也。这种靠武力为基础形成的王权统治的社会,就总体而言,不是经济力量决定着权力分配,而是权力分配决定着社会经济分配,社会经济关系的主体是权力分配的产物;在社会结构诸多因素中,王权体系同时又是一种社会结构,并在社会的诸种结构中居于主导地位;在社会诸种权力中,王权是最高的权力;在日常的社会运转中,王权起着枢纽作用;社会与政治动荡的结局,最终是恢复到王权秩序;王权崇拜是思想文化的核心,而"王道"则是社会理性、道德、正义、公正的体现。过去我们通常用经济关系去解释社会现象,这无疑是有意义的;然而从更直接的意义上说,我认为从王权去解释更为具体,更为恰当。

王权主义是上述现象的总称,我所说的王权主义既不是指社会形态,也不限于通常所说的权力系统,而是指社会的一种控制和运行机制。大致说来又可分为三个层次:一是以王权为中心的权力系统;二是以这种权力系统为骨架形成的社会结构;三是与上述状况相应的观念体系。

王权为中心的权力系统有如下几个特点:其一,一切权力机构都是王的办事机构或派出机构。其二,王的权力是至上的,没有任何有效的、有程序的制衡力量,王的权位是终生的和世袭的。其三,王的权力是无限的,在时间上是永久的,在空间上是无边的,六合之内,万事万物,都属于王权的支配对象;或者说,王权的无限并不是说它包揽一切,而是说,王权恢恢,疏而不漏,它要管什么,就可以管什么;就某些人事而言,可以同它拉开一定距离,所谓"不事王事",但不能逃脱它。其四,王是全能的,统天、地、人为一体,所谓的大一统是也。

在王权形成的过程中,同时也形成相应的社会结构体系。王权无须经过任何中介,直接凭借武力便可以拥有与支配"天下",所谓"普天之下,莫非王土;率土之滨,莫非王臣","六合之内,皇帝之土","人迹所至,无不臣者","天子以四海为家","土地,王者之有也"等,并不是虚拟之词,而是历史事实的反映。在那个时代,政治统治权和对土地与人民的最高占有、支配权是混合在一起的。也可以这样说,对土地和人身都是混合性的多极所有,王则居于所有权之巅。这种观念和名义上的最高所有,有时是"虚"的,但它随时可以转化为"实","虚""实"结合,以"虚"统"实"。因此权力的组合与分配过程,同时也是社会财产、社会地位的组合与分配过程。王权-贵族、官僚系统既是政治系统,又是一种社会结构系统、社会利益系统,集政治、经济、文化为一体。这个系统及其成员主要通过权力或强力控制、占有支配大部分土地、人民和社会

212

财富。土地集中的方式,主要不是"地租地产化",而是"权力地产化"。这个系统在社会整个结构系统中居于主要地位,其他系统都受它的支配和制约。

在观念上,王权主义是整个思想文化的核心。各种思想,如果说不是全部,至少是大部,其归宿基本都是王权主义。春秋战国的百家争鸣可以说是中国历史上的思想文化转型时期,诸子百家创立的学说和思维方式开其后两千多年的先河,后来者虽不无创造,但直到近代以前,基本上没有突破那个时代创造的思想范式和框架,以至可以说,承其余绪而已。因此对诸子百家的思想作一个总体估计,对把握其后两千年的思想是极有参考意义的。这里我只提两个问题。第一,诸子百家思想的主流和归宿是什么?应该说是政治。对这一点,司马谈有很好的概括:"《易大传》:'天下一致而百虑,同归而殊途。'夫阴阳、儒、墨、名、法、道德,此务为治者也,直所从言之异路,有省不省耳。"[1]班固的看法承司马氏,他认为诸子是"王道"分化的结果,归根结底又为王服务,"使其人遭明王圣主,得其所折中,皆股肱之材已"[2]。诸子百家所论,可以说是上穷碧落下黄泉,无所不及,但最终归于一个"治"字,这应是一个不可怀疑的事实。我们可以从现代学科分类出发对过去的思想进行相应研究,但不能忽视当时的思想是一个整体,它有自己的特定的逻辑和结构,而政治思想则是其核心或主流部分,忽视这个基本事实,就很难贴近历史。道家中的"庄学"颇有排除政治的意味,主张回归自然,那么从哪里回归呢?最主要的是要抛却政治才能谈回归,为此就必须不停地讨论如何同政治拉开距离,也就是说,必须议论政治,应付政治,庄子的千古名篇《应帝王》就是既想离又离不开的一篇奇文。第二,政治的中心是什么?我认为只能有一个结论,这就是王权和王制。在中国的历史上,除为数不多的人主张无君论以外,都是有君论者,在维护王权和王制这一点上大体是相同的,而政治理想几乎都是王道与圣王之治。

作为观念的王权主义最主要的就是王尊和臣卑的理论与社会意识。

我们的最伟大、最杰出的思想家几乎都在为王尊编织各种各样的理论,并把历史命运和开太平的使命托付给王。

天、道、圣、王合一,简称"四合一",置王于绝对之尊。"四合一"是传统思想中的普遍性命题,只要是能称得上是思想家的,几乎没有不论述"四合一"的。关于

---

① 《史记·太史公自序》。

② 《汉书·艺文志》。

这些问题我在多篇文章中进行了讨论,这里仅撮要说几点:一、"四合一"把王神化、绝对化、本体化;二、把王与理性、规律一体化;三、把王与道德一体化;四、把理想寄希望于王。从历史评价上看,天、道、圣同具体的王不一定契合,甚全相背,但是同理想的王或圣王则是一体关系。人们尽管在"四合一"中包含了无限的美好理想,并以此为依据对许多具体的君主进行了批评,甚至鞭挞,可是归结点依然是王权和"王制"。只要没有超出这个大框框,也就说明还没有走出王权主义。这不是苛求古人,而是对一种事实的判断。理想的王权主义同现实的王权没有不可逾越的界限。历史似乎同人们开了一个玩笑,越是寄希望于圣王,就越难摆脱现实的王。"四合一"是传统思想文化的一个支脉,不可忽视。现在有些学者离开具体历史内容大谈"天理""心性",使人如坠十里云雾,我期期以为不可也。

传统思想文化对帝王的社会与历史定位几乎也是一致的。首先,人类的文明和制度都是那些圣王们创造的,没有圣王,人就不能成为人,王是社会秩序的体现。其次,王只能有一个,一切权力只能集中于王之手,这就是所谓的"天无二日,民无二王"和"大一统"。王贵"独":势位独一,权力独操,决事独断,地位独尊,天下独占。这"五独"同君主要开明、要纳谏、要虚心、要用贤、要听众、要有罪己精神等并存不悖。后者对前者无疑有某种制约和规范意义,但更主要的是完善和补充,即使最严重的"革命",也没有突破"五独"体制。再次,王为民之父母。从表面看,这是极高的要求,也充满了脉脉的温情,然而恰恰在亲情的帷幕下所有人都变成了王的子民,变成被养育者,于是"皇恩浩荡、臣罪当死"成为不移之论。还有,开太平的历史重任也只有通过王才能实现。在中国的历史上,众多的思想家编织了太平盛世的理想,那么如何实现呢?大凡都寄希望于圣王。正是在这种无限的寄情中,帝王变得更加伟大和神圣。

与王尊相应的是臣卑的理论和观念。

臣民卑贱是天秩决定的。所谓天秩是指宇宙的结构或万物秩序之类的事物关系。在各式各样的结构和秩序中,君主都处于至尊至上之位,臣民与君主相对而处于卑下之位。"君臣相与高下之处也,如天之与地也。"[1]千姿百态的阴阳论无一例外地把君王置于阳位,把臣民置于阴位,虽然阴阳相对相成而不可分,但同时又有主次,阳为主,阴为辅。于是臣民为地、为阴、为卑、为下,这是天秩,是命定,是必然。

_____

①《管子·明法解》。

214

臣民在社会与历史上只能为子民、为辅、为奴、为犬马、为爪牙、为工具。"主者,人之所仰而生也。""为人臣者,仰生于上也。"君主是天下人的衣食父母,生养万民。既然臣民是被君主恩赐才能生存的下物,那么属于君主自然是理中之事。以致像柳宗元这样有个性的大文人在皇帝面前也说这样的话:"身体发肤,尽归于圣育;衣服饮食,悉自皇恩。"这类的话不仅仅是谀辞,而是一种社会认同的政治文化和观念。正如臣下对君主自称"犬马"一样,是一种无意识的自然的文化认定。社会硬件(权力、等级等)对君臣主奴地位规定无疑具有强制的性质,而成为习俗的主奴观念则使人变为自觉的臣仆。从这个意义上说,成为习俗的政治文化对人的规范作用更为突出。

　　面对君主,在认识上臣下虽然有某种自主性,比如以道事君、以道谏君等。但这种认识的自主性是有限的,绝没有在认识对象面前认识平等的意义,相反,在文化观念和心理上深深存在着一种错感和罪感意识。从理论和社会观念上说,君主是圣明的,无所不知,无所不通,臣下只能是君主的学生和受教育者;在是非的判断上,君主是最高的裁决者,因此臣下的进谏固然包含着对君主的批评,然而这种批评在观念上又是一种错误和罪过,于是在臣下的上疏中,开头、结语常常有这样一些语句,诸如"昧死以言""臣某诚惶诚恐,顿首顿首""愚臣""愚见""兢惶无措""惟圣心裁鉴""臣不胜倦倦之至""彷徨阙庭,伏待斧锧",等等。这绝不是空洞的客套话和形式主义,而是社会和认识定位的真实写照。历史上无数因进谏而致罪的事实便是这类词语的历史内容和证据。如果说到臣民的认识能力和知识从哪里来,在君主面前大抵都要归功于君王,正如韩愈所说:"得备学生,读六艺之文,修先王之道,粗有知识,皆由上恩。"就事实而论,韩愈的知识与皇帝何干?可是他必须把自己的知识归功于君王。这就是那个时代的臣民的精神!在君王面前,臣民牛就的错感和罪感意识对传统的思想文化有着巨大的影响,是造就思想贫乏、缺乏创造力和想象力,以及人格普遍萎缩的重要原因之一。

　　中国传统社会的运行机制和历史过程,无疑比以上所说的要丰富得多,但就"主要的"而言,我自信,我的看法离历史真实不远!

　　　　　　　　原载《锦州师范学院学报》,2001 年第 3 期

王权至上观念与权力运动大势

中国古代社会的一个重要特点是权力支配社会。因此权力的运动与整合常常会牵动整个社会。就其恶的作用而言,曾无数次把全社会拖到全面崩溃的境地。之所以会如此,原因主要有二:其一,持权者对"利"无限地追求,与强盗无别,常常破坏了正常的经济运转;其二,权力的运动经常与大规模武力争斗、厮杀相伴,把社会抛到了万劫不复之渊。中国古代的权力运动仪象万千,跌宕起伏,令人眼花缭乱,但有一个引人瞩目、也是尽人皆知的基本事实,这就是君主专制制度不断地强化。但在论及政治制度的性质或中国政治的特点时却存在着重大的歧义。一种意见认为中国古代不存在专制政治体制,钱穆在40年代多次论述了这一看法。他说:"近人既目中国传统政治为专制,因疑儒家思想导致君权,此亦相引而起无据之说。"指责国人"以专制自鄙"。他认为中国传统政治是中国式的民主制。其理由是:国之本在民而不在君;政权向整个社会开放,是"中和性政治","无贵族、无平民、亦无贫富之别,惟择其有学与贤者",因此又称传统政治为"学人政治";政治的功能像教师那样是"教诲护导";在政治运行中"道高于君","学统"制约"治统","古者称天而治……儒学之学兴,明天道者归于大儒,为君者乃亦凭儒为治";在政治结构上,"君属王室,臣属政府,臣之领袖为相",宰相与君主分庭抗礼;古代政治中已有"三权分立"等。①钱穆的看法有相当大的影响。沿着这思路于是有人认为,儒士以道的承担者的角色出现在历史的舞台上,其历史责任是"压制和驯服政治权势"②。还有人则进一步论述了传统政治结构的特点是"特殊类型的专制官僚政治——士大夫政治",即"士大夫不是那种作为君主之权力工具的单纯官僚,他们横亘于君主与庶民之间,维系着相对独立的'道统',并构成了以独

---

① 参见钱穆:《中国传统政治与儒家思想》《道统与治统》。
② 余英时语,转引自阎步克:《士大夫政治演生史稿》,北京大学出版社,1996年,第492页。

216

特机制约束政统的分力"①。这些论述显然关涉到古代政治制度的性质。还有一种看法,把君主与臣下二分,君主代表着专制,而宰相具有不同性质,宰相近似"责任内阁制",对皇权有制约意义,是一种民主制度。另外有些学者一方面承认古代政治是君主专制制度,但在分析皇权之下的某些权力机构时常使用"分权""自主权""分权分治制""对皇权的制衡";还有的人把唐代的"政事堂"称为"最高权力机构",把政事堂的宰相会议称为"最高国务会议"。②

上述这些表述和概念极为重要。在我看来,用"分权""三权分立""制衡""学人政治"及"士大夫政治"等概念来说明中国古代的权力结构、权力关系和权力性质,关系到对中国古代政治体系的基本估计。依我看,中国古代的政治制度中根本不存在现代政治学中讲的"分权"与"制衡"制度,另外也不存在所谓的相对独立的"学人政治"。就实而言,当时的一切权力都属于帝王,所有的政治权力机构无一例外地都是皇帝的办事机构、派出机构和私人服务机构。

下面分几个方面来说明这些问题。

一、权力一统于天子的"五独"观念

权力观念与权力体制是两个不同的范畴,但又有密不可分的联系。权力体制无疑有其自身的运动规律,然而在总体上它受制于权力观念的规范,或者说,权力观念如果没有出现突破性变化,权力体制也不会有大的改变。因此要研究政治制度及其功能和运动趋势,首先应研究政治制度的原理,即有关政治制度的思想和观念的基础。政治制度的思想和观念又有不同层次,我这里只论述最高权力的思想和观念。因为最高权力的思想与观念具有全局控制的意义。

在中国古代有关权力的思想观念中,似乎没有一个明确的、集中的和稳定的表达"最高权力"的概念。如果勉强为之,只能说最高权力观念隐含在"王""天子""皇帝""帝王""君主"等最高政治元首的观念之中。中国传统政治体系最重要的一个特点是"人治",因此"最高权力"还没有从政治元首的身份中分离出来,而是政治元首的从属物,体现在政治元首的地位、职能及命令中。帝王的权力特征可以用一个"独"字来概括,具体说来有"五独":天下独占,地位独尊,势位独一,权力独操,决事独断。所谓帝王"贵独",大致说来也

① 阎步克:《士大夫政治演生史稿》,北京大学出版社,1996年,第491页。
② 张晋藩、王超:《中国政治制度史》,中国政法大学出版社,1987年,第416、421页。

就是这"五独"。

天下独占指的是君主是全社会最高和唯一的主人。世上的一切存在物、全部资源及所有的人都归王所有，而且王权的实施范围在时间与空间上都是无限的。《诗·小雅·北山》最早对上述观念作了最明确的表述："普天之下，莫非王土；率土之滨，莫非王臣。"秦始皇统一中国之后几乎以同样的语言宣布："六合之内，皇帝之土"，"人迹所至，无不臣者"。刘邦称帝后也同样把天下视为自己的"产业"。连君临一隅的陈后主在即亡时还声称"朕君临宇宙"，"朕临御区宇"。[①]皇帝虽然像走马灯一样轮换不已，但上述观念却一脉相承。这不仅是皇帝的一厢情愿，同时也为整个社会所认同，形成全社会的普遍意识。《春秋·公羊传》提出的"大一统""王者无外"，以及宋儒程颐说的如下一段话可作为典型代表："天子居天下之尊，率土之滨，莫非王臣……凡土地之富，人民之众，皆王者之有也。"[②]应该说"王有天下"是中国传统社会最高权力观念的核心内容。也许有人会对"王有天下"的"有"提出这样或那样的疑问，是"实有"，还是"虚有"？是政治管辖权，还是经济所有权？在我看来，"王有天下"是一个无所不包的综合性的最高权力观念，而且这种权力有不受任何限制的绝对性。不管任何社会成员地位如何，也不管他们拥有什么，只要与"王有"发生矛盾，必须无条件地服从"王有"，所谓"君于臣有取无假"是也。王有天下好像一个其大无外的穹庐，死死地扣在社会之上。君主们"无法无天"的种种作为的理论依据就是王有天下。

地位独尊是说，在一切社会关系中，在社会身份等级关系中，唯有君主的地位至高无上，至尊至贵。关于这一点无须论证，有关资料比比皆是。这里仅引《礼记·坊记》称孔子之语为例以示其要："天无二日，土无二王，家无二主，尊无二上。"传统社会是一个等级社会，中国的等级制度有其特点，概括而言有二：其一是等级的多元性，即有几种等级制度并存、并行；其二是成员的流动性，这不仅表现在朝代更替过程中等级中的成员会出现大起大落，在一个王朝内部等级中的成员也不停地轮换。这两个特点无关帝王，因为帝王处于社会等级金字塔之巅。那么帝王是否属于等级中的一级呢？在儒家体系中历来有两说，一说认为属于爵位中最高一级（如孟子、汉代几部纬书、《白虎通义》、

---

① 《陈书·后主纪》。
② 《周易程氏传·大有》。

郑玄、顾炎武等有此主张);另一说不把帝王列入爵位系列(如《礼记·王制》等)。就历史实际而言,帝王从来没有被纳入实行的等级系列之中,不是等级序列中的一级,相反帝王是凌驾于多元等级之上的主宰。正如《白虎通义·号》所言:"或称天子,或称帝王者何? 以为接上称天子者,明以尊事天也;接下称帝王者何? 明位于天下至尊之称,以号令臣下也。"又说臣下称帝王为"一人"何?"所以尊王者也,以天下之大,四海之内,所以共尊者一人耳。"等级制度无疑有其社会和历史的依据及其跨朝代的连续性,但每朝每代几乎都要作程度不同的修订、厘正,皇帝就是修订者、厘正者。同时帝王又是等级中成员轮换的决定者。所以帝王的至尊和至贵是不能与等级系列中的成员相提并论的,等级中成员的尊与贵有相应的规定,而帝王的至尊至贵是没有限制与边界的。顾炎武等人之所以主张把帝王纳入等级系列,其本意就是想通过等级的规定对帝王有所限制和限定,以改变其绝对化的至尊与至贵。

势位独一是说在权力体系中帝王是独一无二的。在中国的历史上有否"二元"或"多元"权力结构,学界有不同的看法。比如,有人依据春秋以前有所谓"副贰"现象,便认为诸侯的权力是二元结构;有人依据国有大事要"询于国人",便认为有民主制度。关于这些问题另行讨论。这里我要说的是,至晚到春秋初期政治家与思想家纷纷提出"国不可贰"的问题。晋大夫狐突说:"内宠并后,外宠二政,嬖子配嫡,大都耦国,乱之本也。"[1]齐悼公说:"君异于器,不可以二。器二不匮,君二多难。"[2]思想巨擘老子与孔子从宇宙体系上论证了君只能"一"。老子把王与"天""地""道"并列称为"四大";孔子说:"天无二日,民无二王。"[3]其后所有的思想家几乎都在这个思想圈子中颠三倒四,从不同角度论述只能有一个君主。慎到说:"多贤不可以多君,无贤不可以无君。"[4]《管子·霸言》说:"伸天下两天子,天下不可理也。"《吕氏春秋·执一》说:"王者执一,而为万物正……国必有君,所以一之也;天下必有天子,所以一之也;天子必执一,所以搏之也。一则治,两则乱。"荀子说:"君者,国之隆也……隆一而治,二而乱。自古至今,未有二隆争重而能长久者。"[5]董仲舒说:"天之常道,相反

---

① 《左传》闵公二年。

② 《左传》哀公二年。

③ 《孟子·万章上》。

④ 《慎子·逸文》。

⑤ 《荀子·致士》。

之物也,不得两起,故谓之一。一而不二者,天之行也。"①帝王就是人间的"一"。在传统思想界除了少数人主张无君论以外,都是"君一"论者。这个"一"不仅要凌驾于一国之上,而且要凌驾于天下之上。总之,权力结构的一元论是不移之论。历史上的先哲们关于政治结构的聪明才智在"一"面前可以说是走到了尽头。他们只知"一而治",除极少数人如黄宗羲略有质疑外,基本上没有人深思过"一而乱"的问题,自然也没有想过从"一"中走出来的问题。权力独操是说一切权力属于帝王。孔老夫子率先教导:"唯器与名,不可以假人,君之所司也。名以出信,信以守器,器以藏礼,礼以行义,义以生利,利以平民,政之大节也。若以假人,与人政也。政亡,则国家从之,弗可止也已。"②《周礼》中"五官序"把帝王的大权概括得更为清楚:"唯王建国,辨方正位,设官分职,以为民极。"

《礼记·曲礼下》说:"君天下曰天子。朝诸侯、分职、授权、任功,曰余一人。"《管子·七臣七主》说:"权势者,人主之所独守也。"《商君书·修权》说:"权者,君之所独制也。"董仲舒说:"君也者,掌令者也,令行而禁止也。"③又说:"国之所以为国者,德也;君之所以为君者,威也。故德不可共,威不可分。德共则失恩,威分则失权。失权则君贱矣,失恩则民散矣。"④宋儒陈亮说,人主之职是"辨正邪,专委任,明之大体,总权之大纲"⑤。这一类的论述比比皆是。总之,权力独占是政治的核心问题。

决事独断是说在政治决策过程中,君主是最高、最后的决断者。中国传统政治决策过程特点可以用"兼听独断"四个字来概括,这一点早在先秦已形成公论和定势。韩非引申不害语:"独视者谓之明,独听者谓之聪,能独断者故可以为天下王。"⑥李斯说君主"独制于天下而无所制也"⑦。大儒蔡邕作《独断》专门论述君主独断之义。宋儒司马光有一段话也很典型:"古人有言曰'谋之在多,断之在独'。谋之多,故可以观利害之极致;断之独,故可以定天下之是非,若知谋而不知

①《春秋繁露·天道无二》。

②《左传》成公二年。

③《春秋繁露·尧舜不擅移汤武不专杀》。

④《春秋繁露·保位权》。

⑤《龙川集·论执要之道》。

⑥《韩非子·外储说左上》。

⑦《史记·李斯传》。

断,则群下人人各欲逞其私志,斯衰乱之政也。""终决之者,要在人君。"①司马光在此提出了"独断""多谋""定天下之是非""人人之私志""衰乱"几者的关系,不难看出,君主的"独断"是决定性的,所谓"终决"就是最高与最后决断权,只归君主独有。陈亮对宋代帝王的独断做了如下的描述:"发一政,用一人,无非出于独断;下至朝廷之小臣,郡县之琐政,一切上劳圣虑。"②康熙说得十分绝对:"天下之权,唯一人操之,不可旁落。"③乾隆也反复这样说:"本朝家法……一切用人言,大权从不旁落。"④"权衡悉由朕裁。"⑤

以上讲的君主"五独"是中国传统政治的基础和基本原则。帝王们自然不会放弃"五独",臣民中除极少数主张无君论者外,几乎所有的人都认同君主的"五独",连出家的和尚、道士也难逃其外。我们研究中国古代的权力运动和权力结构的变迁、调整等,绝对不可忽视君主"五独"观念的全局控制意义。在我看来,直到西方近代民主政治思想传入中国之前,君主"五独"观念从总的趋势上一直在强化,这应是一个无可否认的事实。在"五独"观念的控制下,权力结构的调整、政治制度的变迁大体与君主"五独"是相适应的。

二、传统政治制度的特点:家天下与武力控制

帝王"五独"观念既是贯通整个社会的普遍意识,又是一切权力机构的组织原则。以帝王"五独"为据,我认为帝王属下的所有的权力机构性质不可能是别的,只能是君主的办事机构、派出机构或私人服务机构。

为了从理论上反驳"道统"独立及其制约、对抗、压制王权,以及"学人政治"等看法,我曾先后写过多篇文章,如《天人合一与王权主义》《王、道相对二分与合二为一》《王、圣相对二分与合二为———中国传统社会与思想特点的考察之一》等,论述了天、道、圣、工合一,简称"四合一"。"四合一"与"五独"在观念和体制上把帝王定为唯一的政治主体,王之下所有的臣工,不管其一时权势如何显赫,但在职能上和身份上都不是独立的政治主体,而是帝王的臣仆,是帝王专制体制的工

---

①《司马温公文集·上体要疏》。

②《龙川集·论执要之道》。

③《清圣宗实录》卷 259,康熙年六月丙子。

④《清高宗实录》卷 323,乾隆十三年八月辛亥。

⑤《嘉庆会典事例》卷 14。

具。无论在观念上还是体制上根本不存在独立于王权之外的"学人政治"和"士大夫政治"。这里不能对上述观点一一具体讨论和辩驳,只从以下两个问题上做些较为宏观的说明。

其一,关于"家天下"与社会公共权力的关系问题。从逻辑上说,国家应是社会公共权力的体现,它应该姓"公"。但是在中国国家的产生时期,社会公共权力就被王权"俘虏",成为王权的组成部分,这就是通常所谓的"家天下"。汉儒盖宽饶说:"三王家天下,家以传子。"①春秋以前,不只社会公共权力归附于王权,在形式上也是"血缘国家"。春秋以后随着郡县制与官僚制的普遍推行,国家形式发生了重大变化,有些学者称之为"地缘国家"。在国家政治体制改革过程中,思想家们从不同角度大声疾呼"国家"应该"公"化。于是纷纷提出要"尚公""公天下""天下为公""贵公抑私"等。"尚公"主要有两方面的内容:一是君主要把"公"作为自己职能的目的,把"民"作为自己服务的对象。这类的论述极多,如"立天子以为天下,非立天下以为天子也。立国君以为国,非立国以为君也"②。"天之生民,非为君也。天之立君,以为民也。"③"天下,非一人之天下也,天下之天下也。"④"置君非以阿君也,置天子非以阿天子也。"⑤二是君主的行为要服从统一的规范,即遵守"法""礼""道""义"等。不管是儒家,还是法家,抑或道家,几乎都认为道高于君、礼高于君、法高于君。君主应作为执行道、礼、法的模范。应该说这些看法是极其高明的。如果沿着这个思路走下去,政治体制应该有一番大的改造,对"家天下"格局来个彻底的改造。但遗憾的是没有往下走。思想家们呼喊的"公"非但没有矗立起来,反而被化"公"为"私"了。

何以会化"公"为"私"?这要从理论和体制两方面来说。从理论上说,我们的先哲在高呼"公"的同时,又把实现"公"的希望寄托于圣王。呼唤圣王固然向现实的王提出了极高的要求,但同时又为现实的王提供了通向神圣的大道,只要帝王们把圣冠戴到自己头上,自然他们就成为"公"的化身和体现者。这点我在论述天、道、圣、王合一的几篇文章中已作了详细的论述。其实,如果再追溯一下历史,"公"本身就是那些大诸侯的爵号。从春秋开始诸侯们逐步取代周天子成为社会的主角,权

----

① 《汉书·盖宽饶传》。

② 《慎子·威德》。

③ 《荀子·大略》。

④ 《吕氏春秋·贵公》。

⑤ 《吕氏春秋·恃君》。

力不断地向公侯们集中,社会观念化的"公"从来没有从现实的政治公侯身上分离出来。由于圣王、现实的王与"公"绞结在一起,在现实中只有王是体现"公"的唯一主体。从传统历史过程判断,"尚公""崇公""抑私贵公""公而无私""大公无私"等,在政治上的归宿都是尊王,强化王权。关于公私问题在下边有专章论述。如果我们从整个思想走势看,我们的祖先一直是在"悖论"的怪圈中讨论问题。他们一方面呼喊"尚公",另一方面又把"公"交给君主,大声疾呼强化君主专制。

在政治体制上,没有任何思想家在君主制之外提出过新的、与社会化的"公"相应的体制构想。因此在实际上,春秋战国的政治体制变动、改革的大趋势只能走向秦始皇,走向"五独"。

我们的先哲基本上是在"大公者,大私也"的理论怪圈中打转,而实际政治体制和政治过程又是以"五独"为最高原则。春秋战国时期国家形式的变化没有引起"家天下"格局的削弱,相反,比原来"血缘国家"时期的"家天下"更加"家长"化了,权力集中于君主一人之手,连血缘分封制也被废弃或设法削弱,以致后来的思想家们为了限制高度集中的王权,分封制竟成为招摇和抗争的旗帜。何等的可悲!在整个中国传统社会里,君王的地位始终是高于"国家"的。国家是什么?占主流的观念是:国家是君主的私物和工具。人们总是用"有国有家者"来给君主定位,孔夫子就这样说。"朕即国家"应该说是我们传统思想文化的公论和人们的共识。"国家"这个词本身就是君主的自称和代称。汉光武诏冯异:"将军之于国家,义为君臣,恩犹父子。"①臣下用"国家"作君王代称者不绝于史。孔颖达有如下的概括:"汉魏人主,或言国家,或朝廷。"李隆基还是七岁娃娃时要入朝,被皇宫警卫阻拦,他怒斥道:"吾家朝堂,干汝何事?敢迫吾骑从!"②"国"属于帝王之"家"是天经地义之事。现代的政治学家对国家有这样或那样的定义,不管如何,作为"国家"的那种东西,在中国古代社会,它是属于君主的。正如韩非说的:"国者,君之车也。"③古代有一种公论,即帝王以"四海为家"。此说最早由荀子提出:"四海之内若一家,通达之属莫不从属。"④萧何说:"天子以四海为家。"⑤《文子·九守》说:"天下公侯以天下

①《后汉书·冯异传》。

②《旧唐书·玄宗纪一》。

③《韩非子·外储说右下》。

④《荀子·议兵》。

⑤《汉书·高祖纪》。

一国为家。《抱朴子·逸民》说:"王者无外,天下为家,日月所照,雨露所及,皆其境也。"总之,各色人物都认同此说。天子以四海为家无疑有温情的含义,有时又成为批评帝王的依据,然而更为重要的是把四海都纳入了帝王的家私,从而把天下与帝王之家,把公与帝王之私混而为一,这真是我们祖先的伟大创造!

如果我们对"家天下"没有疑问,那么所谓的国家机关属于王有也是无可怀疑的。

其二,帝王之权是武力征服的产物,武力凌驾于政治权力之上。最早的权力是如何产生的,暂且不论,就有史可考的王朝而言,除了新莽代汉有其特殊性之外,所有王朝的更替都是通过武力争夺或以武力为后盾来实现的。在传统观念中总爱说得道者得天下,其实这并不是历史的过程,而是对历史过程事后的一种解释。就历史的过程而言,是先"马上得天下",而后有"得道"之解。在传统政治机构中有"相""将"之分,但帝王是统兵的大元帅,帝王的武力始终笼罩在所有的政治机构之上;权力机构虽有分工,但在君主那里却一直是统一的。孔夫子讲:"礼乐征伐自天子出。"何谓君主?人们常常用兵、刑去界定。《左传》昭公二十八年有载:"赏庆刑威曰君。"杜预注:"作威作福,君之职也。"孔颖达疏:"人君执赏罚之柄,以庆赏人,以刑威物,是为君之道。"《商君书·弱民》说:"今夫人众兵强,此帝王之大资也。"《汉书·刑法志》说:"天子以兵定天下。"武力支配政治是中国古代政治的一个基本事实。只要是武力支配政治,就不要奢谈政治分权、政治制衡等。常言道:"秀才遇上兵,有理说不清。"这不仅是日常的个案,更是政治体制的总体特征。为什么历史上有那么多的有理之士无端地惨遭屠戮?其因盖由武力支配政治使然。武力原则是中国古代政治机制的最高原则。这当然不是说事事都要动武,而是说武力矗立在政治的背后。

"家天下"与"武力支配政治"是一个问题的两方面,相辅相成。这两点混合一起笼罩在整个社会之上,更直接支配着政治体制的运动。对此稍有忽视则难免陷入脱骨离体之论。

三、权力运动与向帝王集中

帝王之下的权力机构与职掌不停地进行调整,从长时段看还有重大的机构变更。那么,引起调整与变更内在的主要动因是什么?运动的大势如何?有一种意见认为君主的权力不仅受到道义、礼法、习俗、官僚体制的限制,而且在历史的发展中,越来越受到限制;权力不是越来越强大,而是越来越弱小。事实是这样的吗?下面我分几个问题来讨论。权力机构调整的动因无疑有职掌分工与求合理性方面的原因, 还有适应统治与社会管理需要方面的原因,但最主要的还是由王权与具体权力机构之间的矛盾关系驱动的。下面分几个问题进行讨论。

第一个问题是,王权"五独"原则是否受到了强有力的挑战?"五独"体制是否有所削弱或变革?

就我所知,整个思想界对"五独"原则多少具有挑战意义的只有黄宗羲等极少数先哲,然而他们仅仅是黑暗中划破夜空的流星,一闪而过,没有形成思潮,更没有影响"五独"制度。还有一些哲人基于限制君权而提出加强相权、实行"新式"的分封等,但这些主张构不成对"五独"的挑战,只是改善和调整"五独"而已,这点下面再谈。宋代以后理学家谈论最多的是"正君心",这不但形成了社会的共识,也进入了朝堂,君主们也常常娓娓道来,十分中听。这里要讨论的问题是,正君心之论在观念上是对"五独"论的挑战吗?是对"五独"体制的革新吗?我的看法是否定的。正君心的提出由来已久,早在先秦诸子时期已成共识。正君心的前提是,君主是为政之本,政治的一切,成败兴亡,系于君主一身。《尚书·吕刑》说:"一人有庆,兆民赖之。"孔夫子讲:"一言而兴邦","一言而丧邦"。身、言由心支配,于是进而把君心视为政治的源头,于是有"国之政要,在一人之心"[1],"一心定而万物服"[2]等说法。到理学兴起,大讲心性,把君主之心进一步提升为社会之本,天地之寄,把一切希望寄托于正君心。朱熹说:"天下事有大根本,有小根本,正君心是大本。"[3]陆九渊也说:"君之心,政之本。"[4]像唐甄这样的斥"君为天下之大害"的思想家,最终又寄希望于君心正:"天下之主在君,君之主在心。"[5]君心是否正关键在公私二字。朱熹说:"一心可以兴邦,一心可以丧邦,只在公私之间尔。"[6]君主"尽夫天理

①《慎子·威德》。

②《庄子·天道》。

③《朱子语录》卷一零八。

④《政之宽猛孰先论》。

⑤《潜书·良功》。

⑥《论语集注·子路》。

之极,而无一毫人欲之私也"①。丘濬说:"平天下者,惟以一人之心体天下之心,以天下人之心为一人之心。"②帝王只要"公"字当头,一切就会迎刃而解。应该说正君心的期望可谓良苦!先哲们的期望是美好的、善良的,然而以今天的观念看,他们犯了一个极大的错误,或者说,陷入了万劫不复的深渊,即他们给帝王之心开了一个天门,把天下之心溶入帝王之心,集中于帝王之心;当把天下之心集中于帝王时,天下人就变成了无心的木偶!因此正君心不是君主专制理论的反对派,相反而是圣化君主的油彩。正君心没有向"五独"论挑战,更没有伤害"五独"体制。我们应注意这样的事实:一方面,朝野上下都高唱正君心,寄希望于用正君心改造君主;另一方面,伴随着"正君心"的雅乐,君主专制体制却猛烈地强化,君心之恶未见有任何好转。这不能不让人生疑,究竟"正君心"是帝王体制的助力呢,还是阻力呢?从事实看只能是前者,而其根由就在于先哲们把自己的善意丢入了自己的理论陷阱,这个陷阱就是让君主之心无限地膨胀、扩大,把天下之心集中了、吃掉了。在理论上应注意如下一个事实,把一个个体(如君主)神圣化、普遍化、绝对化,是以剥夺、压抑其他个体的存在意义为前提和代价的。

第二个问题是王权与下属权力机构的关系问题。

帝王"五独"是那个时代的最高原则,所有的权力机构都必须服从这一原则,从历史的观念看也只能服从,因为有关权力机构的思想、原理和理念中没有与王权"五独"原则相悖的东西。论述权力机构职能和原理的最早一部书要属《周礼》。关于这部书的成书年代与思想归属,学界有不同的看法。说它成书于战国比较妥当;从内容上看当属儒家。书中论述的国家权力机构都是王权的执行机构,所有的官僚都是王的臣仆;所有权力机构和官僚的职能是"佐王治邦国"。这不仅是《周礼》的思想,其他所有论及王权属下国家权力机构的文献,大体不出《周礼》的范围,或与《周礼》相近。这种理念对中国古代权力运动的影响极大,以致可以这样说,这种理念大体规定了权力运动的轨迹,或者说,给权力运动规定了范围,为其所围。

当然,任何一种权力机构一旦成型,它都有独立化倾向。这可从两方面说。一方面是功能性的。任何一种权力职能在实施中都有其自己的逻辑,这是由权力实行过程中各种事物的关系决定的。另一方面是利益性的。权与利密

---

① 《大学集注》。

② 《大学衍义补·神圣功化之极中》。

切交织在一起,权力的实施过程伴随着利益、资源的分配,权力的实行者总希望谋求更多的利益,独立性越强获利就越多。因此王权与其下属的权力机构之间的矛盾是不可避免的。这里以"王"与"相"之关系为例。

宰相是帝王之下的最高官职。宰相的职权是什么呢?比较早的是荀子的一段论述:"相者,论列百官之长,要百事之听,以饰(饬)朝廷臣下百吏之分,度其功劳,论其庆赏,岁终奉其成功,以效于君。"①《管子·君臣上》说:"道德出于君,制令传于相,事业程于官。"又说:"相总要。"《君臣下》说:"君者执本,相执要,大夫执法,以及其群臣。"又说:"主画之,相守之;相画之,官守之;官画之,民守之。"《汉书·百官公卿表》概括为八个字:"掌承天子,助理万机。"宰相的作用十分重要。荀子说:"彼持国者必不能独也,然则强固荣辱,在于相矣。"②董仲舒说:"百官同望异路,一之者在主,率之者在相。"③还有人说:"天下安否,系朝廷;朝廷轻重,在辅相。"④程颐还张扬"天下安危系于宰相"说。近代以来很多人用"中央政府首脑"或"最高行政长官"来类比宰相,实际相去甚远。

宰相位百官之上,是百官之总,权势确实很重,有时还能置主于掌上。但必须注意一个基本的事实,这就是在观念和理论上宰相并没有终断权,更没有最高行政权。在皇帝面前,他的职能只是"辅""助""参""协""佐""左右"而已。祝总斌先生把宰相的职掌概括为"全国的大管家"是比较贴切的。我认为如果把"全国"两个字改为"帝王"似乎更贴切。有人把宰相说成是"首脑",这在古代是绝对的大忌,在当时的用语中,从来没有把宰相比喻为"首脑"的。政治关系中"首脑""元首"是专喻君主的,宰相只不过是"股肱"而已。说"最高行政长官"同样不确切,因为古代没有分化出独立的行政权,如果说宰相是"最高行政长官",帝王置于何处?对帝王而言,宰相的职能是"承",是"助",是"出纳王命"。

帝王虽然有"五独"之权,但行事不能不依靠臣下。帝王与臣下职权的某种程度的分工是政治机构本身的属性决定的,同时也是人的能力有限性所不可避免的。先秦思想家反复说明了这一点。但在君主"五独"观念的支配下,君主与臣下是"主"与"辅"的关系,其间没有明确的"分工"制度,更没有"分权"理念的发生。虽然臣下在礼法、道义上常常有制约君主的努力,甚至在行政程序上也有封

①②《荀子·王霸》。

③《春秋繁露·符瑞》。

④《新唐书·皇甫镈传》。

驳制度的事实,但依我看这都没有达到"分权"理念的高度,更不是"分权"制度,基本上还是"参""协"关系。君主要依靠臣下,但依靠到何种程度?并没有明确的界限;丞相"助理万机"又"助理"到何种程度?同样也没有明确的界限。汉文帝与左、右丞相周勃、陈平的一段对话可以说明这一点。文帝问周勃:"天下一岁决狱几何?"周勃答:"不知。"又问:"天下一岁钱谷出入几何?"周勃又不知,"汗出沾背,愧不能对"。文帝又问陈平,陈平回答说:"有主者。"文帝问:"主者谓谁?"陈平答曰:"陛下即问决狱,责廷尉,问钱谷,责治粟内史。"文帝说:"苟各有主者,而君主者何事也?"陈平答道:"主臣!陛下不知其驽下,使待罪宰相。宰相者,上佐天子理阴阳,顺四时,下育万物之宜,外镇抚四夷诸侯,内亲附百姓,使卿大夫各得任其职焉。"文帝称善。①可见丞相"佐助"君主到哪一步,并没有固定的界限。后来丙吉说,"宰相不事小事",也说明宰相的职权依然不固定。这种情况并不限于汉代,其后一直是这样。帝王与宰相之间没有明确的权力界限,本身就会带来说不尽的龃龉。从整个历史过程看,王与相无疑有互相协调的一面,但更有互相矛盾、斗争的一面。道理很简单,在权力私有的时代,权力是须臾不能离手的,帝王们时时要维护自己的"五独"。对外臣而言,宰相无疑是首先要防范的对象。王、相之争虽未必像韩非说的是"一日百战",但其间的紧张也是令人战栗的。王权、相权之间有进有退,然而发展大势是王权不断强化,相权被削弱;宰相专权是暂时的,或迟或早要回归到王权。

宰相所领的那种政治职掌不可能没有。那么帝王如何对其进行控制呢?大致说来有以下几种方式:

一是把权力集中到自己手中,像秦始皇、汉武帝那样,"事无大小皆决于上","代有司行事",宰相等只是"承办""备员"而已,甚至闲散到"无所事"地步。宋朝的情况大体也是这样,诚如朱熹所说:"本朝鉴于五代藩镇之弊,遂尽夺藩镇之权,兵也收了,财也收了,赏罚刑政一切也都收了。"②叶适说得也很形象:"收揽天下之权,铢分以上悉总于朝,上独专操制之劳。"③"尽收威柄,一总事权,视天下之大如视一家之细。"④

二是用内朝秘书官员逐步取代外朝,如汉代尚书令逐步取代三公的地

① 《史记·陈丞相世家》。

② 《朱子语录》卷一二八《本朝二·法制》。

③ 《上殿诸子》熙宁十四年。

④ 《应诏条奏六事》。

位等。

三是实行集体宰相制,如唐朝三省长官均为宰相,决事要通过宰相会议即政事堂会议决定。会议召集人由皇帝指定。

四是将宰相的总理职能分解,一分为二、一分为三,甚至一分为四。这种现象不时地发生,而宋朝尤为突出。

五是防止权力固定化,不停地进行机构与职掌调整,变动人事,造成职、事、人相分,以临时性取代固定性。如宰相之职常常虚设,委任代理,不停地轮换等。武则天在位21年任用宰相竟达76人之多,座席未温,又换人马。

六是取消宰相制度,这就是明、清两朝所实行的。

针对帝王一人专断的弊端,历代有人出来呼吁加强和尊重相权,并制造了周公这样的圣相楷模和神话。春秋战国以降,很多思想家都倡导君主无为,君逸臣劳。不少思想家,如叶适、顾炎武、黄宗羲等著文论述宰相之重要与加重相权、限制君权的必要。从历史过程看,每朝每代都有权相活跃在朝堂,甚至置君主于一旁。然而事实上如何呢?宰相的地位非但没有提高,反而逐步下降。这是为什么呢?我认为主要原因有二:其一,在权力理论上根本没有分权思想和相应理论。权相从来不是一种"分权"单位,它的作用只是"助理万机"。君主"五独"论是传统权力观念的主流。常说的"君逸臣劳"只限于权力操作艺术,或者说是君主驭臣之术,并不涉及制度性的分权。在历史上我们可以看到一个普遍的现象,即只要相权稍重,朝野上下要求君主独断朝纲,裁抑权臣的呼声便惊天动地而起。在观念上,宰相从来是君主的臣仆。回头看历史,"宰""相"原本就是周王和诸侯们的私属和管家,战国以后成为官僚体系的百官之首。此时的"宰""相"尽管与以往有明显的变化,特别是战国时期的"相"多半与游士有关,同君主有分庭抗礼的成分,又有雇佣关系在其中,合则留,不合则去,但秦汉大一统之后,宰相的地位又走向臣仆化,自称为"待罪宰相""犬马""奴仆"。到汉武帝时,一改文景时期的无为政治,为把权力集中在自己手中,对宰相的权力进行了削夺。他在位54年,先后任命宰相13人,其中有罪自杀和罪杀的占7人,免职的4人(其中一人免职后又被弃市)。原来宰相府的客馆车水马龙,后来变成了丘墟、马厩、车库和奴婢室。过去宰相之职是何等的威武,令人向往,此时竟与刀下鬼相邻!当要任命公孙贺为相时,公孙贺泣涕跪拜不起,恳请不受。在汉武帝强命下不得已而受任,但终于没有逃脱被杀的命运。后梁的宰相敬翔把事情说得最为清楚:"臣受国恩,仅将三纪,从微至著,皆先朝所遇,虽名宰相,实朱氏老奴耳。事陛下如事郎君……"其二是宰相的地位与权力来自帝王的委任,也就是说宰相的合法性由帝王来确定,除此以外没有其他的制度性东西来支持宰相,因此帝王的一道诏令就能使宰相失去一切。由于以上两点,相权一直是从属于王权的,任何离开王权来论述相权的观点都不符合历史实际。

第三个问题是"权力机构"之间的横向制约与向王权集中问题。

官僚体制的权力分工与权力之间的制约机制是一个过程的两方面。权力之间的制约无疑有来自权力之间的平衡、确保权力执行的公正、效率等方面的原因,但在帝王"五独"体制下更主要的是为保证皇权的集中,制约的机构与方式由帝王设定。

王权专制制度最大的一个特点是一种由上而下的垂直体制,官员由上而下地委任。在垂直的体制中,每一级或每一个权力机构的性质同样是专制性的。在专制体制中几乎所有的人也都被铸为专制型的人格。这些人有两个最为明显的特征:"上"的威慑力量大,"下"则一切"唯上";"上"稍有松弛或稍有空隙,"下"则闹"割据",闹"独立"。所以"唯上"与搞"独立王国"是一个问题的两方面。基于这种事实,我们虽不能说在权力机构之间没有公正、合理的互相制约,但制约主要来自皇帝的特设机构对既成权力机构的控制、分割、架空,直至取而代之。这里仍以宰相之职为例来说明。

前边说到宰相之职是助理天子"总要"。作为政治机构中的"总要"职能无论如何是不能或缺的。"五独"的帝王既不能离开"总要"的宰相,又要时时提防宰相的侵权。于是我们可以看到帝王们不停地在宰相之旁设置制约机构,以监控宰相。其轨迹大致说来是用家私或亲信性的秘书班子置于宰相之旁,成为副贰。以战国秦汉时期为例,秘书角色的"御史"主要作用就是监督、制约丞相。秦统一后设置"御史大夫",他既是皇帝的秘书长,又是宰相的副职。西汉前期大抵仍旧。御史大夫名曰宰相的副职,可是皇帝的诏令又要由他转发给宰相,形成以"副"制"正";加之皇帝的特殊委任,御史大夫有时比宰相更重要。为控制宰相的职能,武帝令少府贴身的秘书官"尚书"参与朝政的决策和实施。到东汉三公只是处理一些日常事务,"尚书台"成为"出纳王命,敷奏万机"实际上的宰相府。曹魏时期尚书台从少府中分离出来,正式成为中枢机构,尚书令或领尚书事的其他要员被正式称为宰相。几乎在同时,在尚书台的旁边又把皇帝的秘书班子组建为"中书省",设中书监、令。中书省负责出纳王命,尚书台的权力逐渐被中书省取代,到魏末中书令成为实际的宰相。到南北朝时期,皇帝贴身秘书班子门下省的门下侍中又屹立在中书省之旁,分割其权。以后的花样更多,其大势如故,秘书班子转化为国务班子,又有新的秘书班子出来制约、控制、夺权,像竹笋的生长那样,里边的生出来,外边的便趋于老化乃至剥落。

秘书班子不停外化为政务班子,其动因显然主要来自皇帝集权和确保"五独"的实现。在替换的过程中会出现"二府"并存局面,于是有人认为这是古代的政治"制衡"。如何使用"制衡"这一概念,可能有很大的差异。不过从现代政治学来看,制衡与分权是相辅相成的,没有分权就不能有制衡。古代的所谓"二府"并存不是现代意义的分权,而都是皇帝的办事机构。在王权垂直政治与由上而下任命体制中不可能产生分权和制衡制度。其间虽有某种意义的权力制约或制衡的因素,但是有限的,而且形不成生长点,更不可能形成合理的、稳定的制衡制度。用"分权""制衡"来说明王权的直属机构之间的关系显然是不宜的。在我看来,传统政治中的权力之间的制约关系所造成的趋势,主要不是驱动权力向"公共"方向发展,而是向王权集中。

第四个问题是王权的变态与向王权的回归问题。

田余庆先生的《东晋门阀政治》一书对东晋的政治运动作了精湛的分析,他有一个总括性的结论很值得深思。他说:门阀政治"来源于皇权政治,又逐步回归于皇权政治",门阀政治"是在特殊情况下出现的皇权的变态"。①我认为田先生说的不限于东晋的门阀政治,而是整个封建帝王时代的一个普遍性的、具有规律性的现象。所有的母后、外戚、宦官、权臣的专权,与东晋的门阀政治大致相类,即这些现象既是皇权的变态,又向皇权回归。对这类现象无须多言,田先生之论尽矣!

第五个问题是王权体制外社会权力(社会权威)与王权的关系。

这里说的"社会权力"指与国家权力相对的民间权力或权威。这些权力的形成大抵是基于某种共同的利益和价值取向,比如宗族权、宗教权、精神权威(如学派宗师等)、朋党权、行会权、师傅权、民间结社权等。由于这些社会权力形成的原因各不相同,因此与王权的关系也不一致。

① 田余庆:《东晋门阀政治》,北京大学出版社,1989年,第1页。

宗族系统的家长权力应属专制性质,这点没有大的分歧。很多人指出王权是从家长制中发展起来的,因此宗族权是王权的社会基础和支柱。

民间结社中的权力情况与宗族权有很大的不同,它不是以血缘为基础,而是以利益或信仰为基础的组合。多数民间结社具有政治独立的性质,与现实的王权常常闹对抗。但其组织原则基本是权威崇拜,发展下去同样也是专制体制。

朋党主要是士宦人中的一种以利益或志趣相结连的群体,其中有的有某种组织形式,有的则没有。多数朋党置身于王权政治体制之中,彼此为了各自的利益而互相争斗,朋党的差异极大。不过,我们也可以看到,确乎也有些朋党集团溢出了君主政治体制,流散到社会上,他们与王权的关系处于若即若离的状态,如入政以前的东林党。

据《明史》记载,东林党的形成源于"东林书院"的建立,其领袖人物主要有顾宪成、顾允成、高攀龙、赵南星、钱一本、刘允贞及冯从吾等。这些人多数都是科举出身的士大夫,他们大多曾在朝为官,中途因种种原因,或以党派倾轧,或以直谏忤君,或以他人牵连,丢失了官爵,成了所谓的"罢官废吏"。于是流向社会,进入"书院",成了专心治学的谦谦君子。他们以东林书院为基地,号召天下,领袖士林,而且颇具规模,似乎真的成为一种社会力量,形成了某种社会权威。但实际上他们与王权有着千丝万缕的联系。首先,在基本价值观念上,类如东林党这样的社会权威与王权有基本的统一性。只要查一下"东林书院"的院规、会约即可明了。顾宪成他们毕生追求的"道",就是以维护君主政治的最大利益为其最终的价值目标,终身不渝。其次,他们所以脱离王权体制而流向社会,无不是情非得已。东林党人之所以溢出体制,是他们在君主政治体制内部的权力与利益之争中败北的结果。作为士大夫群体,他们与王权体制下的其他官僚利益集团一样,只有紧密地依附于王权,才能占有利益,一旦失去王权的庇护,就会权、财两空。因此从依附王权的角度看,忠君直谏与阿谀逢迎只是争宠的不同方式,前者从追求理想政治的角度以忠诚赢得君主的宠信;后者则从帝王的实际人性角度以投其所好来邀得君宠,性质不同,乞求王权一也。再次,东林党人形成的社会权威与君主政治体制之间表现为一种形式上的疏离。所谓"形式"的意思是指带有某种主观性,《东林会约》中有明文规定,凡参与讲学者不可介入政治,不得参与、干涉地方官府政务活动,不得包揽词讼、评议执政等。这是东林党人的主观愿望,他们要脱离主流,归入以"道统"为标的的在野派支流。然而在事实上,批评时政、臧否执政是东林党人借以号召士林,形成社会权威的立足点。他们人在江湖,心属庙堂,所有活动,凡讲学、著文、聚合、交往等,无不与时政有或明或暗、或显或隐的关系,正如东林书院对联所示:"家事、国事、天下事,事事关心。"社会权威的形成是他们再次进入庙堂的凭借物,天启初年东林党人全面掌权的事实就是最好的证明。他们一时从政治中心疏离出来不是与君主政治体制的对立,而是寻求新的机会,以便进入王权体系。

在王权"五独"的制约下,古代的社会权力只能在亚层面上才可能存在,不可能形成与主流政治平行的独立政治反对派。在亚层次上这些社会权力有其相对的活动空间,但其界限不能超越亚层次,否则就要遭到王权的干涉,乃至取缔。另外,这些社会组织中的权力构成,基本上是按权威崇拜原则行事。有些组织在初始阶段多少有自发的民主因素,但在其发展过程中专制主义的东西在不断地增长,一旦成型,其专制主义的性质就更为明显。

第六个问题是武力争夺与王权的强化问题。

武力争夺贯串了中国古代历史。且不说其他,武力争夺从来是产生个人权威的温床。在那个时代,政权是武力的转化形式,所以武力争夺的结果只能把王权专制推向强化。伴随着武力的统一,王权"五独"几乎无一例外地更加突出,这点是无须论证的。

总之,中国古代的权力运动尽管错综复杂,但从总的趋势看基本没有离开王权主义的轨道。在王权体制之内没有产生"分权""制衡"等政治制度。有人认为在传统政治中非常强调多谋、兼听、进谏、纳谏、询国人、廷议及封驳等,并以这些为据断定在决断中有浓烈的民主成分,甚至认为有民主决断制。稍加考察,不难发现这类看法属皮相之论,论者把"信息的输入"与决断混为一谈。另外,在王权体系之外也没有形成相对独立的社会权力体系,更没有与王权抗衡的独立的社会权力力量。有人认为"道统"即是一种独立的力量,论者之据应该说是极其薄弱的,他们忽视了一个基本的事实,即古代"道"的主体是为王而设的,并为王所控制和规定。从历史事实看,道统并没有形成社会权力,更没有在王权之外形成独立的力量,其主要原因是没有思想自由和言论自由,以及相应的社会机制。

　　"五独"的王权体系一直像穹庐那样笼罩在整个社会之上。真可谓天网恢恢,疏而不漏,把整个社会控制在自己的掌下。

　　原载《中国传统政治哲学与社会整合》,中国社会科学出版社,2000 年

论天、道、圣、王四合——中国政治思维的神话逻辑

我曾分别写过王与天、道、圣"相对二分与合二为一"三篇文章,在另外一些文章中我提出过天、道、圣、王四合一(下简称"四合一")这个命题,但没有进行过专门论述,本文是一次总论。

学界主要是新儒家或推崇儒学者,认定天、道、圣高于王,是制约和规范王的理念,不认为与王有合二为一的一面。我认为这是片面之论,并认定合二为一是主导面。

"四合一"的含义很多,限于篇幅,本文只就功能问题进行讨论。中国传统观念对天、道、圣、王的崇敬都具有宗教性,但信仰意义较淡,而对其功能更崇信。天、道、圣、王在功能上有很高的一致性。主要表现在下边几个方面。

一、天、道、圣、王是万物生成的本源

从目前的文献看,商代还没有万物如何生成的论说,当时的上帝有种种伟大功能,主宰下民之命,但没有生成万物的意义。《商颂·玄鸟》中有"天命玄鸟,降而生商"的图腾神话,但与生成万物还有区分。另,"天"在卜辞中没有主宰的含义,这应是商后裔受周人"天"观念影响的追述。天生万物、生人的观念始于西周,《诗·荡》说:"天生烝民,有物有则。"春秋战国思想界才把天生万物视为一种生命或进化过程。《易·系辞下》说:"天地氤氲,万物化醇;男女媾精,万物化生。"又说:"天地之大德曰生。"《序卦》说:"有天地然后有万物,有万物然后有男女……"天的含义及其生万物、生人的方式,有各种各样的说法,另当别论。但生成论把天与万物视为一种泛血缘关系,如同父子关系一样。天生万物成为一个普遍的、无待论证的、大而化之的形而上命题,几乎人所公认。

道从周代开始逐渐由具体上升为一个形而上的概念,在先秦诸子争鸣

中愈益彰显。道是宇宙万物之本源,"道者,万物之奥"①;"道生一,一生二,二生三,三生万物"②;"夫道,覆载万物者也"③;"万物皆往资焉而不匮,此其道与"④。《老子》又云:"同谓之玄,玄之又玄,众妙之门。"意思是,道是天地万物的本源。除了道家,其他各家亦有大致相同的道论,荀子说:"大道者,所以变化遂成万物也。"⑤《大戴礼记·哀公问》说:"大道者,所以变化而凝成万物者也。"韩非子谓,"道者万物之所然","万物各异理,而道尽稽万物之理"。⑥诸子宣扬道,崇拜道,在他们的构画与想象里,道与作为宇宙万物本源的形上的超越性相关联。道还具有其他诸多特性,它无所不包,无所不在,亘古亘今,永恒不灭,具有统摄性和恒常性,进而也就具有神圣性与神秘性。《老子》云:"道之为物,惟恍惟惚。惚兮恍兮,其中有象,恍兮惚兮,其中有物。窈兮冥兮,其中有情。其精甚真,其中有信。自今及古,其名不去。"《庄子·大宗师》云:"夫道,有情有信,无为无形;可传而不可受,可得而不可见;自本自根,未有天地,自古以固存;神鬼神帝,生天生地;在太极之先而不为高,在六极之下而不为深,先天地生而不为久,长于上古而不为老。"《管子·内业》云:"夫道者,所以充形也……谋乎莫闻其音,卒乎乃在于心。冥冥乎不见其形,淫淫乎与我俱生。不见其形,不闻其声,而序其成谓之道。"《韩非子·解老》云:"凡道之情,不制不形。柔弱随时,与理相应。万物得之以死,得之以生;万事得之以败,得之以成。"

先秦诸子的此种论道模式后世一以贯之。张载曰:"道体至广,所以有言难,有言易,有言小,有言大,无乎不在。"⑦胡宏曰:"斯道也,与天地相并,造化相关,亘万世而长存。"⑧朱熹曰:"若论道之长存……自是亘古亘今,常

① 朱谦之:《老子校释·六十二章》,中华书局,1984 年,第 252 页。

② 朱谦之:《老子校释·四十二章》,第 174 页。

③ 郭庆藩:《庄子集释·天地》,中华书局,1961 年,第 406 页。

④ 郭庆藩:《庄子集释·知北游》,第 743 页。

⑤ 王先谦:《荀子集解·哀公》,中华书局,1988 年,第 541 页。

⑥ 王先慎:《韩非子集解·解老》,中华书局,1998 年,第 146 页。

⑦ 张载:《横渠易说·系辞上》,纪昀总纂:《影印文渊阁四库全书》第 8 册,台湾"商务印书馆",1983 年,第 729 页。

⑧ 胡宏:《五峰集·邵州学记》,纪昀总纂:《影印文渊阁四库全书》第 1137 册,台湾"商务印书馆",1987 年,第 149 页。

在不灭之物。"①总之,本源、本体、超越、绝对、统摄、恒常、神圣、神秘,集一身于道。

圣人是道的人格体现,也是天主宰性的人格体现。道、圣分工协作成就万物和人类社会。其要义就是"天地生之,圣人成之"八个字。"生"与"成"是相继过程,又是完善过程;无"生"固无"成",无"成"则"生"纯属自然而散漫,"圣人成之,则与天同极"②。《国语·越语下》说:"死生因天地之刑,天因人,圣人因天;人自生之,天地形之,圣人因而成之。"《易·象传》说:"天地养万物,圣人养贤以及万民。"又说:"天地之道,恒久而不已也……圣人久于其道,而天下化成。"《大戴礼记·哀公问》说:"所谓圣人者,知通乎大道,应变而不穷,能测万物之情性者也。"

在万物的生成过程中,圣人有着特殊的作用。天降圣人,圣人法天,圣人通天,圣人如天:"天地感,而万物化生。圣人感人心,而天下和平。"③"圣人参于天地,并于鬼神,以治政也。"④"圣人者怀天心,声然能动化天下者也。"⑤"夫圣人为天口,贤人为圣译。"⑥"圣人如天,圣神一体。"⑦"圣人之智犹天也。"⑧

有些论述,圣人的地位更高,视为道之原,《易·说卦》曰:"昔者圣人之作《易》也,将以顺性命之理。是以立天之道,曰阴与阳;立地之道,曰柔与刚;立人之道,曰仁与义。"圣人吃掉了宇宙,吐出了天道、地道和人道,圣人无以复加矣!如果细加分析,对圣人立天道、地道这一点并不是所有的人都赞成,或者说不是所有的人都以此立论,但对圣人立人道这一点几乎没有任何分歧,人道源于圣人是传统思想文化的共识。

圣人与天子、王应该说是异名同指。在天人合一中,天与王合一始终是问题的核心,并且具有很强的神秘性,不断制造天子(王)的神话。其中很多论述了天子在生成万物中的作用。下边胪列一些有关论述:

---

① 朱熹:《晦庵集·答陆同甫》,纪昀总纂:《影印文渊阁四库全书》第 1144 册,台湾"商务印书馆",1987 年,第 18 页。

② 黎翔凤:《管子校注·势》,中华书局,2004 年,第 885 页。

③ 王弼注,孔颖达等正义:《周易正义·咸传》,阮元校刻:《十三经注疏》,中华书局,2009 年,第 95 页。

④ 郑玄注,孔颖达等正义:《礼记正义·礼运》,阮元校刻:《十三经注疏》,第 3079 页。

⑤ 何宁:《淮南子集释·泰族训》,中华书局,1998 年,第 1375 页。

⑥ 王符:《潜夫论·考绩》,纪昀总纂:《影印文渊阁四库全书》第 696 册,台湾"商印书馆",1985 年,第 369 页。

⑦ 王守仁:《王阳明全集·传习录上》,上海古籍出版社,1992 年,第 22 页。

⑧ 胡翰:《胡仲子文集·五行志序论》,纪昀总纂:《影印文渊阁四库全书》第 1229 册,台湾"商务印书馆",1987 年,第 12 页。

先王是理想的王,先王就有"成百物"的作用,《国语·郑语》说:"先王以土与金木水火杂,以成百物。"先王与造物主同列。《国语·周语上》说:"古者,先王既有天下,又崇立上帝,明神而敬之。"《易·文言》说:"夫'大人'者,与天地合其德,与日月合其明,与四时合其序,与鬼神合其吉凶,先天而天弗违,后天而奉天时。天且弗违,而况于人乎,况于鬼神乎!"这里的"大人"可以说是圣人,也可以说是王。"天子者与天地参,故德配天地,兼利万物,与日月并明,明照四海而不遗微小。"①"帝者体太一,王者法阴阳,霸者则四时,君者用六律……生之与杀也,赏之与罚也。"②

董仲舒说:"古之造文者,三画而连其中谓之王。三画者,天、地与人也……取天、地与人之中以为贯而参通之,非王者孰能当是"③,"人主立于生杀之位,与天共持变化之势,物莫不应天化"。又说"天地人主一也"④。把天地、人主一体化,天与王合二为一。"天子所以有灵台者何?所以考天人之心,察阴阳之会,揆星辰之证验,为万物获福无方之元"⑤,"天子立明堂者,所以通神灵,感天地,正四时,出教化,宗有德,重有道,显有能,褒有行者也"⑥。

天在中国的古代从来就没有失去过神秘性,因此天子也总具有神性。这种神性既是其超人的证明,又是其有生成万物功能的证明。综上所述,天、道、圣、王在万物生成中都具有本源的功能,无怪乎老子说:"道大,天大,地大,王大。域中有四人,而王处一。"⑦王与天、道并列为"大"。

二、养育万物与万民

养育有很多层次,这里说的是形而上的养育问题。万物生成后是自然生长还是被养育呢?两种看法都有,但占统治地位的是被天、道、圣、王养育。

天命、天道、天运等是养育万物、万民的本根,诚如《管子·形势解》所说:"天生四时,地生万财,以养万物,而无取焉。"这类资料很多,无须征引。

道也同样有养育功能,《老子·第三十四章》:"大道氾,其可左右。万物恃之以

---

① 郑玄注,孔颖达等正义:《礼记正义·经解》,第3494页。
② 何宁:《淮南子集释·本经训》,中华书局,1998年,第582—584页。
③ 董仲舒:《春秋繁露·王道通三》,中华书局,1975年,第401页。
④ 董仲舒:《春秋繁露·为人者天》,第406页。
⑤ 陈立:《白虎通义疏证·辟雍》,中华书局,1994年,第263页。
⑥ 陈立:《白虎通义疏证·辟雍》,第265页。
⑦ 朱谦之:《老子校释·二十五章》,第102—103页。

生而不辞,成功不名有。爱养万物不为主,对名於大。"这类资料也很多,无须征引。

圣人是道的人格化,对万物、万民同样具有养育功能。《易·彖传》说:"天地养万物,圣人养贤以及万民。"《中庸》:"大哉圣人之道。洋洋乎,发育万物,峻极于天。"

圣人对民的养育既是一种责任或义务,同时,更是一种权力。养是圣人的付出,决定了每个人的存在,与之相关的必然回报是被养者为圣人效命。于是,圣人主宰天下、治理天下便具有了一个牢固的立足点。

王也同样养育万物,《周易·象》说:"天下雷行。物与无妄。先王以茂对时,育万物。"《国语·周语下》在讲到先王时,说先王"殷富生物也","以养物丰民人也"。《国语·郑语》说:"夫成天地之大功者,其子孙未尝不章,虞、夏、商、周是也。"《庄子·天下》说:有德的圣人"育万物,和天下,泽及百姓"。《管子·心术上》说圣王"化育万物"。

柳宗元有浓重的民本观念,但在其上皇帝的表奏中对皇帝的称颂无以复加,颂扬帝王养育万物、万民的词汇连篇累牍,仅引几句:

> 播休气于四海,洽大和于万灵,食毛含齿,所同欢庆。①
>
> 圣王之德,无所不生,有感则应,无幽不通。伏惟陛下恩沾动植,仁洽飞翔……②
>
> 伏惟皇帝陛下,保合太和,缉熙庶类,德馨上达,神化旁行。③
>
> 伏以圣心积念,天意遄回,移造化之玄功,革阴阳之常数。④
>
> 陛下仁育苍生,恩同赤子。⑤
>
> 遐密之中,施雨露以被物;遐迩之地,睹日月之继明。则四维之外,八极之表,人神胥悦,草木皆春,煦妪生成,不失覆载。⑥
>
> 蒸黎咏德,知自于圣心;草木欣荣,如有感于皇化。有年之庆,实在于斯。⑦

---

① 柳宗元:《柳宗元集·礼部贺立皇太子表》,中华书局,1979 年,第 952 页。
② 柳宗元:《柳宗元集·礼部贺嘉瓜表》,第 967 页。
③ 柳宗元:《柳宗元集·礼部贺嘉瓜表》,第 967 页。
④ 柳宗元:《柳宗元集·王京兆贺雨表二》,第 971 页。
⑤ 柳宗元:《柳宗元集·王京兆贺雨表二》,第 971 页。
⑥ 柳宗元:《柳宗元集·贺践阼表》,第 948 页。
⑦ 柳宗元:《柳宗元集·王京兆贺雨表四》,第 973 页。

帝王养育万物、万民。于是"养民"成为一个固定语。君主养民的含义多多，最主要的是为民父母说。最早的政治文献《盘庚》篇已表达臣民都是由王养育的。到周代明确提出的天作君师，君为民主、为民之父母，进一步强化了君主养民的观念。春秋以降，经诸子百家共同努力，形成了系统的养育理论。

中国有史以来就是一个重宗法、重伦理的国度。政治伦理化一直是主流文化的一大特色。与此相应，宗法与伦理成为政治定位与社会规范的重要依据。"作民父母"是一个历久不衰的君权命题和君臣关系命题，将帝王定位为"君父"，将臣民定位为"臣子""子民"。天下一家，家国一体，帝王无论长幼永远是"天下之父母"，为臣民者无论老少永远是孩子。帝王与臣民是父子关系，所谓"抚育黎元，陶均庶类"[1]，"君犹器也，民犹水也。方圆在于器，不在于水"[2]。君主是天下人的衣食父母："主者，人之所仰而生也。"[3]臣下依靠君主而生："为人臣者仰生于上者也。"[4]臣子的"身体发肤，尽归于圣育；衣服饮食，悉自于皇恩"[5]。明朝的何心隐著《聚合率养谕族俚语》，号召族人遵守王法，完粮纳税，其依据是："我有田产，不有君以统于上，则众寡相争，田产不得以相守也。今我得以守其田产者，得非君所赐欤？我有形躯，不有君以统于上，则强弱相欺，形躯不得以保矣。今我得以保其躯者，亦非君之所赐欤？"君主养育了民众，所以民众必须报答君恩。连批判君主制的黄宗羲也说："先王之时，民养于上。"[6]

这种定位其中尽管包含着对帝王的规范和要求，却又从宗法与伦理道德的角度确立了君父对子民的主宰地位。父家长权威以个人专断和绝对支配为特征，家无二主转换为政治关系准则就是君父独裁与专制。父家长又是家庭一切财产的占有者和支配者，子女也是其私有财产不可分割的组成部分。这种法则转换为政治原则，就是王者"以天下为家"，天下尺土、子民莫非王有。

当然也有民养上之说，那是下对上的供养、恭养、奉养，主要指必须纳税

① 吴云、冀宇编辑、校注：《唐太宗集·帝范序》，陕西人民出版社，1986年，第204页。
② 吴云、冀宇编辑、校注：《唐太宗集·金镜》，第123页。
③ 黎翔凤：《管子校注·形势解》，第1166页。
④ 黎翔凤：《管子校注·君臣上》，第55页。
⑤ 柳宗元：《柳宗元集·为耆老请复尊号表》，第942—943页。
⑥ 黄宗羲：《南雷文定四集·破邪论》，清康熙刊本，第273页。

和服役,这与君主对臣下的养育不在一个层面上。

三、共同创制了社会秩序

人间秩序,无论是社会政治秩序,抑或是思想文化秩序,还是道德秩序,都植根于作为宇宙秩序的天道。正是从天道演绎出人道,并成为宰制人思想、规范人行为的绝对准则。人道是天、道、圣、王四合一的综合作用的产物。且看下边几段经典性的论述:

子曰:"大哉尧之为君也! 巍巍乎,唯天为大,唯尧则之! "①

古者包牺氏之王天下也,仰则观象于天,俯则观法于地。②

昔者,圣人之作《易》也,将以顺性命之理,是以立天之道曰阴与阳,立地之道曰柔与刚,立人之道曰仁与义。③

王者执一而为万物正……以身为家,以家为国,以国为天下。此四者异位同本,故圣人之事,广之则极宇宙,穷日月,约之则无出乎身者也。④

天子者与天地参,故德配天地,兼利万物,与日月并明,明照四海而不遗微小。⑤

帝者体太一,王者法阴阳,霸者则四时,君者用六律……生之与杀也,赏之与刑也。⑥

君道即天道也。⑦

自初卷至三百八十卷,必首叙帝王,以明一统之尊。繇是渐推之宫室,旁及闺僭,以终于外戚,皆隶于君,犹之天一耳……天道也,君道也……地道

---

① 程树德:《论语集释·泰伯》,中华书局,1990 年,第 549 页。

② 王弼注,孔颖达等正义:《周易正义·系辞下》,第 179 页。

③ 王弼注,孔颖达等正义:《周易正义·说卦》,第 196 页。

④ 许维遹:《吕氏春秋集释·执一》,中华书局,2009 年,第 469—470 页。

⑤ 郑玄注,孔颖达等正义:《礼记正义·经解》,第 3494 页。

⑥ 何宁:《淮南子集释·本经训》,中华书局,1998 年,第 582—584 页。

⑦ 程颢、程颐:《二程遗书·师训》,纪昀总纂:《影印文渊阁四库全书》第 698 册,台湾"商务印书馆",1985 年,第 96 页。

也,臣道也。①

夫天佑下民,而作之君,作之师,礼乐刑政所以董正天下而君之也。②

社会秩序再具体地说是什么呢?不同的学派有不同认识。就儒家而论,社会秩序主要体现在"礼"上。礼既是天地秩序,又是社会秩序。礼是天人合一的体现,"礼,上下之纪,天地之经纬,民之所以生也"③。鲁季文子说:"礼以顺天,天之道也。"④子产说:"夫礼,天之经也,地之义也,民之行也。天地之经,而民实则之。"⑤《礼记·乐记》说:"礼与天地同节。""礼者,天地之序也。"《礼器》说:"礼也者,合于天时,设于地财,顺于鬼神,合于人心。"后来的儒者均沿着这个思路进行论说。

礼的本质表现在"别""辨""分"上。《荀子·王制》说:"人何以能群?曰分。分何以能行?曰义。"又说:"先王恶其乱,故制礼义以分之。"《礼记·坊记》说:"夫礼,坊民所淫,章民之别……"别的主要内容是亲亲、尊尊。《礼记·丧服小记》说:"亲亲、尊尊、长长,男女之有别,人道之大者也。"《荀子·富国》说:"礼者,贵贱有等,长幼有差,贫富轻重皆有称者也。"礼的内容很多,简言之,"三纲"是其核心。

"三纲"之说虽然是汉代董仲舒概括出来的,但其基本要素在孔子的论说中已具备,韩非也有论述,到汉代论证更加完整、系统。君臣、父子、夫妇之道,皆取之于阴阳之道,君为阳,臣为阴,父为阳,子为阴,夫为阳,妻为阴,阴阳之道即是天道。董仲舒云:"王道之三纲,可求于天。"⑥这便论证了三纲的神圣性。由于阳尊阴卑,阳主阴辅,阳善阴恶,所以,臣对于君、子对于父、妻对于夫只能是绝对地忠诚与服从。《春秋繁露·顺命》曰:"天子受命于天,诸侯受命于天子,子受命于父,臣妾受命于君,妻受命于夫。诸所受命者,其尊皆天也,虽谓受命于天亦可。"君乃臣之天,父乃子之天,夫乃妻之天,后者对前者若不绝对的顺从,便罪莫大焉!

---

① 王钦若辑:《册府元龟·序》,台湾"中华书局",1996 年,第 2 页。
② 陈亮:《陈亮集·廷对》,中华书局,1987 年,第 116 页。
③ 杨伯峻:《春秋左传注·昭公二十五年》,中华书局,2009 年,第 1459 页。
④ 杨伯峻:《春秋左传注·文公十五年》,第 614 页。
⑤ 杨伯峻:《春秋左传注·昭公二十五年》,第 1459 页。
⑥ 董仲舒:《春秋繁露·基义》,第 434 页。

"三纲"经董仲舒论证后，成为社会的普遍信仰。在王道"三纲"结构中，君臣一纲全然突破了根深蒂固的宗法理念与框架，凌驾于其他两纲之上，居于绝对的主导之位。鄙弃亲亲，独主尊尊，原是法家的思想，"上世亲亲而爱私，中世上贤而说仁，下世贵贵而尊官"①。法家将亲亲、贤贤和尊尊纳入历史进化序列，以历史进化论论证独尚尊尊的正当性。法家意识到尊尊与亲亲之间的紧张，"君之直臣，父之暴子"，"父之孝子，君之背臣"②。当两者发生冲突，法家主张以尊尊压倒亲亲，维持尊尊的一枝独秀。儒家尚亲亲，但也重尊尊，其礼治秩序乃是亲亲与尊尊的相维相济。孔子思想中尊尊已经有压倒亲亲倾向。重法的荀子，既欲尊尊以整治混乱的秩序，又保持着亲亲，使其并行无碍，"礼有三本：天地者，生之本也；先祖者，类之本也；君师者，治之本也……故礼上事天，下事地，尊先祖而隆君师，是礼之三本也"③。有时他又更多地偏向尊尊，致使亲亲明显地居辅助之位，"父能生之，不能养之；母能食之，不能教诲之；君者，已能食之矣，又善教诲之者也"④。荀子理论预示着一个尊尊压倒亲亲时代的来临。

《史记·高祖本纪》载高祖五日一朝其父太公，如家人父子礼。太公家臣以为不当，说太公曰："天无二日，土无二王。今高祖虽子，人主也；太公虽父，人臣也。奈何令人主拜人臣！如此，则威重不行。"后高祖再朝太公，太公一改先前礼节，以人臣身份恭敬地拜见高祖，高祖大惊，下扶太公，太公却云："帝，人主也，奈何以我乱天下法！"高祖欣然接受了太公的拜见，并且赐予家臣金五百斤。这个深具意味的故事，昭示了君主专制下尊尊压倒亲亲的本质，君臣一纲成为宰制性的主轴。君臣一纲既已呈主宰之势，其强大的渗透力便使得父子与夫妇两伦皆无可避免地君臣化。

父子君臣化还仅仅是一个方面，在另一方面，业已专制化的君臣需要父子血缘性的支援，因为君臣间赤裸裸的基于尊卑秩序的权力支配，一旦涂上父子血缘的暖色调，不仅可以软化专制性的权力支配，更为重要的是，还可以使这种权力支配看上去更合乎人的天性，也就更自然，更合法。《白虎通义·

① 蒋礼鸿：《商君书锥指·开塞》，中华书局，1986 年，第 52 页。

② 王先慎：《韩非子集解·五蠹》，第 449 页。

③ 王先谦：《荀子集解·礼论》，第 349 页。

④ 王先谦：《荀子集解·礼论》，第 374 页。

丧服》云，"臣之于君，犹子之于父"，典型地宣扬了君臣父子化的理念。

君臣父子化导致"君为臣纲"的忠与"父为子纲"的孝融贯成一体。《孝经》："夫孝，天之经也，地之义也，民之行也。"[1]孝乃天经地义，其本身即是宇宙秩序，所以，孝不仅富于伦理色彩，而且富于本体色彩，它已经上升至道的层次，所谓"孝道"。《孝经》又曰："君子之事亲孝，故忠可移于君"[2]，"以孝事君则忠"[3]。父即是君，君即是父，孝即是忠，忠即是孝，君父一体，忠孝相通，移孝作忠遂成不易之道。历朝专制君主之所以大倡孝道，"以孝治天下"，其间的奥秘便在于此。君为臣纲影响至大，近代以来的"一个领袖"论，以及"三忠于，四无限"，"生为领袖的人，死为领袖鬼"等，都是君为臣纲的继续与集成。

"王道三纲"之说，把天、道、圣、王贯通为一体。

四、共同规范道德

严格地说，中国传统社会并没有一个相对独立的道德场域，道德是从属于社会秩序整体观念的，社会秩序观念与道德体系是混同的。"三纲六纪""三纲五常"本是一体，但分而言之，其中的"六纪""五常"应属于道德范围，但我们须明白，无论从理论或实际上，都不能与"三纲"分离，它们是胶合在一起的。由于当下很多人为了突出道德的意义，常常把道德独立化，并认为是超越政治的，特别是对儒家的道德歌颂备至。有些学者避而不谈"三纲"，反复论证儒家的真谛是倡导人格平等、人格独立，认为孔孟仁学"把个体独立人格，推衍到空前的高度"[4]，等等。对此不能不辨析一下道德与"四合一"的关系。

道德与天道是浑然为一的，儒家所主张的人伦道德等原则正是以天作为本原的。所谓"法象莫大乎天地"[5]；天道无私，"天无私覆，地无私载，日月无私照"[6]；天道善，"一阴一阳之谓道，继之者善也，成之者性也"[7]；天道诚，"诚者，

---

① 唐玄宗注，邢昺疏：《孝经注疏·三才章》，阮元校刻：《十三经注疏》，中华书局，2009 年，第 5543 页。

② 唐玄宗注，邢昺疏：《孝经注疏·广扬名章》，第 5562 页。

③ 唐玄宗注，邢昺疏：《孝经注疏·士章》，第 5539 页。

④ 周继旨：《论孔子和先秦儒家思想中的独立人格觉醒问题——兼论"仁""礼"关系与人性善恶问题》，《孔子研究》，1986 年第 1 期。

⑤ 王弼注，孔颖达等正义：《周易正义·系辞上》，第 170 页。

⑥ 郑玄注，孔颖达等正义：《礼记正义·孔子闲居》，第 3509 页。

⑦ 王弼注，孔颖达等正义：《周易正义·系辞上》，第 161 页。

244

天之道也;思诚者,人之道也"①;天道仁,"仁之美者在于天,天仁也","察于天之意,无穷极之仁也"②。无私、善、诚、仁等原于天,阴晴圆缺,四时流转也都具有了道德意义,在这个意义上,天道乃是一种绝对的道德律令。

在儒家看来,人间道德法规不是人类社会自身的产物,而是宇宙法则在人间的再现,圣人是伟大的参与者与中介,《荀子·性恶》说:"礼义法度者,圣人之所出也。"董仲舒说:"故圣人法天而立道。"③由于"圣人与理为一"④,所以"惟圣人既生而知之。又学以审之,尽人之性,尽物之性,德合天地,心统万物,故与造化相参"⑤。

王受命于天,是天子,也是人间最大的教主,对道德不只是接受者,更是参与创造者。正如董仲舒说的:"道,王道也。王者,人之始也。"⑥充分说明王者也是道德之源。

"先王之道"无疑出自先王,其中包括了所有道德,儒家高扬的就是先王之道。

王道比先王之道更为抽象,更具有普遍意义。在这个概念中,道也是依附于王的,是王之道。王道这个概念最早出现在《尚书·洪范》篇。这段文字极为重要,摘录如下:"无偏无陂,遵王之义;无有作好,遵王之道;无有作恶,遵王之路。无偏无党,王道荡荡;无党无偏,王道平平;无反无侧,王道正直。会其有极,归其有极。"

从《洪范》整篇看,王道是源于天(上帝)而成于王,表明王是天的化身,王道是王的护身符。王道"荡荡""平平""正直",是整个社会的道德准则和行为准则,《墨子·兼爱下》引这段文字说明是文王、武王之德。社会道德准则附在王道名义下,王道与社会道德一体化了。王道是上承天,下理民的通刑;既有超越具体王的一面,又有王占有道的一面,可以说是王与道的混合体。

孔子说,"礼乐征伐自天子出",后来进一步发展为非天子不制礼,不作乐。礼乐与道德没有什么差异。董仲舒在《春秋繁露·王道通三》说,"王者唯天之施,施其时而成之,法其命而循之诸人,法其数而以起事,治其道而以出法,

① 焦循:《孟子正义·离娄上》,中华书局,1987 年,第 509 页。

② 董仲舒:《春秋繁露·王道通三》,第 402 页。

③ 班固:《汉书·董仲舒传》,中华书局,1962 年,第 2515 页。

④ 程颢、程颐:《二程遗书·鲍若雨录》,纪昀总纂:《影印文渊阁四库全书》第 698 册,台湾"商务印书馆",1985 年,第 247 页。

⑤ 胡宏:《知言》,纪昀总纂:《影印文渊阁四库全书》第 703 册,台湾"商务印书馆",1986 年,第 121 页。

⑥ 董仲舒:《春秋繁露·王道》,第 114 页。

治其志而归之于仁。仁之美者在于天。天,仁也。"董仲舒把王、王道、天道、地道、人道混通为一体,试问,这样的王能不立道德吗?

天道、人道、王道是一体关系,有些人在注释《春秋》"王正月"时,就是从道出于王入手。宋程颐说:"人君当上奉天时,下承王正,明此义则知王与天同大,人道立矣。"[1]宋高闶说:"诸侯当上奉天时,下承王正,知王正月之为春,则知王道即天道矣。"[2]明马明衡:"古人终日只是事天,故无时不言天,天道即王道也。"[3]

总之,天子既制定制度、行教化,又规范人伦,"循三纲五纪,通八端之理"[4]。

五、称谓混通与"四合一"

这里只说王与天、道、圣的互通,以证王与天、道、圣一体。中国古代君主制度源远流长,逐渐形成了一整套与之相适应的政治身份称谓系统。其中君主的称谓名目尤为繁多,字眼最为尊贵。这些称谓形象地反映了中国帝王权威的垄断性。称谓是把个体与社会联系在一起的文化符号。政治性人际称谓体系是角色、地位、规范、价值和利益的网络,是某种政治系统及其相应的文化系统的概括。作为一种政治文化载体,政治性人际称谓以最简洁的社会化方式向人们灌输关于社会构成的自我意识,使人们习惯、接受既成的社会政治规范,在错综复杂的人际互动中找到自己的角色和位置。

正名分被视为最大的政治。绝大多数君主称谓产生于先秦。经过长期的繁衍变化,君主称谓竟达数十成百之多。秦汉时期,随着皇帝制度的建立与完善,君主的称谓逐渐制度化,并进一步社会意识化。这些称谓在普通臣民的心目中,是理所当然的事实和规范;在思想家看来,是不言而喻的政治概念和立论前提;在经典及理论层次较高的论著中,通常也是稍加注释、阐明,很少进行逻辑推理式的证明。总之,这些称谓及其基本内涵,被古代的人们普遍视为无须详加论证的定理乃至公理。《尔雅》中就列举了王的八种称谓:"天、帝、皇、

---

① 程颐:《程氏经说》卷四,纪昀总纂:《影印文渊阁四库全书》第 183 册,台湾"商务印书馆",1984年,第 926 页。

② 高闶:《春秋集注》,纪昀总纂:《影印文渊阁四库全书》第 151 册,台湾"商务印书馆",1984 年,第 258 页。

③ 马明衡:《尚书疑义》,纪昀总纂:《影印文渊阁四库全书》第 64 册,台湾"商务印书馆",1983 年,第 188 页。

④ 董仲舒:《春秋繁露·深察名号》,第 370 页。

王、后、公、侯、君。"

君主根本不受人类的支配和制约,君的权威来自神命。神化称谓至迟出现于殷商,到西周以后,一切君主皆被赋予神格。王冠之上加以"帝""天""天子"之类的称谓表明,在观念上,王与神相差无几,抑或王即是神。还有一种更为直截了当的称呼:"君,天也。"[1]君与天同体,帝与王合一,"王者天之所予也"[2]。王与天的互用之称多得无法统计。

圣化称谓,至迟在西周、春秋已露端倪,"圣王"之称在《左传》中有载,其后有"圣皇""圣君""圣主""圣上"之类。自从秦始皇正式把圣的光环戴在自己头上后,帝王无论愚贤,一律称圣或圣人。我曾请人统计过二十四史中的"圣"字用场分布,统计结果显示,高达百分之七十以上与王联系在一起。

天、圣与王一体,道与王也必然一体。先秦诸子把圣人、君子视为道之原,同时又认为先王、圣王也是道之原。这在理论上为现实的王与道一体化及道源于王铺平了道路。秦始皇是历史上第一位把自己视为与道同体、自己生道的君主。秦始皇宣布自己是"体道行德",实现了王、道一体化。"体道"这个词最早见于《庄子·知北游》。荀子说:"知道察,知道行,体道者也。"[3]韩非提出"体道"是君主有国、保身之本。[4]秦始皇的"体道"便是由此而来。秦始皇不仅体道,又是圣王,他颁布的制度、命令是"圣制""圣意""圣志",永垂万世。先秦诸子创造的巍巍高尚的"道"一下子变成了秦始皇的囊中之物。秦朝虽然很快垮台了,秦始皇的思想却流传给后世。其后,贾谊提出:"君也者,道之所出也。"[5]道、王道、王混为一体。对王来说,既要搞朕即国家,又要搞朕即道。

宋、明理学家高扬道统的大旗,道统俨然独立于王之外。然而恰恰在把道统说得神乎其神的同时,却又把这个神圣的道敬献给帝王,这一点在谥号中表现得尤为突出,诸如"应道""法道""继道""合道""同道""循道""备道""律道""行道""章道""弘道""体道""崇道""立道""凝道""明道""达道""履道""隆道""契道""阐道""守道"等词,在谥号中居于前列。汉语词汇实在太丰富

了,在这里,都说明一个问题:帝王是道的体现者。

王径称天、道、圣,也是"四合一"的证明。

六、万能的君主与绝对化的专制主义

"四合一"中,王作为天下之主拥有和掌握着体制性的、支配性的强制力量,而前三者只是一种观念性的、道义性的理想信念,因此,所谓的四合一事实上只能是合于王。"四合一"对中国传统社会有着巨大的掌控意义,主要表现在如下几方面:

1."四合一"造就了政教合一的总态势。君主神化为超然的绝对,与神同列;同时又是世俗最高的统治者和规制者。教主与政主高度一体化,所以中国的传统社会一贯的是政教合一。这不是说社会仅仅是单调的,在实际上社会仍有多元化的因子,但这些多元的因子必须认同或遵从王是最高的存在和唯一的至尊。如果不承认这一点,那就必然要被禁绝和面临被杀头的危险。所以社会多元的因素是王权之下的一种低级的存在物。

2."四合一"把君王的权力推到了顶端并支配社会。社会有各种各样的权力,而君王是独一无二的最高的权力,正如孔子说的:"天无二日,民无二王。"君王在一切方面和领域都是"贵独"的,简明而言,我概括为"五独":天下独占,地位独尊,势位独一,权力独操,决事独断。君主"五独"是中国传统政治的基础和基本原则,臣民中除极少数主张无君论者外,几乎所有的人都认同君主的"五独",连出家的和尚、道士也难逃其外。我们研究中国古代的权力运动和权力结构的变迁、调整等,绝对不可忽视君主"五独"观念的全局控制意义。直到西方近代民主政治思想传入中国之前,君主"五独"观念是不可动摇的定式,这是一个无可否认的事实。在"五独"观念的控制下,权力结构的调整、政治制度的变迁都必须以君"五独"为前提。

君主权力是无限的,整个社会都受其支配:支配着社会的资源、资料和财富,支配着农、工、商业和文化、教育、科学、技术,支配着一切社会成员的得失荣辱甚至生死,"生之、任之、富之、贫之、贵之、贱之"。日常礼节要管,种什么庄稼、盖什么样的房子、梳什么发型、穿什么服饰等都要由帝王颁布的律令来管,真可谓无所不管!总之,从物到人,从躯体到灵魂,都程度不同地听凭王权的驱使。

3.王拥有天下,又是天下利益的最高代表。君主是全社会最高和唯一的主

248

人,世上的一切存在物、全部资源,以及所有的人都归王有,而且王权的实施范围在时间和空间上都是无限的。这就是人所共知的:"溥天之下,莫非王土;率土之滨,莫非王臣。"秦帝国一建立,秦始皇就宣布:"六合之内,皇帝之土;人迹所至,无不臣者。" 宋儒程颐说的如下一段话可作为儒家和天下的共识:"天子居天下之尊,率土之滨,莫非王臣……凡土地之富,人民之众,皆王者之有也。"①应该说"王有天下"是中国传统社会最高权力观念的核心内容。至于是"实有",还是"虚有"?是政治管辖权,还是经济所有权?这是低一层次的问题。"王有天下"是一个无所不包的综合性的最高权力观念,而且这种权力有不受任何限制的绝对性。不管任何社会成员地位如何,也不管他们拥有什么,只要与"王有"发生矛盾,必须无条件地服从"王有",所谓"君于臣有取无假"是也。王有天下好像一个其大无外的穹庐,死死地扣在社会之上。君主们"无法无天"的种种作为的理论依据就是"王有天下"。反过来,君主又施恩于天下,"为民父母"与"皇恩浩荡"两句话则集中表达了帝王是为民众服务的。

4.王是社会意识形态的决定者与操控者。王在社会意识形态中的作用不仅仅表现在王的旨意,如各式各样的"圣谕"总是具有最高权威意义,更主要的是王能决定哪种意识形态居于统治地位。儒家的独尊就是由帝王指定的,假如没有王的硬性规定,而是各种观念的自由竞争,儒家的地位可能完全是另一种局面。有些帝王既尊儒,又尊佛、道,于是就出现三教并尊格局,而此时的儒家常常处于尴尬的境地,说明儒家的竞争力并不一定占优势。

5."四合一"制造了圣王崇拜。其实"四合一"可以约化为圣王崇拜。中国传统观念里把一切美好的希望都凝结在圣王理想中。只要圣王出世,就能给天下带来太平盛世。在漫长的历史长河里,我们最伟大的思想家基本上都是在圣王和暴君中打转,批判暴君,寄希望于圣王。黄宗羲等试图跳出这个怪圈,但终于没有跳出来。这个怪圈虽有很大的空间,但终归是一具桎梏,窒息了民主与公民观念萌发,真是中国历史进程中的一大遗憾。

从"四合一"走出来是中国近代以来思想界的一大难题,"文革"时期"四合一"达到了顶峰,余波至今未消,可见影响至重!

原载《南开学报》,2013 年第 3 期

---

① 程颐:《周易程氏传·大有》,中华书局,2011 年,第 81 页。

天人合一与王权主义

天人合一是中国思想史上的核心命题之一。最近,《传统与现代化》和几家有影响的学刊连续发表文章详加论述,论者仁智各见,多有启迪。但有一个十分重要的问题,即天人合一与王权主义的关系问题鲜有论及。天人合一的内容无疑要比天王合一丰富得多,但两者又有极密切的关系。天人合一的源头是天王合一,直到近代以前,天王合一始终是天人合一的中心。如果对这一点忽略了,也就忽略了基本的历史事实。现代诠释无疑可以各式各样,但对这个事实不能不留下适当的位置。下面略述一二。

一、礼——天人合一的主要中介

天是一个混沌概念,神、本体、本原、自然、必然、命运、心性等,均在其中。天人合一的"天"虽不乏某项具体含义,但总的来说是在"混沌"意义上使用的。人也是一个复杂的概念,包含自然人、社会人、个人、人的群体、人性不同定义之人、等级人,等等。因此天人合一是各式各样的,难以细论。这里只能大而化之略加分析。天人合一的侧重点大抵不外三种,一是重在讲天与人的社会性的合一,这主要以儒家为代表;二是重在讲天与人的自然性的合一,这主要以道家为代表;三是讲天人相分,天人互动。第三种见识超群,但影响却不如前两者,这里姑且不论。就前两者而论,天人关系并不是同位的,而是天制约着人。换一种说法,即天道制约着人道。各流派对天道与人道有不同的理解,这里主要讨论儒家的看法。儒家认为天道与人道是统一的。从理论上说人道是从天道中派生出来的,实际上天道是人道的投影。儒家大抵从两方面来定义人,即一方面从人与物的比较中来定义,这就是人所共知的:人是万物之灵;一方面是以人道定义人。前者有时包括在后者中,于是经常用人道来定义人。何为人道?礼义是也。《逸周书·礼顺》曰:"人道曰礼。"于是礼与人道基

250

本上是同值的,早在春秋时期许多人便用礼来说明天人合一:"礼,上下之纪,天地之经纬,民之所以生也。"①鲁季文说:"礼以顺天,天之道也。"②子产说:"夫礼,天之经也,地之义也,民之行也。天地之经,而民实则之。"③《礼记·乐记》说:"礼与天地同节。""礼者,天地之序也。"《礼记·礼器》说:"礼也者,合于天时,设于地财,顺于鬼神,合于人心。"张载《正蒙·动物》说:"天之生物也有序,物之既形也有秩,知序然后经正,知秩而后礼行。"王夫之说:"天道、人性、中和化育之德,皆于礼显之。"④又说:"礼虽纯为天理之节文,而必寓于人欲以见。"⑤礼既是人道之体现,又是天人合一的社会体现。在我们讨论儒家的天人合一的时候,如果论及人和社会,避而不谈礼,天人合一就没有着落。或者说,离开礼,在社会层面,天人合一就失去了中介。

礼的本质表现在"别""辨""分"上。《荀子·王制》说:"人何以能群?曰分。分何以能行?曰义。"又说:"先王恶其乱,故制礼义以分之。"《礼记·坊记》说:"夫礼,坊民所淫,章民之别……"《礼记·乐记》又说:"序故群物有别。""别"的主要内容便是亲亲、尊尊。《礼记·丧服小记》说:"亲亲、尊尊、长长,男女之有别,人道之大者也。"《荀子·富国》也说:"礼者,贵贱有等,长幼有差,贫富轻重皆有称者也。"礼的内容很多,要之,即"三纲五常"。

在儒家看来,人是伦理的存在,正如《礼记》所说:"何为人义?父慈、子孝、兄良、弟悌、夫义、妇听、长惠、幼顺、君仁、臣忠。十者谓之人义。"个人只有在社会人伦关系网中才能找到自己的位置。人要证明自己是人,就必须以礼作证,离开了礼就失去了为人的资格。墨子主张兼爱,不别父兄;杨朱提出不损害他人的为我。可是在孟子看来,这违反了亲亲、尊尊,斥之为禽兽。其实墨子、杨朱的主张是更具人道精神的,然而却不容于儒家的人道。理学家讲的"天地之性""天命之性""义理之性"等好似讲人性平等,但他们笔锋一转,用"气质之性"又论证了贵贱等差是天经地义的。朱熹对此有过详细的说明。人性的善恶由它决定:"人之性皆善。然而有生下来底善,有生下来底恶,此是气禀不同。"⑥禀日月清明之气便是好人,禀日月昏暗之

---

① 《左传》昭公二年。

② 《左传》文公十五年。

③ 《左传》昭公二十五年。

④ 《礼记章句》卷九。

⑤ 《读四书大全说·梁惠王下》。

⑥ 《朱子语类》卷四。

气便是坏人。人的性格也由它决定："人性虽同，禀气不能无偏重，有得木气重者，则恻隐之心常多……"①人的贤愚、贵贱、寿夭也由它决定："禀得清高者，便贵……禀得衰颓薄浊者，便为愚、不肖、为贫、为贱、为夭。"②等级贵贱与礼有不解之缘。可见儒家的人道不能离开礼的规范。一些文章在讨论儒家的天人合一时，论及人和社会，避而不谈礼，不能不说太忽视历史了。

二、天人合一中的"无我"

有些学者对理学家的天人合一评价更高，认为理学家的人具有独立人格、主体尊严等，在天人合一中更有主动性。在我看来，理学家所说的人的主动性，并非指人自身，而是指对理的认同。理学家的天、理、性、命、心、道、纲常，细加分析自有局部的区分，但就它们的核心来说，实际是一个东西。张载说："人伦，道之大原也。"③程颐说，三纲五常"合而言之皆道，别而言之亦皆道也"④。朱熹也说："这道理自是长在天地间，只借圣人来说一遍。"⑤纲常、天理浑然一体，最显著、最具体、最实际的就是礼。程颐说："不合礼则非理。""上下之分，尊卑之义，理之当也，礼之本也。"⑥程氏又说："视听言动一于礼，谓之仁。"⑦又说："父子君臣，天下之定礼，无所逃乎天地之间。"⑧

儒家绝对教人行善，形象化地说，就是教人作尧舜。"人皆可以为尧舜"，无疑是最神圣的豪言壮语。从纯粹的意义上说，这无疑有人人平等的意味。但我们不能孤立地看这一句话。在儒家那里，尧舜具有两方面含义：一是楷模的帝王，一是道德的化身。人可为尧舜，在直接意义上显然不是指前者，而是要人成为道德化的人。在这一人格化的模式中，道德把"人"吃掉了。人只剩下一具以道德为轴心的社会性躯壳，躯壳中装载的便是三纲五常。在纲常面前，"我"是个很麻烦的问题，是个离心的力量，是一个坏东西。朱熹曾说："我是为

---

①②《朱子语类》卷四。

③《张子语录下》。

④《二程集·河南程氏遗书》卷二五。

⑤《朱子语类》卷九。

⑥《周易程氏传》卷一。

⑦《程氏粹言》卷一。

⑧《二程集·河南程氏遗书》卷五。

恶成就。"①于是与"我"做斗争,便成为儒家最关心的问题之一。为了抑制"我",提出"克己""无我""无意""无私""无心""忘己"等。这里用"无我"概言之。在理学家看来,能达到无我便达到了纯粹境界,如程颢所言:"无我,则圣人也。"②如何达到无我呢?那就要与天理为一。圣人是天理所借用的一个人形,是没有人欲的形式人,"圣人都忘了身,只是个道理"③。圣人的血肉完全被光芒四射的天理蒸发了,自身化为乌有,他只是理的工具,"圣人只看理当为便为,不当为便不为,不曾道我要做,我不要做。只容一个'我',便是意了"④。在这里,天理是万能的主宰,人完全失去了主体的意义。然而,人毕竟是人,有其血肉之躯,儒家及把天理推到本体高度的理学家,对此并不否认,因此也并不否认必要的人欲。"若是饥而欲食,渴而欲饮,则此欲亦岂能无。"⑤但是他们对人欲从理论和情理上总具有排斥性。于是理欲、义利之辨始终是儒家最关心的问题之一。理欲、义利可以统一,那就是理、义为指导,欲、利服从理、义。即使如此,他们仍然把欲、利放在敌对地位。最早把理、欲敌对化的是《礼记》中的《乐记》,明确提出"穷天理"以"灭人欲"。理学家从哲学角度详细地论证了这个命题,"存天理,灭人欲"成为他们的口头禅。程颢说:"天下之事,唯义利而已。"⑥朱熹说:"孔子所谓:'克己复礼';《中庸》所谓:'致中和,尊德性,道学问';《大学》所谓:'明明德';《书》曰:'人心惟危,道心惟微,惟精惟一,允执厥中'。圣贤千言万语,只是教人明天理,灭人欲。"⑦张栻也说:"学者潜心孔孟,必得其门而入,愚以为莫先于义利之辨。"⑧天理与人欲是一对对立的概念。天理即仁义礼义之属,也是人之为人的根据。"天理之不存,而与禽兽何异矣。"⑨在实际生活中,天理、人欲之区别,深藏于心,显明于礼。钟鸣鼎食于王侯则为天理,于臣庶则为非礼,属于人欲。王能与民同乐,游乐也是天理;能富民,好货也是天理;能依礼纳女为后妃,好色也是天理。

　　天人合一无疑还有其他含义,但落实到社会层面,不能抽空它的历史内

①④《朱子语类》卷三六。

②⑥《二程集·河南程氏遗书》卷一一。

③《朱子语类》卷九。

⑤《朱子语类》卷九四。

⑦《朱子语类》卷一七。

⑧《南轩全集》卷一四。

⑨《程氏粹言》。

容,心、性之类精神难以用自身证明,必须借助于礼。我决不否认礼的历史合理性,但礼是一种贵贱等级结构,是主属关系,其中除了天子之外,其他人是不具备个人主体性的。这样,当天人合一落实到社会,人变成了礼的工具,并且礼也成为人的本质,于是人被抽空了,至少人变得残缺不全了。

儒家高倡礼义绝不是教人作恶,但是礼义教人修养成"无我",试问,"无我"之人还有独立意义吗?"无我"看来很高尚,但与礼连在一起则为恶势力的横行提供了最方便的环境,从历史上看,君主专制主义最喜欢民众"无我"。

三、天人合一中的王权主义精神

在天人合一中,王占有特别重要的地位。天人合一的源头是天王合一。我们从西周的天子说起。天是当时的至上神,是一切现象最后的决定力量。就人总体的本源而言,是天生烝民,但是就个体而论,除周王外,人们同天并不能攀亲,只有周王才是天所生,周王是天之子,于是周王又称天子。由于这种特殊的关系,天把最高权力赋予了周王。《大盂鼎》称:"丕显文王,受天有大令(命)。在武王嗣文王乍(作)邦,辟厥匿,匍有四方,允正厥民。"《师克盨》称:"丕显文武膺受大命,铺有四方。"《尚书·梓材》说:"皇天既付中国民越厥疆土于先王。"《诗·周颂·执竞》说:"丕显成康,上帝是皇。自彼成康,奄有四方。"

西周只有天王合一观念。随着天子的式微,天的观念的变化,在社会变动中民众作用的上升,天王合一逐渐演化为天人合一。从某种意义上说,这是社会观念的一大变革。春秋战国时期的天人合一并不是每个人所能具有的功能,应该说,只有圣人才能有天人合一的功能。圣人与天的合一同周天子与天的合一相比有很大的不同。前者主要是通过神性达到的,后者主要是通过理性实现的。也就是说,主要是通过认识,把握了天人的本质、天人之间的规律和关系。具体而言,即天道、地道、人道及三者的合一。再抽象一点可用"道"概括之。道不无神性,但包含了更多的理性。人们对道可有各式各样的理解,常常各以己之道攻人之道,有时甚至骂得狗血喷头。但在最高层次上又有共同语言,这就是"知道""得道""有道""同道""备道""体道""修道"等。谁能与道相通,谁就是最聪明、最高尚、最有知识的人,也就是圣人,也就有资格居天下之首,为君王。"得道者得天下,失道者失天下"成了公论和民族的共同意识。

先秦诸子制造了圣人与天合一的理论,也制造了圣人当王的理论。他们除了把先王视为圣王合一外,尚未把圣加到当时任何一个王的头上。不过他们希望未来的王应与圣合一。时机终于到来了,秦汉帝国的出现给圣与王的结合提供了根据。

秦的统一与大帝国的建立是中国历史上亘古未有的大举,它的创造者秦始皇以其雄才大略,将天、道、圣、王统于己身。在一般的论述中,总把秦始皇看作只知行霸道的铁血人物,其实他也很注意文化宣传。春秋战国思想文化界与政界几乎一致认为"得道者得天下",在这个文化共识面前,秦始皇决不落后。他在总结自己胜利的原因时,除宣扬武力外,还特别强调自己的正义性,这就是"有道"。他在刻石中讲得很多,其中有三句话值得特别注意,即"原道至明""体道行德""诛戮无道"[1]。

道是最高理性,圣人则是道的人格化。在春秋战国的文化转型中,与崇道并行和相辅而行的是对圣人的崇拜。圣人有数不清的品性,最主要的是合天、体道、至明。秦始皇都具备了。过去,人们所想象的圣人是在遥远的古代,在冥冥之中,在形而上学里,现在秦始皇以其"驭海内""察四方""听万事""理万物"的气势出现在人们的面前,人们不仅被征服,大多也心服、口服,于是几乎所有的臣下都以"圣恭"称秦始皇。他立的法是圣法,他做的事是圣事,他进行的教化是圣教,他的圣制要传之万世,等等。以秦始皇为标志,天人合一又发展到一个新阶段,即天、道、圣、王的合一,其中突出的是最高权力。然而,这并不是说,天、道、圣、王在任何情况下都是统一的。从先秦诸子开始一直贯穿整个古代,思想家们几乎都高扬道的旗帜,甚至经常把道视为王的对立物,用道批评王,张扬"从道不从君""道高于君",在行动上也常以道为由抗君命,矫君命,甚而以有道伐无道,举行革命或造反。

大、道、圣、王尽管有一系列错综复杂的矛盾,从中也产生了一系列相应的理论,这里暂不讨论。我要说的是,道这个东西尽管与某个王常发生冲突,但它对王的体制从总体上是肯定的。如果没有王,天下便陷入万劫不复的悲惨世界。人类最初没有王,各行其是,乱作一团,"日夜相残,无时休息"。为了从困境中走出来,于是产生了王,人类走入有序的时代。从王的产生说明,王本身就体现着道。春秋战国诸侯争霸,群首无王,本身便是无道的时代,正如

---

[1]《史记·秦始皇本纪》。

孔子所说:"天下有道,则礼乐征伐自天子出;天下无道,则礼乐征伐自诸侯出。"①《吕氏春秋·观世》也说:"今周室既灭,天子既废。乱莫大于无天子,无天子则强者胜弱,众者胜寡,以兵相残,不得休息,而佞进。今之世当之矣。"可见道与帝王体制又不能分开,甚至很多人提出王重于道,李觏就提出:"无王道可也,不可无天子。"②为了把道与王统一起来,在很早就创造了"王道""先王之道"一类的概念。王道可以用很多方法来分析,如哲学的、历史的、逻辑的、道德的、社会的方法等,这里我主要从历史和哲学角度略加分析。谁发明了道?或者说谁把天道引给了人类?各家各派几乎异口同声说,是先王和圣人。先王和圣人并不是简单的同指异说,但又有很大一部分是重合的,两者相统一的便称为"圣王"。正是这些圣王沟通了天人,给人类建立了"人道":

> 子曰:"大哉尧之为君也! 巍巍乎,唯天为大,唯尧则之!"③

> 昔者,圣人之作《易》也,将以顺性命之理,是以立天地之道曰阴与阳,立地之道曰柔与刚,立人之道,曰仁与义。④

> 王者执一而为万物正……以身为家,以家为国,以国为天下。此四者异位同体,故圣人之事,广之则极宇宙,穷日月,约之则无出乎身者也。⑤

> 帝者体太一,王者法阴阳,霸者则四时,君者用六律……生之与杀也,赏之与罚也。⑥

> 古之造文者,三画而连其中谓之王。三画者,天地与人也……取天、地与人之中以为贯而参通之,非王者孰能当是。⑦

> 自初卷至三百八十卷,必首叙帝王,以明一统之尊。繇是渐推之宫室,旁及闰僭,以终于外戚,皆隶于君,犹之天一也……天道也,君道也……地道也,臣道也。⑧

---

① 《论语·季氏》。
② 《李觏集·佚文》。
③ 《论语·秦伯》。
④ 《易·说卦传》。
⑤ 《吕氏春秋·执一》。
⑥ 《淮南子·本经训》。
⑦ 《春秋繁露·王道通三》。
⑧ 《册府元龟·序》。

这一类的论述举不胜举。分而言之,圣、圣王、王有别,但在实际上常常混而为一。于是王不仅把天道引渡给人间,而且他本身就是道的化身,即所谓的"体道"。

在天人合一中,天王合一始终是问题的核心,并且具有很强的神秘性,不断制造天子的神话。这方面的材料极多,不一一引述,只以《白虎通义》的有关论述作代表来说明之:

> 爵所以称天子者何?王者父天母地,为天之子也……帝王之德有优劣,所以俱称天子者何?以其俱命于天……何以知帝亦称天子也?以法天下也……何以言皇亦称天子也?以其言天覆地载俱王天下也。①

> 天子所以有灵台者何?所以考天人之心,察阴阳之会,揆星辰之证验,为万物获福(于)无方之元。②

> 天子立明堂者,所以通神灵,感天地,正四时,出教化,宗有德,重有道,显有能,褒有行者也。③

天在中国的古代从来就没有失去过神秘性,因此天子也总具有神性。这种神性既是其超人的证明,又是其绝对权力合法性的证明。

皇帝是天的代理人,是道的化身。就一个具体皇帝而言未必如是,但从理论上应该如是。于是,在很多情况下,天、道、圣、王是四位一体的。天命观与道统论是古人的终极追求和理想境界。帝王是成天命和施治道的主角,所以常常以法天行道者自居。法天,天君合一,把皇权神化;行道是说帝王行为的合理性与正确性;称圣则表明皇帝聪慧无比。皇帝的谥号和尊号是当时政治文化的凝结,其中最重要的两个字就是天和道。特别自唐朝以后,天与道是最为重要、最为突出的,处于领衔的地位。谥号、尊号一开始便是"统天""法天""似大""感天""体天"等;继之便是与道的关系,如"继道""体道""明道""契道"等;"天""道"之后又多随之以"圣"。此外还有表示功业、道德等方面的内容。

天、道、圣把王托到了社会的顶端,是王权至上的根据。董仲舒说:"《春秋》之法,以人随君,以君随天。"④又说:"圣人何其贵者,起于天,至于人而

---

① 《白虎通义·爵》。

②③ 《白虎通义·辟雍》。

④ 《春秋繁露·玉杯》。

毕。"①对天来讲,王代表人类与天对话,承上启下;对民来讲,王是他们的总领和最高指挥:"王者承天意以从事","王者天之所从也"。②故天下人都要服从天子,"唯天子受命于天,天下受命于天子"③。"下至公侯伯子男,海内之心悬于天子。"④在这里我们看到,天人合一的中心仍是天王合一,要论证的核心是王权主义,绝不是什么"人类主义"。

理学家讲的天人合一,就社会层面而言,增加了道德、心性方面的内容,但其中心同样仍是天王合一。正如程颐所云:"君道即天道也。"⑤当然,他们比前期儒家的论证更加缜密,更加绕圈子,说穿了,更加迷惑人而已。他们所说的天理、道、性、命、心等,落实到社会和人,不外乎儒家通常所说的三纲五常。仅举数例以昭一般:

> 人伦,道之大原也。⑥
>
> 人伦者,天理也。⑦
>
> 道之大本如何求?某告之以君臣、父子、夫妇、兄弟、朋友,于此五者上行乐处便是。⑧
>
> 道之在天下,其实原于天命之性,而行于君臣、父子、兄弟、夫妇、朋友之间。⑨
>
> 道之大纲,只是日用人伦事例所当行之理。⑩
>
> 吾儒之道乃天下之常道,岂是别有妙道?谓之典常,谓之彝伦,盖天下之所共由,斯民之所日用,此道一而已矣,不可改头换面。⑪

---

① 《春秋繁露·天地阴阳》。
② 《春秋繁露·尧舜不擅移汤武不专杀》。
③ 《春秋繁露·为人者天》。
④ 《春秋繁露·奉本》。
⑤ 《二程集·河南程氏遗书》卷一一。
⑥ 《张子语录下》。
⑦ 《二程集·河南程氏遗书》卷七。
⑧ 《二程集·河南程氏遗书》卷一八。
⑨ 《朱文公文集》卷七八。
⑩ 《北溪字义》。
⑪ 《陆九渊集·与王顺伯》。

在理学家看来，人伦为道之大本、大原，道为人伦之大本、大原，道与人伦实同名异，在理论上基本上也是同价的。人伦法则亦即宇宙法则。正是人伦法则把形形色色的儒家统一在一起。在理学中，真正贯彻始终、渗透一切的范畴是人伦，是三纲五常。理学的各式各样的理论都通向对三纲五常的肯定。每个人都要各安其位，这就是"天命""天分""定分"。朱熹说："天分即天理也。"①又说："君臣父子，皆定分也。"②这就是说，等级差别出于天命，出于天然，人不得有任何非分之想，更不能有非分之举，"须着安于定分，不敢少过始得"。"且如嗜刍豢而厌藜藿，是性如此。然刍豢分无可得，只得且吃藜藿。"③等级制度、贵贱有别是君主专制制度赖以存在的社会基础。

我决不否认君主制度的历史必然性，我只想说明，在古代，天人合一并没有导向、或者说主要没有导向天与人类的普遍合一，而是导向天王合一。在这一点上，首先不是解释和评价的问题，而是一个历史事实的问题。天人合一的核心是讲天与社会秩序的关系，在当时历史条件下，社会秩序不可能是别的，只能是君主专制体制。三纲五常与君主专制是互为表里的。

在君主专制体制下，在三纲五常的体系中，不管对人有多少高妙的言辞，诸如"天地之间人为贵"等，但由于三纲五常这一天网笼罩在每个人的头上，在天面前，不存在人人平等，因此人们只有角色人格，很少有独立人格，也很少有个人尊严。像张载提倡的"民胞物与"，无疑是非常豪迈的、令人敬仰的壮语，但是只要全面考察老先生的思想，这显然不是他思想的核心。这不是苛求古人，而是不容忽视的历史事实。

同样，在君主专制条件下，也很难有人类与自然的和谐。虽然在理论上不乏王要顺天的规定，但王本身就是天的体现，王命就是天命，所以帝王们常常置天于不顾，任意而行，破坏天人和谐。这一点历史是可以作证的。

一言以蔽之，讨论古代的天人合一不能离开历史内容，这样才可能既借助历史的命题，又超越历史。即使把天人合一解释为人类社会与自然的

---

① 《朱子语类》卷九五。

② 《朱子语类》卷六三。

③ 《朱子语类》卷六一。

和谐,我认为在所想象得到的未来,天人合一也不是超越一切的命题,人类社会也不可能其乐融融地相处,共同一致同天搞"合一"。无疑,人类和自然的关系问题是一个极其重要的问题,但同时不要低估还有许多更实际的利益问题纠缠着人们,左右着人们的行为。中国传统的"天人合一"不可能是下一个世纪解救人类的灵丹妙药,同样也不可能将"天人合一"作为东方文明优越的证明。

原载《天津社会科学》,1996年第4期

王、道相对二分与合二为一

"道"是中国传统思想文化的核心范畴之一,是理性的最高抽象,又是整个思想文化的命脉。

"王"是最高权力者的称谓,同时又代表着以专制权力为中心的社会秩序,以及与这种秩序相对应的观念体系。

道与王是什么关系?就我拜读过的论著,特别是新儒家,十分强调儒家的道与王是二分的,道是社会的独立的理性系统,对王起着规范、牵制和制约的作用。就一隅而论,足以成理;然全面考察,则多偏颇。我认为道与王的关系,如本文题目所示,是相对二分与合二而一的有机组合关系,分中有合,合中有分,分合相辅,以合为主。这不限于儒家,而是整个传统思想文化中的主干。

这个问题关系到整个传统思想文化的历史、价值定位问题。试论一、二。

一、道、王相对二分

从历史考察,作为思想文化概念的道从一开始就与王胶着在一起,很难真正进行二分。不过又诚如一些学者所指出的,两者在一些地方的确又分为二。学者多论儒家的道、王二分,应该说这是不全面的。就先秦诸子而论,这是共同的议题,问题的提出又早于诸子。

早在政治理念萌发之时已蕴含王、道二分。历史给我们留下的第一篇政治文诰《盘庚》,已有政治理念的端倪。盘庚虽然以上帝(《盘庚》篇中又称"天")化身来发号施令,但同时也还讲"德""重民"等。盘庚反复强调他自己一切遵奉"德"、事事"积德","不敢动用非德"。显然,德已经悄悄站在王之旁成为一个政治理念准则。殷周之变,大大促进了政治理念的发展。周武王、周公等用"以德配天"和"天以德择主"的认识方式,解释了夏、商、周的历史之变,德与王的二分更为明朗化。在后来的发展中,为什么在"德"之旁生出来了一

261

个"道"，而且又后来居上？依我看，主要原因是，德是一个附属于天神的人事性观念，在春秋战国思想文化转型中，要突破天神的束缚，张扬理性的形而上学，"德"显然是不能适应的，需要创立新的观念，"道"正是适应这一思潮的要求而被张扬起来。("道"并没有取代"德"，而是与"德"并存，容纳了"德"，并赋予"德"以新的内容。道与德联袂，于是又创造了"道德"这一概念。这个问题另述。)从最抽象的意义上说，"道"是有关宇宙(天、地、人)理论体系的一字性凝结和概括，同时又是真、善、美和智慧的最高体现。道的理论体系一旦形成，它就会成为超越任何具体事物和个人的一种存在，即使是权力无限的君主也难以驾驭。西周时期的天子大致还能驾驭"德"，并给予界定。随着"道"的发展，君王们也一直在设法占有它、支配它，或让它适应自己，这点下面再论。不过"道"作为一种观念系统，也是无法改变的、无可奈何的事实。这不仅表现在道、王相对二分，而且"道"对于王还具有某种超越性。大致而言，有如下几点：

其一，道、王二系。道所表达的是知识、道理和价值合理性系统；王所代表的是秩序、制度和权力系统。道、王二分在诸子之前已经有相当明朗、清晰的认识。"先王之道""先王之制""王道"等观念出现及其超现实君主的性格已经表达了道、王二系这层意思。晋国丕郑论"义"高于君，把认识推向一个新的高度。晋献公得丽姬，生奚齐，欲废太子申生。大臣荀息唯命是从，并讲了如下的道理："吾闻事君者，竭力以役事，不闻违命。君立臣从，何二之有？"丕郑对此提出异议，他认为："吾闻事君者，从其义，不从其惑。惑则误民，民误失德，是弃民也。民之有君，以治义也。"①丕郑把义与君分为二系，义高于君，从义不从君。诸子之兴，创造了新的思维方式和新的知识体系，在道、王二系问题上又增加了新的内容，把认识提高到一个新的阶段。由于各家各派理论体系不同，论述的方式和侧重点也有差异。

儒家主要是把宗法道德理性与王权分为二系。所谓宗法道德理性，是指崇尚亲亲、尊尊，把亲亲、尊尊为中心的人伦道德体系视为道的体现，并以人伦道德为中心整合、治理社会。王所表示的主要社会权利系统。前贤、时贤对儒家的道、王之分论述详备，此不赘言。我这里只说几句儒家"道"的主旨究竟是什么？时下，很多人著文，称儒家学的核心是"人学"，或"成人之学"。依我之见，这种说法太宽泛了，还应接着往下说。所谓"下"，就是具体化、历史化。如果说儒家的核心是"人学"，其"人"并不是独立、自主、自由的人，而是以君臣、

---

① 《国语·晋语一》。

父子、夫妇为中心网络化、社会化的"等级人"。这种"等级人"的关系是由"三纲五常"维系的。我所说的宗法道德理性,其中心内容就是"三纲五常"。在儒家的理论中,"三纲五常"既被天命化,又被本体化,同时还是天人统一秩序的具体体现。儒学是"人学",还是"等级人学",这是一个大问题,容另文讨论。

法家主要是把法制(或"法治")理性与王权分为二系。所谓法制理性,指法是道的体现,是人类的"公",因此要尚法,依法治国。法家在哲学上受道家影响最为直接,慎到是把法与道结合起来的最早代表人物,其后《管子》中的法家著作,韩非等都把道视为法的本体,法原于道。所有的法家都认为,法理(法哲学)及体现法理的法、律、令等,都具有规律性和一般性。法要顺天道、随时变、因人性、遵事理、量可能,因此常常用"道""常""则""节""度""数""理""时""序"等概念来表达天道、历史、人情、事理与法的内在的统一和规律。这种统一和规律体现了自然、国家和社会的统一。因此法制理性超越王本身。法家对王的定义则主要是从权势着眼,谁有最高权势谁就是王。"贤不足以服不肖,而势位足以屈贤矣。"①"君所以尊者,令。"②"势者,胜众之资。"③"人臣之于其君,非有骨肉之亲也,缚于势而不得不事也。"④"凡人君之所以为君者,势也。"⑤法家是主君主专制最有力的一派,同时也是最富政治理性的一派。现实的君主同法制理性分为二系是法家的一个重要命题。

道家主要是把自然理性与王分为二系。所谓自然理性,是指以自然为本,凡属自然的均是合理的,自然而然,崇尚自然。它与王的关系,大体又分为两派:一派以庄子为代表,另一是黄老派。庄子一派认为道与王是对立的,道虽然没有完全否定王,但王在道面前是等而下之的卑物。这种思想在老子那里已经有经典性的表述:"失道而后德,失德而后仁,失仁而后义,失义而后礼。"⑥其中已包含对王权的鄙视。庄子沿着这一路线对君王们进行了猛烈的鞭挞(有些篇例外),指斥君主们是一批盗贼,"窃国者为诸侯";君主又以名利挑动人欲,破坏了人们的自然生活,是搅乱人心的祸首。人们都称颂尧舜,在庄子看来,恰恰是尧舜把天下引

---

① 《慎子·威德》。
② 《北堂书钞》卷四十五引《申子》。
③ 《韩非子·八经》。
④ 《韩非子·奸劫弑臣》。
⑤ 《管子·法法》。
⑥ 《老子·第三十八章》。

向万丈深渊。体现自然理性的是那些"真人""至人""体道者""圣人""神人"等;帝王系列的人物,如黄帝、尧、舜等,大抵是离道者。黄老派与庄学相反,是积极主张的一派。有的学者称黄老派为"道法家",是很贴切的。"道生法"①把问题说得十分清楚。道、法一系,法本于道。君主之所以为君主,则主要是有权势。"衔命者,君之尊也。"②"人主者,天地之□也,号令之所出也,□□之命也。"③"主上执六分(按:指君臣在权力结构中不同地位的六种情况)以生杀,以赏〔信〕,以必伐(罚)。"④庄学与黄老派对政治的态度上尽管有很大差异,但都崇尚自然理性。自然理性与君王是二分的。

墨家主要是把社会公正理性与王分为二系。所谓社会公正理性,指的是以社会为本位,倡导"兼相爱,交相利",以此作为社会的公"义"。公义与"一人一义"的私义是对立的,公义高于私义。公义原于天,出于圣。天是有意志的天神;圣人是天意的体现。这种社会的公正理性高于王,规范王。王作为"政长"系统的首脑应实行公义;如果违反公义、不败则亡。

阴阳家主要表现在五德终始的历史理性与王的二分。阴阳家的学说很庞杂,这里只谈邹衍的五德终始历史理性问题。五德终始说主要包含两方面的内容,一是历史按五德依次循环,二是相应地把政治分为五种类型(或五种模式)。在五德终始的历史理论中虽然混杂着神秘色彩,但在当时又是最富于理性的历史理论。它向人们揭示,没有不亡的朝代,没有不变的政治格局。历史之变是不可抗拒的,只有善于适应历史者才能获得胜利。在这个历史理性面前,一个朝代是有限的,具体的王更是短暂的。

道、王二系是诸子的共同话题,也是整个思想文化中的一个基本命题。道作为政治理性,源于认识;王则源于社会政治运动。道、王二系在理论上完成了政治理性与王的二分。由此引申出,政治理性不是王的私有品,也不是王所能垄断的:它是人类认识范畴中的一个问题,是一个社会价值问题。从认识意义上说,任何一个人都可以参加到认识行列中来。先秦诸子"横议"政治,以及其后士人关切、评品政治,甚至平民、布衣上书议政,应该说都是以道、王二系为依据的。

---

① 《法经·道法》。

② 《管子·形势》。

③ 《经法·论》。

④ 《经法·六分》。

其二,道高于君。这一理论概括最早是荀子提出的,但这层意思在"道"的理论化过程一开始就萌发了。道高于君不是儒家所独有,各家各派大抵都有类似的主张,是时代的通识,连极力鼓吹君主专制主义的法家也在其中。《管子》中的法家派著作一方面提出君主是"生法者";另一方面又提出,法一旦制定出来就成为超越君主的一般,要高悬在君主的头上,也必须遵守。这如同工匠能成规矩而不能成方圆那样,方圆高于工匠;法一旦制定出来也高于君主。韩非在《韩非子·解老》中说:"凡道之情,不制不形,柔弱随时,与理相应。万物得之以死,得之以生;万事得之以败,得之以成。"对君主也是一样,道是胜败存亡的依据,所以他一再告诫君主要"因道"。道高于君主要包含以下两方面的内容:

一方面表现在"君道"的抽象超越了具体的君王。社会角色的规范和抽象是人类自我完善、自我制约、自我提高必不可少的一环,也是人类理性发展的一个重要标志。商、西周时期虽然政治理性在君主之旁已悄然兴起,但人们还不能对神秘的"天子"做出更多的规范,因为他是崇拜的对象。随着周天子的式微、疑天思潮的泛滥和以"道"为中心的理性的兴起,"王"无疑还受到人们的膜拜,但已从神坛请下来变成认识对象。诸子百家有关"先王之道""王道""圣王之道""君道"等理论,集中体现了对君主认识和抽象的成果。它具有提高君主的作用,又是一种政治理想。在这种一般和理想面前,一个个的君主都变成等而下之的具体存在。一般高于具体,这是人类创造的通则,是社会完善的必由之路。君道超越君主是政治理性发展的重要标志之一。

另一方面表现在道的形而上内容远远超越了君主。道的形而上学内容有不同层次,具体而论,有"天道""地道""人道",这些都已远远超越了具体的君主;统而言之,道是有关天地人的统一性(又可称之为宇宙体系或宇宙秩序),以及天地万物本源和规律性的形而上学论,其超越君主的意义更不待言。在这些形而上的理论体系中,君主只不过是其中的一个网结。《老子》说:"道生一,一生二,二生三,三生万物。"其中还没有明确给君主留下位置,当然在另外的论述中,又把道、天、地、王并称为四"大"。《易传》说"一阴一阳之谓道"[1],天为阳,地为阴,"有天地然后有万物。有万物然后有男女。有男女然后有夫妇。有夫妇然后有父子。有父子然后有君臣。有君臣然后有上下。有上下然后有所措"[2]。显然,君主只是

---

[1]《易传·系辞上》。

[2]《易传·序卦》。

整个宇宙生成系统的一环。这类宇宙理论体系的道,无疑是高于君主的。

道高于君是中国传统政治理性的一个核心命题,同时又凝结为政治文化而成为中华民族的一种政治精神和价值准则。在这个大纛下演出了一幕又一幕政治戏剧。

其三,以道事君、从道不从君。君臣之间本来是主奴、主仆关系,在春秋以前盛行的是绝对、盲目服从,诸如"君命无二"①,"君命,天也"②,"委质为臣,无有二心"③等观念,在君臣关系中占主导地位(此后也一直流行)。"道"的凸起,道高于君,引起了君臣关系的变化。高扬"道"的人认为,要把"道"视为君臣关系的第一纽带。在这股思潮中,孔子进一步提出"以道事君"④这一具有划时代意义的命题。以道事君表示,臣是道义的承担者,为道义而仕;在道义面前,臣与君平等。如果道与君之间发生矛盾,则要以道为上。孔子温和地提出了:"邦有道则仕,邦无道则可卷而怀之。"⑤孟子增加了刚烈的大丈夫精神:"天下有道,以道殉身;天下无道,以身殉道;未闻以道殉乎人者也。"⑥荀子更明确地提出"从道不从君"⑦。"志意修则骄富贵,道义重则轻王公。"⑧刘劭说:"违上顺道,谓之忠臣。"⑨为实现道,在是非和道义问题上,臣要有"格君心之非"的责任和勇气;在行动上要敢于进行争、谏、辅、拂;还要有为道舍身的精神。黄宗羲说:"吾以天下万民起见,非其道,即君以形声强我,未之敢从也,况于无形无声乎!非其道,即立于朝,未之敢许也,况于杀其身乎!"⑩如果王实在不可救药,儒家还主张实行革命,取而代之,但这只有圣人才可以做。

墨子同样主张以道义事君。墨子说:"道不行不受其赏,义不听不处其朝。"⑪墨子主张言行一致,下边两个故事说明在行动上是以道义为重的。墨子

---

①《左传》僖公二十四年。

②《左传》定公四年。

③《国语·晋语九》。

④《论语·先进》。

⑤《论语·卫灵公》。

⑥《孟子·尽心上》。

⑦《荀子·子道》。

⑧《荀子·修身》。

⑨《申鉴·杂言》。

⑩《明夷待访录·原臣》。

⑪《墨子·贵义》。

派弟子高石子去事卫君,卫君待之甚厚,设之以卿位,致之以厚禄。高石子上朝堂上尽言墨家一套主张,卫君听而不行。高石子愤然离去,见到墨子说:"卫君以夫子之故,致禄甚厚,设我於卿。石三朝必尽言,而言无行者,是以去之也。卫君无乃以石为狂乎?"墨子回答说:"去之苟道,受狂何伤?"①宁为狂而不失道,何等豪迈!越王通过墨子的弟子公尚过转请墨子到越共商国是,还以五百里地预封墨子。墨子听后说道:"子观越王之志何若? 意越王将听吾言,用吾道,则翟将往,量腹而食,度身而衣,自比于群臣,奚能以封为哉? 抑越王不听吾言,不用吾道,而吾往焉,则是我以义粜也。钧之粜,亦于中国耳,何必于越哉?"②墨子把道义看得比权势、禄位更重,虽然许多诸侯争相聘请,大多因政见不合而拒仕;宁肯过清贫的生活,也不折道义。

法家对问题的看法与儒、墨家有别。他们在君尊臣卑这个问题上无疑比其他派别更为突出,更强调主令臣从,但同时又主张君臣在法面前应平等以待,对法要"共立""共操""共守""公执",要以法为公,尚公而抑私。所谓"私",内容很多,这里不去讨论,其中有一点对君臣是共同的,法之外都是"私"。君主在法之外行惠,与施暴一样,都是对法的破坏,都属于"私"。法是既成的规定,面对法,更强调执行,而不主张法之外的能动性和创造性。因此,对臣下进谏持分析和慎重的态度,不像其他家那么张扬。不过法家还是有限提倡进谏的,但要以法、以公、以功业为准则。所谓忠臣、谏臣,对上要"说人主使之明法术度数之理以避祸难之患",对下能"领御其众以安其国"③。"忠言拂于耳,而明主听之,知其可以致功也。"④"能上尽言于主,下致力于民,而足以修义从令者,忠臣也。"⑤如果在法和功业问题上与君发生矛盾,同样不能盲从。"能据法而不阿,上以匡主之过,下以振民之病者,忠臣之所为也。"⑥"为人臣者,君有过则谏,谏不听,则轻爵禄以待之。"⑦法家以对法的态度和执行情况,对君臣进行了品分,《管子·七臣七主》便把君臣分成七类。法家也是主张以道事君的。

①《墨子·耕柱》。

②《墨子·鲁问》。

③《韩非子·奸劫弑臣》。

④《韩非子·外储说左上》。

⑤⑥《管子·君臣上》。

⑦《韩非子·难一》。

道家对这个问题的态度较为特殊。庄学一派尊道而排斥君,出世而鄙视君,甚至走到无君的地步。黄老派则积极主治,在思想上兼收法、儒,主张以道事君。《经法》中黄帝和大臣力黑之间的论治突出的是道。《淮南子》对臣以道事君,君以道纳谏进行了充分的肯定。西汉时期著名的主黄老的大臣汲黯面折汉武帝,这个例子说明黄老派是坚持以道事君的。

　　在理论上诸子的主流应该说都是主张以道事君的,对从道不从君观点也都或多或少进行了论述。至于具体人在实践上如何,则另当别论。

　　其四,以道品分君主,明君要以道为上,在道面前应有勇气低下高贵的头。春秋以前,君王主要是崇拜的对象,不能自由认识。此后,随着理性的发展,自由认识范围的扩大,君主逐渐变成认识对象。对君主的认识包括许多内容,其中重要的一项是以道为标准品分君主。各家各派品分标准尽管不一样,大致说来分为“好”“中”“坏”三种。所谓好,就是“圣王”“明主”“有道之君”等;坏,即“乱主”“暴君”“不肖之主”“亡国之君”“无道之君”等。好、坏之间还有多品,可通称为“庸主”。按韩非的说法,好的和坏的都是千年不一出的,绝大多数是庸主。孟子也说五百年才出一个合格的王。当时的思想家把现实的君主放在道面前衡量时,几乎得出了一个大体相同的结论,一句话,都不合格。孟子与梁惠王对话后,指斥梁惠王“不仁哉!”[1]又说:“不似人君!”[2]荀子也认为没有一个合格的,都是“乱其教,繁其刑”[3]之辈,又说:“今君人者,急逐乐而缓治国,岂不过甚矣哉。”[4]即使像法家这样的君主专制的讴歌者,对当时的君主也大有微词。“今乱世之君臣,区区然皆欲擅一国之利,而管一官之重,以便其私,此国之所以危也。”[5]道高于君和以道品分君主在当时形成一股强大的社会思潮,并凝成一种稳定的政治文化,即形成了社会的普遍观念和政治价值准则。在这股劲风面前,许多君王战战兢兢,如不自己,在理性面前能低下高贵的头,程度不同地矫正自己的决策和行为。《淮南子·修务训》记述魏文侯故事,魏文侯便深明道义重于权势,他说:“段干木光于德,寡人光于势;段干木富于义,寡人富于财。势不若德尊,财不若义高。”齐威王以虚心纳谏著称,他

---

　①《孟子·尽心下》。

　②《孟子·梁惠王上》。

　③《荀子·在宥》。

　④《荀子·王霸》。

　⑤《商君书·修权》。

曾下令："群臣吏民，能面刺寡人之过者，受上赏；上书谏寡人者，受中赏；能谤议于市朝，闻寡人之耳者，受下赏。"[1]战国时期形成一种礼贤下士的政治风气，这同士人张扬道有很大关系，君主们因重道而尊上，甚至与士人"分庭抗礼"。君主屈权而重道成为一种美德，即使在以后君主专制极度膨胀时期也时时有之，《申鉴·杂言上》说："在上有屈乎？曰：在上以义屈，以义申。高祖虽能申威于秦项，而屈于商山四公；光武能申于莽，而屈于强项令。"这一类例子说明有些清醒的君主是尊重政治理性的。

道、王二分是相对的，道对王起着整合作用，同时又为王提供了一个新的武器，得道即能王天下。

二、得道而得天下

人类思想发展史向我们展现了一个极为重要的事实，凡属社会存在的重要现象，人们都要设法为它编织相应的合理与合法的理论，从而获得人们的认同，也使人们的心理得到平衡。君主是社会生活中一种最重要的存在，所以关于君主合理与合法的问题，是人类思维最古老的、最重要的课题之一。在中国古代，任何社会现象的合理性总是莫如君主合理性问题最为重要和突出；在诸多现象的合理性理论中，君主合理性理论又居于主导地位。商以前史料阙如，难以论说。就殷周时期而言，那些最早的文献有关君主合理与合法的论述最为突出。当时君主合理与合法性的观念与理论，是以天命为中心而展开的，简言之，即君权神授。随着春秋战国思想文化与社会观念的转型，君主合理与合法性问题也发生了重要的变化，当时关于这个问题有多种看法，但影响最大的、逐渐占据主流地位的，是"有道而王"。

先秦诸子以道论王的合理性最力者应属道家，尽管在道家那里，与淳朴的自然相比，王是等而下之者，不过在理论上用道论述王的合理性是由道家开其先河的。老子最早提出并论述了这个问题，他说："知常容，容乃公，公乃王，王乃天，天乃道，道乃久，没身不殆。"[2]庄子对君主的合理性问题进一步从道的角度进行了论述，在他看来，人们俗说的君主，甚至包括唐尧虞舜，都属盗贼之类。只有真正体悟了"道"的人才配作君主。"君原于天而成于德。故曰：

①《战国策·齐策一》。
②《老子·第十六章》。

玄古之君天下，无谓也，天德而已矣。"①"唯无以天下为者，可以托天下也。"②

儒家在这个问题上相对落后，他们在不同程度上保留着君权神授观念，不过当面对实际时，也突出了道。孔子没有直接提出这个问题，但他提出不仕无道之君，已经包含了以道作为认同君主与否的内容。孟子在一些地方大讲君权神授，在另一些地方又把道的意义向前推进了一步，他说："得道者多助，失道者寡助……助之至，天下顺之。"③"非其道，则一箪食不可受于人；如其道，则尧受舜之天下，不以为泰。"④其标志是民的背向。"桀纣之失天下也，失其民也；失民者，失其心也。得天下有道：得其民，斯得天下矣。"⑤又说："得乎丘民而为天子。"⑥荀子对道更加张扬，他说："威有三：有道德之威者，有暴察之威者，有狂妄之威者……"⑦三种威有三种不同的结果，前者王，中者危，后者亡。儒家以道义为标准对君主进行品分，最理想的是圣王，最坏的是暴主，如桀纣之主失去了合理性，可以对他进行"革命"。《逸周书》各篇的创作时代前后不一，其中《殷祝》篇就其文气而言应属战国之作。文中有一段商汤灭夏之后所说的话，完全是以"道"作为合理性的依据。"此天子之位，有道者可以处之。天下非一家之有也，有道者之有也；故天下者，唯有道者理之，唯有道者纪之，唯有道者宜久处。"贾谊在《新书·修政语下》引述了这段话，安在姜太公头上。接着还有一段话论述了道与兴亡的关系："故天下者，难得而易失也，难常而易亡也。故守天下者，非以道行弗得而长也。故与道者，万世之宝也。"

法家对君主合理性问题的认识，究其原，也归结为道。慎到说过这样的名言："古者立天子而贵之者，非以利一人也。曰：天下无一贵，则理无由通，通理以为天下也。""立天子以为天下，非立天下以为天子也。立国君以为国，非立国以为君也。"⑧"为天下""为国"是天子、国君合理性的前提；如果为自己，把

---

①《庄子·天地》。

②《庄子·让王》。

③《孟子·公孙丑下》。

④《孟子·滕文公下》。

⑤《孟子·离娄上》。

⑥《孟子·尽心下》。

⑦《荀子·强国》。

⑧《慎子·威德》。

天下、国家变成囊中物,那就违反了立天子、国君的初衷。《管子》中法家派的著作论述王的合法性十分注重"道""德"的意义和作用。《管子·君臣上》说:"明君重道德而轻其国也,故君国者,其道君之也。王天下者,其道王之也。"王天下不是王的个人行为,不是以王为主体,而是道高于王,王是道的肩荷者和执行者。有道是有国的前提。又说:"君失其道,无以有其国。"《管子·君臣下》说:"德之以怀也,威之以畏也,则天下归之也。""德""威"是合法性的两大支柱。又说:"神圣者王,仁义者君,武勇者长,此天之道,人之情也。"《管子·重令》认为威、兵、德、令四者兼具才能王天下。这四者可简化为德、威两项。《管子·霸言》说:"得天下之众者王,得其半者霸。"《管子·版法解》:"与天下同利者,天下持久。"《管子·君臣上》还提出君民一体:"与民一体则是以国守国,以民守民也。"这同儒家的看法如出一辙。连韩非这样极端的君主专制主义者也把道视为合理性的依据。"母者,道也;道也者,生于所以有国之术;所以有国之术,故谓之'有国之母'。"①秦始皇是法家的崇尚者,他对自己的合理性有一系列的论述,其中重要一项就是"体道行德""诛戮无道"②。可见法家也非常注重用"道"作为合理性的依据。

《吕氏春秋》中许多篇对君主的合法性进行了论述。合法性的支点是君主要顺民、惠民,得到民的拥护。"人主有能以民为务者,则天下归之矣。"③"凡王也者,穷苦之救也。"④"天下,非一人之天下也,天下之天下也。"⑤"置君非以阿君也,置天子非以阿天子也"⑥,为民而置君、而置天子。"先王先顺民心,故功名长。夫以德得民心以立大功者,上世多有之矣。失民心而立功名者,未之曾有也。"⑦顺民、惠民是道的体现。各家各派都主张圣人为王,这与得道而为王是一个问题的两种说法,因为圣人是道的人格化。

天命而王与得道而王,有路线的不同,前者崇神性,是从神那里寻求合理与合法性;后者崇理性,是以人的自我完善、功业、德政作为合理与合法的依

---

② 《史记·秦始皇本纪》。

③ 《吕氏春秋·爱类》。

④ 《吕氏春秋·慎势》。

⑤ 《吕氏春秋·贵公》。

⑥ 《吕氏春秋·恃君》。

⑦ 《吕氏春秋·顺民》。

据。崇尚神性更多地表现为依赖;崇尚理性更多表现为主观能动的创造。春秋战国时代,是竞争和角力的时代,更需要从社会现实中寻求力量,应该说这是"得道而王"思潮大兴的历史条件。"国将亡,听于神;将兴,听于民。"[①]这句话可谓两条不同路线最早和最简洁的表述。就实而论,中国历史上从来没有割断神的脐带,即使在春秋战国理性大发扬的时期,道也没有与天命一刀两断,但侧重点是大不一样的。

道是理性的抽象,不能用感官直接感觉,对此老子已有论述,韩非在《解老》中更明确地指出,道是"不可闻见"的。但是道并不是不可知的,只要仔细观察它的功能,用抽象的思维方法是完全可以认识和把握的,也是可以论说的。下面一些各派交叉使用的词组:如"闻道""通于大道""知道""安道""得道""守道""体道""因道"等,即是证明。

道要通过学习才能获得,这是时代的共识,君主们也不例外。君主有明、暗之分,其区别的重要标志就是能否知道和遵道。"道者,诚人之姓也,非在人也。圣王明君善知而道之也。"[②]君主如何知"道",除自己体悟外,还要通过尊师、用贤、纳谏等方式来获得。

为政之要在行道。只有行道才能把握住政治的总体。春秋战国以降,只要稍稍有点头脑的人都明白,政治不只是一个社会权力问题,还须要从形而上学的高度,即从"道"的高度来把握,这就是所谓的君子要"坐而论道"。圣君、明主要通天道、地道、人道,并付诸实践,简而言之,即"法天地""天人合一"。天人合一对中国传统政治功能的影响至深,一方面,它赋予政治以视野广阔、登高望远、居高临下的长处;另一方面,也使政治具有全能的性质,而王权则是全能的核心。

得道而王,一方面表明道具有超越王的意义,王要向道靠拢,要体认道;另一方面,道又是王的合理性依据,道、王之间没有不可逾越的界线,王可以得道,这为王占有道开了通途。

三、王对道的占有

道就其本始意义而言,在一定意义上是与王的权威并立的一种社会性的精神权威,然而中国由来已久的君主专制制度是不能容许这种精神权威无限

---

① 《左传》庄公三十二年。
② 《管子·君臣上》。

发展和扩充的,不容许"道"在王之外超然独立。王能支配社会,无疑也要设法支配"道";另一方面,当时思想家们创立的这个道在很大程度上是为了重新塑造政治和改造政治,然而政治的主角是君主,于是思想家们又纷纷把实现"道"的使命交给了君主。上述两种趋势的结合,"道"即使没有完全被王吃掉,也大体被王占有。大致表现在如下几个方面:

其一,先王之道的构建和神化。先王这个词最早见于《盘庚》篇,它一出现就具有神圣和权威的意义。从西周以降,先王或先王之道已成为一个十分重要的、内容丰富的政治范畴。先王既是一个具体的概念,又是一个抽象概念。所谓具体,是说在位之王称其先祖为先王。所谓抽象,是说"先王"这个概念已超越具体的王,成为一个泛称。

在春秋以前,"先王"这个概念主要是作为行为主体来使用的,当然在先王的行为中同时也凝结了丰富的政治原则和政治哲理。到春秋时期这些政治原则和政治哲理被抽象为"先王之道",这个词最早见于《论语》。先王和先王之道,就其内容而言没有太大的区分,细致考究,先王更多指主体及其行为,先王之道则指先王所创立的政治制度、政治原则和政治哲理。与先王之道相类的要领还有许多,诸如"先王之法""先王之训""先王之命""先王遗训""先王之教""先王之令""先王之法制"等。

在历史的滚动中,人们赋予先王和先王之道无限的神圣性和权威性,这表现在以下几点:

先王与上帝是对应、互通关系。有关上帝选立先王,先王配上帝、祀上帝的记载多多,无须征引。还有另一类资料,把事情倒过来,上帝是由先王创立的,《国语·周语上》说:"古者,先王既有天下,又崇立上帝,明神而敬之。"显然,先王的地位比上帝还要显赫。众多的史料表明,祭祀上帝与祭祀先王的规格大体是相同的,尊先王如同尊上帝。

先王还有"成百物"的作用,《国语·郑语》说:"先王以土与金木水火杂,以成百物。"先王与造物主同列。

先王之道既包括制度,更深藏着精神。其精神是什么,这要依各家各派的学说而定。大致说来,先王之道就是自己所倡导的道或学说,正如韩非所指出的:"先王有郢书,而后世多燕说。"[1]先王注我。

---

① 《韩非子·外储说左上》。

儒、墨等以先王为旗帜,事事以先王为法。儒家的巨子荀子虽曾提出"法后王",其实他所说的后王就是三代之王,与孔、孟提倡的"法先王"没有原则的区别。他们把自己的主张还原为先王之道,同时又把先王神圣化,使先王变成一种绝对的权威,并凌驾于现实的政治权威之上。由法先王而提出的复古,在理论上有迂腐的一面;但另一方面又树立了一个超越现实君主的历史权威和精神权威,人们可以举起先王的旗帜对现实的君王进行某种程度的制约和批判。

法家对先王与儒、墨有所不同。儒、墨把先王当旗帜,法家把先王视为工具,有时作为自己理论的注脚,有时又视如敝屣。为了给自己的法治理论寻求历史依据,他们把先王变成实行法治的楷模。"先王明赏以劝之,严刑以威之。""先王尽力于亲民,加事于明法。""公私不可不明,法禁不可不审,先王知之矣。""先王以道为常,以法为本。"①"先王所期者利也,所用者力也。"②"先王以三者(按:指目、耳、虑)为不足,故舍己能而因法数,审赏罚。先王之所守要,故法省而不侵。""法审,则上尊而不侵;上尊而不侵,则主强而守要。故先王贵之而传之。"③"先王寄理于竹帛,其道顺,故后世服。"④先王俨然是自己的祖师爷。当讲到历史之变和变法时,先王都成为过去。"先王当时而立法,度务而制事。法宜其时则治,事适其务故有功。"⑤"今欲以先王之政治当世之民,皆守株之类也。"⑥这些话是温文尔雅的婉词,更为激烈的则是"不法古""废先王之教""无先王之书"等之类的摈弃之言!在与儒、墨争辩时,批评儒、墨借先王张扬自己,是拉大旗作虎皮。他们认为先王不复生,死无对证,虚构而不实,是一种文字游戏。"为人臣常誉先王之德厚而愿之,是诽谤其君者也。"⑦在法家看来,先王只能为现实的君主所用,决不允许先王变为高于现实君主的权威,不能成为批评和制约现实君主的口实。

其二,王道的构建和神化。王道比先王之道更为抽象,更具有普遍意义。在这个要领中,道是依附于王的,是王之道。王道这个概念最早出现在《尚书·

① 《韩非子·饰邪》。

② 《韩非子·外储说左上》。

③ 《韩非子·有度》。

④ 《韩非子·安危》。

⑤ 《商君书·六法》。

⑥⑦ 《韩非子·五蠹》。

洪范》篇。洪范九畴的第五畴为"皇极"。皇,就是君主;极就是法则。文中关于王道的论述常常被后人引用。这段文字极为重要,摘录如下:

> 无偏无陂,遵王之义,无有作好,遵王之道;无有作恶,遵王之路。无偏无党,王道荡荡;无党无偏,王道平平;无反无侧,王道正直。会其有极,归其有极。

"皇极"这一"畴"专论王道,在另外八"畴"中也有涉及。诸如王道的原自问题、王道内容、王道的作用、王道的意义等,均有论述。庞朴先生在《原道》一文"王道"一节中已有精彩的分析。为了本文的需要,吸取庞朴的高见,另外也略有修正和补充,条析如下。

首先说王道的原自问题。从《洪范》整篇看,王道源于天(上帝)而成于王。箕子对话之始就告诉武王,"洪范九畴"是上帝赐予夏禹的。然而在具体的叙述中又说:"皇建其有极。"意思是说,王要建立为王的最高法则。王道源于天,又成于王,表明王是天的化身,王道是王的护身符。

其次,王道的政治内容简要而极高,第一项是要赐给臣民"五福"。何谓五福?文中没有交代,不过《洪范》的第九畴所讲的"五福"指:"一曰寿,二曰富,三曰康宁,四曰攸好德,五曰考终命。"一些注家认为前后的"五福"是一个内容。毋庸多说,这是极高度要求,也是极其伟大的事业。第二项是讲王要以身作则,才能使臣民心服。第三项讲刑罚要有度。第四项讲要用"有能有为"之人,尊敬"高明"之人。

再次,王道"荡荡""平平""正直",是整个社会的道德准则和行为准则,所谓"会其有极,归其有极。"王与臣民要共同遵守。《墨子·兼爱下》引这段文字说明文王、武王之德;晋国大臣祁奚"称其仇,不为诌;立其子,不为比;举其偏,不为党"①也引这段文字表彰其公而无私的精神。把社会道德准则附在王道名义下,王道与社会道德一体化了。

复次,王道还规定,王既是绝对的权威,又是民之父母。"惟辟(君主)作福,惟辟作威,惟辟玉食。臣无有作福、作威、玉食。臣之有作福、作威、玉食,其害于而家,凶于而国。"上下、贵贱截然相分。然而这个作威作福的君王又恰恰

---

①《左传》襄公三年。

是民之父母。"天子作民父母,以为天下王。"臣民对君王的指令在行动上必须绝对遵从,"是训是行";在情感上还要完全投入君王的怀抱,"以近天子之光"。君王对臣民的权力支配和情感支配结合在一起,这对中国传统社会生活的各个方面都有深刻的影响。

王道是上承天,下理民的通则;既有超越具体王的一面,又有王占有道的一面,可以说是王与道的混合体。以至同一段文字中,王道与王是不分的,混而为一。

这里附带说一下"王道"这一概念发生的时间问题。近期有几位学者著文论证《尚书·洪范》是殷周之际的作品,如果可信的话,那么,王最先与道结缘,"王道"要先于"天道""人道"等概念。然而现存的西周、春秋文献及金文,除《尚书·洪范》外,直到《左传》和《墨子》再引用这段文字,没有第二处使用"王道"这一概念。难道它像桂林的独秀山,一兀突起?这显然与社会思想发展不相宜,颇有可疑之处。这里暂存疑。但有一点可以断定,"王道"不是继"天道"之后的衍生物。

战国时期,"天道"虽然是一个通用词,不过使用频率并不高。随着王、霸之争,王道大抵为儒家所倡导,或成为儒家的代称。赵烈侯改革,儒法并用,儒者牛畜"侍烈侯以仁义,约以王道"①。商鞅以"帝道""王道"进说秦孝公,秦孝公昏昏欲睡;说之以"霸道",虚心聆听,数日不倦。王道、霸道之分,即是儒、法之分。

对王道在理论上做出更深论述的要属董仲舒。他在《春秋繁露·王道通三》中有一段极著名的话:

> 古之造文者,三画而连其中,谓之王。三画者,天地与人也,而连其中者,通其道也。取天地与人之中以为贯而参通之,非王者孰能当是?事故王者唯天之施,施其时而成之,法其命而循之诸人,法其数而以起事,治其道而以出法,治其志而归之于仁。仁之美者在于天。天,仁也。

在董仲舒之前,有关道贯通天、地、人和王通天、地、人的论述虽然很多,但概括为"王道通三",仍不失为一个创造。其中有以下几点值得注意。

董仲舒在前人的基础上作了综合。在他以前,王、王道、天道、地道、人道

---

① 《史记·赵世家》。

虽然已经常常混通，但还没有达到一体的程度。董仲舒通过对"王"字形的解析巧妙地把几者"混通"为一体，真可谓聪明之极。

把天德性化，君主的德性要随天，这种思想很早就有了，但把两者一体化，以致连帝王的喜怒哀乐都源于天之四时，是董仲舒的又一发明。"天常以爱利天下为意，以养长为事，春秋冬夏皆其用也。王者亦常以爱利天下为意，以安乐一世为事，好恶喜怒而备用也。然而主之好恶喜怒，乃天之春夏秋冬也，其俱暖清寒暑而以变化成功也。"

以往虽然也讲天与王的功能是相通的，但认为天的功能更为重要，天制约王。董仲舒进而突出了王的功能："人主立于生杀者位，与天共持变化之势，物莫不应天化。"王与天"共持变化之势"，这种提法是前所未有的，是董仲舒的新创造。

以往是以王对应天地、比拟天地，董仲舒则把天地、人主一体化、"天地人主一也"，天与王合二而一。

董仲舒对"王"是一种哲学释义。许慎的《说文解字》完全采用了董仲舒的说法，其后两千年没有人提出异议。这里附带说一句，把一种思想变为字书或辞书的解词，说明这种思想已成为社会的共识，甚至成为整个民族的体认标准。董仲舒的著作在汉代以后逐渐被冷落，《说文解字》却一直是小学中的权威之作。董仲舒的著作对王的神圣化的理论通过《说文解字》普及到整个社会。由此想到，小学、训诂之作是研究思想史，特别是研究思想社会化、定型化不可忽视的资料。

在董仲舒这里，王道不仅仅是通常所说的王之道，它几乎把整个的"道"纳入了王道。王道内容的扩张，同时也标志着王的功能的进一步的扩张。

儒家一直高扬王道的大旗。王道作为一种观念，无疑同具体的王是有别的。人们不仅希望王实行王道，还常常用王道作为批判某些具体王的理论武器，宋代理学家甚至以王道为准则对三代以后的所有帝王持批判和否定的态度，乍然看去，确有大丈夫浩然之气和无所畏惧的批判精神。然而稍稍留意，有两点颇耐人寻味：其一，对三代君王的歌颂备至；其二，对宋朝的君主们寄予了深情的希望和期盼，不只比隆尧舜，甚至抑尧舜而扬宋君。从理论上看，他们把三代以下，宋朝以前的历史都否定、抛弃，唯独宋是继三代之后的"圣朝"，对此，并没有讲出任何道理；明明知道宋朝积历代之弊，还作如是说，显然违背他们的思想逻辑。这种批判历史，屈从现实的现象，如果是为了"生

277

存",后人应予以理解,然而这也恰恰说明传统士人学理的非一贯性和人格的双重性。另一方面,还有一个更为重要的事实不容忽视,那就是,理学家在张扬王道的同时,又以最精巧的理论、从更高的意义上肯定了君王制度。天理、王道、三纲一体化就是明证。这里不是苛求理学家,而是要同当代新儒家辩明一个事实,即宋代的理学家是不是君主制度的最忠贞的维护者?如果这是理学家理论的大前提(理论的和事实的),那么,在估价理学家的所谓"人格独立"之类的问题时,就应该有分寸。严格地说,君主专制制度与人格独立在理论上是不相容的。

我们不能忽视王道论的某些批判意义,但同时也要看到,越是张扬王道,就越被王制所限;越是把王道作为一种理论追求,那么所谓的"道"就越依附于王。

其三,圣王之道的构建和神化。关于圣与王的关系问题,另文详述,这里只简单叙述与本题有关的几个问题。圣与王本来不同,圣是在王之旁生出来的一个代表知识和道德体系的人。然而有无限权力的王是不能容忍圣的无限扩展的;另一方面,祈求把圣人所代表的知识和道德付诸实现的思想家们又不得不把希望寄托在君王身上。这样一来,王与圣的结合成为必然之势。两者的结合最先体现在"圣王"这个词上。"圣王"一词在《左传》中仅一见,载于文公六年。《老子》《论语》中未见,而《墨子》中则连篇皆是。其后几乎无人不谈圣王。圣王是贯通客体、主体、认识、实践的枢纽;是一个超级的主体,主宰着一切;是真、善、美的化身;是权力最合理的握有者。圣王是一个极大的概念,在很大程度上关系着中国文化的特点和特性。我们固然可以说它是对王的提高,但也可以说是王对圣的占有。圣王之道成为绝对的真理,只能遵循、崇拜,不可质疑。

其四,王、道一体,道出于王。先秦诸子把圣人、君子视为道之原,同时又认为先王、圣王也是道之原。这在理论上为现实的王与道一体化,以及道源于现实的王原铺平了道路。秦始皇是历史上第一位把自己视为与道同体、自己生道的君主。秦始皇宣布自己"体道行德",实现了王、道一体化。"体道"这个词最早见于《庄子·知北游》。荀子说:"知道察,知道行,体道者也。"[1]韩非提出

---

[1] 《荀子·解蔽》。

"体道"是君主有国、保身之本。[1]秦始皇的"体道"便是由此而来。秦始皇不仅体道,又是圣王,他颁布的制度、命令是"圣制""圣意""圣志",永垂万世。先秦诸子创造的巍巍高尚的"道"一下子变成了秦始皇的囊中之物。秦朝虽然很快垮台了,秦始皇的思想却流传给后世。其后,贾谊提出"君也者,道之所出也"[2]。董仲舒在《春秋繁露·王道》中说:"道,王道也。王者,人之始也。"道、王道、王混为一体。李觏竟说出这样的话:"无王道可也;不可无天子。"[3]李觏的看法虽不是理论的主流,不过在许多时候是事实。对王来说,既要搞朕即国家,又要搞朕即道。

宋、明理学家高扬道统的大旗,道统俨然独立于王之外。然而恰恰在把道统说得神乎其神的同时,却又把这个神圣的道敬献给帝王,这一点在谥号中表现得尤为突出,诸如"应道""法道""继道""合道""同道""循道""备道""建道""行道""章道""弘道""体道""崇道""立道""凝道""明道""达道""履道""隆道""契道""阐道""守道"等词,在谥号中居于前列。汉语词汇实在太丰富了,在这里,都说明一个问题:帝王是道的体现者。

这里再说几句作为观念的"王"。作为观念的"王",其中已包含着"道",先王、圣王、王道等在某些地方都可以简化为一个"王"字。孟子所说的"五百年必有王者兴",就是有道之王。王成为道的化身,此时希冀王就是希冀道,维护王就是维护道。

王对道的占有,或者说道依附于王,是整个传统思想文化的一个基本命题,几乎所有的思想家,甚至包括一些具有异端性质的人,都没有从"王道"等大框框中走出来。只要还崇拜"王道"等,那么不仅在理论上被王制和王的观念所锢,而且所说的道也是为王服务的。

四、道的王权主义精神

王对道的占有只是问题的一面,另一面更应注意道本身的王权主义精神。在思想史中有一个重要的事实,即人们在阐发、高扬"道"的观念过程中,一直向"道"注入王权主义精神。进而言之,道的主旨是王权主义。这一点被我们的许多学者,特别是被新儒学所忽视。只要稍稍留意观察,这一事实应该说是昭然的。这里我只谈三点:

---

① 参见《韩非子·解老》。

②《新书·大政下》。

③《李觏集·佚文》。

其一,道对王的定位及其王权主义精神。中国传统思想文化中的道无所不在,千姿百态,但影响最大、最具有普遍性的,要属有关宇宙结构、本体、规律方面的含义了。正是在这种形而上学的意义中给予王以特殊的定位。

宇宙结构说有多种多样,但都遵循天人合一这一总思路。《易·系辞上》说,"一阴一阳之谓道",阴阳相交而生万物,而君臣尊卑之位便是宇宙结构和秩序的一环,"天尊地卑,君臣定矣;卑高以陈,贵贱位矣"。前边已经讨论过,天人合一的重心是天王合一。中国古代的宇宙结构理论无疑有其历史认识意义,然而这个恢宏结构真正能把握的部分是其下层的社会结构。社会结构的主体就是贵贱等级制度。王则是等级之纽。

道是宇宙万物的本体,同时又是宇宙万物之用,即所谓的体用不二。细致分析,在不同的语境中,道、天道、地道、人道、天理、心性、礼仪、刑法、道德等无疑是有区别的,但从更抽象的意义说又混为一体。无论是"体"或"用",表现在社会关系上,其主旨都是为君主体制服务的。有人会说,这未免把深奥的哲学问题简单化了,其实,如果把深奥的哲学问题还原为社会历史问题,有时就是相当"简单"的。把"简单"的社会历史问题深奥化,固然是认识不可缺少的;反过来,把深奥的哲学问题还原为"简单"的社会历史问题,同样也是不可或缺的。"体用"问题如果落实在社会历史中,难道不是为君主制度辩护吗?

道所蕴含的规律性思维方式及其揭示的规律,在中国的思想文化中有说不尽的话题,然而其中最主要的、影响最大的、在社会生活中最实际的,应该说是社会等级制度,以及以等级制度为基础的王权至上论。

其二,道的纲常化及其王权主义精神。中国是一个宗法-王权社会,从有文献记载开始,有关伦理纲常的内容就十分突出。伦理纲常向来与政治就是一体的。伦理纲常是儒家的主题自不待言,墨家及法家在不同程度上也是倡导的。在道家中,庄学对纲常投以鄙视的眼光,其他派别,特别是黄老派对纲常是十分重视的。

把伦理纲常形而上学化很早就开始了。春秋以前是神化,随着道的兴起,又开始道化(依然保留着神性)。伦理纲常的细目很多,其中最核心的是"三纲"。董仲舒做了一件影响千古的大事,这就是把伦理纲常概括为"三纲五常",并把它形而上学化,即道化和神化。理学家们的思维具有极强的形而上学性,内部的分歧也很多,不过其中有一点是高度统一的,那就是条条认识道路都通向三纲五常,都把三纲五常形而上学化,并与形而上学中最高范畴一体化,构成一而二,二而一的关系。张载说:"人伦,天理也。"①程颐说:"天地人只一道也。才通其一,则余皆通。""道之大本如何求?某告之以君臣、父子、夫妇、兄弟、朋友,于此五者上行乐处便是。"②朱熹说:"三纲五常,天理民彝之大节,而治道之本根也。"③又说:"道之在天下,其实原于天命之性,而行于君臣、父子、兄弟、夫妇、朋友之间。"④陆九渊说:"吾儒之道乃天下之常道,岂是别有妙道?谓之典常,谓之彝伦,盖天下之所共由,斯民之所日用,此道一而已矣,不可改头换面。"⑤在理学家那里,人伦与道可以说是同实异名。人伦法则也就是宇宙法则,三纲五常"自是亘古亘今常在之物,虽千五百年被人作坏,终殄灭他不得耳"⑥。"此理在宇宙间,固不以人之明不明、行不行而加损。"⑦

　　儒家所论的伦理纲常无疑比具体的君主更有普遍意义,甚至经常高举纲常的大旗批判某些君主,有时还走到"革命"的地步。然而这丝毫不意味着对君主制度的否定,恰恰相反,而是从更高的层次肯定了君主专制制度,用形而上学论证了君主制度是永恒的。我们不能忽视儒家的纲常对王的规范和批判意义,同时也不宜忽视这种规范和批判的归结点是对王权制度的肯定。我们的新儒家朋友对此实在有点漠视,或视而不见,真不知其可也!

　　其三,道施化万物的中介是圣王。道化万物,主宰万物,又是万物之所以为万物的依据。道的作用,其大无外,其小无内,无所不在。然而道并不是在任何情况下都独立自主地施化,在许多情况下,圣王、圣人是道施化万物,特别是施化人类的不可缺少的助手,甚至没有圣王、圣人,道也就失去了它应有的作用。从另一方面讲,圣王、圣人之所以为圣王、圣人,就在于体道。圣王、圣人是道的人格化。此处只强调一点,把圣王、圣人作为道施化万物的中介,圣王之制也因此而被神圣化。只要翻开我们老祖宗的著述,有一点是普遍的共同的认识,那就是对圣王之体的崇拜,只要圣王出世或实行圣王之制,就会把人

---

② 《二程集·河南程氏遗书》卷一八。

③ 《朱文公文集·戊申延和奏札》。

④ 《朱文公集·徽州婺源县学藏书阁记》。

⑤ 《陆九渊集·与王顺伯》。

⑥ 《朱文公集·与陈同甫》。

⑦ 《陆九渊集·与朱元晦三》。

类带入极乐太平世界。圣王无疑不同于一般的王,但只有王才有可能成为圣王,这也是没有疑问的。在理学家眼里,三代以下无圣王,也无圣制,可是有一个极为有趣的现象,他们对大宋的万岁爷几乎都颂扬为圣或期待成圣。应该说这同他们的理想曲不大合拍;如果按他们的逻辑推下去,宋朝的万岁爷都应该靠边站。可是他们没有按逻辑往下走,这中除了现实问题外(我绝没有意思让理学家都上断头台),在理论上有一个基本点,那就是:道需要通过王来实现,现实的王有可能成为圣王。儒者角色是帝王之师,要设法格君心之非,帮助王成为圣王。这种精神固然有其珍贵的地方,然而他们的思维方式和价值选择不仅没有离开王制,而是以肯定王制为前提的,毫无疑问也肯定了王权主义。

以往学者对道的论述,特别是新儒家,大抵多强调道的理性规范和批判意义、强调其理性的独立性及其与王的二元关系,对道的王权王义精神很少论及。就历史实际而言,我认为这类看法有极大的片面性,甚至可以说忽略了主要的历史事实。其实,无论怎样抽象的思想,它都有一定的历史内容;抛开历史内容,只能是灰色的、无生命的东西,或者是文字游戏而已。

道、王相对二分与合二而一是有机组合关系,同时也形成一种思维范式,历史上最伟大的思想家都没有从这种范式中走出来。这种思维范式的影响比具体内容的影响更为广泛和深远,不可不察!

原载《东方文化》,1998 年 2 月

王、圣相对二分与合而为一 ——中国传统社会与思想特点的考察之一

王、圣关系问题,就大体而言,它是文化之纲,关涉中国传统思想文化的全局;就实质而论,它是文化之核,决定中国传统思想文化的本质。如果说王与道的关系问题,其根底在于寻求权威合法性,那么王与圣的关系问题,其目标则在于确立权威理想性。圣是道的人格化,王圣关系问题是王道关系问题在人的社会角色上的展开。

一、文化转型:从神化到圣化

中国传统思想文化观念,以春秋战国为界,此前以崇拜上帝、上天为主;其后,以崇圣为主。由崇神向崇圣的转变是中国历史上思想文化转型时期的一大创造,也是一大特点。

殷代思想文化及人们的精神情感沉湎于"率民以事神"的氛围之中。从现存的资料看,殷人对神还缺乏终极追求意识,也缺乏道德意义。他们崇拜上帝诸神,一方面是神主宰着他们的生活和命运;另一方面,他们所求于神的,大抵只限于实用价值,即对吉、凶、祸、福进行判断和选择。因此,还处于宗教的初级阶段。

周取代殷,对殷人的上帝崇拜有因有革,这表现在"祈天永命"和"以德配天"的有机统一。从现有资料看,不能说周人仅仅把上帝、上天当作工具使用,他们在思想情感上依然十分崇拜上帝、上天,而且十分投入。但与殷人相比,也有重要变化,这就是神人相需、互补、互动,其中枢是"德"。天唯德是佑,人则以德配天。在这种关系中,人的主动性和能动性明显增加了,而这又是以理性为基础的,周初诰命中反复强调的"敬""慎""无逸",以及有关"我有周既

受,我不敢知曰:'厥基永孚于休'"①的警告,都可视为理智的标志,也可称之为实践理性。这里强调一点,即周人的智慧和贡献与其说是上述观念的本身,毋宁说是它的思维方式。这种思维方式意味着:在敬神中会把神抽空,或者说,实践的理性不可避免地要把神性排挤到后边。

春秋战国的社会变动为这种观念的转变提供了历史条件,给人们的历史创造性提供了更广阔的舞台。在复杂的社会斗争中,人们进一步悟出了如下的道理:"国将兴,听于民;将亡,听于神。"②"夫民,神之主也。是以圣王先成民而后致力于神。"③重民,主要是从政治力量上讲的,如何把这种力量组织起来,就需要智慧了。于是在用人问题上,突出了用贤和使能,于是有"使能,国之利也"④之类观念的兴起,有以贤能为"国宝"之喻。在用贤、使能的浪潮中,"圣"被凸现出来。从认识运动看,春秋时期突出圣人,反映了认识的深化,即理性的进一步发展;从历史的运动看,突出圣人,反映了神的功能的下降,人的能动性的上升和对自身力量的信心的增长。

在把"圣人"推向理性的化身和人类的救星这一历史运动中,老子和孔子有着特殊的贡献。在老子那里有两种圣:一是用形而上的方法"得道"之圣;一是凭借直观感觉之智规范事理之圣。老子认为后一种圣人是世俗之圣,只懂形而下之事,把握不住事物的本质,只会带来灾难,对这种凡俗之圣应摈弃。反之,那种以形而上的方式"得道"的圣人才是真正的圣人。老子的观念无疑有极大的偏颇,但他推崇形而上的抽象,无疑大大推动了理性认识的发展。而这正是圣人的本性之一。

孔子从社会历史的角度高扬了圣人。圣人最伟大的功能是"博施于民而能济众"。这不是一个小问题,而是关乎理想国的头等大事。在孔子看来,尧、舜还有点不够格。"博施于民"表达了圣人道德的高尚和当政的目的性,"能济众"则表示圣人的社会历史作用和功能,圣人的历史作用无以复加矣!

老子、孔子是春秋战国新兴文化的两位巨擘,他们虽都不否定神鬼,但由于崇尚理性和相信人的能动性而把神鬼放在侧位,而理性及其实现是由圣人来承担的。沿着老子、孔子的思路,后来更加高扬圣人。终战国之世,基本上完

①《尚书·君奭》。

②《左传》庄公三十二年。

③《左传》桓公六年。

④《左传》文公六年。

成了思想文化由崇神向崇圣的转变。

二、圣人"知道"与圣、神相通

1.圣人是理性的化身

圣人作为理性的化身,主要表现在通晓一切事物的道理和规律,并能把道理和规律与实践结合起来,达到预期的目的。"体道"这个词便包含这两层意义。

《尚书·洪范》说:"思曰睿","睿作圣"(今文"睿"作"容",这里不论)。"睿","通也"。孔安国注曰:"于事无不通谓之圣。"《白虎通义·圣人》说:"圣人者何?圣者,通也,道也,声也。道无所不通,明无所不照。闻声知情,与天地合德,日月合明,四时合序,鬼神合吉凶……万杰曰圣。"周敦颐说:"无思而无不通,为圣人。"①无所不通可以说是认识的极致、完成和终结。又如钱大昕所说:"夫六经定于至圣,舍经则无以为学;学道要于好古,蔑古则无以见道。"②这种观念不限于儒家,圣人穷尽真理是整个传统思想文化的共识。

圣人无所不通的核心是通道。老子、孔子开始以道定位圣人。在《老子》一书中,圣人是道的人格体现。孔子提出"朝闻道,夕死可矣"③,把道视为最高的追求。从此以后,整个思想文化界把通道、闻道、问道、知道、得道、思道、事道、体道视为认识和实践的根本问题。发明、发现、揭示、实行道是最深奥、最神圣的事业,是人能达到的最高境界,能达到这个境界的便是圣人、君子。圣人和道是一种一体关系。这又表现为如下三种情况:其一,有时把圣人视为道之原,《易·说卦》曰:"昔者圣人之作《易》也,将以顺性命之理。是以立天之道,曰阴与阳;立地之道,曰柔与刚;立人之道,曰仁与义。"《中庸》说:"大哉圣人之道!洋洋乎发育万物,峻极于天。"圣人吃掉了宇宙,吐出了天道、地道和人道,圣人无以复加矣!如果细加分析,对立天道、地道这一点并不是所有的人都赞成,或者说不是所有的人都以此立论,但对圣人立人道这一点几乎没有任何分歧,人道源于圣人是传统思想文化的共识。其二,道高于圣人,独立于圣人之外,圣人的功能是对道的体认和发明。诸如"则道""中道""体道""达道""通

---

① 《通书》第九册《周子全书》。
② 《经籍纂诂·序》。
③ 《论语·里仁》。

道""得道"等概念所表达的大抵都是这种意思。《大戴礼·哀公问五义》说:"所谓圣人者,知通乎大道,应变而不穷,能测万物之情性者也。大道者,所以变化而凝成万物者也。情性也者,所以理然。不然,取、舍者也。"通道中也包括神道,《易·彖传》说:"观天之神道,而四时不忒;圣人以神道设教,而天下服矣。"其三,道、圣分工协作成就万物和人类社会。其要义就是"天地生之,圣人成之"八个字,"生"与"成"是相继过程,又是完善过程;无"生"固无"成",无"成"则"生"纯属自然而散漫,"死生因天地之形,天因人,圣人因天;人自生之,天地形之,圣人因而成之"。①《易·彖传》说:"天地养万物,圣人养贤以及万民。"又说:"天地之道,恒久而不已也……圣人久于其道,而天下化成。"以上分析只是为说明道与圣的组合形式,其实在诸子的理论中这三种关系并没有逻辑上的区分,常常是混同或混用的。

道与圣人是相依相成的关系,圣人是道的体现者,道要靠圣人发明而显现。道虽然无处不在,但"百姓日用而不知",只能由圣人引渡、传播才能有所悟。《鹖冠子·能天》说:"圣人者,后天地而生而知天地之始;先天地而亡而知天地之终。"圣人把知识穷尽了。

与通道、知道、体道等大体相近的还有如下一些:

知"必然",又称"必"和"然"。如"圣人知必然之理"②;明主"见必然之政"③;"万物尽然,明主知其然"④;"有术之君,不随适然之善,而行必然之道"⑤;等等。

知"理"。"理"的含义很多,理与道意义相近,只是没有道那种本体和主宰的意义。韩非对道、理之分曾说:"万物各异理而道尽稽万物之理。"⑥庄子也有类似的说法:"知道者必达于理,达于理者必明于权……"⑦理作为规律的意义,既包含自然,也包括社会。有"天下之理""物理""天理""天地之理""万物之理""事理""人理"等概念,为各家各派所共用。在一些人的论著中理与道几

---

①《国语·越语下》。

②《商君书·画策》。

③《管子·七臣七主》。

④《管子·禁藏》。

⑤《韩非子·显学》。

⑥《韩非子·解老》。

⑦《庄子·秋水》。

乎没有差别。"物各[合于道者]谓之理,理之所在谓之道。"①圣人"执道循理,必从本始,顺为经纪,禁伐当罪,必中天理"②。天理这个概念以后有极大发展和扩充,特别是在理学家那里尤为突出。圣人成为天理的化身。

知"数"。如果说"理"是对规律性的定性概括,那么"数"是对规律性的定量表示。"圣人审数以治民"③;圣人"修道理之数"④。

表示规律的概念,还有"度""序""经""纪""一""常""势"等。圣人与这些也是同体的。

"知道"是圣人在认识上的特性,也是理性的最高表现。在实践上,圣人的最大特点是"知为"。知为就是知道实践的条件和机遇。行道、遵道、践道等概念的提出,把认识原则与实践原则一体化,应该说这是极其高明的。行道是总原则,还有一些较为具体的准则,即"贵因""执中""用当""知要""原宗应变"。

所谓贵因,就是善于认识和把握客观事物的规律、条件和依据。不可主观行事,任意而为。道家在这方面的论述最为充分,同时也是诸子的共同认识。《管子·心术上》说:"因也者,舍己而以物为法者也。"执中与用当大体相同,执中为儒家所倡导,用当为道家所倡导。中和当就是恰到好处。知要就是善于抓住主要矛盾、主要关键,解决主要问题。要的本质就是道。《管子·君臣上》说:"道也者,万物之要也。"商鞅说:"圣人明君者,非能尽其万物也,知万物之要也。故其治国也,察要而已矣。"⑤以后思想界一再讨论以一驭多,以一驭万,都与抓主要矛盾的思想有密切的关系。原宗应变就是既要坚持原则,又要灵活机动,随机应变。孔子所说的"权"就是这个意思。"子曰:'可与共学,未可与适道;可与适道,未可与立;可与立,未可与权。'"⑥在孔子看来,能达到权变自如的,非圣人莫属,荀子说:"宗原应变,曲得其宜,如是然后圣人也。"⑦中国古代思想中有一个共同命题,这就是万变不离其宗

道是中国传统思想文化中理性的最高范畴和最高境界,而其核心所表

---

② 《经法·四度》。

③ 《商君书·算地》。

④ 《淮南子·主术训》。

⑤ 《商君书·农战》。

⑥ 《论语·子罕》。

⑦ 《荀子·非十二子》。

达的是本体性、必然性、规律性、规范性、决定性、不可超越性等方面内容。这些东西或者由圣人制定，或者由圣人发现，不管什么途路，都形成了道与圣人一体化的关系。于是，崇道必崇圣，崇圣必崇道，这成为中国传统中的一条铁则。

2.圣人使人成为人

人作为"一类"的观念起源于何时？无从稽考，不过在殷代的文献中，"人"已经是一个"类"概念。

人之所以为人，这个问题的提出或许很早，不过从有文字记载看，是西周时期的事。《诗经·相鼠》有言："人而无礼，胡不遄死？"这个问题已经明确地告诉人们，礼是人之为人的依据，失去了礼，就失去了生存的资格。《礼记·礼运》篇在论述以礼作为人的本质时即引此诗作为经典依据。问题的提出是理论认识的先导，从现有的资料看，具有理论性的认识是从春秋后期开始的，诸子百家从多角度进行了深入的讨论，并形成了大体一致的共识。人之所以为人，或者说人与禽兽的区别就在于：人有礼义道德、有制度、能"力"（劳动）、有"群"（社会性或群体性）、有"天理"，等等。

儒家把礼义道德作为人与动物区分的基本标志。孔子说："今之孝者，是谓能养，至于犬马，皆能有养。不敬，何以别乎？"[1]孟子说："人之所以异于禽兽者几希。"[2]所谓"几希"，即那么一点点。这一点点是什么呢？就是"不忍人之心"，亦即仁、义、礼、智。《礼记》中多处把问题说得更明确："凡人之所以为人者，礼义也。"[3]荀子除讲礼义外，又进一步提出了"群"这个标志，人"力不若牛，走不若马，而牛马为用，何也？曰：人能群，彼不能群也"[4]。"群"就是我们所说的社会性、团体性。人何以能群？还是因为有礼义。理学家所说的"人之所以为人，以有天理也"。"天理"亦是礼义。

儒家所说的礼已经包含着社会制度的内容。这里再强调一下"制度"，因为法家、墨家对礼不那么强调，但他们认为法律制度、行政制度是区分人与动物的标志。墨子还提出人与动物的区分在"力"。禽兽不耕不织，靠自然生存，"人与此异者也，

---

① 《论语·为政》。

② 《孟子·离娄下》。

③ 《礼记·冠仪》。

④ 《荀子·王制》。

288

赖其力者生，不赖其力者不生"①。这个思想极其光辉，遗憾的是他没有深论。

礼义是区分人与动物的标志，那么礼是怎样产生的呢？一种看法是，礼从天而降，礼与天地并生。另一种看法是，礼是由圣人创造的，礼从天而降，礼与天地并生。另一种看法是，礼是由圣人创造的、制定的。其实这两种说法并行不悖，天生礼也要通过圣人之手。所以作为创制礼的主体，大抵都归结为圣人。圣人制礼作乐是儒家的一个基本认识，论述多多，无须征引。

法家、墨家所讲刑法、行政制度，同样是圣人创立的。《商君书·君臣》说："古者未有君臣上下之时，民乱而不治，是以圣人列贵贱，制爵位，立名号，以别君臣上下之义。"《管子·任法》说："所谓仁义礼乐者皆出于法。此先圣之所以一民者也。"由于圣王创立了行政制度，才归于有序，才与禽兽有别。

汉以后法、墨不彰，他们所说的制度也可以包括在"礼"之中。以礼义作为区分人与动物的标志遂成为公论。

先秦诸子对"器物"在人的文明化中的地位也十分注重。他们在追溯人类的历史时，大都认为有过洪荒的初始阶段。在那遥远的过去，人们茹毛饮血，无器物之用，裸体而行，栖息山野，一派原始状态。后来圣人发明了各式各样的"器物"，使人类步入了文明。

孟子在《孟子·滕文公上》中历数了舜、益、禹、后稷等教民耕稼、人伦，而后人才与动物揖别。《易·系辞》历数了器物发明史，包牺氏"作结绳而为网罟，以佃以渔"；神农氏"斫木为耜，揉木为耒"，"日中为市"；黄帝、尧、舜"刳木为舟，炎木为楫"，"服牛乘马"，"断木为杵，掘地为臼"，"弦木为弧，炎木为矢"；"上古穴居而野处，后世圣人易之以宫室"；"上古结绳而治，后世圣人易之以书契"。

墨子说：古之民"未知为宫室"，"未知为衣服"，"未知为饮食"，"未知为舟车"，生活异常困难。于是有圣王出，发明了宫室、衣服、饮食、舟车，便民之用，在圣人的指导下人类进入了文明时期。②

商鞅、韩非等认为人类的历史是一个进化的过程，在"上古"时期，人与禽兽杂处，人、兽难分，后来有圣人出，"构木为巢"，"钻燧取火"，使人与禽兽区分开来。

《世本》一书中有"作篇"，专门记述了器物发明史。齐思和先生曾写过一篇《黄帝制器考》，收集资料甚详。我们的先人把器物发明权都系于圣人的名下。

---

① 《墨子·非乐上》。
② 参见《墨子·节用中》。

圣人的第一历史作用是引导人与禽兽相别,使人变成了人。其后,则是使人进一步成为完善的人。如何使人完善,其术多多,要之:一、圣人是"体道"者,把"道"撒向人间,使人提升为知道的人;二、"圣人,尽伦者也",所以使人变成道德化的人;三、圣人治天下,使人成为安居的顺民。

人类赖圣人而成立,《易·文言》说:"圣人作而万物睹。"又如《中庸》所说:"百世以俟圣人而不惑。"韩愈说得更简明:"如古之无圣人,人之类灭久矣!"①

3.圣、神相通

圣本是理性的标志和理性的人格化,然而由于圣人垄断了理性,而且在历史上又是使人成为人的"塑造者",于是圣人逐渐从"人"中分化出来,在圣人身上逐渐增加了超越性。其结果是圣人与神相通,圣、神合一。

老子与孔子在以圣人推进理性,以理性塑造圣人方面做出了空前的贡献。但同时,他们也把圣人置于神的同列。在老子的描述中,圣人不仅仅是"知道"者和"体道"者,同时又是超越人的感官认识和实践能力的神秘人物。孔子眼中的圣人是超越尧舜的,而尧舜在那个时代是具有神性的。如果说孔子对抽象的圣人的神化还是含蓄的,那么他们师徒在自我圣化和神化方面却走得相当远。弟子们把他视为圣人而加以崇拜,如日中天,仰之弥高。在中国传统思想中,日一直具有神性,只要同日结缘,也无不具有神性。孔子虽然自谦不是生而知之者,可是他又自称"天生德于予",传统文化都凝结在他身上,如果他出了意外,中国的文化就会断绝,这无疑是在自我神化。应该说,孔子已有圣、神结合的意味,于是有"天纵之将圣"②之说。老子和孔子通过高扬圣人发扬了理性,同时他们也为圣、神的结合铺平了道路。

战国以降,圣、神合一,圣、神相通成为一股强大的思潮,概括而言,有以下几点:

第一,天降圣人,圣人法天,圣人通天,圣人如天。"天地感,而万物化生。圣人感人心,而天下和平。"③"圣人参于天地,并于鬼神,以治政也。"④"圣人

---

① 《原道》。
② 《论语·子罕》。
③ 《易·象传》。
④ 《礼记·礼运》。

者,怀天心,声然能动化天下者也。"①"夫圣人为天曰,贤人为圣译。"②"圣人如天,圣神一体。"③"圣人之智犹天也"④。

第二,圣、神相通。"大而化之之谓圣,圣而不可知之之谓神。"⑤"圣人为天地主,为川山主,为鬼神主,为宗庙主。"⑥"天地神明之心,与人事成败之真,固莫之能见也,唯圣人能见之。"⑦汉代谶纬化的经学中,所有的圣人都是神、人的统一体。二程说:"圣不可知,谓圣之至妙,人所不能测。"⑧朱熹说:"圣人,神明不测之号。"⑨

第三,圣人是"气"之精。在传统思想中,"气"为万物之本说有广泛的影响。在"气"说中,圣人同样处于特殊的地位,他不同于一般人和一般物,圣人是由"精气""和气""清气"等超常之气凝结而成的。实际上,这种气与神没有什么区别。

第四,圣人过"性"。在传统的思想中,人性问题是一个具有普遍性的理论问题。人们通过人性来说明人的本质和变异。在人性论中,虽有圣人与一般人同"性"之论,但更有超"性"之论。孟子说,圣人是出乎其类,拔乎其萃者。荀子认为圣人最伟大的功能和奇异之处就在于能"化性起伪"。董仲舒说:"圣人之性不可以名性。"⑩圣人过性,同一般人不能同日而语,属于超人。

第五,圣人是先觉者,穷尽了一切真理,是认识的终结。《中庸》说:"百世以俟圣人而不惑。"没有圣人所有的人只能处于昏昏然的状态。朱熹如下一句话把问题说得也很清楚:"道理,圣人都说尽了。"⑪既然圣人把道理都说尽了,那么人还有什么意义呢? 结论只能是:代圣人立言,践圣人之教。人不再具有创造性,是一群侏儒而已。

---

① 《淮南子·泰族训》。

② 《潜夫论·考绩》。

③ 《传习录》上,《阳明全集》卷一。

④ 《五行志序论》,《胡仲子文集》卷一。

⑤ 《孟子·尽心下》。

⑥ 《大戴礼记·曾子天圆》。

⑦ 《春秋繁露·郊语》。

⑧ 《二程集·河南程氏遗书》卷二上。

⑨ 《论语集注·述而》。

⑩ 《春秋繁露·实性》。

⑪ 《朱子语录》卷六。

三、圣、王合一

在春秋战国思想文化由神性向理性转型过程中,"圣人之治"是诸子百家的共同话题,也是表达政治理想的主要命题。诸子百家对圣人有各式各样的论述,包含着丰富的内容,然而几乎无一例外的是,最终都把圣人与"治"连在一起,或者说圣人问题的归结点都是"治"。"圣人之治"无疑具有明显的理想性和设计性,它同当时十分流行的另一些命题,如"先王之道""王道""先王之治"等,几乎是同义语,或者说是同指、同价。这样圣人与王便结下不解之缘。在许多人的言论中,圣人与王是没有区分的,圣人的本质和功能就是王的本质和功能。且看两位思想巨擘老子和孔子的言论。

在老子那里, 圣人有这样和那样的功能, 而其主要的职责就是治天下,"圣人在天下,歙歙为天下浑其心"①。"是以圣人之治,虚其心,实其腹,弱其志,强其骨,常使民无知无欲,使夫智者不敢为也。为无为,则无不为。"②

孔子的圣人同样也是以政治为主要功能的,圣人的社会、历史功能是"博施于民而能济众",又超越尧舜,非王而何?

在先秦诸子及其后的整个思想界,凡是提到圣人和论及圣人的社会功能的,几乎没有不同政治连在一起的,没有不同治理天下连在一起的,没有不同王连在一起的。在思想史界,一些学者认为,圣人主要是一种理想的道德人格,是社会理想的化身,特别是理学家们,已经把圣人从王权中解脱出来,成为一种独立的精神力量和人格标准,等等。应该说,这种看法不无道理,但实际上有极大的片面性。如果我们认真面对事实,面对资料,那么无论如何不应忽视,所谓的圣人之治始终是圣人的本质和社会历史功能。也就是说,圣人首先是政治人。正如墨子所说:"圣人以治天下为事者也。"③《管子·乘马》也说:"圣人之所以为圣人者,善分民也。圣人不能分民,则犹百姓也"。"圣王"一词的创立把圣和王统一起来了。

从现存的文献看,"圣王"一词最早见于《左传》桓公六年:"圣王先成民而

---

① 《老子·第四十九章》。

② 《老子·第三章》。

③ 《墨子·兼爱上》。

后致力于神。"在诸子著作中,《墨子》一书中"圣王"一词屡见,圣人与圣王几乎没有什么区别。同一个内容,有时用圣人,有时便用圣王。所谓圣王,从历史上看,也就是唐尧、虞舜、夏禹、商汤、周文王、周武王、周公等先王。

圣王在诸子著作中出现的频率极高,凡属理想政治都与圣王相连,圣王是理想的实现者,是最伟大的仁慈者和创造者,圣王几乎都是崇拜的对象,都是希望所在,都是社会政治问题的核心。它的重要性,可以从以下假定来说明,即如果把圣王一词去掉,可以断言,所有思想家的社会政治的论述就失去了主体,就会散架。圣王论有极大的理论意义。

圣王的提出,适应了思想文化由崇拜神性向崇尚理性和人文转化的需要,使王由原来的神化人格转为理性、人文和道德人格。在不同的学派那里,圣王具有不同学派的性质和形象,但在这点上又有一致性。在先秦诸子中,圣人与圣王是没有什么太大的区别的,如果说有什么区别,圣人有时更侧重于理性、人文和道德本身,圣王则是这些品格和权力的结合与统一。正如荀子所说:"圣也者,尽伦者也;王也者,尽制者也。两尽者,足以为天下极矣。故学者以圣王为师,案以圣王之制为法。"①从荀子的论述看,圣王应该说比圣人更全面、更崇高、更伟大。

谁来做王呢?圣人当王成为当时的一股强大思潮和诸子的共识。有些论述十分明快,如:"明一者皇,察道者帝,通德者王,谋得兵胜者霸。"②"无为者帝,为而无以为者王,为而不贵者霸。"③荀子提出"尊圣者为王"④,又说:"天下者,至重也,非至强莫之能任;至大也,非至辨莫之能分;至众也,非至明莫之能和。此三至者,非圣人莫之能尽。故非圣人莫之能王。"⑤在诸子论述历史时,那些著名的先王都是圣王,"帝德广运,乃圣乃神"⑥。"古之治天下者必圣人。"⑦圣人当王虽然不是唯一的理论,还有其他的,如王权神授、兵胜者为王等。但是圣者当王,其理性色彩无疑更为突出,更具有说服性和合理性。

---

① 《荀子·解蔽》。

② 《管子·兵法》。

③ 《管子·乘马》。

④ 《荀子·君子》。

⑤ 《荀子·正论》。

⑥ 《尚书·大禹谟》。

⑦ 《大戴礼记·诰志》。

圣王思潮还包含着极大的创新精神。在历史上圣王都具有伟大的历史贡献和创造,人们对他们充满了英雄崇拜的情绪,甚至成为顶礼膜拜的对象。儒家呼唤法先王,其中虽不乏守成精神,甚至还有极其浓厚的复古气息,然而由于先王是极其伟大的,且不说达到先王的标准,仅仅是认真学习就必须付出毕生的精力。在法家那里,他们不主张法先王,甚至认为那是复古,是倒退,但他们并不否认先王们的伟大贡献,只是时代变了,现在需要新时代的英雄和圣王,即他们所呼唤的"新圣"。新圣就必须有新的贡献和新的创造,要敢于打破一切成规和过时的东西。新圣理论与法先王不同,但仍然属于圣王理论中的一支。

因圣而王,打通了知识、道德与权力之间的通道,这在当时及以后,对权力独占是一个挑战。人们既然把圣作为王的一个必要条件,甚至作为合理性的重要依据,那么,在逻辑上就出现了这样一条路,谁是圣人,谁最有知识和道德,谁就有做王的理由。孔子本人就有点以"王"自居之味,他说:"文王既没,文不在兹乎?"①很明显,他以文王的继承人自居。他的弟子们把他置于尧舜之上,宰我认为孔子"贤于尧舜远矣"②。尧舜是公认的圣王,孔子比尧舜还伟大,把他列入圣王之列,应该说是合乎逻辑的。于是他的徒子徒孙就有把孔子尊为王的舆论。《墨子·公孟》篇记述儒家信徒公孟认为孔子应为天子。孟子也是雄心勃勃的,他讲,"五百年必有王者兴"。从周文王、周武王算起,到他生活的时代已超过五百年,于是他豪迈地称:"夫未欲平治天下;如欲平治天下,当今之世,舍我其谁也!"③虽然我们不能说孟老夫子要称王称帝,但他同孔子一样,把自己同文王视为一系。儒家主张内圣外王,修齐治平,其中也包含了强烈的政治雄心。正如孟子所说的:"穷则独善其身,达则兼善天下。"④这其中不能不说包含着极大的政治抱负。荀子在《荀子·非十二子》中把君子、圣人、圣王视为一系,君子只要继续努力,是可以成为圣王的。荀子在《荀子·儒效》中就论述了大儒为帝王的可能性,文中曰:大儒"势在人上,则王公之材也;在人下,则社稷之臣,国君之宝也"。又说:"通则一天下,穷则独立贵名。"大儒与帝王之路是

---

①《论语·子罕》。

②《孟子·公孙丑上》。

③《孟子·公孙丑下》。

④《孟子·尽心上》。

相通的。《礼记·学记》中有一段论述也同样耐人寻味:"君子知至学之难易,而知其美恶,然后能博喻;能博喻然后能为师;能为师然后能为长;能为长然后能为君。故师也者,所以学为君也。"圣与王相通是诸子的共识,连庄子也说,"静而圣,动而王"①。孔子没有当上王,无论如何是儒家的一大遗憾,后来的儒生们,为了填补心灵的不平衡,把孔圣人列入王之列。荀子率先发此议:"孔子仁且知不蔽,故学乱(作"治"解)术足以为先王者也。"②其后的儒生尊孔子为"素王",像吸鸦片一样,在精神上过过瘾,圆了圣人当王的梦。后来有些儒生一直在这个梦中盘桓,清代的曾静说:"皇帝合该是我学中儒者做,不该把世路上英雄做。"③在他看来,孔子、孟子、程颐兄弟、朱熹、吕留良等都应该做皇帝。其实,以内圣外王、修齐治平为依据而称王的,也是有其例的,这就是王莽。其他帝王也几乎无不以圣作为自己合理的依据之一,关于这个问题另行讨论。

在圣王观念中还蕴含着批判精神。在理论上,圣王与一般的王既有统一性,又有矛盾。所谓统一性,即圣王与王都是王,同属一系,其间没有不可逾越的鸿沟;所谓矛盾,即两者的等次不同,有好坏之别,甚至天壤之别。所以一般的王应该向圣王学习,应该力争做圣王。圣王是衡量王的标准,是品评王的依据。在春秋战国,可以看到一个具有普遍性的现象,几乎所有的思想家对当时的王都采取批评态度和立场,有些批评是极其尖锐的,有时竟使一些王在朝堂上十分尴尬,当众出丑,下不了台。出现这种情况原因很多,其中有一个重要原因就是,在强大的呼唤圣王出世的思潮中,当时的王没有一个敢以圣王自居。由于当时的王都没有达到圣王的标准,所以在一定程度上容忍这种批评,或为了使自己成为圣王而主动接受批评。

圣王观念与革命也有着极其密切的关系。革命观念是在殷周之变中提出的一个极其重要的思想。殷周之际的革命思想与春秋战国时期的革命思想有很大的不同。殷周之际的革命主要还是一种宗教观念,革命的主体是上帝。由于殷纣王暴虐失德,周文王、周武王有德,于是上帝更改自己的命令,选择新的代理人,命周取代商。春秋战国兴起的革命思潮,无疑承继了殷周之际的革

---

①《庄子·天道》。

②《荀子·解蔽》。

③《知新录》。

命思想资料,但又有了新的发展,其中最主要的是,革命的主体由上帝变成了圣人,可以说是"圣人革命论"。圣人革命的基本依据是"有道"。以有道伐无道,乃是最大理由,最高的依据。有道者就是圣王。

在圣王这一观念中,既包含了政治理想,又把政治理想与权力结合为一体。中国历史上的王从一开始就是专制政治的体现,不管历史有过多少沧桑之变,王权专制体制没有质的变化,从总的趋势看,而是越来越强化。圣王在体系上同现实的王是一个系列。中国古代的思想家们虽然在政治理想上有极光辉的创造和极丰富的想象力,他们构思了极美好的图景,但他们却同时把画笔交给了帝王。所以在圣王观念中,理想政治与王权专制是一体化的,不可分割的。应该说,政治理想与专制的合一,是中国古代政治思想的一大特点,也是整个思想文化的归结点。

四、秦始皇称"圣"与王、圣同体两千年

春秋战国的思想家们不停地制造古久圣王的神话和理想境界,同时又呼唤新的圣王出世,秦始皇的伟大功业把人们想象的圣王从遥远的古代移到现实中来。人们不禁大呼:啊,圣王就在阿房宫!

秦始皇在同他的臣僚们总结自己胜利的原因时,说了这样和那样的原因,而其中富有理论意义的是如下十二个字:"原道至明""体道行德""诛戮无道"。诸子喋喋不休地说"得道而得天下",秦始皇的大业应该说已基本满足了这一理论要求。他把自己的胜利说成"道"的胜利,是顺理成章的。圣人是道的人格体现,作为"体道"者的秦始皇称圣是合乎逻辑的。于是,他被称为"大圣""秦圣";他是圣的化身——"躬圣""圣智仁义";他立的法是"圣法";他的旨意是"圣意";他做的事是"圣治";他撒向人间的是"圣恩"。总之,圣与现实的帝王合为一体。

秦朝短祚,秦始皇成为一个反面教员,不停地遭到来自各方面的批评和谴责,可是秦始皇制定的一套皇帝制度却被继承下来,秦始皇整合和规范的一套皇帝观念同样被继承下来,其中便包括帝王与圣同体观念。其后两千年,帝王的一切无不与圣结缘。

帝王的尊称为"圣上""圣皇""圣王""圣明""圣仪""圣驾""圣主""圣帝",等等。

帝王的命令为"圣旨""圣令""圣喻""圣策""圣诏""圣训""圣敕""圣诲",等等。

帝王的决断为"圣裁""圣断""圣决",等等。

帝王的政事、功业为"圣政""圣文""圣武""圣德""圣勋""圣业""圣功""圣治""圣绪""圣统",等等。

帝王的尊号中,圣占有突出的地位。历史上第一个有尊号的帝王是汉哀帝,这位死后谥号为"哀"的帝王,生前竟然得了"陈圣刘太平皇帝"的美称。唐朝是尊号大兴之世,"圣"成了主体词。

帝王的谥号(唐以后尊号与谥号有混通)、庙号也多有以圣为标榜,甚至连那些昏庸的皇帝也不例外。

帝王的感官与智力都以圣来形容,如"圣览""圣听""圣问""圣聪""圣谋""圣虑""圣意""圣猷""圣略""圣思""圣心""圣鉴",等等。

以圣称颂王的词汇还有许多,不一一列举。圣虽不乏神性与不可知性,但主要还是理性、人文和道德精神,总括了人类最美好的文化成果,是文明的最高标志。只要与圣发生联系,便具有不可怀疑和不可超越的性质。人们在圣面前,只能做学生,做服从者,做矮子。

古代思想家中虽然有一些人,一直在努力把圣人与王分开,力图让圣人代表理性和道德,让王代表权力。然而由于王权太强大,不仅王要独占圣,把圣变成王的附属物和王的一种品格,使圣为王服务,为王张目,成为王的合理性的依据;另一方面,我们的思想家们,由于大多数依赖于王权,认同王权,又把圣的理想寄希望于王,所以在理论上也不可能把圣与王分开,更多的是把圣交给了王,特别是当朝的王,不管如何,大多称之为圣。

这里仅以理学家为例来说明这个问题。理学家号称是张扬圣学的,在理论上似乎全面主张道高于君,就历史的评价来说,在他们眼里,三代以下几乎没有一个合格的王。然而别有意味的是,理学家们的多数却把一顶又一顶的圣冠戴到当朝帝王的头上。以倡导道学著称的韩愈作《元和圣德颂》,以颂扬唐宪宗的所谓功德,宋初理学三先生之一的石介把宋太祖、宋太宗、宋真宗吹捧为圣王,作《三朝圣政录》,又作《庆历圣政颂》,而且远过唐尧、虞舜,亘古所无,肉麻之极。这同他们鼓吹的道学精神相距甚远。二程在奏疏中对皇帝多有批评,但称圣道神的语言也不少。如程颐在《上仁宗皇帝书》中称颂仁宗"德侔天地,明并日月,宽慈仁圣,自古无比,曷尝害一忠臣,戮一正士"。这类的阿谀奉承之辞同上疏的内容是极不协调的。陆九渊、王阳明是有个性的人物,然而,他们的奏疏中也不乏上述之类的语言,如陆九渊在《荆门到任谢表》中把昏庸的宋光宗称颂为"道同舜禹,德配汤文,勺三俊之心,迪九德之行,精微得于亲授,广大蔚乎天成"。王阳明在《乞养病疏》中把昏庸的正德皇帝称为"至仁天覆,惟恐一物不遂其生"的仁慈之主。

或许有人说,称颂帝王为神圣是当时的套话,这固然不无道理,然而在套话中恰恰包含了更多的时代精神和文化共识,也常常是人们不假思索的前提,是人们的思维定式,是当然的、不可怀疑的理论基础。对此尤其值得认真分析。

帝王对圣的占有,是对理性占有的一种表现,是权力支配理性的证明。在中国古代,理性虽然比神性有更突出的地位和发展。然而,理性终于没有摆脱权力婢女的可怜地位。这是中国古代思想史中一个极其重要的特点。

五、结语

中国传统政治文化,就其历史形态而言,可作三段论:1.神化阶段。三代时期,其待征为神道设教,率民以事神。2.圣化阶段。自春秋至辛亥革命,从事神转向尊圣,从神道设教转向内圣外王,圣王即是神。3.民主化阶段。自辛亥革命至今,从圣人本位转向个人本位,从王权转向民权。这三个阶段,圣化阶段承上古,开近代,国人的思维方式,文化的基本价值,皆于此阶段形成。其历时之久,影响之深,传播之广,举世公认,所谓传统,主要在此。孟子曰:"人皆可以为尧舜。"毛泽东诗云:"六亿神州尽舜尧。"时隔两千余年,文化价值一脉相承,传统之伟力,于此可见一斑。今天,我们处在民主化时代,可我们的价值观却留着圣化的烙印。圣化能与民主化兼容吗?从圣化的传统中,能"创造性地转化"出民主来吗?内圣外王能开出民主化的新天地吗?回答这些问题,是历史赋予我们的使命;走出圣化,是时代对我们的要求。圣王不死,大乱不止,中国两千年治乱循环的历史早已证明了这一点。

原载《天津社会科学》,1998 年第 5 期

圣人——中国传统文化的本体

一、由崇神向崇圣的转变

中国传统思想文化观念,以春秋战国为界,此前以崇拜上帝、上天为主;此后,以崇圣为主。由崇神向崇圣的转变是中国历史上哲学轴心时代的一大创造,也是一大特点。

殷代思想文化及人们的精神情感沉陷于"率民以事神"的氛围之中。从现存的资料看,殷人对神还缺乏终极追求意识,也缺乏道德意义。他们崇拜上帝等诸神,一方面是神主宰着他们的生活;另一方面,他们所求于神的,大抵只限于实用价值,即吉、凶、祸、福之类的判断和功能。因此,还处于宗教的初级阶段。

周取代殷,对殷人的上帝崇拜有因有革,这表现在"祈天永命"和"以德配天"的有机统一。从现有资料看,不能说周人仅仅把上帝、上天当作工具使用,他们在思想情感上依然十分崇拜上帝、上天,而且十分投入。但与殷人相比也有重要变化,这就是神人相需、互补、互动。其中枢便是"德",天唯德是佑,人则以德配天。在这种关系中,人的主动性和能动性显然增强了,而这又是以理智为基础的。周初诰命中反复强调的"敬""慎""无逸",以及有关"我有周既受,我不敢知曰:'厥基永孚于休'"①的警告,都可视为理智的标志,也可称之为实践理性。这里强调一点,即周人的智慧与贡献,与其说是上述观念本身,毋宁说是它的思维方式。这种思维方式预示着:在敬神中会把神抽空,或者说,实践的理性不可避免地要把神性排挤到后边。

春秋战国的社会变动为这种观念转变提供了历史条件。春秋战国的社会变动,给人们的历史创造性提供了更广阔的舞台。在复杂的社会角斗中,人们

---

① 《尚书·君奭》。

进一步悟出了如下的道理："国将兴,听于民;将亡,听于神。"①"民,神之主也。是以圣人先成民而后致力于神。"②重民,主要是从政治力量上讲的,如何把这种力量组织起来,这就需要智慧了。于是在用人问题上,突出了用贤和用能;于是有"使能,国之利也"③之论,有以贤能为"国宝"之喻。在用贤和使能的浪潮中,"圣"被凸现出来。

关于"圣"的本意,先哲时贤们有过种种考证和解释,使人开智增慧。从文献看,"圣"的主要含意就是聪明,圣人,也就是聪明人,即人中之杰。从认识运动规律看,春秋时期突出圣人,反映了认识的深化,即理性进一步发展。这就是《尚书·洪范》篇讲的:"于事无不通谓之圣。"

在把"圣人"推向文化本体地位的造圣运动中,老子与孔子有着特殊的贡献。老子对"道"进行了前所未有的理性阐发,道即是万物的本原、本体,又是万物运动规律和事之理。圣人把"道"传播给众人。圣人是唯一能体认"道"的人,圣人"体道"是中国传统思想文化的一块基石,老子则是开凿这块基石的大师。老子反复讲"绝圣弃智",乍然看去与前面讲的有矛盾,实际上在老子那里有两种圣:一是用形而上的方法"得道"之圣;一是凭借直观感觉之智规范事理之圣。老子认为后一种圣人是世俗之圣,只懂形而下之事,把握不住事物的本质,只会带来灾难,对这种凡俗之圣应摒弃。与此不同的,那种以形而上方式"得道"的圣人才是真正的圣人。老子的观念无疑有很大偏颇,但他推崇形而上的抽象,无疑大大推动了理性认识的发展。而这正是圣人的本性。

孔子从社会历史角度高扬了圣人。圣人最伟大的功能是"博施于民而能济众"。这不是一个小问题,而是关乎理想国的头等大事。在孔子看来,尧、舜还有点不够格。这句话字数虽不多,内容却极为丰富。"博施于民"表达了圣人道德的高尚和当权的目的性,"能济众"则表示圣人的历史作用和功能。尧舜尚且不及,圣人无以复加矣。

老子、孔子是春秋战国新兴文化的两位巨擘,他们虽都不否定神鬼,但由于崇尚理性而把神鬼置于侧位,而理性是由圣人体现的。沿着老子、孔子的思路,

---

① 《左传》庄公三十三年。

② 《左传》桓公六年。

③ 《左传》文公六年。

后来者更加高扬圣人。终战国之世,基本上完成了思想文化由崇神向崇圣的转变。

二、圣人作为文化本体的基本内涵

文化是什么,人们有种种不同的理解和定义。庞朴先生说:"文化是人的本质的展现和成因。"我认为这一概括是得体的。那么作为人的本质的文化是怎样形成和展现的呢?显然,我们的解释和古人是不同的。中国哲学轴心时代的思想家几乎众口一词地说,是由圣人创造的。正是基于这一点,我得出结论,在传统文化观念中,圣人是文化的本体。其中包含有许多内容,主要有如下三点:

其一,圣人是文明、人文及其物化——各种器物的发明者和创造者。《易传·系辞》把人的环境分为"天文"和"人文"。天文包括自然界及其运行规律,人文指人类社会的文化(包括礼仪、教育、制度等),又称之为"文明"。人文与天文相合,有内在的统一性。人文是怎样产生的呢?作者曰:圣人创造的。这种观念并非《易》一家之论,各家各派及涉及这个问题的各种历史文献,几乎皆如是说,很少有什么分歧。庄子是反对"人文"的怪人,他在反对、批判中也不否认这是圣人之作,只是价值判断与诸家大相径庭,宣布此乃"圣人之过也"。

器物是文化的物化形式之一,或者说是人的主体意识对象化的主要成果。恩格斯曾提出,制造工具是人与动物区分的基本标志。关于这个问题目前有种种不同看法,可以置而不论。但恩格斯的说法仍不失为最深刻的见解。古人对工具的起源问题也是十分用心探讨的一个问题。我们的先哲几乎众口一词地说:是圣人创造和发明的。

圣人发明和创造了文化、制度、器物,把圣人置于人类文明祖宗的地位,简言之,是文化之根。

其二,圣人是"体道"者,是一块"天理"。"道"是中国传统文化中最核心的一个范畴。如何概括它,可谓一言难尽。是否可以这样说:它是理性的极致。分而言之,有天道、地道、人道;有君子之道,小人之道,而且"盗亦有道"[1];有纲常伦理之道;有日用之道,拉屎、撒尿也有"道"。道是真理,是正义,是公正,是善,同时也是美。中国传统思想文化对于美中之美,"圣人备道全美者也,是天

---

① 《庄子·盗跖》。
② 《荀子·正论》。

下之权衡也"②。庄子讲了一个动人的故事。有一位残缺不全、相貌奇丑的人，由于他有道，招惹得全城全国的妙龄少女神魂颠倒，爱慕不已。各家各派的"道"虽不相同，但却都把它视为最高。有了道便具备了最充分的合理性，于是"得道多助，失道寡助"，"得道者昌，失道者亡"，"失道者失天下，得道者得天下"等，成为民族的公论和最高准则。道的本原在天，董仲舒讲"道之大原出于天，天不变，道亦不变"①。由于不断地弘扬"道"，韩愈又提出"道统"说。其实道统的思想早在先秦就已形成。圣人最本质的属性就是"体道"，或曰"圣道同体"。

"理"最初大概指事物之理、规律，它与"道"有相通的地方，但比"道"要狭窄。后来"理"的内容越来越充实，逐渐与"道"变为同义语，这在理学那里表现得最为充分。在理学家的论述中，理的人格化就是圣人。朱熹讲"圣人形骸虽是人其实是一块天理。"又说："圣人都忘了身，只有个道理。"②换言之，圣人是肉体化的天理。

道与天理既是万物的本原、规律，又是理性的极致，对于芸芸众生是必须遵循的准则，奉守的天条。圣人与道、天理同体，无疑也就是真、善、美的化身和绝对的权威。

其三，圣人使人成为人。人是从哪里来的？先哲们的共同看法是：天地生人。问题在于，天地不只生人，也生万物。那么人同万物、禽兽是如何区分开来的呢？对此有种种不同的说法。应该说最富有智慧的回答是墨子。他提出"力"（即劳动）是人兽区分的最根本的标志。可惜，这一看法未能被多数人接受。古代最为流行的观念是：人有礼义法度，禽兽则无。人何以有礼义法度呢？圣人之教也。最初生民混迹于禽兽群中，乱作一团，没有秩序，你争我夺，于是有圣人出，为民立极、立德、制礼、作刑罚、兴教化，从而使人变为真正的人。正如《礼记·曲礼上》所言："鹦鹉能言，不离飞鸟。猩猩能言，不离禽兽。今人而无礼，虽能言，不亦禽兽之心乎？夫禽兽无礼，故父子聚麀，是故圣人作，为礼以教人，使人以有礼，知自别于禽兽。"

基于上述三点，把圣人视为传统文化的本体，应该说是适宜的。韩愈把圣

---

①《汉书·董仲舒传》。

②《朱子语类》卷三一。

③《韩非子·原道》。

人视为人类生存的前提正是这种文化本体观的表现，他说："如古之无圣人，人之类灭久矣！"③

三、圣人崇拜与教条主义

由于圣人是传统文化的本体，圣人在人们的观念中是极其崇高的；又由于派别的不同和行业的不同，崇拜的圣人也不尽一致。但由于圣人的统一性，又出现了对圣人多元性的并拜现象，一些庙宇儒、佛、道的圣人共同享受烟火就是证明。这里着重分析一下儒家的圣人崇拜。

圣人崇拜的最主要特征是对圣教的教条主义情感与态度。儒家的圣教即《五经》。崇拜者们把《五经》视为穷尽一切的最后真理。荀子讲，《五经》无所不备，"在天地之间毕矣"①。陆贾说，《五经》无所不包，无所不能，无事不成，"乃天地之所立，大义之所行也"②。董仲舒把《五经》的每一个字都视为圣人传达天意的符号，"名则圣发天意"，"欲审是非，莫若引名"。③这一类的论述充斥于历史。清末，皮锡瑞的一段话，可视为集大成之论：

> 其微言大义实可为万世之准则。后之为人君者，必尊孔子之教，乃足以治一国，所谓"循之则治，违之则乱"。后之为士大夫者，亦必遵孔子之教，乃足以治一身，所谓"君子修之吉，小人悖之凶"。此万世之公言，非一人之私论也。孔子之教何在？即在所作《六经》之内。故孔子为万世师表，《六经》即为万世教科书。④

在独尊儒术的时代，"非圣无法"成为不待论证的当然前提和普遍的共同心理。圣人的言论、著述就成了不变的不可逾越的教条。在这种教条主义轨道上，中国的先哲先贤大抵都是在做一件事，即代圣人述言、传道、立业。这种教条主义不仅范定了传统文化的面貌，由于它同时又是思维方式和价值准则，因而也范定了人们的行为方式，从而影响到中国整个历史的发展。

---

① 《荀子·劝学》。

② 《新语·本行》。

③ 《春秋繁露·深察名号》。

④ 《经学历史》。

当前中国学术界弘扬传统文化之风甚盛,对此一则以喜,一则以忧。最令人堪忧者,是忽视了对儒家教条主义的分析与研究。它可能对中国文化与世界文化的发展带来新的障碍,不利于中外文化的交流与融合。

四、圣人文化结构上的"混沌"性质

把圣人作为文化本体的观念,使得传统文化在结构上具有明显的"混沌"性质。所谓"混沌",指理性、情感、神性、人性、民本、王权等是混合为一体的,简言之,都统一于圣人。中国传统文化一个基本点是天人合一。天是神与自然的混合体。且不说是对圣人本身的神化,圣人作为天人合一的中介,特别是把天道与人道沟通,这种作用与功能本身就表明圣人是神、人的特别混成体。圣人最伟大的地方就在于能"体道",是一块"天理"。"道"与"天理"原本是一种理性的抽象,但它又通人情,达天意;得道可使人格升华,也可得天下而为王,民胞物与,由己及人,兼善天下。上述理性、神性等,从形式逻辑上是找不到顺序关系的,于是我们称之为辩证逻辑。辩证逻辑无疑是非常高明的,由于是互相论证,形成"团团转"式的结构,又不免带来封闭性,或者说带有"怪圈"的性质。而这个怪圈是不易打破的,研究的作用就在于认识和打破它。

原载《东方文化》,1994 年第 2 期

论儒家的理想国 *

政治理想,亦即理想国,是对理想化的社会模式的憧憬、描绘和论证。每一种理想国理论都集中反映着某种政治思想体系的基本政治原则、政治价值观念和政治最高目标,并常常由此引申出一系列实际政治价值、治国方略和政策,以及完善或改造社会的具体方案。因此,剖析理想国理论,在政治思想史的研究中具有特殊的意义。

儒家的政治理论颇多分歧,至于具体的政治倾向、态度和主张更常常是大相径庭。但是,他们不仅具有共同的思想形式,而且怀着大致相同的政治理想。本文试图通过分析先秦儒家共同的政治理想,以揭示整个儒家思想流派同封建专制主义的内在一致性。

一、理想的"有道之世"

能不能提出一个政治理想国理论和具有普遍意义的政治原则,是衡量能否成为政治思想家的基本标志。孔子留下的言论虽然很零碎,但关于这个问题的论述却是十分明确的。孔子的政治理想可以用"有道"二字加以概括,他的理想国就是"有道之世"。孟子和荀子是孔子之后儒家中的两大巨擘,他们分别以"王道"世界和"王制"社会描绘、论证、补充了孔子的理想王国。此外,《礼记》《周礼》等反映早期儒家思想的典籍,对于理想化的社会模式和政治体制也多有论述。

儒家思想家们在对理想国的论证方法和细节描绘上颇多分歧,但他们的理想却具有共同的特征,这就是:等差有序,仁和中让,道德境界,君王圣明。这四句话既表达了理想王国的主要景观,又提供了缔造和维系这种理想境界的前提、途径和手段,简言之,即"有道"。"有道"既是政治理想,又是基本政治

---

* 本文与张分田合作。

原则和政治价值尺度,据此儒家把世道区分为"有道之世"和"无道之世",把君主区分为"有道之君"和"无道之君"。依照儒家的说法,循着"有道"做下去,最终即可进入"大道之行也,天下为公"的"大同"世界。

等差有序,即所有的人都按照礼制规定,贵贱有等,上下有序,各处其位,各奉其事。在政治上要有贵贱之分,在家庭内要有长幼之别,即孔子所说"君君、臣臣、父父、子子"。每个人都恪守自己的社会角色和政治角色,遵循礼的角色规范言行,履行义务。社会人群又有劳力、劳心之分,治人、治于人之别,"君子以德,小人以力"①。"或劳心,或劳力。劳心者治人,劳力者治于人。治于人者食人,治人者食于人。"②表面看这是一种社会劳动分工,但在具体的历史条件下,实质是阶级、等级之分。职业上要有百工之分,"农农、士士、工工、商商,一也"③。在职业分工上要各守其业,恪尽职守。在经济关系上也有等级分野,"古者先王分割而等异者也","贫富轻重皆有称者也"。④在道德品质和才智上,人们也有等级差别,有君子、小人之分,上智下愚之分,先知后觉之分。礼的本质是"分",是"别",是等差。礼的秩序自然也就是等级秩序。把社会所有的成员都纳入礼的规范,这是儒家政治理想的主干。

如果说等差有序着重论证了制度和秩序,那么仁和中让就是把人们联结在一起的纽带。尽管先秦儒家对如何发挥仁义这种纽带作用认识不同,但他们都把仁义作为处理人与人之间关系的最高准则。比如,如果"利""欲"之类与仁义发生矛盾,那一定要舍利欲而从仁义,甚至杀身成仁,舍身取义。"和"就是设法在等级之间求得协调和互相补充。孔子的弟子有子明确地提出:"礼之用,和为贵,先王之道,斯为美。"⑤为了求得"和",就要善于把握"中"。所谓"中"就是要求双方都向对方靠拢以求对立双方的平衡。"中也者,天下之大本也。"⑥只要把握住稳定等级关系的关节点,做到"允执其中"⑦,就进入了理想境界。事情很难达到这一理想境界,一旦出现危机,最有效的解

---

①《荀子·富国》。

②《孟子·滕文公上》。

③《荀子·王制》。

④《荀子·富国》。

⑤《论语·学而》。

⑥《中庸》。

⑦《论语·尧曰》。

决方式就是"让""恕""无争"。总之,在儒家的理想政治中,仁爱、中和、礼让、恕道形成一股和暖的春风回荡在等级之间,沟通上下之间的感情。如果把等差有序与仁和中让统一起来,那将是一种非常美妙的境界,"君君、臣臣、父父、子子、兄兄、弟弟、农农、工工、商商",安然有序。"或禄天下而不自以为多,或监门御旅,抱关击柝而不以为寡。"①每个人的地位高下虽然悬殊,却都以悬殊为安,不怨天不尤人,心满意足。"富贵而知好礼则不骄不淫,贫贱而知好礼则志不慑(畏怯)。"②各处其位,各安其位。在儒家看来,这就是人类社会最理想的秩序模式。

如果说礼偏重于肯定社会现实,那么仁就包含着批判因素。礼仁政治是由现实王国向理想王国迈进的必由之路,而王道理想又是礼仁政治路线的最高目标。在儒家的理想国中,既有君臣贵贱之分,又有上下和睦相处。君爱民,民尊君,施仁政,薄税敛,行教化,轻刑罚,救孤贫,老安少怀,这不正是礼与仁相映生辉的境界吗?这种理想境界同当时的社会现实相比较,二者似非而是,似是而非。这样,儒家就以现实关系为起点,把实际与理想有机地统一起来。这种政治理想实质上是现实生活的升华或理想化,既没有惊人之笔,又没有玄妙之论,使人感到平实可近。这种理想要全部实现固然困难,但向这个方向走几步却是完全可能的,从而为统治者的实际政治提供了回旋的余地。儒家的仁政学说,理想多于实际,显得有些迂腐,但这种理想与现实并不对立,它既肯定了现实中的等级、君臣及家族关系,又为这种关系涂上一道油彩,显得温情脉脉。这种理想国理论,虽然缺乏变革精神,更不可能导致社会革命,但却充满了温情的自我改良气息。这种以现实关系为起点,基于对社会矛盾的深刻理解,又旨在稳定和改善既成秩序,把现实、政策和理想有机地统一起来的理想国理论,也就必然蕴含着肯定与批判的双重因素和品格。

在儒家看来,礼制和道德准则的统一就是"道"。"道也者何也?曰礼义辞让忠信是也。"③"亲亲、尊尊、长长、男女之别,人道之大者也。"④"道"用于规范人的行为和认识,成为人们必须遵循的最高准则。因此,儒家的理想王国又是

---

①《荀子·荣辱》。

②《礼记·曲礼上》。

③《荀子·强国》。

④《礼记·丧服小记》。

一种道德境界,这是儒家政治理想的又一特征。众所周知,儒家把道德视为人类社会中最根本的东西,包括政治关系在内的全部社会关系都属于道德关系,全部的社会文化不过是道德的表现形式,而政治是实现道德的工具。儒家特别强调道德在政治中的作用,主张政治与道德合二为一,甚至认为政治中的根本问题是道德问题。在儒家看来,个人道德完善不是个人的私事,而是社会完善的基础和起点。修、齐、治、平的公式集中表达了他们的主旨。在这个公式中,个人的道德完善在社会完善和社会改造中成为至关重要的事情,社会的其他关系被排挤到次要地位,似乎只要人们通过自我修养和完善,都能成为尧、舜一类的圣人,一个美好的世界就会随之而来。道德修养是实现政治理想的途径,理想王国必然是一种道德境界。《礼记·礼运》的"大同"社会就是这种道德境界的典范。而所谓"大同"与孟子的"老吾老,以及人之老;幼吾幼,以及人之幼"①是相类似的。既然政治实施过程主要是道德感化过程,那么君主个人的道德修养就是政治中的决定性因素。孔子说:"政者,正也,子帅以正,孰敢不正?"②孟子说:"君仁,莫不仁;君义,莫不义;君正,莫不正,一正君而国定矣。"③荀子也说:"君者,仪也;民者,景也。仪正而景正。"④总之,君主的品质是维系天下的纽带。沿着这个逻辑推导下去,其结论必然是政治的修明,世道的升平,理想王国的缔造和维系,有赖于一个堪称道德楷模的人,这就是圣王。

君王圣明是儒家理想国的又一个重要支点。从孔子开始,儒家基本上都主张"为政在人",这正是人治理论的基础。孔子认为"道"这个东西只有通过一定的人才能使之活化,"人能弘道,非道弘人"⑤。那么究竟谁是弘道者呢?"礼义者,圣人之所生也。"⑥"圣人者,道之管也。"⑦圣人生道,亦能主宰道,可见弘道之人只能是圣贤一类的人。孟子说:"圣人治天下,使有菽粟如水火,菽

①《孟子·梁惠王上》。
②《论语·颜渊》。
③《孟子·离娄上》。
④《荀子·君道》。
⑤《论语·卫灵公》。
⑥《荀子·性恶》。
⑦《荀子·儒效》。

粟如水火,而民焉有不仁者乎?"①荀子认为圣人肩负着改造人类性恶的使命,化性起伪,制礼义,定法度,礼义赖圣人而存在,没有圣人,天下就会"至乱"。可见,理想境界的缔造和维系都离不开圣人。圣人是人伦道德的集中体现,尽善尽美,所谓"圣人,人伦之至也"②。圣人又是各种理想政治准则的集合体,肩负着实现政治理想的重任。"圣人之治天下,而民焉有不仁者乎!"③在传统思想中,圣贤同"有道之君"常常是同义语。正是由于这个缘故,儒家的理想国度中总有一个超乎寻常人之上的圣王明君。据说曾经开创盛世的先王们就都是这样一类人。

儒家认为理想国是能够实现的,其主要依据有二:一是从历史的经验看,曾经有过理想的盛世;二是从人性看,只要诱导得当,是可以走入至善至美的境界的。在儒家看来,尧、舜、禹、汤、周文、周武之时就是理想国的实现之时,这些人都是圣人,他们或是选贤与能,禅位让贤的圣主,或是以孝道礼让感化民众的教头,或是广布仁德,无为而治的明君,或是以有道伐无道,救民于水火的救星,总之是理想盛世的缔造者。所以,圣王之法不可更易,先王之道足以垂万世,所谓"以道观之,古今一也。类不悖,虽久同理"④。"祖述尧舜,宪章文武",既是儒家理想的证据和标准,又是思想形式的基本特征。儒家认为,与先王之世相比较,当今之世不仅是退化简直是堕落。孔子把"礼崩乐坏"的春秋时期看成是"天下无道"的时代。孟子宣言:"五霸者,三王之罪人也。"⑤故仲尼之徒,无道桓文之事者。荀子则声称儒门羞言五霸,五霸以下不足挂齿。于是他们提倡师法尧舜,率由归章,喊出"复礼""复古"的口号,把恢复先王之道作为自己的政治抱负和政治理想。儒家理想化的先王观,把历史与理想紧密地结合在一起,融怀恋与憧憬于一体,从而为现实政治设置了一个参照物。在君主专制时代,一般不允许径直对君主品头论足,所以借先王而讽今主,拉大旗作虎皮,为自己的理论张目,成为一种司空见惯的理论手法。儒家的先王之道是对一些范例原型的概括、抽取及理论判断,它同现实存在着差距,所以常常用作批判的武器,向现实的君主提出了高标准的要求,所谓"善言古者,必

---

① ③《孟子·尽心上》。

②《孟子·离娄上》。

④《荀子·非相》。

⑤《孟子·告子下》。

有节于今"①。

儒家的理想国又基于他们的人性说。儒家嗜好用道德观念去说明人的本性,然后又由人性学说推导出治国方略,并希望由此达到一个理想化的道德境界。比如孟子的王道乐土便是从他的人性善论推导出来的。"有不忍人之心,斯有不忍人之政矣。以不忍人之心,行不忍人之政,治天下可运之掌上。"②不忍人之政的基点就是使所有的人都能平安生活,使所有的人能"养生送死,不饥不寒","仰足以事父母,俯足以畜妻子","养生丧死无憾,王道之始也"。③又如荀子基于人性恶论,提出了以礼义改造人性的政治主张。他的王制社会从"王者之人""王者之制""王者之论""王者之法"等四个角度绘制了理想王国的蓝图。所谓"王制",就是"王道",它既是理想国,又是价值尺度和政治准则,是王的最高典型与理论化表现。正是由于孟、荀一类思想家以人性为基础,运用逻辑推理,把儒家政治理想与"道义"浑然结为一体,才使有道理想从一种美好的憧憬转化为一种执着的追求。在这里,道义就是理想,理想就是道义,道义是实现理想的手段,理想境界就是道义境界。道义原则的提出无疑增强了儒家学说的批判精神。据实而论,有批判才会有理想。完全肯定现实,乐于接受现状的人,只会歌功颂德,只会做金童玉女,而只有对现实或多或少存在不满的人,才会向往理想国度。从这个意义上讲,凡是提出理想国理论的思想家,都属于社会批判思想家之列,只不过在批判的质和量上存在着差异,而且解决社会矛盾的方案有所不同而已。儒家的一些著名学者自不例外。思想家们往往对自己的理想国充满自信,儒家也是这样。孔、孟、荀都主张"以道事君",在他们看来,道高于君,道义重于权令,在道与君发生矛盾时要从道而不从君,甚至杀身成仁。支配他们言行的是理想、信念和原则,也就是"道"。

综上所述,儒家的政治理想是"有道之世",那里充满道义,实现"有道之世"的根本途径是人类的道德完善。从思维方式上看,儒家的政治学说与其说是一种政治思维,不如说是一种道德思维更准确。在人类的道德生活中有一对特殊的矛盾,这就是"实然"与"应然"的矛盾。"实然"代表了道德生活的真实存在,即实存道德层次;"应然"代表了道德的目的指向性,即理想道德层次。道德思维的特点

---

① 《荀子·性恶》。

② 《孟子·公孙丑上》。

③ 《孟子·梁惠王上》。

就是要在忠实"现有"的基础上,着眼于"应有"。由于道德的理想性或超前性,决定了道德思维具有"现有-应有"的跨度性。单纯用道德思维方式去讨论政治,就必然是对现存秩序既肯定又批判。在传统思想中,儒家是对现实社会关系的合理性论证最多的一家,又是讲理想最多的一家,对现实多有批判。肯定中有批判,批判是为了肯定,这就是儒家的基本政治思路。

二、道义与统治者的自我认识和自我调节

自从人类社会进入文明时代以来,思想家们就在不断地编织着各式各样的理想国美景。他们这样做并不是为了好奇或别出心裁,而是现实社会矛盾的产物。他们深刻地分析了社会的矛盾运动,其理想国理论不仅企图给这种矛盾运动寻找一个归宿,而且是为了给人类社会寻求一个可能达到的制高点。各种政治理想国理论同现实社会和历史进程的关系,有以下几种情况:如果一种政治理想与历史进程相对立,便不可能从现实中找到自己存在的基础,如道家特别是庄子式的纯自然主义的无何有之乡的幻境;反之,如果一种理论对现实一味肯定,那么在实际政治发展变化中就难以充当导师,不可能给实际政治提供一个回旋余地,如法家一切唯君是从,在实际中会造成政治僵化。还有一种情况,政治理想对现存秩序持否定态度,又同历史进程大体一致,那么这种超越现实社会关系去寻求理想的理论势必把人们引向同现存秩序的对立和决裂,而最终导致社会革命。先秦儒家的政治理想同上述三种情况均有所不同。它对过去充满留恋,又对未来抱有期望。它既肯定了实际存在的社会关系、政治关系,又不满足于现状,对当时的实际政治多有批判,而这种批判又不是否定,只是希望在批判中求得改善和改良。儒家政治学说的这种品格,为统治者自我认识和自我调整留下了回旋的余地,所以儒家不仅在现实政治中为自己争取到生存的基础,而且具有持久不衰的生命力。

所谓肯定指的是儒家理想国理论同当时的基本社会关系不是一种对立关系,同当时的统治者也没有根本性冲突。先秦儒家"有道""王道""王制"理想虽然同现实有一段距离,可是在他们的理想中肯定了现实的等级、君臣、剥削与被剥削的关系。你对现实不满吗?儒家在你的头上悬挂了一个理想国;你向往这个理想国吗?那你就必须对现实的基本社会关系给予肯定。但是,儒家的理想国同现实生活又存在着矛盾。孔、孟、荀等人对当时的实际政治生活都

曾进行过猛烈的批判。在他们眼中几乎没有一个君主是值得肯定的,当时的实际政治没有符合道义准则的。孟子斥责当时的诸侯对人民的征敛像强盗一样残暴,"民之憔悴于虐政,未有甚于此时者也"①。他怒骂这些诸侯是一批率兽食人之辈。荀子认为现实中的君主多半是暗贪之辈,最好的也不过是平庸之辈,是"乱其教,繁其刑"②的祸首,他们之所以敢于如此猛烈地批判时君时政,是因为他们都举着写有"道义"二字的理想国的大纛。所以理想国的理论又成为一种批判的武器。

政治原则与君主的关系问题是儒家政治理论极为关注的命题。"治国之道"主要是为君之道,"有道之世"有赖于"有道之君"。君主政治举措失当是中国古代政治危机和改朝换代的主要原因,所以普遍政治原则与个别君主行为之间的差异问题成为人们关注的政治课题。儒家把"有道"视为检验政治的标准,违背"道"就是无道之君或无道之举。这种"道"就是理想化的并能代表统治阶级整体利益和君主根本利益的具有普遍意义的政治原则。

儒家恪守礼法,主张"臣事君以忠",但在政治原则问题上又都认为事君不能以苟合顺从为上,而应该首先考虑是否符合"道",要"以道事君"③。所谓"以道事君"就是为了"致君尧舜"。臣可以采取某些比较激烈的方式,以"道"约束其君,如直谏廷争,"抗君之命","反君之事",有时在特定的条件下甚至可以"有道伐无道",废黜或诛杀无道昏君。孔子倾心于君主,三月不见君主便丧魂落魄,惶恐不安,做梦都想事君从政,但却把能否行道作为参政的条件,对"邦有道则仕,邦无道则可卷而怀之"④的政治行为倍加赞扬。孟、荀都曾周游列国以求"干世主",但孟子反对君命无二的传统观念,斥责一味阿顺君主为"妾妇之道"⑤,主张"天下有道,以道殉身;天下无道,以身殉道;未闻以道殉乎人者"⑥。荀子则高举着道义的大旗,命令所有的君主在道义面前接受检验和品定。在儒家看来,君而无道则不成其为君,放逐无道昏君,或由具备特定条件的人取而代之,甚至诛而杀之也是合乎道义的。孟子认为失去"不忍人之

---

① 《孟子·公孙丑上》。

② 《荀子·宥坐》。

③ 《论语·先进》。

④ 《论语·卫灵公》。

⑤ 《孟子·滕文公下》。

⑥ 《孟子·尽心上》。

心"和不行仁政的君主,不配做民之父母。夏桀商纣之流只不过是独夫民贼。他还提出了"民贵君轻"的著名命题。荀子在《正论》篇中反复说明汤、武诛杀桀纣只不过是杀一个独夫,是天下归顺有道,而不是汤、武弑君夺位。显然他们都是在把理想君主同现实中的君主相互比较、衡量,并从中获得批判的依据。

儒家对"道"的强调,对君的批判,是否会导致对君主制度的否定呢?不会。从思维逻辑上看,这种批判是以一种理想化的君主政治为基本前提和尺度的,对君主的品分不是对君主专制制度的否定,而是从更高的角度对君主专制制度进行肯定和论证,无论其批判火力如何之猛,甚至达到否定个别君主的地步,但决不会把人们引向君主制度的对立面。从政治伦理价值观上看,"以道事君"是忠的最高境界,"致君尧舜"是臣的崇高职责,而"颠而不扶"则有悖臣道。从实践中看,孔子指责卫灵公无道,却又多次希望卫灵公迁善治国。孟子批评梁的统治者"五十步笑百步",却又把施行仁政的希望寄托在这批人身上。即使现实中的君主确实无可救药,他们仍然放眼于明君出世和王者之兴,在对昏君的批判中衬托出对明主的热切期盼,正所谓"道是无情却有情"。激烈的批判而又不会导致否定,根本原因就在于这种批判实质是统治阶级的自我批判。

自我批判来源于自我认识,而自我批判又是自我调整的前提和动因。儒家的理想王国同现实王国之间的确存在着矛盾,这集中表现为道与君的矛盾和冲突。儒家看到君主的个性与他们所维护的制度之间有较大的差距,甚至相背离,个别昏聩暴虐之君只图一时欢乐适意,不管他日洪水滔天,连自家的利害得失都不识不顾。富有理想的儒者不是用维护某一个君主的地位来维护他们所肯定的制度,而是站得更高,着眼于用维护制度的一般规定性来捍卫这种制度。这个一般规定性就是凝集着各种理想准则的"道"。儒家所谓的"有道",落实在政治上,主要就是"仁政"。仁政与暴政、苛政相对而言。儒家对仁政具体内容和具体做法多有歧见,但共同的主旨就是主张君主通过一系列政策和自我克制,调整好君臣、君民这两大社会关系兼及官民关系,以保持整个现存秩序的稳定、和谐。比如孔子的仁政原则落实在政策上表现为富民足君和先德而后刑两大政策。富民足君的办法主要是"使民有时""敛从其薄"和"节用"三项。先德而后刑主要表现在处理好如下三种关系:一是富和教的问题,要先富而后教。他反复强调治民首先要"足食",民有饭吃而后才能谈政治教化;二是惠与使的关系。孔子主张先惠而后使,"惠则足以使人"①。统治者使民是必然的,但讲不讲条件大不一样,孔子主张要有条件;三是教与杀的关系,孔子主张先教而后杀。孟子的仁政说主要内容是:"制民之产",给民以"恒产"②;赋税徭役有定制,轻徭薄赋;轻刑罚;救济鳏、寡、独、孤;节制关市之征等。荀子认为经济是政治的基础,又是政治好坏的标志,君主应以富国富民为己任。他主张"节用裕民",反对君主一味搜刮,如果"伐其本,竭其源",必将"求富而丧其国","求利而危其身"。③所以君主要"罕举力役,无夺农时"④。在君臣关系上,他们都主张"君礼臣忠",特别强调君主要善于用人,虚己纳谏。从儒家仁政学说的主要内容和论证方式中我们不难得出这样的结论:在儒家看来,调整各种社会关系和君主政治的关键是君主的自我调节和自我节制,而有道仁德是这种调节的理论尺度。

一言兴邦,一言丧邦,君主的一念之差常常会造成不同的后果。儒家依据历史和现实,把执政者主要是君主看成是政治生活中具有决定性的因素。政治调节的核心是调节君主。君主个人的修养、品德和政治行为是维系君主政治的关键。先秦儒家关于"可爱非君,可畏非民""君舟民水""君舟臣水""君轻民贵"等政治命题,从一定意义上说,主要是针对君主的。先秦儒家这类思想的基本点为后儒所遵奉,在吸收、融合传统思想的多种因素的基础上,形成了一整套封建时代的政治调节理论,如天谴说、从道说、崇圣说、尊师说、尚公说、民本说、纳谏说,以及君德说等。依照这些理论,君主在天、地、国、家、臣、民面前都有应尽的责任和行为规范,从君之德到君之行,从君主的日常生活到他的重大政治行为,都要有所规范,有所克制。表面上看这些理论都是针对君主的,但实质上它们又是古代维护君主专制理论的重要组成部分。它的意义主要是调节王权,防范王权走向极端而失控。

儒家的政治理想就其主体而言,实质上是一部完整的君主论,它既从更高层次论证了等级君主制度的永恒性,又提出了实现君主政治目标的途径和方案,还包括了防范王权走向非理性化的内容。这就是为什么"道义"同君主

---

①《论语·阳货》。

②《孟子·梁惠王上》。

③《荀子·富国》。

④《荀子·王霸》。

常常发生激烈的冲突,可历代君主还依然推崇、播扬"道义"的学说,并把它奉为统治思想的根本原因。翻开一部《历代名臣奏议》,忠谏之臣无不举着道义的旗帜,运用道义价值观阐发政见,论证方略,评价时政,谏诤君主。唐太宗的大臣岑文本在一篇谏章中把"明选举,慎赏罚,进贤才,退不肖,闻过即改,从善如流""省畋游之娱""去奢从俭""务静方内",称作"为国之常道"。君主对此"思之而不倦,行之而不怠,则至道之美,与三五比隆"①。"节用爱民","使民以时","敛从其薄"成为谏臣们的口头禅。忠直的臣子无不以铁肩担道义,佐命辅君为己任,以不能致君尧舜为耻辱。儒家的理想具有鲜明的现实性和针对性,不乏切中时弊的高见,这些理论闪烁着光辉,又是奉献给君主们的一副清醒剂。如果帝王们明乎此,只会增加君主政治的应变能力和自我调节能力。所以说儒家的理想国理论在局部上与专制君主有矛盾冲突,但从总体看,它不是对君主制度的否定。一个阶级的统治离开了自我调整是难以长久地维持下去的,这一点对于剥削阶级也是如此。只有进行自我认识,自我批判,才能推动自我调整,避免造成政治上的僵化。儒家把先王之道、有道之世、王道乐土、王制社会和道义仁政,作为一种政治价值尺度去裁衡统治者的一切政治行为,从而为中国古代统治阶级的自我认识、自我批判和自我调节提供了理论依据。儒家的政治理想把肯定现实社会基本秩序和批评时君时政、改良现实妥善地结合在一起。这种理论既能满足统治阶级中当权者的需要,又为在野派及其他图谋改良社会的人们抨击现实、品评政治提供了依据,同时还为下层民众提供了改善处境的希冀。儒家政治学说具有广泛的适应性是其长期被封建统治者奉为统治思想的重要原因。

三、封建专制主义是儒家政治学说的必然归宿

人们对儒学同封建专制主义之间关系的看法分歧相当大。在论者之中有人提出以儒家特别是先秦儒家为代表的传统思想,是提供天下为公、人格平等、人格尊严、个性独立、道德理性、民主政治的基础。对此,笔者不敢苟同。在我们看来,儒学是一种封建专制主义的政治思想体系。如何判断这个问题,仅用个别字句的诠释是靠不住的,只能从分析儒家政治学说的基本导向和归宿入手,才能从总体上加以把握。儒家所设计的理想国模式,提出的实现理想政治的途径,以

①《旧唐书·岑文本传》。

及指导现实政治的基本原则,构成了其政治学说的主体。即使儒家的设计全部原原本本地付诸实践,其基本导向和归宿也必然是专制主义,而不是别的什么。

首先,儒家的圣王理论一味强调靠人格化权威的力量来缔造和维系理想王国,其基本政治导向是对个人政治权威的崇尚。据此而构筑的政治体系的基本模式不会属于民主平等形态,而只能是专制主义的。儒家所谓的圣贤,赞天地之化育,坐而论道,才智超群,明达事理,发挥着承上启下、圆通万物的作用。用荀子的话来说就是:"天地生君子,君子理天地;君子者,天地之参也,万物之总也,民之父母也。"①人们认识和行为的最高准则——道,也是由圣人制定的。这种人实际上是超人。在理论上,圣与王并不完全一致,但一般说来又是"内圣外王",圣的最终归宿是王。在后来的政治实践中,这个命题颠倒过来,变成了"天王圣明",结果无论什么样的君主,人们都必须称其为"圣上",以致王高于圣。圣王理论的实质是论证了君主的绝对性,把王权、认识、道德和行为准则合而为一。圣王理论尽管把君主也列为被规定对象,使其受道义的制约,但从理论体系上看,它又把完善和改造社会的使命托付给这个人。圣王论的主旨论证了社会政治生活中个人专断存在的必然性、合理性。古代所有儒者,包括激烈抨击暴君暴政和各种社会弊端的社会批判思想家们,最终仍然把实现理想政治的希望寄托于圣君明主,这不仅是由于他们的视野受时代的局限,而且是由他们所崇奉的理论体系的内在逻辑所决定的。

其次,等级制是专制主义社会政治体系最一般的结构形式,等级制及其相应的理论必然把王抬到金字塔式的社会政治结构的顶端。儒家在政治上是礼治派,他们为论证等级制度的合理性几乎达到不遗余力的地步。这一点人所共识。依照等级贵贱划分人群,势必使一些人成为另一些人的附属物,从而剥夺了人的独立性、剥夺了个人的自由和尊严。在精神上人们也要受礼的束缚。礼既是一种政治实体,又是行为的规范、道德的准则,同时也是思想的藩篱、思维的前提和判断是非的标准。人们不得超越自己的社会等级地位去思考、去行事,表现在政治上就是"不在其位,不谋其政""思不越位"。礼的价值尺度就是等级的价值尺度,社会等级地位越高,人的价值也就越大。一句话,明等级别贵贱,同人格平等、人格尊严、个性独立是格格不入的,更谈不上政治平等和臣民主体性政治参与。有了等级制,统治者才能合法地稳坐在金字

---

① 《荀子·王制》。

塔之巅。所以，儒家的政治学说贯彻得越彻底，君主专制主义的社会制度就越稳固、越完善。

第三，儒家极力维护宗法制度，而宗法制度与君主专制制度是一脉相通的。宗法等级结构决定了整个社会结构必然遵循等级制的原则，而家族政治恰恰是中国古代专制王权的原型、范本和政治基础。父亲在家庭"君临一切"，君王则是全国的"君父"。宗法关系渗透到社会生活的各个层次。正是由于皇权与亲权具有这种先天的血缘关系，所以每一次天下板荡之后都不可避免地依据家族政治的一般原则重新复制出君主专制政治体制。而儒家正是宗法式社会关系的鼓吹者、倡导者和维护者。就连中国古代最后一位社会批判思想家龚自珍，在猛烈抨击社会现实之后，仍然念念不忘以"农宗"为范本策划回天之术，描绘了一幅宗法的等级的小农经济的理想社会蓝图。甚至近代一些进步的思想家，如薛福成等人，一方面主张学习西方，另一方面又主张宗法不可弃。这或许就是中国政治文化的近代化步履维艰的重要原因。不能超越宗法制度的羁绊，在政治上也就不可能产生从根本上否定君主专制制度的思路，这就是儒学的宿命。

第四，儒家的政治学说同政治伦理胶结在一起。孔子是中国封建伦理道德理论的奠基者，宋明理学将这种理论发展到极致。在儒家看来，"孝"是伦理道德的起点。孔子对孝悌有过不少论述，归纳起来主要有如下三个层次的内容：最低层次是"养"，更高一层是"敬"，最高层次是"无违"。"孝"强调的是父家长的权威和人们对尊长的绝对服从，就其内涵来说，属于专制主义范畴。荀子说："故礼，上事天，下事地，尊先祖而隆君师，是礼之三本也。"①孟子说："仁之实，事亲是也。"②"尧舜之道，孝弟而已矣。"③在他看来，只要遵守"从兄""敬长"之义，最后就会达到"未有义而后其君者也"④。《礼记》也大讲"孝道"，孝道的主旨是卑幼对尊长的服从，其最本质的规定是"顺"，而这种顺从以盲从为前提。尽管也允许"谏"，允许"大杖走"，但"忤逆"是绝对不允许的。由此可见，儒家正是在最富人情的关系中，巧妙地取消了人的独立性。中国古代君主专制主义最显著的特点之一就是家天下。"自古忠臣出孝子"，原因就在于孝与

①《荀子·礼论》。

②《孟子·离娄上》。

③《孟子·告子下》。

④《孟子·梁惠王上》。

忠的内在一致性就是顺从。也正是由于孝道是为君主专制主义培养温顺臣子的必由之路，所以历代君主无不"以孝道治天下"。他们一方面用封建法制严刑惩治不孝，将"忤逆"列为十恶不赦之罪；另一方面大力表彰、奖掖孝子顺孙，以倡行其道。"三纲五常"是儒家道德的真谛。近代资产阶级革命家秋瑾高呼"革命当自家庭始"，正是针对"三纲五常"而发。对于"三纲五常"同封建专制主义的关系，已经有大量文章论述，此不赘述。我们只想再强调一点：儒家的"三纲五常"对以君主专制为主要特征的中国古代的各种社会关系起着强化与巩固的作用。我们不否认儒家的道德理论在中国历史上曾起过有益的作用，在人的自身完善中曾充当过善良的导师，但伦理道德在实践中只是造就了一代又一代病态灵魂的扭曲的人，为君主专制主义提供了最基本的社会条件，其最终归宿仍然不免是虚伪和"吃人"，绝不可能把社会引向理想境界。

马克思曾经指出，在统治阶级内部有两种人，一种是实践家，一种是思想家。思想家的任务就是为社会和本阶级编造幻想。孔子、孟子、荀子是中国古代统治阶级中声名最为显赫的一批思想家。如果说他们的政治理想曾经为封建君主专制制度的发展和完善做出过不可磨灭的贡献的话，那么这种政治幻想对于广大民众来说，只是一种安慰。儒家的理想国理论告诉人们，一切苦难的现实并不是这个制度必然造成的，只要君主改变政策，或更换一个君主，王道乐土就会到来。这种王道乐土理想也的确曾给民众带来希望、安慰和精神满足。有个好皇帝，一切都会好的！这就是儒家理想国理论给予民众的最高许诺。

原载《天津社会科学》,1990 年第 4 期

"天地之性人为贵"与王政 *

在中国古代,重人事是政治思维的显著特点,重人文是思想文化的重要特征,因而"天地之性人为贵"也就成为重要的政治哲学命题。由此而推导出的政治法则,可以概括为:人为贵,圣为尊,王为大,民为重。

一、"天地之性人为贵"

《孝经·圣治章》说:"天地之性,人为贵。"至迟从春秋以来,张扬人的价值便逐渐成为中国文化的主流。其具体表现是:在人与神的关系上,许多思想家倡导先人后神。在人与自然的关系上,许多思想家认为万物之中,以人为贵。在人与社会的关系上,思想家们普遍以人性论为基础推演人际互动原则和为君治国之道。

为什么天地之间,以人为贵?思想家们得出这个结论的途径不尽相同,他们提出的思路主要有以下几个。

其一,天、地、人同为万物之本。

人与天地同为万物之本的思想可能很早就产生了。《易经》以天、地、人诠释卦画,以人居天地之间,并通过天地人的关系判断吉凶。这表明中华先人很重视人在自然秩序中的特殊地位与作用。《老子》有"道生一,一生二,二生三,三生万物"。许多学者对此的解释是:作为宇宙本体的"混元之气"为一。一分为二,"二则天地也"。天地、阴阳参和生人,三即"三才",指天、地、人。"天地人既定,万物备生其间",故"三生万物"①。人不仅对万物生成有举足轻重的作用,而且在维系宇宙秩序中有不可或缺的作用。"何谓本?曰:天、地、人,万物之本也。天生之,地养之,人成之。"②这种宇宙观必然把人置于万物之上,推

---

① 《礼记正义·月令疏》。

② 《春秋繁露·立元神》。

之、崇之、尊之、贵之。

其二，人是神的目的，神是人的工具。

许多思想家认为人是神的目的。《孟子》引《泰誓》，认为天生人类而"作君作师"以养育、教化民众，且天从民欲，"天视自我民视，天听自我民听"。这就将上帝人文化。董仲舒认为，万物皆是天神为养育人类而设，天"生育养长，成而更生，终而复始，其事所以利活民者无已"[1]。许多思想家甚至把神作为人的工具看待，如《周易·象传》提出"圣人以神道设教"。作为人的工具的神，不管外观上有多么高大，它已然失去目的意义。神为人而设，真正的目的是人，人才是最高贵的。

其三，万物之中，天人同类，人得天地之精华。

凡是主张人是鬼神的目的、造物之宠儿的思想家必定认为人的禀赋有特异之处，因而在宇宙间具有特殊的地位。董仲舒的思想堪为典型。他说："天德施，地得化，人德义。天气上，地气下，人气在其间……故莫精于气，莫富于地，莫神于天。天地之精所以生物者，莫贵于人。"其具体表现是："天人同类""人副天数"，人是天的副本，形体、脏腑、精神与天相类，天与人可以相互感应，故"惟人独能偶天地"[2]。许多思想家不同意人是宇宙的中心和目的的说法，却又认为，人与天最相似、最相通。如《淮南子》的《天文训》《精神训》有类似说法。许多道家思想家还认为，与自然浑然一体的人是"真人"。

其四，人类天钟灵秀，乃万物之灵。

人们普遍认为，人具有智慧，因而是万物之灵。荀子认为，人与万物都是自然的产物，而有"血气"的动物高于无"血气"的植物；在有"血气"的一类中，人又是最高的。这是因为有血气"必有知"，"有血气之属莫知于人"[3]。《淮南子·修务训》指出，人与动物都具有智能，而动物"知不能相通，才力不能相一"，所以受制于智慧更高的人类。这正是人之所贵之处。

其五，人能改造自然，自食其力。

许多思想家认为，人是自然的产物，要受自然制约，而人可以认识自然，效法自然，进而利用自然。人与万物的区别之一，就是人以劳动为生，而万物

---

[1]《春秋繁露·诸侯》。
[2]《春秋繁露·人副天数》。
[3]《荀子·礼论》。

靠自然生活。墨子指出:各种动物以皮毛为衣,以蹄脚为履,以水草为食,"今人与此异者也,赖其力以生,不赖其力者不生"①。许多思想家进一步指出,正是由于人具备劳动的能力,人才能够成为万物的主宰。荀子说:"万物同宇而异体,无宜而有用为人,数也。"②人是自然的主人,可以利用自然为自己造福,这就突出了人的价值。

其六,人能够自觉结成社会,进而驾驭万物,创造历史。

许多思想家指出,人与动物的区别之一是人类能够自觉地结成社会。荀子认为,人与牛马相比,"力不若牛,走不若马,而牛马为用,何也? 曰:人能群,彼不能群也"。人能"群"、能"和",所以可以使万物为自己所用。③《吕氏春秋·恃君览》进一步指出:人类生而柔弱,却能"裁万物,制禽兽,服蛟虫",原因在于群居,并有一定的社会组织。以君主制度维系群体,驾驭万物,这是人道完备的必要条件。在文献中,这样的论述也很常见:圣人、王者不断创制文化和制度,从而推动了人类社会历史的发展。人之所以为贵,是由于人类具有社会性,君主制度则是最好的社会组织。

其七,人之所以有别于禽兽,在于懂得礼义、道德。

孔子、孟子认为,人与禽兽的差别很小,并集中体现为有无礼义。荀子认为:"水火有气而无生,草木有生而无知,禽兽有知而无义;人有气、有生、有知亦且有义,故最为天下贵也。"④唐宋以来,受佛教、道教万物皆有佛性、道性思想的影响,许多儒者认为天地万物与人类一样也有道德、义理之性,却又依然认为人为贵。例如,朱熹认为,仁、义、礼、智是"天地之性"(又称"天命之性"),万物都禀赋了仁义礼智,如蚂蚁有"君臣之义",虎狼有"父子之亲"。然而人性与物性毕竟不尽相同,"其不同者,独人于其间得形气之正,而能有以全其性,为少异耳。虽曰少异,然人、物之所以分实在于此"⑤人生来就具备四端五常,"人之异于禽兽,是父子有亲,君臣有义,夫妇有别,长幼有序,朋友有信"⑥。具备伦理道德是人之为贵的根由,又是人之为人的根本。

上述思路交织在一起,全面地论证了"天地之性人为贵"。这种思想长期

---

①《墨子·非乐上》。

②《荀子·富国》。

③④《荀子·王制》。

⑤《孟子集注·离娄下》。

⑥《朱子语类》卷五七。

居于主流地位。因此，人们大多期盼圣化的社会理想，即圣人为王，贤人为官，乃至人皆为尧舜。在特定的历史条件下，这种圣贤主义文化不可避免地将"王"的价值提升到无与伦比的地位。

二、"人为贵"与"王为大"

中国古代绝大多数思想家认为，天地之间人为贵而王为大。重人的思路引出的是尊王的结论。思想家们得出结论的途径不尽相同。主要的思路有以下几种。

其一，天地之性人为贵，故作为人之主的王可与上帝、天地相匹敌。

在现存文献中，最早明确提出这个思路的是道家。《老子·第二十五章》认为，"道"之大无以名状，"强为之名曰大"。具有类似特征的也可以称为"大"。"故道大，天大，地大，王亦大。域中有四大，而王居其一焉。人法地，地法天，天法道，道法自然。"王弼注："天地之性人为贵，而王是人之主也，虽不职大，亦复为大。与三匹，故曰'王亦大'……道、天、地、王皆在乎无称之内，故曰'域中有四大'者也。"能够法天地、资道理、顺自然的是人，而人之主是王。王为人主，其大不可名状，故与道、天、地并为四大。王为大的思想对中国文化有深刻影响。《广雅·释诂》说："道、天、地、王、皇……大也。"王念孙《疏证》引据一批文献，指出：天、帝、皇、王、后、辟、君、公等君主称谓都有"大"之义。王者权势大、功德大，所以称君主为"大人"，称臣民为"小人"。可见人又有大小之分。人为贵，而人之类又有贵贱之别，这是绝大多数思想家的共识。正是"人为贵"的思路成就了"王为大"定论。

其二，人得天地之精华，而王者尤为精粹。

许多思想家认为，人之所以为贵是由于得天地之精华，而王之所以为大是由于其禀赋更加精粹，非寻常之人可以比拟。《吕氏春秋·谕大》引《夏书》称："天子之德，广运乃神，乃武乃文。"这种观念可能来源甚古，汉代的谶纬之学可谓极致。《春秋纬·演孔图》说："天子皆五帝之精宝。"《尚书纬·璇玑铃》说："天子之尊也，神精与天地通，血气与日月总，含五帝之精，天之爱子也。"《礼纬·斗威仪》认为，太素为"道之根"，而"帝者得其根荄，王者得其英华，伯者得其附枝"。禀赋不同，则所处的等级地位也不同。帝王之所以为帝王，是因为他们的禀赋与宇宙之原、万物之根相合。禀赋之优既是成为帝王的资格，又是帝王功能的论据。

其三，天地之间人最灵秀，而能贯通天地人的是王者。

夏商之时，王被奉为上帝、鬼神的代言人。西周的天子观念，以"天命"为"王命"提供了权威性论据。这个思路一直是主流文化的重要构成之一。历代思想家对此多有阐发，董仲舒的思路最有代表性。他认为，天子之所以可以"立于生杀之位，与天共持变化之势"，不仅是因为他受天之命、为人之主，还因为只有他可以参通天地。他说："古之造文者三而连其中谓之王。三画者，天、地与人也，而连其中者通其道也。取天地与人之中以为贯而参通之，非王者孰能当是？"①天人合一，而帝王为枢纽。只有为天子、通天地的帝王可以沟通神人。这就使王者在宇宙间居于无人可以取代的特殊地位。

许多思想家不相信关于帝王的神话，却依然坚信王者把握着自然与社会的必然性，因而具有特殊的地位和功能。《中庸》大讲圣人、王者可以"赞天地之化育"。《荀子·王制》说："君子者，天地之参也，万物之总也，民之父母也。无君子，则天地不能理，礼义无统。"《大戴礼记·盛德》大讲帝王"御天地与人与事"的"御政"。人们普遍认为帝王可以"操皇纲""执大象"，具有理天地、和阴阳、致中和的能力和资格，只有他可以使天、地、人和谐相配。在这个意义上，帝王是一种万能的主宰者，他不仅支配人类，而且支配自然界。人为万物之灵，而帝王是人上人，故人为贵而王为大。

其四，圣人中的王者是最优秀、最高贵的人。

思想家们大多认为，由于禀赋不同，人群注定划分为圣人、君子、小人等不同等级。圣人是人类中的佼佼者，而圣王的价值最高。天地之间人为贵，而圣人是贵中之贵、王者是圣中之圣。唐末五代的罗隐的一个思路很有代表性。他认为："夫一气所化，阳尊而阴卑；三才肇分，天高而地下。"万类皆有宗、长、标、秀之物，如鳞虫以龙为长、鸟类以凤为宗，"此乃贵贱之理著之于自然也"。万物禀赋不同，其地位也有所不同。这种区分等级贵贱的自然法则同样支配着人类社会。"万物之中，唯人为贵"，但人类也有贤愚之分，因而有贵贱之别。"人不自理，必有所尊，亦以明圣之人，而居亿兆之上也。是故时之所贤者，则贵之以为君长；才不应代者，则贱之以为黎庶。"②圣者为王，愚者为民。人为贵，而王为贵中之贵。这一切都是自然法则使然。

---

① 《春秋繁露·王道通三》。

② 《两同书·贵贱》。

人们还普遍认为，圣者为王或圣者应为王。《老子·第二十二章》说："圣人执一，以为天下牧。"《管子·君臣下》说："神圣者王，仁智者君，勇武者长，此天之道，人之情也。"《荀子·礼论》说："圣人者，道之极也。"类似的言论在文献中很常见。

在大多数思想家看来，圣人操持着自然与社会的各种必然性，是人类中最优秀的，而圣王是圣人之中最有成就的。圣人有道而无王位则难以成就博大事功。圣王合一才是为人处世之极致。儒家认为"尧舜"是人中之极品，其特点就是圣王合一。为了把孔子捧上圣中之圣的地位，汉儒为他加了一顶"素王"的桂冠。一些后儒甚至据此把孔子纳入"帝王之统"。唯有"圣王"才是人中之极品，"王"的文化价值由此可见一斑。

王者高于圣人主要体现在二者的政治地位和政治功能有天壤之别。在泛论圣人时，思想家们极力颂扬圣的价值，甚至令人感到圣高于王，然而一旦论及政治，圣又不能取代王。《中庸》说："非天子，不议礼，不制度，不考文……虽有其德，苟无其位，亦不敢作礼乐焉。"郑玄注："言作礼乐者，必圣人在天子之位者。"孔颖达疏："礼由天子所行，既非天子，不得论议礼之是非。"①朱熹也认为："有德无位而作礼乐，所谓'贱而好自专'。"②由此可见，最为推崇圣人的儒家也认为，圣王、天子高于其他圣人，圣而为臣其价值毕竟不如圣而为王。王的政治地位和政治价值高于圣。

"王"的理论价值也高于"圣"。这一点集中体现为"圣"的归宿是"王"。自先秦以来，"内圣外王"就是做人的最高境界。到宋明理学那里，"内圣外王"论发展到极致。一般说来，"圣"即"圣道"，"王"即"王功"。"圣"是内心的道德至善，"王"指外显的博大事功。圣则王，王则圣。所谓"内圣外王"，即兼道德至善与事功博大于一体。"内圣外王"之"王"既可以称谓最高统治者，又可以作为最高道德范畴使用。尽管作为道德修养的最高境界，"内圣外王"论适用于一切人，而能兼备"圣道王功"的毕竟唯有"王者"。道德王与政治王搅混在一起，其文化功能和政治功能都注定把"王"奉为最高价值的体现。自秦汉以来，臣民称帝王为"圣人""圣王""圣上"等，这就为帝王的至尊至大做了文化定位。

许多思想家还认为兼备"圣道王功"的"王"就是人道之极致、天道之载

---

①《礼记正义·中庸疏》。
②《朱子语类》卷六四。

324

体。早在先秦,孟子、荀子等就把圣王说成是道的载体、礼的主宰、人的典范。汉唐以降,这种说法日益成为人们的共识。王安石的一个说法在文献中很常见:"王者,人道之极也,人道极则至于天道矣。"①在儒家学说中,王者、人道、天道有时可以互相诠释。王为天道载体、人道极致、王道化身,无王者则不可以言治。这样的王岂能不贵!

其五,天地之性人为贵,而广大民众无法自成其性,必须立王以教化人性。

为教化人性而立君的观念很早就产生了。西周的天"作君作师"说是这类观念的源头。《左传》襄公十四年有一段话:"天生民而立之君,使司牧之,勿使失性。"这就把立君与教化人性联系起来。

春秋战国以后,凡是以善恶论人性,持圣人教化民众说的思想家都赞成这种"设君之道"。他们的基本思路是:由于种种原因,人类社会中存在着不道德的行为,为了教化人群,惩恶扬善,必须设立国家和君主制度,其职能之一是教化广大臣民,维护社会道德。天地之间,人性最贵,而王者在教化人性中具有不可或缺的作用。王在人类中的地位和作用由此可见一斑。

儒家属于典型的"天地之性人为贵"论者,他们认为必须由圣人、王者来教化芸芸众生。荀子认为,人性本恶,若"从人之性,顺人之情",必然"犯分乱理"。因此,圣人"化性起伪",定礼仪,制法度,立君主,"明礼义以化之,起法正以治之,重刑罚以禁之"②。董仲舒的"天立王以成民性"说也很有特点。他认为:圣人性善,中民之性可善可恶,"斗筲之人"则天生是不可教化的恶者。中民之性可以通过教化使之向善,而民众愚昧,不能自我觉悟。"天生民性,有善质而未能善,于是为之立王而善之,此天意也。民受未能善之性于天,而退受成性之教于王。王承天意以成民之性为任者也。"③这就从天命、人性、教化的角度证明了王在人群中的特殊地位。孔颖达认为:"凡人皆有善性,不能自成,必须人君教之乃得为善。"④朱熹也强调为教化人性而立君。他认为,每

① 《王安石老子注辑本·致虚极章》。

② 《荀子·性恶》。

③ 参见《春秋繁露·深察名号》等。

④ 《尚书正义·洪范》。

个人所禀赋的气质之性不同,所以道德水准有与生俱来的差别。因此,一旦有"聪明睿智能尽其性者"产生于人群之中,"则天必命之为亿兆之君师"①。这是君主制度、官僚制度设立的缘由。王是天下之师。在这里,王的价值不仅体现为其自身所具有的道德素质,而且体现为他在提升全人类道德素质中的特殊功能。

其六,众民不能自治,必须立王以治之。

除少数无君论者外,诸子百家一致认为无君无以为治。儒家着重强调立君是为了养育、教化天下民众。墨家强调立君是为了统一天下之义。法家着重强调立君是为了制止纷争。《吕氏春秋》强调立君是为了为天下兴利除弊。实际上诸子之说大多彼此相通、兼而有之。程颐的一个观点最有代表性:只有设立君长,才能"治之而争夺息,导之而生养遂,教之而伦理明,然后人道立,天道成,地道平"②。人们普遍认为,有了圣王,才有了人类的物质文明和精神文明,有了君主制度,民众才得以休养生息,安居乐业。王在社会政治生活中的特殊地位与作用,也使他高踞于人类之上。

其七,王为天下、国家、社稷之本。

自先秦以来,王为天下、国家、社稷之本就是大多数人的共识。儒家认为:"君正,莫不正,一正君而国定矣。"③墨家认为:"义者,正也……然而无自下而正上者,必自上正下。"④法家认为:"国之政要,在一人之心。"⑤秦汉以后,这种思想不断发展。董仲舒说:"君人者,国之本也。"⑥周敦颐说:"天下之众,本在一人。"⑦陆九渊说:"君之心,政之本。"⑧就连许多猛烈抨击暴君暴政的思想家也认为:"天下之主在君,君之主在心。"⑨由于人们普遍认为君主是天下、国家、社稷之本,所以许多人干脆称君主为"天下""国家""社稷"。

---

① 《四书集注·大学章句序》。

② 《河南程氏经说·春秋传序》。

③ 《孟子·离娄上》。

④ 《墨子·天志下》。

⑤ 《慎子·威德》。

⑥ 《春秋繁露·立元神》。

⑦ 《通书·顺化》。

⑧ 《陆九渊集·政之宽猛孰先论》。

⑨ 《潜书·良功》。

"王为大"的观念为帝王在各种人际关系中的地位做了最基本的文化定位。有关的理论则是中国古代政治学说讨论一切政治关系的哲学基础。

三、民为王政之本

"天地之性人为贵"导出的另一个政治理念是"以民为本"。《周易·系辞上》说:"天尊地卑,乾坤定矣。卑高以陈,贵贱位矣。"历代大儒都认为,君主犹如天,而臣民犹如地。他们发挥关于天高地卑、阳刚阴柔的哲理,将君主尊贵而臣民卑贱说成是"自然之理",同时又指出:民为王政之本。其中一个理据与天地之性有关。

民本思想一直是中国古代占统治地位的思想。它主要来源于对于各种政治关系的清醒认识。历代大儒还从天人关系的角度予以论证。他们发挥《尚书》天为民而作君师的说法,依据天立君为民、上帝选择"民主"、君主"以德配天"、"天听自我民听""汤武革命"等,反复论证"政在养民""得民为君""君舟民水"。他们主张君主切实履行"代天牧民"的责任,并仿效天地,对臣民犹如天覆地载,父教母养,进而提出了系统的治民方略。这些思想大多转化为统治者的治民政策。

重人事是中国古代政治思维的显著特点。至迟自西周以来,政论的重点就已明显地由宗教、神事向伦理、民事倾斜。自老子把人还给自然、孔子把人还给社会,人文思想不断发展。思想家们无论是信奉神道,还是崇拜自然,都认为天地之间人为贵,人类或是造物的宠儿,或是自然之灵秀。讲人文,重人事,落实到政治上必然重民,即把治理民众视为政治之本。如何治民?除少数无君论者外,人们都主张应当由一位特殊的人来做万民之主。圣为人杰,王为政中,重人的文化,重民的政治,导出的是崇圣与尊君。从人文的哲理,到重民的政策,构成了系统的治理人世间的政治哲学。这套政治哲学,概言之,即人为贵,圣为尊,王为大,民为重。显而易见,王者至大、君为民主是这套政治哲学的宗旨和目的。它一见诸政治实践就必然把"圣王在上"奉为最理想的政治模式。

从历史过程看,中国古代的人文思想很发达,君主专制主义也很发达。一般说来,二者并行而不悖。人文色彩最为浓厚的儒家学说长期被奉为皇帝制度的统治思想便是最有说服力的证据。从思想逻辑看,在绝大多数思想家的理论体系中,人文思想与专制主义相辅相成,二者之间具有某种统一性,即人文思想是论证专制主义的理论工具,专制主义是人文思想的政治结论。由人文思想导出王权主义,这是中国古代绝大多数思想家的学说体系的历史宿命。

原载《江西社会科学》,2004 年第 10 期

论帝王尊号的政治文化意义 *

作为文化的一部分,中国古代的名号是很突出的,它不仅有悠久的历史,且有很深刻的文化意蕴,其中最有规律性的是帝王的谥号和尊号。近代以来研究历史的人只是把它们作为既成事实加以罗列,很少研究其文化环境和内涵。帝王谥号和尊号不但在格式和内容上形成完整的体系,而且在政治生活中占有重要的位置,具有广泛的政治影响,是中国传统政治文化的重要组成部分。

一、谥号尊号的历史发展

谥号是后人根据死者的生平事迹而给予的一种价值评定。"谥者行之迹也,累积平生所行事善恶而定其名也。"①谥法是其评定的标准。严格地说,谥号包括谥和号,即所谓"谥者行之迹,号者功之表"②,但它的主体是谥。谥即是用含有特定含义的字表示对死者一生的总结性评价。谥号主要适用于帝王、后妃和重要大臣。

尊号(又称徽号)是对古代帝王或后妃的尊称。它与谥号的区别,主要适用于活着的帝妃或神、圣之人。

关于谥法的起源,自古至今尚无定论,有黄帝制谥和周公制谥之说,多数人同意后说。周人尊天敬祖,按照尊尊亲亲的原则,在隆重祭祀祖先时为尊者、亲者、贤者讳,称扬其德而另起美称,即为谥,"以讳事神者周道也。周人卒,哭而讳,将葬而有谥"③。这反映了周人尊祖的宗法观念,并使周礼得到贯

---

* 本文与侯东阳合作。

① 《太平御览·谥》。

② 《史记正义·谥法解》。

③ 《通志·谥略》。

彻。春秋战国时期，诸侯争霸，周室衰微，随着诸侯卿大夫势力的增强带来的礼崩乐坏局面，谥法有了新的发展，首先是受谥的范围扩大到一般诸侯、卿大夫、贵夫人，其次是谥法本身内容的发展，强调美恶之分，"大行受大名，细行受细名，行生于己，名生于人"①，故评谥一般比较符合事实，"春秋纪实事而褒贬之说行"②。先秦君主之谥比较俭朴，只有一二字，内容多是论及品行和政绩的，即主要是对统治者的政治行为做出某种评价。不过它的内容是提倡周礼规定的道德品质，抨击礼崩乐坏的现象。秦统一六国后，建立了中央集权制和极端的君主专制制度，为了维护皇帝的神圣不可侵犯性，防止"子议父，臣议君"③的非圣无尊行为，秦始皇废除谥法，以毫无评价色彩的数序计算世代。皇帝成了认识的禁区，只能服从而不能进行评论。汉代虽恢复谥法，但在皇权专制制度下，帝王的至尊形象不可损害，况且随着儒家孝道的提倡和君统的连贯性，嗣位皇帝对于祖先自然是极为推崇，谥成了"尊名"的工具。臣子也慑于皇权的威力，同时本着君臣荣辱共体的观念，"臣子之义，莫不欲褒称其君、掩恶扬美者"④。唐代以后，随着封建社会经济文化的发展、君主专制主义的加强，对帝王的崇拜也加强了，帝王的谥号也越来越长，不像以往那样有严格的字义规定。但字数在不同的朝代有不同的规律性，唐帝谥号最终基本上是五字或七字，宋代十六字，明帝谥以十七字为准，清代则加至二十四字。这种规律性使得各个朝代的帝王谥号整齐划一，并在内容上对比排列，越到封建社会后期越呈现僵化的趋势。

同时恶谥遭到非议，基本上以美谥为主。美谥和恶谥在十分重视青史留名的古帝王心中占有重要位置，"惟美恶之谥一定，则荣辱之名不朽矣"⑤；故谥的美恶使帝王们耿耿于怀，随着专制王权的加强，恶谥之说渐寝而不行。唐以后，即使亡国之君和遭到废弑的帝王也只是用表示哀闵的中性谥，而不是恶谥。唐代苏楷驳昭宗谥号，认为昭宗谥为"圣穆景文孝皇帝"与他身遭杀害和当政时的政治昏暗情况不符，要求改谥。继位皇帝和大臣都无可辩驳，只好改谥为"恭灵庄闵孝皇帝"。这虽不是恶谥，但足以使昭宗的子孙心怀怨恨，即

---

① 《史记正义·谥法解》。

② 《通志·谥略》。

③ 《史记·秦始皇本纪》。

④ 《白虎通义·谥》。

⑤ 《续文献通考·谥法考》。

使篡唐的朱全忠也很鄙视苏楷的行为,把他斥逐出朝廷。纵观历史,有恶谥的君主只是极少数,一旦成为帝王,就为权杖的光辉所笼罩,作为与他本身相异化的形象而存在,即使平庸无能和暴戾昏君(除个别外),也冠以诸多美名,以此掩盖其真实面目。秦汉以后谥号起到了美化帝王的作用,观谥而知其行的意义不复存在。

尊号在先秦表现为号,是对当权者的称呼,"若夫五帝三王之世,所谓号也;文武昭景成宣戴桓,所谓谥也"①。号早于谥,是人们等级地位的标志,故先秦诸子均十分重视名号对维持等级秩序所起的作用,号,"所以表功明德,号令臣下者也"②。秦始皇统一天下后,为了"称成功,传后世",议定国君尊号为"皇帝"③,其后"皇帝"之称遂成为定号并普遍运用。独一无二的"皇帝"之称仍不能满足帝王们的自我尊崇之心,于是在"皇帝"的基础上又加以润色,堆上一大串形容词,这就是本文所指的尊号。从这个意义上说,最早上尊号的是汉哀帝号称"陈圣刘太平皇帝",故宋代孙甫说:"秦不顾德之所称,但自务尊极,故称皇帝,然亦未有尊号也。至汉哀帝始有圣刘太平之号。"④此后有北周宣帝自称"天元皇帝"等,均是在特定政治环境下所采取的改制措施,并没形成定制。至唐代尊号始盛行起来,并为后代皇帝所沿袭,同时尊号也施用于死去的皇帝,使在位皇帝和死去的先帝同乘浮词虚海之舟,更加一层神圣的荣光。

尊号流行于唐至清初。无论是典礼的盛大程度,还是尊号的酝酿过程,都对当时的政治生活有很大影响,直接体现了臣民和君主的政治心态。尊号的兴起与对先帝追加尊号,也打乱了谥号的严格性。尊号适用于先帝称"尊谥",尊号与谥号在后期也就混合使用。

谥号、尊号是政治观念中继体嗣统的体现,并由此而形成一个连绵不断的君主系统,这个系统没有朝代之分,敌我之别,新的朝代总是给前代的亡国之君以谥,并且越到封建社会后期,越失去了谥法初期的原则和是非观念,亡国、昏暴的君主也多冠以美谥。

谥号既是君主制下政治生活的重要内容,被人们所重视。历代学者、君主

---

① 《潜夫论·志氏姓》。

② 《白虎通义·号》。

③ 《史记·秦始皇本纪》。

④ 《唐诗论断》卷中,玄宗。

对其理论有许多著述。因为谥法对每个字都有特殊的规定,而这些字义大多由圣上钦定或积俗而成,因此,谥法理论也是政治思想、文化的缩影。较早的谥法有托名周公所做的汲冢周书之谥法,杜预释例之春秋谥法、广谥等,此外流传的有蔡邕、沈约、贺琛、扈蒙、苏洵、郑樵等奉旨刊定的谥法。明清时撰写谥法的学者最多,并且可以发表一些自由言论,如郭良翰、练恕、王士祯、鲍康、沈炳震等都有专论,至于论及谥号的书还有许多。由于时代的不同特色,不断地出现新的谥条和谥义。尧、舜、禹等先王名字作为谥法的称谓条例,是儒家大力提倡的结果。苏洵《谥法》丰富了文、武等谥的含义,并受宋代理学风气的影响,增加了新的谥义,如"穷理尽性曰圣"。同时随着君主专制的加强,在理论上出现了对恶谥的非议,以图建立新的谥法精神,如郑樵在《通志·谥略》中公开宣布论谥唯美的观点。元代以后帝王没有恶谥,这对昏庸的帝王来说,显然是不合情理的。私下著书的学者对此发出疑问:"古之用谥,美恶并也;今专美而无恶,岂人皆善而恶谥无所于加,抑亦恶不复谥、而谥者专以掠美也?"[①]然而这只是私论,且主要不是针对皇帝的。

二、帝王谥号尊号的文化符号意义

语言是思想的载体和表达手段,是文化的基因。人们直观看到的谥号和尊号是一种语言符号,而它们排列在一起并被赋予意义,则是一种政治文化的储存和凝固。它们既是经过大臣们慎重的取舍、皇帝最后的裁定,当然是统治思想的结晶。把它们作为皇帝的形象,并通过仪式传播给臣民,得到认同,是统治阶级所期待的。

谥号的内容在其发展中逐渐形成一定的范式,首先是"孝"字成为汉帝的共同谥称。唐朝帝王谥号(终谥)定型为七字谥,即"××大圣大×孝"皇帝,在其中分别填以不同的形容词。明代以"×天×道×××××文×武×××孝×"皇帝为格式,清代以"×天×运×中×正×文×武×孝……"为基本模式。这些模式的主体大致不变,且都是统治思想的高度概括。从其内容上可以看出各代统治思想的继续和完善过程,孝、文武、圣、天、道等主题是陆续提出并为各代所认同的。帝王承载了这些最高原则,从而成为"道"的集散中心。

透过谥、尊号所弥漫的神圣光环,我们可以从其规律性的模式和发展过

---

①《南园漫录》。

程中了解到传统政治思想的传递和完善的信息。约略而言,有如下几个特点:

其一,治道从文、武相分到兼备文武之道。"文"正如其字义一样,谥义是一种平和、温宁的政治文化概念,"经纬天地曰文""道德博闻曰文""慈惠爱民曰文"等,后来又增加了"勤学好问曰文"等内容。"武"则是武功显赫、扩展疆土的标志,"威强敌德曰武""克定祸乱曰武""刑民克服曰武"。周文王以德服远、笼络民心,周武王起兵克商、平定天下,二王以不同的策略取得天下,成为后王典范。文、武之道经过儒家的大力宣扬,为历代帝王所仿效,文治武功都是帝王们刻意猎取的美名。但在唐以前,文与武于一个君主来说是相对的,"言文则不称武,言武则不称文"①。自唐高宗追尊太宗为"文武圣"皇帝以后,"文""武"才在帝王谥号中连为一体。作为文化符码,文、武比圣、孝等抽象名词具有更实际的意义,从历史的经验看文、武是统治网中的经纬线。"武为救世砭剂,文其膏粱欤?乱已定,必以文治之……故曰武创业、文守成,百世不易之道也。"②随着谥号的模式化,文武作为对帝王的素质要求已失去了作用。

其二,品性评价楷模化。中国历来注重个人道德品质的修养,因此在谥、尊号中有关品质方面的词语占很大比例,如穆、昭、章、德、仁、敬、勤、信毅、端敏等。由于皇帝们不同的性格和修养,所以对他们的描述用语也不相同。不过,有几个词是多数皇帝都用的,如德、孝等。其中"孝"最突出,是继体守文的一种表现,"孝子善述父之志,故汉家之谥,自惠帝以下皆称孝也"③。"孝"的公式化使它本身已失去意义,以提倡孝道著称的司马氏政权正是亲族相残的年代,而唐太宗的逼父退位、诛杀兄弟也并不影响他死后谥中有"孝"。对于他们来说,正常的孝是不可能的,他们的孝是超越个人伦理的。"天子之孝,贵于安宗庙、定万人。"④只有在不触动帝位的情况下,他们才做出孝敬的样子,为天下作表率。孝必须为权力让路。帝王们的道德尽管每况愈下,而谥号评价都成了楷模。

其三,圣化意识的加强。"扬善赋简曰圣","敬宾厚礼曰圣"。圣成为一种公开正式确认的尊君形式是在唐代以后,在此之前臣民们虽然不断地圣化皇帝,称皇帝为圣上、圣主,诏书是圣旨等,但直到唐代,圣才正式成为帝王名号

---

① 《全唐文》卷 336,《请复七圣谥号》。

② 《新唐书·儒学列传上》。

③ 《汉书·惠帝本纪》颜师古注。

④ 《旧唐书·王琚传》。

之一,把对君主的崇拜推到顶峰。圣与君的结合更有利于统治。同时,由于圣是指应时而变、无所不能的模糊性概念,最能出神入化地描述帝王神龙不见首的特性,也使臣民可以随意想象,把最理想的幻物都附加在帝王身上,从而美化了帝王,"由不太精确的政治名字无意识地激发起的情感联想可以持续更长的时间"①。这对麻痹人们是极有用的。

其四,法天行道。天命观和道统观是古人的终极追求和理想境界。帝王是承天命和治道的主角,所以他们对法天行道观特别重视。"天"是对帝王政治的哲学提高,宣称君权神授、天君合一,把皇帝及其政权加以神化;行"道"表明帝王政治的合理性和正确性。天作为符号出现在谥、尊号中是后周闵帝称天王以后。宋代灾异较多,政局不稳,对君权神授的强调更加突出,加上唐中后期以来天道观哲学思潮的推动,"天"在谥号中有"统天""法天""仪天""感天""体天"等。另一方面又紧紧抱着"道",以证明自己合理而正统,有"继道""体道""明道""契道"等。封建社会中后期,法天体道观在谥、尊号中特别突出,这是传统的天人关系论、道德观发展成熟的反映,表现了统治阶级政治哲学浓厚的宿命论色彩和对道统的继承。

谥、尊号虽然只是语言符号的不同组合,却正是几千年来传统政治思维的凝聚。"圣"作为帝王品性的理论提升,"文武"作为实际的治国之策,"孝"作为政治伦理化的旗帜,再加上"天"的神化、"道"的延续性,以及神、德、仁等符号,成为一种政治口号和纲领,一方面起到潜移默化的作用,使这些思想渗入到人们的意识深处;另一方面又给帝王罩上层层耀眼的光环,使得幻想与现实混淆。"词语是如此逼真、如此易于人格化、如此易于与情感和偏见发生联系。"②随着对君主崇拜的加强,这些语言的巫术功能超过了表意功能。对此还有一系列问题有待深入研究。

三、从唐代尊号析君尊臣卑意识

在谥号和尊号的发展史上,唐代是个关键性的转变时期。尊号正式实行并盛行于唐代,它不仅引起了谥号的质文之变,而且在后期与谥号混合使用,

---

① 沃拉斯:《政治中的人性》,浙江人民出版社,1988年,第50页。
② 沃拉斯:《政治中的人性》,浙江人民出版社,1988年,第42页。

消淡了谥号的美恶之分,因此,这里着重谈谈唐代尊号的情况。

唐代尊号肇始于唐高宗和武则天,咸亨五年八月高宗称天皇,武则天称天后,时人并称二圣,"尊号之兴盖本于此"①。武则天秉政后,为了抬高自己,首次把尊号之风推向高潮,从垂拱四年至证圣元年,七月间六上尊号。玄宗时又一次达到高潮,开元二十七年至天宝十二载五上尊号,从此尊号仪式成为定制,成为唐代非常隆重的国典。生前没有尊号的皇帝只有睿宗、文宗、哀帝。

尊号在实行中逐渐形成礼仪制度,"尊号之典,唐始载于史官"②。虽然流传的唐史中没有详细记载尊号仪式,但我们从唐代君臣的诏奏和实际施行,并参诸宋代尊号仪,可以想见当时的"盛仪"场面和程序。首先是臣民借祥瑞或军功、吉日上表恳请加尊号,皇帝一方面非常惬意于大家的推尊,一方面又要表示谦让的美德,再三推辞,不敢虚美,但经过臣民多次恳请(宋代明确规定为三次),为了不辜负百官恳请、万民拥戴,"勉从所请",不过仍"深愧于怀"。皇帝允准后就择吉日举行大典,"撰吉日,修礼容,设九宾,觐群后,昭告列圣清庙,展黄琮之仪,有事昊穹、圜丘,陈苍璧之礼"③。宰相率文武百官奉上尊号,皇帝御正殿(多在宣政殿、含元殿)受册,并且祭祀天地、祖庙。礼毕,大赦天下,同时还常伴随有改元之举。臣民欢欣鼓舞,纷纷上表朝贺。尊号成为在神灵的祝福中升腾的一面旗帜,它不仅是人主自我尊崇的表象,也伴随着盛大的典礼和赦书实现了统治阶级宣传政教的目的。随着频繁地上尊号,其仪式也逐渐机械化,人们对它的内容只是机械地接受,并不追究它的真实性,但对人们政治心态有重要作用。"这样不变、统一、单调地重复同一仪式最能够麻醉人的积极力量和判断、批判的洞察力,更会消解我们个性的情感和个人责任心。"④

为更深入地解释谥、尊号所蕴含的政治文化意义,还必须从社会生活中找到它的踪迹。谥号的拟定过程大多已不可考,而尊号初兴时所体现的政治思维和意识还保存在诏奏中。唐代关于尊号的诏奏是历代中最多的。在《全唐

---

① 《唐鉴》卷五。

② 《宋史·上尊号仪》。

③ 《全唐文》卷 337,《上尊号表》。

④ 恩斯特·卡西尔:《国家的神话》,浙江人民出版社,1988 年,第八章。

文》中保留的一百多篇,有臣民请上尊号表、贺上尊号表和君主的答诏及赦书、册文等,从一方面反映了当时的政治心态。

随着唐代社会经济的繁荣和社会的安定,君臣骄奢虚荣之心有所增长,要求象征帝王的名号也相应地变化,"至道已迈于胥庭,鸿名尚袭于汉代"[1],于是臣民们劝皇帝"守谦而为恭,不如立中而垂法;表朴而礼略,不如光明而化光"[2],而君主也认为"质文之变,盖取随时"[3],要求去质朴而取文华。尊号在君臣的对扬之下得到了一致首肯,并表现了各自的政治心态。

尧舜和皋陶等上古贤君良臣是儒家树立的榜样,也是历代所仿效的对象。"致君尧舜"本是臣民对皇帝的角色期待和政治目标,"朕方以皋夔之务委卿,卿宜以尧舜之事教我"[4]。但是唐代臣民把上尊号也作为致君的一种手段,从而为上尊号提供了堂皇的借口。他们对其主子的吹捧达到高潮时,甚至可以凌驾于尧舜之上,"固可使尧舜拥篲、禹汤扶毂"[5]。他们对君主冠以圣贤的美称,仿佛就表明君主达到了所期望的水平,"卿等思致君尧舜,欲加号'圣文'"[6]。这种务虚的方法自然来源于由对皇权的畏惧而产生的颂赞心理。

作为封建君主制度下的臣民,历来是皇帝的家奴和子民,生死荣辱系于君主,"身体发肤尽归于圣育,衣服饮食悉自于皇恩"[7]。沐浴皇风、游泳皇泽的臣民对君主既畏惧又感恩戴德,以上尊号作为对帝王功德颂扬的机会,无不争先恐后、累上表章。"忠于其君则望美终日,盖性本于内、义激于中。"[8]对皇帝的阿谀颂扬是臣子们的存在条件之一,否则就会寝食难安,惶恐不已。"陛下赏功与能,举贤出滞,小言不废,片善是褒,岂可使臣子之效虽微而必旌,君父之德尽美而无称?"[9]同时这也是臣子没有尽到劝进和辅佐的职责,"功成而礼不崇,德广而名未称,臣子之罪也"[10]。一旦出现灾异或政治危机,君主罪己降名,群臣更是胆战心

---

① 《全唐文》卷 217,《代宰相上尊号表》。
② 《为文武百官请复尊号第五表》。
③ 《加天地大宝尊号大赦文》。
④ 《批宰臣请上尊号第二表》。
⑤ 《为杭州崔使君贺加尊号表》。
⑥ 《答侍中裴光庭等上尊号表批》。
⑦ 《为京兆府耆老请复尊号表》。
⑧ 《请加尊号表》。
⑨ 《礼部为百官上尊号第一表》。
⑩ 《元和圣文神武法天应道皇帝册文》。

惊。"倘陛下以自咎责之心尚或未弥，则群臣不能匡辅之罪是亦未除，将何以蒙陛下之恩私，将何以受陛下之爵赏？"①这种恐惧感是君主专制下百官对自身命运的不可把握所产生的，害怕因不赞美皇上而使官运受到损害。

面对尊号，有一个矛盾时刻萦绕着君主，一方面要满足群臣的尊崇愿望和自己的夸饰心理，一方面又害怕过于虚美。这种矛盾表现在实际操作中，就是对臣子忠诚的肯定和对尊号的多次推辞，"朕辞益固，情益坚，诚献可之不移，奈虚美而难处"②。对于处在封建社会权力宝塔顶峰的帝王来说，无论是贤君或是庸主，总要表白自己居安思危、朝乾夕惕的警戒心理。盛朝之主固然因"超驾前王，弥增夕惕"③，罹难之君更是"惕然南面，常惧君难"④，所以他们在上尊号时多次推辞，以致上了尊号，还表示"感惧交集"等。而一旦出现政治失调或自然灾异，他们就认为是上天对虚美尚功的谴责，马上引咎降名，如武则天以明堂火灾去"慈氏越古"之号，肃宗、德宗等去尊号以答谢上苍、收买民心。同时他们要求臣子"强我懿号，不若使我为有道之君；加我虚尊，不若使我居无过之地"⑤，敦促臣民从实政上辅佐君主，使尊号的内容得以实现。

为了克服君主的心理障碍，臣民们就为尊号寻找合理的外衣，使君主穿着放心。

第一，尊号是古代传下来的国典，实为"上仪"，所以"臣下请之之谓礼，帝王承之之谓孝"⑥。

第二，用尊号来齐圣，"自增神器之重"⑦。

第三，尊号是宣扬圣德、风化四海的工具，"惟有尊名，用光圣理"⑧。

以上三个方面都是从提高皇帝权威以利于统治入手的，是君臣共同关心的问题，所以他们把上尊号说成是"至公"之事而非皇帝的私欲，而皇帝迫于祖法、至公之请，再加上自己"好誉之心内致，自矜之色外形"⑨，对尊号也就半推半就了。

---

① 《为文武百官请复尊号第六表》。

② 《答请上尊号第三表》。

③ 《答再请上尊号表批》。

④ 《答郭子仪表请改元立号第二手诏》。

⑤ 《批宰臣请上尊号第三表》。

⑥ 《礼部为百官上尊号第一表》。

⑦ 《册尊号赦文》。

⑧ 《为京兆府耆老请复尊号表》。

⑨ 《答再请上尊号表批》。

然而随着社会的动荡不安,盛礼与虚美的矛盾更加突出,臣民们也难以无视现状而恭维皇上,对尊号的批判之声时而出现,特别是德宗逃难到奉天后,陆贽反对增美称的理论也主要是针对以上三个方面。首先尊号之兴本非古制,古代的皇帝、王、天子就是至尊、极美之名号;其次人主轻重不在名称;其三皇帝应去尊号以答天谴、颁罪己诏以收揽民心。①陆贽的批评在表面上得到了德宗的赞同。陆贽反对虚名无独有偶,其前有颜真卿反对追加先帝尊谥,其后有韦温等对尊号隐晦的批评。

　　只要君主专制体制还在运行,对帝王拍马屁的事就不会绝迹,于是又有一批巧言者对尊号做出了新的解释,即以尊号来表示他们的政治理想和期待,"欲以徽称、懿号诱掖劝慕之(指皇帝)","将使循名而勉其实,力实而应其名"。②皇帝明白了臣民的心思,也就表示要把尊号当作箴诰,以其实际内容来自勉,"名实未副,朕当不敢荒宁,始终相成"③。于是尊号在风雨飘摇中又有了新的作用,它可以激励君主在危难之机树立信心,"慕陶尧虞舜之行以自勉,思文武宪章之道以自勤"④,又可宣示海内外,以尊号内容作为迷人的目标。

　　帝王的谥号和尊号是封建君主专制主义的产物,为维护帝王的权威形象服务。它不同于礼仪的是,用词语堆砌所构造的象征意义产生了两个主要的社会效应:其一,它本身是统治思想的浓缩,带有宣传政教的作用;其二,以名当实的唯心论阻碍了臣民正确地认识君主。谥号、尊号通过语言符号的物化和君臣的大力宣扬,形成了一种思维前提和集体潜意识,使人们在山呼蹈舞中失去了自我辨别能力和独立人格,故"在政治这一意识形态领域内,语言的拜物教和宗教一样危险"⑤。这对于君主来说却正是好事。从唐代围绕尊号所表现出来的政治心态可以看出,颂君是臣民的政治义务和以卑求荣之术;尊号的内容是君主应具的政治品格。在这里,君、臣表现出的都不是本我,而是君主政治运行中的角色。驱使他们扮演这种角色的动力是君尊臣卑的制度和

---

① 以上参见《奉天论尊号加字状》《重论尊号状》。

② 《受尊号赦文》。

③ 《答宰臣曹确等请加尊号第四表诏》。

④ 《长庆元年册尊号赦》。

⑤ 弗洛姆:《在幻想锁链的彼岸》,湖南人民出版社,1986年,第167页。

观念所塑造的帝王崇拜。无论是最初的因赞颂政绩和君主品德而上尊号,或是后来的先树立尊号再去求实,都使帝王高高在上,神圣而耀目。帝王崇拜在君主专制时代普遍存在,只不过在不同时期有不同的方式和程度,但上尊号却更加直接和露骨。

像谥、尊号这样的象征符码不仅在过去,而且在我们的经历中曾以不同的面目出现过,表现在十年"文革"期间是铺天盖地的颂辞、口号、语录、歌曲,汇成了颂赞的海洋,几乎淹没了每个独立的个体,使人们在言必称语录、喊口号的同时,竟把这些词语所构造的虚幻形象作为思维的前提,在全民性的狂热中失去了理智的思索。

原载《学术月刊》,1993 年第 11 期

从君臣譬喻说君尊臣卑

现在流行的发扬国学和尊孔思潮,单方面张扬仁者爱民、社会和谐,有些学人压根否认传统社会是君主专制,放言是"中国式的民主",这些人很少涉及传统思想观念中的君尊臣卑问题。君尊臣卑是中国整个社会的基本框架,是君主专制的基础。关于君尊臣卑的神性化和理性化的理论,我写过多篇文章论述[①],对君臣譬喻表现的君尊臣卑问题也间或论及,这里再集中一下,以各式各样的譬喻来展现君主专制的形象。这些内容,中学老师也有了解一下的必要。

在传统的思想中,确实有不少重视臣民的观念与言论,诸如君臣共治;与士大夫共天下;天听自我民听,天视自我民视;纳谏兴国;民为贵;国将兴,听于民;还有民告官的规定等,这些无疑是应该注意开发的重要思想资源。关于这些问题的意义另论。我这里要说的是,在传统的思想与观念中,占主导地位的是君尊臣卑,并以此作为帝王权力赖以生存的基础。

君主尊而臣民卑、君做主而臣民从,这是古代政治学说最基本的政治关系定位,并以各种方式系统地论证了臣民的卑贱地位和工具属性。如果说臣民卑贱观念主要是结构定位,那么臣民工具观念则主要是功能定位。两种定位相辅相成,浑然一体。结构上的卑贱地位注定了功能上的工具属性;功能上的工具属性又表明了在结构中的卑贱地位。反反复复地说这是天秩,是命定,是自然之理,且最合乎人情。这类理论、观念对帝王与臣民两方面的政治意识都有深刻的影响。

在阐释帝王与臣民关系时,中国古代传统思想往往使用类比方式进行推理,并多方设譬,以一种形象化的方式为君臣民定位。这些譬喻获得全社会的广泛认同,有的甚至成为文化符号。下边条列一些譬喻以示其概。

---

① 可参阅拙著《中国政治思想史集》。

1.帝王为天与臣民为地

《管子·明法解》说:"君臣相与高下之处也,如天之与地也。"帝王处于至尊至上之位,臣民处于至卑至下之位,高下相悬犹如天壤之别,君为臣之天。《周易·系辞上》说:"天尊地卑,乾坤定矣。卑高以陈,贵贱位矣。"天高地卑历来被视为君主制度和等级制度的法象。中国古代政治学说喜欢以"自然之理"来论证结构模式、秩序法则,以及社会规范的必然性、合理性和绝对性。天地自然之喻是臣民卑贱论的主要论据之一。

2.君主为父母与臣民为子女

《尚书·洪范》说:"天子作民父母。以为天下王。"这一观念前有古人,后有来者,是古代文献中最常见的社会政治定位理论。其基本思路是:在上者与在下者属于一种拟亲子关系,如官僚为庶民之父母,大官为小官之父母,君为臣之父母。于是人们以"君父"为帝王定位,以"臣子""子民"为臣民定位。这就是说,天下一家,家国一体,君父一体,忠孝一体。在这囊括众生的政治大家庭中,为帝王者永远是父母,为臣民者无论老少永远是孩子。这种关系定位不以帝王与臣民的实际年龄和辈分为转移。广大臣民是帝王养育、监护、教化、支配的对象,为子为臣者只能尽忠尽孝,唯命是从。在宗法观念占支配地位的时代,这种定位方式本身就确认了臣民的卑贱及其被教育者的地位。

3.君为元首与臣为股肱

"元首"成为君主的一种称谓,而"股肱"则是臣辅的文化符号。唐末五代时期的罗隐对暴君有尖锐的批判,但对明君却寄予无限的希望,他在《两同书·损益》中说:"百姓所赖在乎一人,一人所安资乎万姓,则万姓为天下之足,一人为天下之首。"人们总是以此论证君为主、臣为辅、民为本,告诫帝王千万不要做自捆手足、割股啖肉的蠢事。然而手足无论多么重要,毕竟要由头脑来指挥,为元首服务。头脑高高在上,支配四肢运动。首、足之喻生动形象地揭示着臣民在帝王面前的卑下地位与工具属性。

4.君为腹心与臣为九窍

"主者,国之心也。"①与"心"对称的是九窍、肢体。心脏是人体的中枢,九窍则是附属与配件,《管子·心术上》说:"心之在体,君之位也;九窍之有职,官之分也。心处其道、九窍循理。"心把握道理,九窍遵循而行,彼此犹如君臣,

---

① 《文子·上德》。

"君者心也,民犹肢体"①。心、九窍、肢体相须一体,谁也离不开谁,故武则天说:"人臣之于君也,犹四支(肢)之载元首,耳目之为心使也。相须而后成体,相得而后成用。"为君不可独治,必须"置群官,以备爪牙耳目"。贤臣良佐犹如君之爪牙耳目,代替帝王"视听于四方"②。这种哲理化、形象化的论证方式在古代文献中很常见。心、九窍、肢体之喻表明帝王是臣民的主宰,臣民是帝王的工具。

5.帝王为御者与臣民为车马走狗

以驾车驭马比喻治国理民,这在中国古代政治思想史上司空见惯。《周礼·天官冢宰》大讲"驭群臣"与"驭万民"。《文子·上义》以御马论"治人之道"。《韩非子·外储说右下》把国家喻为君之车。《孔子家语·执辔》讲得比较具体:"古者天子以内史为左右手,以德法为衔勒,以百官为辔,以刑罚为策,以万民为马,故御天下数百年而不失。""临驭天下"为人们点画出这样一幅政治图画:国家犹如一驾马车。帝王是高高在上的驭手,群臣是操纵牲口的辔绳,民众则是驾辕拉套的牛马。将臣民、治术喻为牛马、衔辔,象征着帝王对臣民的绝对支配,一切臣民都是帝王的工具。帝王治国实质是鞭笞天下。

以牛、马、鹰、犬作为臣民喻体,这是古代政治文化的一大特点。汉高祖把披坚执锐、攻城略地的众将称为"功狗"。唐太宗则以牛马喻臣民,他在《自鉴录》中写道:马"能代人劳苦者也。以时消息,不尽其力,则可常有马也"。在文献中,人们常把良将贤才比为良弓、鹰犬、骐骥。以犬马喻臣民,以人马、人犬关系喻帝王与臣民关系,这既生动,又贴切。重臣如同猎手珍爱行围打猎的鹰犬,重民如同驭者养护负重远行的牛马。臣民只是一种工具的人格化。这种类比显然有不把臣民当人看的意味。

6.君主为舟与臣民为水

《荀子·王制》有一段名言:"君者,舟也;庶人,水也。水则载舟,水则覆舟。"民既可以择君拥君,又可以弃君诛君,这就像水平则载舟,水激则覆舟。舟水之训千古传诵,它着重论证了君权的相对性,从而为民本思想张目,为重民政策呐喊。然而水永远是水,舟永远是舟。水不载此舟,仍要载彼舟;民不拥此君,仍要拥彼君。舟水之训从不具有改变民的卑贱地位和工具属性的意义。

---

① 《汉书·武帝纪》。
② 《臣轨·同体》。

在载舟覆舟这一点上,臣与民类同,故又有"君舟臣水之说",即"夫君者,舟也;臣者,水也。水能浮舟,亦能覆舟;臣能辅君,亦能危君"①。还有一种比喻更为精细:君为船夫,臣为舟楫,民为江水。船夫横渡江河,必须借助舟楫;帝王治理国家,必须依靠群臣。如隋炀帝说:"凡厥在位,譬诸股肱。若济巨川,义同舟楫。"②舟楫与水体不同,故官僚与庶民不同。然而舟楫毕竟是船夫所操纵的工具。上述比喻着重强调帝王对臣民的依赖,臣民对帝王的制约。即使这类思想也未能脱出臣民工具论的窠臼。

7.君主为太阳与臣民为葵花

类似的譬喻很多。如把帝王比作龙虎,臣民比作风云;把帝王比作凤凰,臣民比作百鸟;把帝王比作北极星,臣民比作群星……云从龙,风从虎,葵花向阳,百鸟朝凤,群星绕北斗,万物靠太阳,因而臣民是帝王的附庸、从属。又如把臣民比作附丽苍穹的日月星辰,装点大地的山川岭岳,鸿鹄凌云的羽翮,巨鲸遨游的溟渤;集成珍裘的狐腋,汇成大海的涓流……无论哪一种比喻,帝王的喻体都处于主导地位,而臣民的喻体则处于工具地位。又如把帝王比作源,臣民比作流;把帝王比作容器,臣民比作液体;把帝王比作工匠,臣民比作器物;把帝王比作冶人,臣民比作矿石;把帝王比作陶工,臣民比作泥土……帝王的喻体都是主体,臣民的喻体都是客体。

8.君主为阳(乾),臣民为阴(坤)

一般来说,人们普遍认为:物之有形者皆根于天道(理),阴阳是天地间最普遍的矛盾规律。阴阳相摩相荡,促成天地万物的生灭变化。阴阳存在于世界上一切对立的事物和现象之中,大凡先后、始终、动静、晦明、上下、进退、往来、开阖、盈虚、消长、刚柔、尊卑、贵贱、表里、隐显、向背、顺逆、存亡、得失、出入、行藏等,都是"一阴一阳"的具体表现。阴阳是事物依存性、对立性普遍存在的依据,也是一切事物的依存性、对立性的概括和抽象,也就是说,作为实体,阴阳化生万物;作为属性,阴阳遍布一切事物之中。阴阳是表述形而上学和普遍联系的范畴,它可以解释自然、社会、人生的一切对立统一现象。这样一来,阴阳成为为一切事物定位、定性的理论工具。阴阳就是道,或是道所确立的法则;天之道曰阴曰阳,天地是一大阴阳;人类社会中的男女、夫妇、父子、君臣皆为阴阳关系。因此,依据

---

① 《两同书·得失》。

② 《隋书·炀帝纪》。

阴阳法则为社会角色的定位又被称为"天秩"。

"制人者阳,制于人者阴。"①阴与阳分别代表两类截然相对又相互依存的事物。阳尊阴卑,归入阳类则高贵、完善、主动;归入阴类则低贱、残缺、被动。因此,各种阴阳论都把帝王置于阳位,把臣民置于阴位。"阴以知臣,阳以知辟,君臣之道,万世不易。"②这种定位的依据是阴与阳的属性和形式。

儒家学说对阳尊阴卑不变之说最为执着,它又代表着主流文化。《周易》及其各种注疏集中反映了儒家关于政治定位的基本观点。儒家依据阴阳法则为帝王与臣民的定位可以归纳为以下四点认识。

其一,阳尊阴卑,注定君臣之分,贵贱有恒。阳为天、君、男、夫、父、兄及大、重、上、贵、富等;阴为地、臣、女、妻、子、弟及小、轻、下、贱、贫等。在等级关系中,尊者为阳,卑者为阴。君尊臣卑,定位不移,臣民只能永远处于卑贱地位。

其二,阳刚阴柔,阳动阴静,注定君道刚严,臣道柔顺。阳为乾、刚、健;阴为坤、柔、顺。《周易·坤卦》以"坤道其顺""地道无成"论臣道。孔颖达的注疏认为:"臣不可先君,卑不可先尊",因此臣下必须"不为事始","待命乃行",柔顺、被动、服从是臣民的本分。在支配关系中,主导者为阳,从属者为阴。君主臣从,合乎天理。在政治生活中,臣民不能充当具有完全主体性的自作主张的主动者。

其三,阳纯一,阴驳杂,注定君道无为,臣道有为。《周易·系辞下》以阴阳论君道、臣道。孔颖达的注疏认为:君道为阳,"纯一不二",所以"君以无为统众","委任臣下,不司其事";臣道为阴,"不能纯一",所以臣下"各司其职",为君主服役。这就叫君道无为而臣道有为。臣民只能充当君主的驯服工具。

其四,阳善阴恶,注定君主道德完善,臣民道德残缺。《周易·系辞下》以阴阳论"小人之道"。历代儒者皆以"一阴一阳,一善一恶"论道德。董仲舒以予、仁、宽、爱为阳,以夺、戾、急、恶为阴。扬雄说:"阳道常饶,阴道常乏。"③朱熹认为阳为刚、为明、为公、为义,属"君子之道";阴为柔、为暗、为私、为利,属"小人之道"。④"依据这个逻辑,属于阴类的臣民注定有道德缺陷,甚至是见利忘

---

①《黄老帛书·称》。

②《太玄经·玄文》。

③《太玄经·玄告》。

④《朱文公文集》卷76《傅伯拱字序》。

义的"人小"。臣民愚昧,先天注定,他们只能作卑贱者。

以天道与地道、阴与阳、乾与坤等为君臣上下定位,这就为君尊臣卑、君主臣从观念找到了哲学依据。它从哲学的高度向人们宣示:帝王永远处于尊、贵、刚、健、主的地位;臣民永远处于卑、贱、柔、顺、从的地位。这是天的规定、道的本质,是上帝的律令或自然的法则,任何人都不能违逆。

中国古代政治学说以各种方式诠释臣民的地位与功能:在等级体系中,他们是卑、是下;在政治体系中,他们是臣、是民;在宗法体系中,他们是子、是女;在学术体系中,他们是学生徒弟。他们像天文体系中的群星,必须环绕北斗;他们像水文体系中的江河溪流,必须朝宗大海;他们像地理体系中的沙砾壤土,必须仰望山陵。以鳞虫为喻,他们是尾随龙蛇的鱼虾;以禽鸟为喻,他们是朝见凤凰的百鸟;以毛兽为喻,他们是陪衬麒麟的群兽。帝王为圣人,臣民则为愚氓;帝王为大人,臣民则为小人;帝王为主子,臣民则为仆役;帝王为至贵,臣民则为至贱。说来说去,都是要告诉人们这个一定之规:臣民只能做政治的客体,不能做政治的主体。

9.君主美善,臣民污秽

任何一种成形态的思想文化都有一套纲领性的概念来表达和支撑,中国的传统思想文化也不例外。简化一点说,有美和丑两套话语。在传统思想文化中,只要君臣相比,美的话语都献给君王,诸如表达超人的或本体性概念,有神、上帝、天、天地、乾坤、日月、阴阳、五行、四时,等等;表达理智的,如聪、明、睿、智、英、谟、理、文、武,等等;表达道德的,如仁、义、德、惠、慈、爱、宽、恭、让、谦、休,等等;还有一些包容上述诸种含义,如天、圣、道、理,等等。中国传统思想文化的精粹都是靠这些纲纽性概念来集中、来表达的。帝王拥有、占有了这些最美的核心概念,也就控制了思想文化的命脉,也就控制社会和人们的灵魂。臣下把这些最美的纲纽性概念献给帝王,也就把自己的灵魂奉献给帝王。

与之相反,表达丑恶的污秽概念像屎盆一样扣在臣民头上。臣下都是些愚昧无知的蠢货和废物。诸如"臣至陋至愚,无所知识""臣以愚陋无堪""臣愚陋僻蠢""惭无效用""无能""才术无闻""文字鄙陋,实惧尘玷""臣才识浅薄,词艺荒芜",还有"臣贱琐材""琐劣""薄陋""虚薄""馊才""刍贱""犬马""驽骀""鸟兽""葵藿""枯朽""奴才",等等(上边引述的语句多是从韩愈、柳宗元给皇帝的奏疏中摘出来的,不再一一注明篇章)。总之,下层民众更是一群愚昧之辈,于是称为"愚夫愚妇""愚氓"。其实"民"这个称呼就是愚昧无知,贾谊说:"夫民之为言也,暝也。萌之为言也,盲也。"①

10.君主为阳光雨露,万民沐浴承恩

帝王的功德洒遍天地人间,惠及万物群生,相比之下,甚至使百神失灵,日月减色,乾坤暗淡。下边还是引用韩愈和柳宗元对皇帝的颂词:

> 今天子整齐乾坤,出入神圣。
> 播休气于四海,洽太和于万灵,食毛含齿,所同欢庆。
> 神化旁畅,皇风远扬,自华及夷,异俗同庆。
> 睿谋广运,神化旁行,植物知仁,祥图应圣。
> 圣王之德,无所不及,有感则应,无幽不通。伏惟陛下恩沾动植,仁洽飞翔……
> 蒸黎咏德,知必自于圣心;草木欣荣,如有感于皇化。有年之庆,实在于斯。
> 皇风不异于遐迩,圣泽无间于华夷。

人与神的差别,既表现在"存在"形式上,更表现在功能上,而后者更为重要。任何东西一旦被赋予超人的功能,它就是神。严格地说,在传统思想文化中占主流地位的并不以神的形式来定位帝王;神化帝王主要是无限夸大其功能来表现的,由于功能相同,于是帝王与神相同或相通。从颂扬帝王的伟大功能的语言中,可更具体地看到君主的本体性意义。今天看,马屁拍得实在无边无际,令人作呕;但冷静想想,这不是个人的行为和品质问题,而是整个历史和文化的产物。相对君主的神功,臣下全赖君主的恩惠才能存在。这种依赖和从属是全方位的,臣下的社会地位、衣食、知识、寿命等,皆来自"圣育""皇恩"。"天子神圣,威武慈仁,子养亿兆人庶,无有亲疏远迩。虽在万里之外,岭海之陬,待之一如畿甸之间,辇毂之下。"臣"身虽贱微,然皆以选择,得备学生,读六艺之文,修先王之道,粗有知识,皆由上恩"。"臣等得生邦甸,幸遇盛明。身体发肤,尽归于圣育;衣服饮食,悉自于皇恩。""臣等共被仁育,同臻太和。陛下德达上玄,以丰臣之衣食;道跻寿域,以延臣至岁年。""臣特受恩遇,

---

① 《新书·大政》。

超绝古今。""恩重命轻,不知所效。"

君主对所有的臣民有生、杀、予、夺之权,但细致分析,生、予与杀、夺是不平衡的,生、予是以杀、夺为基础的,臣民生下来就是君主杀、夺的材料。在传统思想文化中,人有生存权利的观念是十分淡薄的,反之,臣下被君主杀、夺则是天经地义,理所当然之事。反衬之下,不杀、不夺即是恩。臣下的一切,都要归结为君主的恩赐。由这种恩赐观念引发出来的必然是依赖和从属意识。

一切由上恩赐的观念是传统思想文化的要义之一,影响至深至广,直至今日我们也还没有完全从中走出来,在思维方式上与传统观念一脉相通。

11.君为圣躬,臣民为罪体

在古老的传统里,功要归君,罪要归臣。为臣的义务之一就是时时刻刻要维护君主声誉,处处事事"不忘增其名"。孔子张扬"尊尊"。墨子有句名言:"若有美善则归之上。是以美善在上,而所怨谤在下。"又说:"宁乐在君,忧戚在臣。"①《韩非子·主道》说:"有功则君有其贤,有过则臣任其罪。"《礼记·祭义》说:"诸侯有善,归诸天子。"这是公认的臣德,即忠臣要"令谤在己,誉在上",臣下"不洁其名"。就是说,忠臣要替君主受过,不为自己辩白。臣子的责任和义务之一是"为君隐恶"。李斯重复道:"有善归主,有恶自予。"②汉代名相萧何就以此为座右铭,他甚至故意做坏事,抢占民田以自污,以此反衬皇帝刘邦的伟大。董仲舒这样的大儒从理论上认定了这一道理:"是故《春秋》君不名恶,臣不名善,善皆归于君,恶皆归于臣。臣之义,比于地,故为人臣者,视地之事天也。"③《白虎通义·日月》从日月关系说明有功要归于君:"臣有功,归功于君何法?法归明于日也。""有善则归之于君"是为臣必备的基本品德。于是"皆圣王之德,非臣之力也"之类的话语,成为臣下自我认定的格式。如果出言不慎伤害了君上声誉,或有意无意"彰君过",这要犯"大不敬"的罪过,会招致杀身之祸。《礼记·表记》说:"事君欲谏不欲陈。"郑玄注:"陈,谓言其过于外也。"意思是说,臣下向帝王上书不能揭皇帝的短处。相对而言,臣下绝对不能"干名采誉",即不能张扬自己的名誉,如果张扬,"此明圣所必加诛也"④。臣下"以

---

①《墨子·尚贤中》。

②《史记·萧相国世家》。

③《春秋繁露·阳尊阴卑》。

④《汉书·终军传》。

己为拭(式)"者,即坚持己见、自以为是者就是犯罪,应予惩罚。臣下还常常把自己给皇帝的上书或议论时政的文字说成是"罪言"。起先孔老夫子教导:"不在其位,不谋其政。"后来就把越级上书视为一种犯罪行为,汉代的梅福上书时先称:"臣闻'不在其位,不谋其政'。政者,职也,位卑而言高者,罪也。越职触罪,危言世患,虽伏质横分,臣之愿也。"①唐代杜牧有一篇议论平定藩镇方略得失的文章,文章的题目则曰《罪言》。杜牧自己说:"嫌不当位而言,实有罪,故作《罪言》。"后来有多人把议论政事之文称为"罪言"。

12.君为斧钺,臣民为鱼肉

君主杀戮臣下常常曰"赐死",而臣下常甘为鱼肉去"请死"。"赐死"与"请死"是不同的两回事。臣下"请死"表达的是一种价值观念的定位。也就是说,臣下对君主应有以死相报或时时等待君主降罚直至处死的忠心和心理准备。韩非的《初见秦》篇是对秦王的一篇上奏,文章开始的一段话就是这种心态和价值取向的典型表达。这段文字是:"臣闻:不知而言不智,知而不言不忠,为人臣不忠当死,言而不当亦当死。虽然,臣愿悉言所闻,唯大王裁其罪。"为臣知而不言当死,言而不当也当死,这不是韩非自己的发明,而是当时流行的共识。《战国策·秦策一》记载张仪说秦王时即有几乎相同的语句。臣"不忠当死"是古训和行为准则。臣下与君主交往最重的砝码是自己的生命,于是臣下请死成为一种前提性的自我认定和表忠心的证明。在臣下上帝王奏章中用的最多的词有:"昧死言""昧死请""昧死望见""昧死再拜""昧死上言""昧死愿""昧死陈情""臣有斧质之罪""伏斧质于阙下""斧质在后""请伏斧质""伏斧质请罪""罪当伏斧质""斧质横分""死无以报德""先狗马填沟壑""致死""不惮死进""罪当诛死""冒死陈闻""彷徨阙下,伏待斧质""臣等有死而已""陨首阙下""不敢惧死""臣罪当死",等等。

臣下把死作为信物和条件,其中固然也有某些臣子无所畏惧的勇气、志气、豪气和张扬道义的抗争精神,但更多的是蕴含了无限的恐惧、自卑、服帖和怯懦。臣子们动辄请死,表明臣下除了是帝王的工具外,还是帝王施威的材料,所以要时时刻刻准备着挨杀。一般说来,上述请死的用语与上奏的内容并没有多大关系,如秦朝的丞相王绾、御史大夫冯劫和廷尉李斯等联名上书,建议用最尊荣、最崇高的"泰皇"为帝号。这本是颂扬君王之举,根本无过可言,

---

①《汉书·梅福传》。

348

可是依然要称"臣等昧死上尊号"。魏徵可谓历史上直言诤谏的巨擘,他上唐太宗的《十渐疏》是千古名篇,以道谏君,历数唐太宗的堕落,文字直落千丈,然而就是这篇鸿文,一开始就自鄙地说:"臣诚愚鄙,不达事机,略举所见十条,辄以上闻圣听,伏愿陛下采臣狂瞽之言,参以刍荛之议,冀千虑一得,衮职有补,则死日生年,甘从斧钺。"也来这一套。很显然,这是一种形式主义的格套。应该说,这种形式化的格套更具有普遍意义,它表达的是臣下的社会与文化价值定位。这个"死"意味着自卑、自贱、自罪;同时也死掉了人格、死掉了尊严、死掉了自主、死掉了意义、死掉了理念。在我们的祖先那里曾有过"道高于君""从道不从君"的豪言壮语,但占主流地位的是罪感意识,韩愈说的"天王圣明,臣罪当死",把这种意识集中地表达出来了。忠孝的最高精神是"顺",顺的初层是服从,进而到盲从,一切都听"上"的,"上之所是,必皆是之;所非,必皆非之"①。最高的是献身致死,即"尽忠报劳以致死","君要臣死,臣不敢不死;父叫子亡,子不得不亡"。忠孝培养的是对权威的绝对崇拜,这种崇拜是以臣民的绝对服从与处罪为基础的。反过来说,没有臣民的绝对服从和罪感意识,绝对的权威主义难于建立起来,也难于实行。

上述种种君尊臣卑的譬喻是传统文化观念的定型的重要组成部分,并形成人们下意识的心理结构。这种君尊臣卑观念远没有认真清理,在很长时期,在个人崇拜的盛行,特别是"文革"时期,这类的譬喻达到登峰造极的程度。上述譬喻在传统的文献中是普遍的事实、处处可见,眼下却被张扬国学、尊崇儒学的大潮有意无意地加以遮掩或公然助其流行。我认为在研讨国学和儒学时,不能忽视这类历史事实,这样才能对国学、儒学保持清醒的分析的头脑;一股脑儿的颂扬,势必引向复古和狭隘的民族主义。

改革开放的一个重要内容,就是从君尊臣卑观念向人人平等观念的转变,至于如何实现这种转变,无疑是个大课题,各个民族与国家会有自己的步骤,我们在探索、在实践,改革开放以来有了长足的进步。人们的社会关系与角色无疑是复杂的,但有一点是最基本的,即人人都应是公民。自觉的公民不会承认有人化的"太阳",不会向公务人员的行政行为

---

①《墨子·尚同上》。

谢恩,也不承认有超人的导师。一定要从上述种种譬喻所表达的观念中走出来。

如何扫除帝王-臣民社会的痕迹,如何建设一个以宪法为准则的公民社会,是摆在我们面前的一个巨大的历史任务!

原载《历史教学》,2016 年第 9 期

论"王道"与"王制"——从传统"王道"思维中走出来

　　近几年,学界一些人大力倡导"王道",还专门召开高层会议,一些文章提出了"王道思想的当代意义""世界意义"问题,认为"王道"是中华文化的精髓,具有直接的现实性、实践性。如果把"王道"作为一个万能的符号、标签,随便贴在什么地方,倒也无所谓。但作为一个历史概念,它的含义是有时代性的。"王道"观念由来已久,几近三千年。古人确曾把希望寄予实行"王道",有所谓"王道乐土"的美好憧憬,然而历史总是落空。这就不能不进行再审视了。

　　在中国传统观念中,王与道是两个关乎社会思想文化全局的概念,两者组合在一起,更有特别的重要性。初一看,王无疑首先指权力,但实际远比权力要宽泛得多,它同时也是一种观念和思想文化。"道"的含义难以数计,但大致说来就是我们通常所说的真、善、美(历史性的)的总和,但在道的观念中恰恰又把王置于核心位置。

　　许多人认为,"王"表现为权力系统,由王-官僚等把持;"道"则是社会性真理与价值的系统,主要由儒家来掌握。于是儒家成为道义的担当者、帝王的批判者和制约者。有很多人还用"制衡"这个概念来述说儒家道义的作用等。

　　在中国传统的思想观念中,道、王是互相论证的,既讲道高于君,又讲道出于王,而道又充斥着王权主义精神。我这里只就王道的缘起、王道的核心是王制做些历史的论述。"王道"不仅是一种价值观念,也是一种很稳定的思维方式,影响至深,至今也还没有从中走出来,很值得再认识。

一、"王道"之"道"源于王

　　如果深究一下,王道之道究竟来自何处?或者说,王道是谁发明的?顾名思义,王道就是王之道,王之外的哲人固然对王的"应然"可以进行论说和设计,但其论说的本体仍然是王。

其一,道来自先王。"先王"这个词最早见于《尚书·盘庚》篇,它一出现就具有神圣和权威的意义。从西周以降,先王或先王之道已成为一个十分重要的、内容丰富的政治范畴。先王既是一个具体概念,又是一个抽象概念。所谓具体,是说在位之王称其先祖为先王。所谓抽象,是说"先王"成为一个抽象的泛称。

在春秋以前,"先王"这个概念已凝结了丰富的政治原则和政治哲理。到春秋时期这些政治原则和政治哲理被抽象为"先王之道",最早见于《论语》。所谓先王和先王之道,就其内容而言,没有太大的区分。然细致考究,"先王"更多指主体及其行为,"先王之道"则指先王所创立的政治制度、政治原则和政治哲理。与"先王之道"相类的概念还有许多,诸如"先王之法""先王之训""先王之命""先王遗训""先王之教""先王之令"等。在历史的演进中,人们赋予"先王"和"先王之道"以无限的神圣性和权威性。

先王与上帝是对应、互通关系。有关上帝选立先王、先王配上帝的内容,记载多多,无须征引。还有另一类资料记载上帝是由先王创立的。《国语·周语上》载:"古者,先王既有天下,又崇立上帝,明神而敬之。"显然,先王的地位比上帝还要显赫。先王还有"成百物"的功能,如《国语·郑语》载:"先王以土与金木水火杂,以成百物。"先王与造物主同列,一切"文明"制度几乎都是先王创立的,诸如礼乐制度、祭祀制度、宫室制度、等级制度、设官分职、田制、度量衡、文字,等等。

先王之道既包括制度,更深藏着精神。其精神是什么,这要依各家各派的学说而定。大致说来,先王之道也就是各家自己所倡导的道或学说,正如韩非所指出的:"先王有郢书,而后世多燕说。"[①]儒、墨等以先王为旗帜,事事以先王为法,把先王变成一种绝对的权威,并凌驾于现实的政治权威之上,树立了一个超越现实君王的历史权威和精神权威。

人们固然可以举起先王的旗帜对现实的君王进行某种程度的制约和批判,但终究又树立了王的权威。法家对先王的态度与儒、墨有所不同,有时也将其当作旗帜,有时则视之为敝屣,提出"不法古""废先王之教"等思想;在与儒、墨争辩时,法家批评儒、墨借先王张扬自己,是拉大旗作虎皮。他们认为,先王不复生,死无对证,虚构而不实,"非愚则诬"。更为严厉的是,他们指斥儒、墨颂扬先王包含着险恶用心,"为人臣常誉先王之德厚而愿之,是诽谤其

---

① 《韩非子·外储说左上》。

君者也"①。在法家看来,先王只能为现实的君主所用,不能成为批评和制约现实君主的口实。

其二,道由圣王构建和神化。圣王是贯通客体、主体、认识、实践的枢纽;是一个超级的主体,主宰着一切;是真、善、美的化身;是权力最合理的握有者。圣王是一个大概念,在很大程度上形塑着中国文化的特点和特性。我们固然可以说它是对王的提高,但也可以说是王的一种属性。圣王之道成为绝对的真理,只能遵循、崇拜,不容置疑。

圣人、圣王通晓一切事物的道理和规律,并能把道理和规律与实践结合起来。《鹖冠子·能天》云:"圣人者,后天地而生而知天地之始;先天地而亡而知天地之终。"孔安国注《尚书·洪范》曰:"于事无不通谓之圣。"《白虎通义·圣人》载:"圣人者何?圣者,通也,道也,声也。道无所不通,明无所不照。闻声知情,与天地合德,日月合明,四时合序,神鬼合吉凶……万杰曰圣。"周敦颐说:"无思而无不通,为圣人。"②"无所不通"可以说是认识的极致、终结。这又表现为如下四种情况:(1)把圣人视为道之源,《易·说卦》曰:"昔者圣人之作《易》也,将以顺性命之理。是以立天之道,曰阴与阳;立地之道,曰柔与刚;立人之道,曰仁与义。"《中庸》载:"大哉,圣人之道! 洋洋乎发育万物,峻极于天。"天道、地道、人道、王道等,均源于圣人,无以复加矣!(2)圣人的功能是对道的体认和发现。诸如"中道""体道""达道""通道""得道"等概念所表达的大抵都是这种意思。《大戴记·哀公问五义》载:"所谓圣人者,知通乎大道,应变而不穷,能测万物之情性者也。大道者,所以变化而凝成万物者也。情性也者,所以理然。不然,取、舍者也。"圣人所立的道也包括神道,《易·象传》载:"观天之神道,而四时不忒;圣人以神道设教,而天下服矣。"(3)道、圣分工协作成就万物和人类社会。其要义就是"天地生之,圣人成之"八个字,"生"与"成"是相继的过程,又是完善的过程;无"生"固无"成",无"成"则"生"纯属自然而散漫。"死生因天地之形,天因人,圣人因天;人自生之,天地形之,圣人因而成之。"③《易·象传》载:"天地养万物,圣人养贤以及万民。""天地之道,恒久而不已也……圣人久于其道,而天下化成。"《荀子·性恶》亦载:"礼义法度者,是圣人之所生

---

①《韩非子·忠孝》。

②《周子全书》,《通书》第九册。

③《国语·越语下》。

也。"(4)圣人一般就是王者,但在一些人的论述中,圣人与圣王多少还有些差别,而圣王更高级。正如荀子所说:"圣人者,尽伦者也;王也者,尽制者也。两者尽,足以为天下极矣。故学者以圣王为师,案以圣王之制为法。"①以上分析只是为说明道与圣、圣王的组合形式,其实在诸子的理论中这几种关系并没有逻辑上的区分,常常是混同或混用的。圣人是道的体现者,道要靠圣人、圣王发明而显现。

其三,王道比先王之道更为抽象,更具有普遍意义。在这个概念中,道仍然是依附于王的,是王之道。"王道"最早出现在《尚书·洪范》中。《洪范》作于何时,学界争论很大,在我看来,应不晚于春秋。王道规定,王既是绝对的权威,又是民之父母,臣民对君王的指令在行动上必须绝对遵从,"是训是行";王道既是公正的体现,但又规定只有王能"作威作福";在情感上臣民还要完全投入君王的怀抱,"以近天子之光"。君王对臣民的权力支配和情感支配结合在一起,这对中国传统社会生活的各个方面都有深刻的影响。王道是上承天,下理民的通则;既有超越具体王的一面,但王又可以"体道",可以说王道是王与道的混合体。且看董仲舒在《春秋繁露·王道通三》中的一段极著名的话:

> 古之造文者,三画而连其中,谓之王。三画者,天地与人也,而连其中者,通其道也。取天地与人之中以为贯而参通之,非王者孰能当是?故王者唯天之施,施其时而成之,法其命而循之诸人,法其数而以起事,治其道而以出法,治其志而归之于仁。仁之美者在于天。天,仁也。

在董仲舒之前,有关"道"贯通天、地、人和"王"通天、地、人的论述虽然很多,但概括为"王道通三"仍不失为一个创造。以往虽然也讲天与王的功能是相通的,但董仲舒突出了王的功能,强调王与天"共持变化之势"。"人主立于生杀者位,与天共持变化之势,物莫不应天化。"他把天地、人主一体化,即"天地人主一也"②,天与王合二而一。

董仲舒对"王"是一种哲学释义。许慎的《说文解字》完全采用了董仲舒的说法,其后两千年没有人提出异议。把一种思想变为字书或辞书的释义,说明

---

① 《荀子·解蔽》。
② 《春秋繁露·为人者天》。

这种思想已成为社会的共识,甚至成为整个民族的体认标准。在董仲舒这里,王道不仅仅是通常所说的王之道,它几乎把整个"道"纳入了王道。王道内容的扩张,同时也标志着王的功能的进一步扩张。

王道作为一种观念,无疑同具体的王是有别的。人们不仅希望王实行王道,还常常用王道作为批判某些具体王的理论武器,宋代理学家甚至以王道为准则对三代以后的所有帝王持批判和否定的态度,乍看上去,确有大丈夫浩然之气和无所畏惧的批判精神。然稍留意,有两点颇耐人寻味,一是对三代君王歌颂备至;二是对宋朝的君主们寄予了殷切的希望和期盼,不只比隆尧舜,甚至抑尧舜而扬宋君。从理论上看,他们把三代以下、宋朝以前的历史都否定、抛弃,唯独宋是继三代之后的"圣朝",对此,他们并没有讲出任何道理;明明知道宋朝积历代之弊,还作如是说,显然违背他们的思想逻辑。理学家在张扬王道的同时,又以最精巧的理论、从更高的意义上肯定了君王制度。天理、王道、三纲一体化就是明证。因此在估价理学家们的所谓人格独立、制约王权之类的问题时,就应该有分寸,维护君主专制制度是大前提。

我们不能忽视王道论的某些批判意义,但同时也要看到,越是张扬王道,就越肯定王制;越是把王道作为一种理论追求,那么所谓的"道"就越依附于王,两者可谓相反相成。

先秦诸子把先王、圣王视为道之源,这在理论上为现实的王与道一体化,以及道源于现实的王铺平了道路。秦始皇是历史上第一位把自己视为与道同体、自己生道的君主。秦始皇宣布自己是"体道行德",实现了王、道一体化。秦始皇不仅体道,又是圣王,他颁布的制度、命令是"圣制""圣意""圣志",永垂万世。先秦诸子创造的巍巍高尚的"道"一下子变成了秦始皇的囊中之物。秦朝虽然很快灭亡了,但秦始皇的思想却流传至后世。其后,贾谊揭出:"君也者,道之所出也。"①董仲舒在《春秋繁露·王道》中说:"道,王道也。王者,人之始也。"道、王道、王混为一体。宋、明理学家高扬道统的大旗,道统俨然独立于王之外。然而恰恰在把道统说得神乎其神的同时,却又把这个神圣的道敬献给帝王,这一点在谥号中表现得尤为突出,诸如"应道""法道""继道""合道""同道""循道""备道""建道""行道""章道""弘道""体道""崇道""立道""凝道""明道""达道""履道""隆道""契道""阐道""守道"等。在谥号中有两种具有规

---

①《新书·大政上》。

律性的现象,一是强调王与天的关系,二是突出王与道的关系。这都说明一个问题:帝王是道的体现者。

道出自王,或者说道依附于王,是整个传统思想文化的一个基本命题,几乎所有的思想家,甚至包括一些具有异端性质的士人,都没有从"王道"等大框框中走出来。只要还崇拜"王道"等,那么不仅在理论上为王制和王的观念所禁锢,而且所说道的主旨也是为王服务的。

二、王道的核心是王制

道有规范王的含义,但另一方面,道本身又充分肯定了王是一种特殊的存在,"王""王制"就在"道"中。这一点被我们的许多学者,特别是被新儒学所忽视。只要稍留意观察,这一事实应该说是昭然的。

其一,中国传统思想文化中的道无所不在,千姿百态,但影响最大、最具有普遍性的,要属有关宇宙结构、本体、规律方面的含义了。正是在这种形而上的意义中给予王以特殊的定位。宇宙结构说多种多样,但都遵循天人合一这一总体思路。《易·系辞上》载:"一阴一阳之谓道",阴阳相交而生万物,而君臣尊卑之位便是宇宙结构和秩序的一环,"天尊地卑,乾坤定矣;卑高以陈,贵贱位矣"。天人合一的中心是天王合一,王也称天。中国古代的宇宙结构理论无疑有其历史认识意义,然而这个恢宏结构真正能把握的部分是其下层的社会结构。社会结构的主体就是贵贱等级制度,王则在等级之巅。在不同的语境中,道、天道、地道、人道、王道、天理、心性、礼仪、刑法、道德等无疑是有区别的,但从更抽象的意义说又混为一体。无论是"体"或"用",表现在社会关系上,其主旨都是为君主体制服务的。道所蕴含的规律性思维方式及其所揭示的规律,在中国的思想文化中有说不尽的话题,然而其中最主要的、影响最大的、在社会生活中最实际的,应该说是社会等级制度,以及以等级制度为基础的王权至上论。

其二,中国传统社会是一个宗法-王权社会,从有文献记载开始,有关伦理纲常的内容就十分突出。除庄学等外,伦理纲常向来与政治就是一体的。把伦理纲常形而上化很早就开始了。春秋以前是神化,随着道的兴起,又开始道化(依然保留着神性)。伦理纲常的细目很多,其中最核心的就是董仲舒所说的"三纲五常",并将其形而上化(即既是现实的又被神化)。理学家们的思维具有极强的形而上性,内部的分歧也多,不过其中有一点是高度统一的,那就是条条认识道路都通向三纲五常,都把三纲五常形而上化,并与最高范畴一体化,构成一而二、二而一的关系。张载说:"人伦,天理也。"①程颐说:"天地人只一道也。才通其一,则余皆通。""道之大本如何求?某告之以君臣、父子、夫妇、兄弟、朋友,于此五者上行乐处便是。"②朱熹说:"三纲五常,天理民彝之大节,而治道之本根也。"③又说:"道之在天下,其实原于天命之性,而行于君臣、父子、兄弟、夫妇、朋友之间。"④陆九渊说:"吾儒之道乃天下之常道,岂是别有妙道?谓之典常,谓之彝伦,盖天下之所共由,斯民之所日用,此道一而已矣,不可改头换面。"⑤在理学家那里,人伦与道可以说是同实异名。人伦法则也就是宇宙法则,而这个法则的首位是"君臣"关系。儒家所论的伦理纲常无疑比具体的君主更有普遍意义,甚至经常高举纲常的大旗批判某些君主,有时还走到"革命"的地步。然而,这丝毫不意味着对君主制度的否定。恰恰相反,儒家是从更高层次上肯定了君主专制制度,用形而上论证了君主制度是永恒的。我们不能忽视儒家的纲常对王的规范和批判意义,同时也不宜忽视这种规范和批判的归结点是对王权制度的肯定。王道的思维方式和价值选择不仅没有离开王制,而且是以肯定王制为前提的。

中国古代政治文化是以这样一种方式来诠释君主的地位与权势的:大凡具有至尊、至上、至大、至神、至圣、至美、至善的字词或事物,都可以用于称谓、指代或譬喻帝王,诸如上帝、天、大、太、上、元、本、始、太上、大君、元气、皇极、太极、宗极、道、圣、中、和,甚至"神庙""神祖"等也用来喻君。还有诸多最高尚的道德概念也多半被帝王独占。上述种种概念是文化的枢纽与核心,把这些概念拿掉,传统文化就会散架。帝王在思想文化系统中占据最高点,也必然导致把各种相关的文化意义凝集到王制之中,并告诉人们:帝王享有一切权力。中国古代将神圣不可侵犯的社会政治权威归纳为"天地君亲师",皇帝集天地君亲师的权威于一身,具有至上性、独占性、神圣性、绝对性,即使是神明也会自愧不如。

如果说皇帝称谓是君权至上观念的极致,那么皇帝制度就是君权至上观

---

① 《张子语录下》。

② 《二程集·河南程氏遗书》卷一八。

③ 《朱文公文集·戊申延和奏札》。

④ 《朱文公文集·徽州婺源县学藏书阁记》。

⑤ 《陆九渊集·与王顺伯》。

念的全面实现。非天子不制礼、不作乐，正如《周礼》所载："惟王建国，辨方正位，体国经野，设官分职，以为民极。"社会的制度、法律、道德、文化、基本的生活方式等，都由帝王规定和规范。通过一系列名与器、礼与法的规定，维护皇帝的至尊地位。这一套典章制度是王道的核心，并为历代皇帝所沿用。

王道中还有诸多政策规范。关于皇帝的观念具有二律背反的效应。受天命就要从天命，为圣人就须守道德，做父母就应爱子女，是人师就要为师表。法天、体道、守德、仁爱等帝王的行为规范成为中国皇帝观念的有机构成之一。这些观念的宗旨不是否定帝王权威的垄断性，它们是帝王权威垄断性的引申，又以维护这种垄断性为目的；它们是为皇权所注入的自我调节因素，因而恰恰是稳固皇帝宝座的必要条件。

王道说来说去，要点在"君为政本"，这是中国古代政治学说的基础。在中国古代政治思想史上，无君论者寥若晨星，绝大多数学术流派和思想家都是君主制度的拥戴者。诸子百家从君主制度的起源、君主政治体制的建立、运作规范，以及政治哲学等多方面、多层次论证一元化政体的合理性、神圣性，使帝王权威上升为哲理，形成系统的理论。概言之，王道只是一种具体的关乎社会秩序的道，而道的含义比王道更广泛，道的理论体系一旦形成，它就会成为超越任何具体事物和个人的一种存在，即使是权力无限的君主也难于驾驭。这不仅表现为道、王相对二分，而且"道"对于王还具有某种超越性。

道、王二分在诸子之前已经有相当清晰的认识。诸子之兴，创造了新的思维方式和新的知识体系，在道、王二系问题上又增加了新的内容，把认识提高到一个新的阶段。由于各家各派理论体系不同，论述的方式和侧重点也有差异。儒、法、道、墨诸家的道有很大差别，但都认为道与王有别。由此引申出政治理性不是王的私有品，也不是王所能垄断的；它是一个社会价值问题。从认识意义上说，任何人都可以参与其中。先秦诸子"横议"政治，以及后世士人关切、评品政治，甚至平民、布衣上书议政，应该说都是以道、王有别为依据的。

基于上述理由，荀子提出了"道高于君"的思想。"道高于君"不为儒家所独有，各家各派都有类似的主张，也是时代的通识，连极力鼓吹君主专制主义的法家也主张，法一旦制定出来就成为超越君主的一般，高悬在君主的头上，君主也必须遵守。"道高于君"主要包含以下两方面的内容：一方面表现在"王道""君道"的抽象超越了具体的君王。社会角色的规范和抽象是人类自我完善、自我制约、自我提高必不可少的一环，也是人类理性发展的一个重要标志。王道、君道无疑肯定了君主，但又超越了具体的君主，成为君主的一般性规范。它具有神化君主的作用，同时又是一种政治理想。在这种一般和理想面前，一个个的君主都变成等而下之的具体存在。一般高于具体，这是人类创造的通则，是社会完善的必由之路。君道超越君主是政治理性发展的重要标志之一。

但另一方面我们也必须看到，道出自王、王体道和道高于君是中国传统政治理性的组合命题。道出自王，王应实行道，王与道互相论证，循环反复，而又归根于王。虽然在道高于王的大纛下演出了一幕又一幕政治多彩剧，即使发生革命，也总是以新王的出现为结局，不管如何张扬王道，历史没有走出这个怪圈，从某种意义上说，这是中国的历史悲剧。

"王道文化"既是精神的又是物质的。就文化是人类的创造物而言，它是一种观念形态。人类总是自觉或不自觉地实践着自己的文化观念。一种文化一旦获得社会群体的广泛认同，便成为具有普遍意义的社会生活方式和意识行为规范，进而物化为各种制度、规章及其他物质标识。这些制度和规范构成了一种社会存在，我们可以称之为"文化环境"。人类的主观意识创造了文化，客观的文化环境又反过来规范、制导社会，决定或影响着人类的精神生活和物质生活。在通常情况下，人们总是把养育自己的文化环境视为理所当然的、毋庸置疑的。这既启发了人们对特定文化价值的自觉，诸如赞美、论证、弘扬、追求等，又导致人们对这种文化价值的盲从，乃至恪守以王为主导的意识行为规范而浑然不知。

三、从"王道"思维方式中走出来

王与道循环论证、互为依据的文化模式和思维方式有极大的包容性、调节性、适应性，从而也有很强的稳定性。包容性主要是说它既肯定王制，又为批评王制留下了一定的空间。调节性是说王制在一定的范围内不断进行调整，既有在王制大前提下的局部制度调整，又有随时性的政策调整，甚至为改朝换代都提供了理论依据。适应性是说与那个时代是相适应的。在传统社会中，除了少数无君论者之外，人们大都没有走出王制体系。但这一理论范式又没有简单拒绝调整。稳定性是说人们始终在这个圈子里，走不出来。无君论是幻想，无法实践。明末思想家黄宗羲曾试图打破王制，但最终没有成功，他的理论直到清末才被人们重新发现。中国的王制体系之所以能延绵两三千年，这一思想文化范式和思维方式起了很大的作用。

王、道互相论证和互为依据是那个时代的传统思想文化的一个重要特征。从理论上说,得道而得天下不是儒家的专论,大致说来是各派的共识。从这个论题出发,君主们能不拼命地设法占有道吗?既然宣称朕即国家,难道不说朕即道?为什么士人、儒生能以道自任,而王就不能以道自任?王能垄断权力并支配社会,怎么就不能对道说三道四?

比如儒家的"道",尽管被诸多学人称颂,它确实对现实的王有很强的批评性,但这种"道"本身是以维护专制"王制"为框架的。从另一方面说,士人、儒生的主要出路是"学而优则仕",为能进入仕途,他们必须从"王"那里分羹,于是相当多的士人、儒生不能不对帝王阿谀奉承。中国历史文献中歌功颂德的文章不知有多少!其中有大量的把道奉送给帝王,这也是很值得研究的一种文化现象。

从历史角度说,王道尽管是那个时代的理想,但毕竟是前现代社会的东西,同现代社会的观念不在一个层面上。"王道"是一种结构的存在,是一种历史的形态,作为思想资源,尽可进行开发,但说它有现实性、实践性,就让人难以理解,那只能先请回一个"王"来,然后再说现实性和实践性。

王道尽管说得很动听,但如何实现王道?先哲们没有相应的制度设计,更没有对王的制衡制度,而且"道"是从属于"王"的,至少在王的支配之下。翻开中国古代历史,王道高唱了两千多年,王道的现实在哪里?"道"被虚化了,而"王"则实实在在地占据着独断地位和社会资源,任意而为,残暴荒淫的王何其多!现在要把"王道"请回来,真不知如何实施?

王、道互相论证与合二为一的传统影响至深。在极端的个人崇拜时期,可以说是"王道"的再现。"句句是真理""一句顶一万句",几乎成为口头禅。显然,这种思维方式、价值取向与"道出于王""王是道的化身"是没有什么区别的。如果"王道"弄成现代版,"王"指现代的政治领袖,"道"是道理、真理等,那么它的理论应是一种新的结构体系,不可能是原有的"王道",也没有必要用"王道"这个概念来表达了。

如果喜欢这个"概念",那么在专制体制下与民主体制下的"王"与"道"的关系是大不相同的。在专制"王制"体制下,王所认定的"道"是被独尊的,并被固定化和偶像化,其社会基础是臣民社会。在民主体制下,情况大有差别:其一,道从独尊、固定化和偶像化变为社会公共化。道不再面对王制,而是面对社会公共化问题。道的公共化是以公民社会和公民文化为基础的。其二,道是多元性的,虽然当权者也在倡导什么,但不能独尊,更不能对异己的"道"动辄实行专政,思想自由是不可侵犯的共识。其三,由于首脑是任期制,首脑倡导的"道"随首脑的变更而变化,继任者未必全承继前任的"道"。其四,具有普世性的"道"不是一家之言,一般也不是权力机构的认定,而是多元思想观念的"最大公约数",是社会诸种观念和社会不同利益阶层博弈而取得的共识。

如何从传统的"王道"思维方式中走出来,是一个历史性的课题,这既要改变产生"王""道"互相论证的社会结构,又要有新的思维方式取代传统的思维方式。

"道"怎样才能从"王"的支配和独断中变成社会的公器,或者说"道"如何才能公共化,这取决于公民社会的发展程度与相应的公民文化的发展程度。大致说来,只有逐步实现了宪政民主、法制社会,"道"才有可能成为"公器"。公民社会、公民文化与宪政民主当然不是一蹴而就的,但有一点大概是其必由之路,这就是要在社会利益多元、观念多元的合理存在与互相博弈中获得"平衡点",并不断地发展和完善,而公共化的"道"也只能在这个过程中逐渐形成和完善。公共化的"道"不可能由某个人垄断和独断,只能是在社会利益多元、观念多元的博弈中逐渐学会和求得的"最大公约数"。博弈最好都是"和平的",而能否和平,无疑是由多种因素决定的,不过我认为不能过多地要求弱势群体和被侵害的一方如何如何。这些年来有一股很强的学术思潮,就是谴责历史上的农民反抗对社会的破坏,对引起受害者起而抗争的根由却一笔带过,这是很不公正的。至于在世界范围内把国家政策区分为王道和霸道的对立,更是匪夷所思。

原载《天津社会科学》,2014 年第 5 期

论臣民的罪感意识

在基督教文化中,人有原罪意识。这与我们中华民族文化相反,我们的文化主流是高扬人的价值。从源头上说,人是从哪里来的?细分有不同的说法,但作为我们主流文化的回答是十分清晰的,也是十分肯定的,这就是"天生人"或"天生民"。天地是万物之源,而在万物之中人是最贵重的,荀子说:"水火有气而无生,草木有生而无知,禽兽有知而无义,人有气有知亦且有义,故最为天下贵也。"①我们先哲虽然大讲天人合一,但在实践上更重视"制天命而用之"。这句话是荀子提出的,但在其前,墨子已经讲过人可以通过劳动(他的用语是"力")从自然中获取和创造自己需要的物品。墨子还深刻地提出,人与动物的区别在于:人能劳动创造物品,禽兽仅靠自然物生存。汉代的董仲舒也说:"人受命于天,固超然异于群生,入有父子兄弟之亲,出有君臣上下之谊,会聚相遇,则有耆老长幼之施;粲然有文以相接,欢然有恩以相爱,此人之所以贵也。生五谷以食之,桑麻以衣之,六畜以养之,服牛乘马,圈豹槛虎,是其得天之灵,贵于物也。故孔子曰:'天地之性人为贵。'"②宋儒邵雍也说:"人之所以能灵于万物者,谓其目能收万物之色,耳能收万物之声,鼻能收万物之气,口能收万物之味。"③总之,从天生万物与人为万物之灵的观点看,在中国主流文化中,人是天地的骄子,没有天生的原罪意识。

但进到社会领域,情况就发生了天上地下的差别。在有关社会关系的主流文化与观念中,只有帝王是"天子"、是最尊贵的。帝王之下的臣民绝对不能称天子,有敢于称天子者,面前只有两条路:一是取而代之果真当上了天子;二是被杀头。在正常的情况下,臣民们在天子面前都是卑贱者,并形成了普遍

---

① 《荀子·王制》。

② 《汉书·董仲舒传》。

③ 《皇极经世·观物内篇之二》。

性的罪感意识。就是说,在君主面前,一般而言,臣民都是天生的孽种、是君主的负债者、是谬误的载体、是有罪的。在某种意义上说,这也是一种"原罪"意识。臣民的罪感意识说来话长,有社会制度、身份等级等各种因素,对此暂且不论,这里仅从臣民的"自愚""自罪""请死"说起。

在臣下与君主对应关系中,君主是圣明的,臣下是愚昧的。臣下与君主对话时都要把自愚作为陈述的前提。不管是什么样的进谏,几乎都要称为"愚计""愚议""愚陋""鄙陋",以及各种自卑自贱之词,如"愚臣""贱臣""薄陋""虚薄""馊贱""刍贱""犬马""驽骀""鸟兽""葵藿""枯朽""奴才",等等。唐朝的魏徵可谓历史上直言净谏的巨擘,他上唐太宗的《十渐疏》是千古名篇,以道谏君,历数唐太宗的堕落,文字直落千丈,然而就是这篇鸿文,在结尾处自鄙地说:"臣诚愚鄙,不达事机,略举所见十条,辄以上闻圣听,伏愿陛下采臣狂瞽之言,参以刍荛之议,冀千虑一得,衮职有补,则死日生年,甘从斧钺。"朝臣都是愚字当头,民众更是一群愚昧之辈,于是称为"愚夫愚妇""愚氓"。其实"民"这个称呼就是愚昧无知,贾谊说:"夫民之为言也,暝也。萌之为言也,盲也。"[①]董仲舒说:"民之号,取之暝也。"[②]在认识论的意义上,民氓就是愚昧无知的代称。

上述这些用语有些固然有自谦的含义,但从根本说是一种是非、曲直定位性的表述和反映。孔夫子说:"唯上知(智)与下愚不移"。孔子说的上知与下愚并不仅仅指个人的才智,它首先是一种阶级性的"认识论"定位,"上"指贵者、圣者,"下"指贱者,相对于君主,所有的臣民都属于"下"。君主是智者、圣者,臣下则属愚昧无知者。臣民的愚昧无知定位,是臣民卑贱和错感意识的根源之一。作为人,"认识"是其基本特性和标志之一。因此在"认识"问题上的定位关乎人的本质判定。既然臣民在君主面前都属于愚昧之辈,因此也都是被教育者、被改造者。当臣民处于这种地位时,就只有不停地进行自我谴责和自我检讨。如果人总是处于自我检讨和自我愚昧的判定状态,这种人就只能做奴才和听任使唤的工具,从而也就从根本上失去了自主性。

自我愚昧化是自我错误感的起点,那么臣下的"自罪"则是责任的自我判定。面对着君主,臣下首先是一个负罪者,不管你说什么或做什么,大抵都要先表示自

---

① 《新书·大政》。

② 《春秋繁露·深察名号》。

罪。"待罪"一词成为官僚们任职的形容词或代称,足以说明臣下的罪感意识的深重。宰相位极人臣,但常自称"待罪宰相",其下者更不待言,如臣被任命带兵,则自称"待罪行间"。许多官僚常常泛称自己的任职为"待罪"。我们的先辈为什么要创造出"待罪"这样一个词?这中间固然有谦称的含义,我想根源是主臣关系体制的产物。别的不说,在古老的传统里,功要归君,罪要归臣。为臣的义务之一就是时时刻刻要维护君主声誉,处处事事"不忘增其名"。墨子有句名言:"有善美则归之于主,而所怨谤在下。"又说:"宁乐在君,忧戚在臣。"①战国时期魏国著名将领乐羊一次邀功,被魏文侯拒绝,他立即改口说:"此非臣之功,主君之力也。"②韩非说:"有功则君有其贤,有过则臣,任其罪。"至迟在战国时期已形成一种公认的臣德,即忠臣要"令谤在己,誉在上",臣下"不洁其名"。就是说,忠臣要替君主受过,不为自己辩白。臣子的责任和义务之一是"为君隐恶"。李斯有句名言:"有善归主,有恶自予。"李斯的话被其后的臣子们广泛引用。汉代名相萧何就以此为座右铭,他甚至故意做坏事,抢占民田以自污,以此反衬皇帝刘邦的伟大。董仲舒这样的大儒从理论上认定了这一道理:"是故《春秋》君不名恶,臣不名善,善皆归於君,恶皆归於臣。臣之义比於地,故为人臣者,视地之事天也。"③"有善则归之于君"是为臣必备的基本品德。于是类似"皆圣王之德,非臣之力也"的话语,成为臣下自我认定的格式。如果出言不慎伤害了君主声誉,或有意无意"彰君过",这要犯"大不敬"的罪过,会招致杀身之祸。《礼记·表记》说:"事君欲谏不欲陈。"郑玄注:"陈,谓言其过于外也。"臣下向帝王上书不能揭皇帝的短处。相对而言,臣下绝对不能"干名采誉",即不能张扬自己的名誉,如果张扬,"此明圣所必加诛也"④。臣下"以己为拭(式)"者,即坚持己见、自以为是者就是犯罪,应予惩罚。

臣下还常常把自己给皇帝的上书或议论时政的文字说成是"罪言"。起先孔老夫子教导:"不在其位,不谋其政。"后来就把越级上书视为一种犯罪行为,汉代的梅福上书时先称:"臣闻'不在其位,不谋其政'。政者、职也,位卑而言高者罪也。越职触罪,危言世患,虽伏质横分,臣之愿也。"⑤唐代杜牧有一篇议论平定藩镇方略得失的文章,文章的题目则曰《罪言》。杜牧自己说:"嫌不

---

① 《墨子·尚同中》。

② 《战国策·秦策二》。

③ 《春秋繁露·为人者天》。

④ 《汉书·终军传》。

⑤ 《汉书·梅福传》。

当位而言,实有罪,故作《罪言》。"后来有多人把议论政事之文称为"罪言"。

比自罪更加低下的是"请死"。君主杀戮臣下与臣下自我"请死"是不同的两回事。君主杀戮臣下是制度或权力行为,而臣下"请死"表达的是一种价值观念的定位。也就是说,臣下对君主应有以死相报或时时等待君主降罚直至处死的忠心和心理准备。韩非的《初见秦》篇是对秦王的一篇上奏,文章开始的一段话就是这种心态和价值取向的典型表达。这段文字是:"臣闻:不知而言不智,知而不言不忠,为人臣不忠当死,言而不当亦当死。虽然,臣愿悉言所闻,唯大王裁其罪。"为臣知而不言当死,言而不当也当死,这不是韩非自己的发明,而是当时流行的共识。《战国策·秦策一》记载张仪说秦王时即有几乎相同的语句。臣"不忠当死"是古训和行为准则,这点在更早的文献中已有记述。臣下与君主交往最重的砝码是自己的生命,于是臣下请死成为一种前提性的自我认定和表忠心的证明。至晚在战国的文献中,我们已看到不少这类请死的语句。在臣下上帝王奏章中用的最多的词有:"昧死言""昧死请""昧死望见""昧死再拜""昧死上言""昧死愿""昧死陈情""臣有斧质之罪""伏斧质于阙下""斧质在后""请伏斧质""伏斧质请罪""罪当伏斧质""斧质横分""死无以报德""先狗马填沟壑""致死""不惮死进""罪当诛死""冒死陈闻""彷徨阙下,伏待斧质""臣等有死而已""陨首阙下""不敢惧死""臣罪当死",等等。

臣下把死作为信物和条件,这当中无疑有某些臣子无所畏惧的勇气、志气、豪气和张扬道义的抗争精神,但更多的是蕴含了无限的恐惧、自卑、服帖和怯懦。臣子们动辄请死,表明臣下除了是帝王的工具外,还是帝王施威的材料,所以要时时刻刻准备着挨杀。一般说来,上述请死的用语与上奏的内容并没有多大关系,如秦朝的丞相王绾、御史大夫冯劫和廷尉李斯等联名上书,建议用最尊荣、最崇高的"泰皇"为帝号,这不是颂扬君王之举,根本无过可言,可是依然要称"臣等昧死上尊号"。很显然,这是一种形式主义的格套。应该说,这种形式化的格套更具有普遍意义,它表达的是臣下的社会与文化价值定位。这个死意味着自卑、自贱、自罪;同时也死掉了人格、死掉了尊严、死掉了自主、死掉了意义、死掉了理念。在我们的祖先那里曾有过"道高于君""从道不从君"的豪言壮语,但很少有这样的壮举。占主流地位的是罪感意识,韩愈说的"天王圣明,臣罪当死"把这种意识集中表达出来了。当然,这不是韩愈的发明,而是在漫长的历史中逐渐形成的,他只是把这一意识以更概括的语言表达出来了。

在说到臣罪意识时,还必须联系君主对臣下的恩赐观念,君主恩赐观念与臣下罪感意识是互为表里的。这种意识源远流长,不过随着圣王观念的兴起和君主集权的强化,臣下的感恩观念与负罪意识更加强化,并相应地形成一种文化定式。

围绕着"圣"有一大套理论,这里不能展开。要之,圣人与圣王是合二为一的。臣下的负罪意识与圣王崇拜观念息息相关。这一点要从圣王的伟大说起。中国似乎没有一个统一的清晰的创世说,但圣人在人类的成长中扮演着"成人"的功能。天地生万物和人类,但这种人是自然的人。人之真正成为人,是圣人造就的结果。这就是所谓的天地生之,圣人成之。最初的人与动物无别,由于圣人发明了器械、工具、文字,制定了礼义、规矩、刑罚,改造了人的野蛮性,使人组合为有秩序的群体,于是人与动物揖别,人从而成其为人。正如韩愈说的:"如古之无圣人,人之类灭久矣!"所以在圣人、圣王面前,人永远是承恩者和被教育的对象,是长不大的孩子。

圣人、圣王、先王与现实的王细分是有别的,但又是一脉相袭。商朝时期的王与巫混合,半神半人。最古老的文献《盘庚》篇记载,所有人的生命是商王从上帝那里乞求而来的,商王自然是最伟大的恩赐者,反过来,如果有人不听命,他自然也有杀戮之权,而且所有的人都是他的臣属和仆役。周朝的王称天子,也是半神半人,他眷护天下,自然也拥有天下,《诗经》里有一句著名的话:"普天之下,莫非王土;率土之滨,莫非王臣。"这十六个字简单明了,把天下的人与物都收到自己的口袋里,成为王的从属品和依赖物。翻开历史,君王们"率兽食人"的恶举尽管数不胜数,但理论上却是"皇恩浩荡",洒向天下的是阳光和雨露,是天下人的衣食父母。何谓君,何谓臣?有一个经典定义:"主者,人之所仰而生也。"[1]"为人臣者,仰生於上者也。"[2]"故明王之所操者六:生之杀之,富之贫之,贵之贱之;此六柄者,主之所操也。"[3]面对着君主的生杀予夺之权,臣民如果不是对抗,大抵只能是感恩和畏惧。韩愈、柳宗元是文字大家,也是颂扬皇恩的高手。我在《君尊臣卑:中国传统思想文化的大框架——析韩愈、柳宗元的表奏》[4]一文中,就他俩对唐王庄严而肃穆的歌功颂德和相形之下自卑、自贱、自罪做

---

① 《管子·形势解》。

② 《管子·君臣上》。

③ 《管子·任法》。

④ 收入拙著《中国的王权主义》。

过较详细的剖析,这里从略。总之,从思想文化上看,对君主的无限的颂扬与臣下的自卑、自罪是一个问题的两方面。韩愈、柳宗元等把自己的"身体发肤,尽归于圣育;衣服饮食,悉自于皇恩"。"读六艺之文,修先王之道,粗有知识,皆由上恩。"与这种称颂相应的是说不尽的自责和自罪之词,愚昧呀、鄙陋呀、负恩呀、惶恐呀、有罪呀、该死呀,等等,没完没了的自辱、自责、自贱、自罪! 这不单是韩愈与柳宗元个人品德问题,而是普遍的文化定式的规范。

臣下的罪感意识与忠孝观念的绝对化也有着密切关系。中国传统的社会关系由尊卑、贵贱、长幼构筑,相应的观念是尊尊、长长、亲亲,忠孝观念则是集中的体现。孝观念主要是维护亲亲,忠观念是维护尊尊。在发展中,忠孝逐渐一体化,移孝于忠,到了战国后期,忠的观念上升,秦汉以后,忠更重于孝。如果忠孝发生矛盾,孝要服从忠,即所谓大义灭亲。忠孝一体化与家国一体化是相匹配的。忠孝对维持社会与家庭秩序都有其积极意义,比如孝道中对父母的敬、养,忠对社会公共理性的恪守与尽职等,在历史上与现实中都是不可或缺的。但历史上的忠孝都具有绝对化的内容,比如孝道的极致是孔夫子说的"无违";忠的极致是"危身奉上""专心事于主"。忠孝的最高精神是"顺",顺的初层是服从,进而到盲从,一切都听"上"的。"上之所是,必皆是之;所非,必皆非之。"①最高的是献身致死,即"尽忠报劳以致死","君要臣死,臣不敢不死;父叫子亡,子不得不亡"。忠孝培养的是对权威的绝对崇拜,这种崇拜是以臣民的绝对服从与自罪为基础的。反过来说,没有臣民的绝对服从和罪感意识,绝对的权威主义是难于建立起来,也难于实行。

中国传统中臣民的罪感意识还与严酷的刑罚与盛行的"诛心之罪"有密切关系。传统的"文网"之密,使人胆战心惊。秦规定,凡触犯"以古非今""偶语诗书""诽谤""妖言"之条,轻者弃市,重者灭族。汉承秦制,诛心之罪不亚于暴秦,犯罪条科有:非议诏书、非所宜言、诽谤、腹诽、不道、诋欺、不敬、大不敬、大逆不道,等等。这些罪名没有明确的条格,君主看不惯、听不顺即是罪,其中"腹诽"罪最为典型,只要说你"心怀不满"就可以治死罪。韩非有两篇名作,一是《说难》,一是《难言》。文章写得洋洋洒洒、淋漓尽致,把臣下向君主进言的心理状态,诸如胆战心惊、揣摩心计、谨小慎微、遣词用字、进言时机、态度语气、深浅表达、明暗取舍等,都做了细致的分析,而文章核心是讲臣下的"怕",

①《墨子·尚同上》。

讲臣下面对君主的恐惧心理。臣下讲的是一回事,君主听起来可能是另一回事,常常是南辕北辙,忠奸颠倒,说不定哪一点惹翻了君主,就落的个引火烧身,"小者以为毁訾诽谤,大者患祸灾害死亡及其身"。君主杀人太多了,多数人被吓怕了胆,造成了臣下普遍性的恐惧。恐惧感与罪感虽然有别,但时时刻刻怕犯罪的心理正是形成自罪心理的前提。所以专制主义总是以恫吓作为维持其统治的基本手段之一。

我上边说的是臣民的罪感意识,但绝不是说这是唯一的。在历史上还有道高于君的理论和观念,相应的也有不少敢于与君主争长短的忠谏之士,但从总体上说,这种人是凤毛麟角,缺乏普遍性。

几千年来形成的臣民罪感意识,几乎成为人们一种自然的本性。我们的生活经历也证明了这一点。在过去相当长的时期,我们所有的人都处于愚者、错者的地位,一切都要等待"上"的指示与教育。在我们的思维方式上形成了一个稳固的模式:千错万错,都是自己的错。

当我们回顾以往的历史时,常常会提到"风派"问题。很多人对所谓的"风派"现象进行了谴责,这无疑是有意义的,对提倡人的自主精神大有裨益;有过"风派"表现的人也着实应该做些反省。个人反省固然必要,但这还不是根本性的,如果把我们过来的人都不加遮掩而赤条条地亮出来,老实说,能有几人没有"风派"表现?我冒昧地说一句:全国也找不到几位!有一位现代鲠介大儒受到学界许多人的褒扬,就是这位大儒也有随风"自罪"之言。你看他在多年之后,谈到被人赞誉的"冒犯"之事时,几乎用的都是自责之词,如"狂妄冒犯""无所原恕""负疚于衷""敬领教训"等。这也可视为谦辞,但这也是我们前边说到一种文化"定式"。只要认同这种文化"定式",就必然把自己划在错罪之列。所以问题不仅仅是要谴责"随风倒"的现象,我们应更深层反思一下当时思想文化定式,这个定式就是:最高的"上"是永远正确的、是教导者,在下的所有人在认识论上是错者、是被改造者、是愚者。应该说我们过来的人绝大多数程度不同地都接受了这个定式。为什么大家都接受了这个定式,这需要另行论述,此处不论。试想,你只要接受这个定式,不管是主动的还是被动的,能不"紧跟"吗?上边的风向变了,你能不做"风派"吗?比较年轻的同志对"紧跟"这两个字的意义没有体验,过来的人都知道,"紧跟"是极其严肃的政治问题,是"立场""态度"和"情感"的头等大事,仅这两个字就有说不尽的场景和甘苦滋味!所以我在这里特别要提一下知识界,大可不必互相纠缠和互相指责对方是"风派"云云,倒是应该反思一下,我们缘何把这个思想文化定式视为神圣的、不可怀疑的？作为历史的考察,我认为这个"定式"是几千年来臣民错罪意识在新情况下的继续。

　　如何从臣民的错罪意识中走出来,走到公民的自主意识,这是一个远未完成的历史课题。对此不可不察,不可不进行反思！

　　　　　　　　　　　　　　　　原载《社会科学战线》,2004 年第 4 期

政治文化化与文化政治化

　　一定政治秩序的形成和维持,一方面要依赖外在强制力量的约束,另一方面又须依靠政治共同体内成员在观念和意识上的认同。前者表现为政治关系中的"硬件",如制度、法律、军队、警察、监狱等;后者则表现为政治关系中的"软件",如信仰、情感、态度、价值观等。从这个意义上讲,政治关系就不仅仅是单纯的权力关系,它还是一种文化关系。政治文化指的就是这些"软件"。一定政治文化的形成是由本民族历史和现实社会、经济、政治活动过程所决定的。政治文化影响担任政治角色者的行为、政治要求,以及对法律的反应。可以说,政治文化是政治实体中一个有效的组成部分,在某些情况下,对政治行为起着指导作用。

　　政治发展离不开文化条件,这当中有一个文化政治化的过程。文化政治化包括两层政治含义:其一,一定政治体制的形成有赖于一定的文化背景;其二,一定政治体制的存在和运行,受到文化因素的制约和改造。仅仅从制度、法律、规定、强制等范畴来谈政治是远远不够的,还必须结合一定的文化背景才能真正理解政治的运行和发展。以权力这一范畴为例,权力问题不仅仅是"硬件"的规定和运动,同时也是一个文化问题。权力从哪里来?是上帝给的,是争夺而来,还是人民赋予的?获取权力的方式是什么?是世袭,是接班,还是选举产生?这一套东西,在很多时候是表现在既定程序之外的,这就是政治文化对政治过程的制约和影响。再如民主,对民主的理解,在不同时代不同的文化背景下,理解并不一样。对于不同文化层次的人来说,对民主的理解也大有差别,如对没有文化的文盲讲民主和对经过现代教育的人讲民主就不可能有同样的反应。民主作为一种制度与作为一种文化观念显然是不尽相同的。差异之一,就是非同步性,民主制度体现在一定的程序规范上,而有关民主的文化观念则要宽广得多,它可能落后于民主制度的事实,也可能是超前的。民主制度的改进和发展总是由这种超前的民主观念作前导的,所以政治文化对政治运行和制度的建设有着巨大的影响。

文化政治化十分重要,同样,政治又会文化化。政治与文化是互动的,一定的政治制度与法律体系可以通过不断的政治社会化过程逐渐内化成为政治共同体内成员所奉行的行为准则与政治观念。比如中国传统政治文化中表现最突出的皇帝至上意识,就是长期的君主专制政治实施过程的产物。在君主强大的权威下,百姓自然变得越来越渺小,谈不上任何主体意识,因为圣旨才是至高无上的,和它相比,再无是非可言,无道理可辩。以至于在一些场面,一见到皇帝或皇权的标记,便自然而然地双膝下跪,成为一种条件反射。这种心理与行为,就是不断政治社会化的产物。

政治文化化与文化政治化,是中国政治史和文化史中一个十分重要的课题。但长期以来,我们没有把它作为一个对象来研究,以至于所写的政治史与文化史都显得干瘪而苍白。有许多政治现象如果离开了政治文化,就会变得不可思议。比如王莽代汉,以往不少著作仅视为个人野心家的篡权,这显然是浅薄的。如果从西汉后期的政治文化去考察,事情就比较容易理解了。

《天津社会科学》辟专栏开展政治文化的研究,是一件十分有意义的学术建设。我借此呼吁开展政治文化化与文化政治化的研究,使政治和政治史恢复其灵气。

原载《天津社会科学》,1991 年第 3 期

"民为贵,社稷次之,君为轻"的思想渊源

　　孟子的"民为贵,社稷次之,君为轻"十字箴言,是极其高明的概括,除了朱元璋等一度反对外,几乎受到社会各个层次的人的称赞,包括为数不少的帝王。赵岐《孟子章句》注对十字箴言的解释是:"君轻于社稷,社稷轻于民。"①

　　如果我们稍加留意,同一章稍后还有一句也很重要:"诸侯之宝三:土地,人民,政事。"②原来,民呀、社稷(土地)呀,都不过是诸侯的宝物,而"土地"排在"人民"之前。相比之下,还不如春秋时期晋国的夷吾说的:"入而能民,土于何有?"③《大学》中说的:"故君子先慎乎德。有德此有人,有人此有土,有土此有财。"④显得更重视人民!一些人把十字箴言的意义捧得那么高,对照一下他前后的说辞,应该打点儿折扣。

　　如果翻阅一下《左传》,十字箴言的三层含义早就很明确地呈现在历史上了。

　　春秋时期诸侯国之间的战争此起彼伏,无停息之日,一些国灭亡了,一些国经历了盛衰的变化;各国内部争夺君位的斗争层出不穷,卿大夫同君主相互之间也打个不停。在生死存亡面前,人们观察,分析、研究胜败的原因,希望从中找到避免失败和争取胜利的秘诀。一些人囿于传统的束缚,从天命神祇那里寻求根由。但也涌现出一批面向现实的人,力求从事情内部寻找原因。他们从不同的角度出发,得出了一个大致相同的结论:民之背向是成败之本。楚灭了六、蓼之后,鲁臧文仲评论道:六、蓼"德之不建,民之无援,哀哉"⑤。各国

---

①　赵岐:《孟子章句》,见《十三经注疏整理本》,北京大学出版社,2000 年,第 456 页。

②　赵岐:《孟子章句》,第 467 页。

③　孔颖达:《春秋左传正义》,见《十三经注疏整理本》,北京大学出版社,2000 年,第 413 页。

④　孔颖达:《礼记正义》,见《十三经注疏整理本》,北京大学出版社,2000 年,第 1869 页。

⑤　孔颖达:《春秋左传正义》,第 583 页。

互相争战时,经常要考虑对方对民的态度和民的生存状况,作为是否采用军事行动的重要根据之一。一次赤狄侵晋,晋中行恒子说:"使疾其民,以盈其贯。将可殪也。"①晋要伐虢,士蒍说:"不可!虢公骄,若骤得胜于我,必弃其民,无众而后伐之,欲御我谁与"②?吴申胥(子胥)以吴王夫差、楚灵王、越王勾践各自对民的政策为例,指出亲民者必胜,骄民者必败。③楚国子西在对比了吴王阖闾与夫差的对民政策之后指出,夫差"视民如仇,而用之日新",必将招致败亡。④在国内公子们争夺君位时,也常常首先争取民倒向自己,卫州吁争君位前所采取的政策是:"求宠于诸侯,以和其民。"⑤宋公子鲍也因施贷于民,争得民的支持而立为君。⑥这类例子很多。争得君位之后,要巩固君位仍必须设法争取民的支持,晋文公便是典型的一例。他即位后,采取了"教其民""利民""信民""礼民"等措施,从而巩固了君位。⑦

许多政治家都把对民的政策看作治乱的指示器。周单穆公在总结了历史的经验教训之后说:"以言德于民,民歆而德之,则归心焉。上得民心,以殖义方,是以作无不济,求无不获,然则能乐。"反之,"上失其民,作则不济,求则不获,其何以能乐"?⑧楚斗且批评楚王搜刮过甚而导致民心离散时说:"夫民心之愠也,若防大川焉,溃而所犯必大矣。"⑨晋里克批评骊姬惹得内外上下交怨时说:"使百姓莫不有藏恶于其心中,恐其如壅大川,溃而不可救御也。"⑩陈逢滑对陈君说:"臣闻,国之兴也,视民如伤,是其福也;其亡也,以民为土芥,是其祸也。"⑪史嚚说:"吾闻之:国将兴,听于民;将亡,听于神。"⑫"吾闻之"三个字说明这一观念相当流行。梁伯因"沟其公宫而民溃",被秦灭亡,这类事给政治家以深刻的影响,多年之后,当楚沈尹戌在

① 孔颖达:《春秋左传正义》,第 706 页。

② 孔颖达:《春秋左传正义》,第 327 页。

③ 参见徐元诰:《国语集解》,中华书局,2002 年。

④ 孔颖达:《春秋左传正义》,第 1860 页。

⑤ 孔颖达:《春秋左传正义》,第 99 页。

⑥ 参见《左传》文公十六年。

⑦ 孔颖达:《春秋左传正义》,第 503 页。

⑧ 徐元诰:《国语集解》,第 109、110 页。

⑨ 徐元诰:《国语集解》,第 523 页。

⑩ 徐元诰:《国语集解》,第 291 页。

⑪ 孔颖达:《春秋左传正义》,第 1857 页。

⑫ 孔颖达:《春秋左传正义》,第 342 页。

总结历史经验时还引以为戒,指出:"梁伯沟其公宫而民溃。民弃其上,不亡,何待?"①

在理论上更为有意义的是,一些人认识到个人的愿望和要求只有得到民众的支持才能实现,否则必将失败。宋国的乐祁谈到鲁季氏逐出鲁昭公时说:"政在季氏三世矣,鲁君丧政四公矣。无民而能逞其志者,未之有也,国君是以镇抚其民。《诗》曰:'人之云亡,心之忧矣。'鲁君失民矣,焉得逞其志?靖以待命犹可,动必忧。"②乐祁在这里已不是谈论个别事件,而是概括了一个普遍真理,即"无民而能逞其志者,未之有也"。在君主专制时代,个人违反民意而逞志的现象是很多的。乐祁之论的高明处在于出乎常人的见识,在云雾迷蒙的情况下,揭示出了事物的本质。楚、晋鄢之战,晋获胜,晋郤至自夸有功,能具备仁、礼、勇三德。单襄公评论道:"晋之克也,天有恶于楚也,故儆之以晋,而郤至佻(偷)天之功以为己力,不亦难乎……且郤至何三伐之有?夫仁、礼、勇,皆民之为也。"③这段论述还有很浓的神秘主义,但他讲战争中起决定作用的是"民",而不是个人,是有见地的。孔子也从一般意义上说过:"鸟则择木,木岂能择鸟?"④

由于对民重视,许多人提出了"抚民""亲民""恤民""安民""利民""惠民""以德和民"等政治主张。这些都是"民为贵"的先导。

社稷重于君主论也发生于春秋时期。它主要有两层认识:一是只要国家、社稷的根本不受损害,谁当君主并非至关重要。据《左传》昭公二十七年记载,吴国的公子光刺杀王僚,弑君自立。季札对这件事情的态度是:只要先君能享受祭祀,人民有君主治理,"社稷有奉,国家无倾",新君就是我的君主。二是国家利益应置于君主之上。据《左传》襄公二十五年记载,齐庄公与权臣崔杼之妻私通,被崔杼杀死。当崔杼家臣要杀庄公时,庄公求饶、求盟、求自杀,崔杼的家臣置之不理。他们说,我们只知道执行崔杼的命令,别无可言。终于杀死了庄公。忠于庄公的嬖幸有的战死,有的自殉,如祝佗父奉庄公命到高唐祭祖回来,听说崔杼杀死庄公,命服未脱便到崔氏家门自杀殉主。晏子在这场斗争中作了特殊的表演,他立在崔氏门外,既不与崔氏战,也不殉主,又不回家。家臣不解其意,提出疑问。此时,他发表了一番议论:"君民者,岂以陵民?社稷是

---

① 孔颖达:《春秋左传正义》,第 1656 页。

② 孔颖达:《春秋左传正义》,第 1665—1666 页。

③ 徐元诰:《国语集解》,第 75 页。

④ 孔颖达:《春秋左传正义》,第 1912 页。

主。臣君者,岂为其口实(俸禄)?社稷是养。故君为社稷死,则死之;为社稷亡,则亡之。若为己死而为己亡,非其私暱,谁敢任之?"①这段议论有两点突破性的新思想:其一,他把君主和社稷分开,君主不应只是凌驾于人上的权威和至高无上的统治者,而应是社稷之主。社稷即国家,是整个统治阶级的代表机关。这种区分非常重要,指出社稷高于君主个人。其二,臣要为社稷尽忠,而不是君主个人的仆人,如果君主为社稷而死,臣应尽忠,殉主与殉国是统一的;如君主为个人私事而死,臣子没有殉死的义务,只有嬖幸奴才才应这样做。庄公因淫乱被杀,故晏子不殉死,只是抱尸痛哭一场了事。

与社稷重于君相类的是道义高于君。"王道"这一观念最早出现在《尚书·洪范》篇,但《尚书·洪范》作于何时,学界看法并不一致。在《左传》中"先王之道"等相近的概念已频频出现,并形成一种观念。这些观念已经显示出道高于具体的君主。晋丕郑与荀息争论立太子时有一段具体的表述。晋献公得骊姬,生奚齐,得宠,欲废太子申生。荀息认为:"吾闻事君者,竭力以役事,不闻违命。君立臣从,何贰之有?"丕郑则认为:"吾闻事君者,从其义,不阿其惑。惑则误民,民误失德,是弃民也。民之有君,以治义也。义以生利,利以丰民,若之何其民之与处而弃之也?必立太子。"②丕郑在这里提出了几个重要论点:其一,君与义的关系。丕郑认为"君"与"义"是两回事。君不等于义,义高于君,君与义发生矛盾,从义不从君。其二,义和利的关系,义在于生利。其三,利与民的关系,利在于丰民。其四,民与君的关系,民之所以需要有君,是为了治义。总之,义高于君。就具体而论,丕郑说的是不能更换太子,事情的本身不是一个更新的命题。但就这件事引出的理论,把君的地位降到义之下,君也要在道义的前面接受衡量。从道义高于君出发,臣子有义务改正君主的过失。正如史黯所说:"夫事君者,谏过而赏善,荐可而替否,献能而进贤,择材而荐之,朝夕诵善败而纳之。道之以文,行之以顺,勤之以力,致之以死。听则进,否则退。"③史黯在这里讲的是为臣的责任。其思想理论上的意义在于,他把君臣之间的绝对隶属关系和当时盛行的主死臣从观念冲破了。在君臣关系中,政见是第一位的,君

---

① 孔颖达:《春秋左传正义》,第1166页。

② 徐元诰:《国语集解》,第256页。

③ 徐元诰:《国语集解》,第452页。

主听则进,不听则退。突破了"君命无二"的社会观念。道义高于具体君主,也是"君为轻"的思想前提。

社稷重于君主论并没有完全否定君国一体论。其基本思路是:君主是国家政治的核心,为社稷、人民之主,但社稷、人民是国之本。相较而言,人民与社稷重于每一位具体的君主。君主若不能奉社稷、安百姓,可以罢黜之、更换之。君国一体与社稷重于君主两者之间是一种组合结构,在思想体系上是不能分开的。这是中国传统政治思想的一个重要特征,另文论述。

汉唐以后,社稷重于君主论被正式纳入统治思想,在朝堂议事,常常被用于规范、谏诤和抨击具体君主。

孟子说的"君危社稷,则变置"同样也有先例。春秋时期有些开明之士认为反对和置换暴虐之主是合理的。晋知武子对献子说:"我之不德,民将弃我。"①庆郑曰:"背施幸灾,民所弃也。"②更有分量的话是晋师旷讲的。卫国之民赶跑卫君,晋侯说:"卫人出其君,不亦甚乎?"师旷回答说:良君"养民如子","民奉其君,爱之如父母"。如果君主是"困民之主",民众赶他下台是应该的。"天之爱民甚矣,岂其使一人肆于民上,以从其淫,而弃天地之性?必不然矣!"③师旷绝不是鼓动民众造反,但认为赶跑暴君是合乎天理的,君主肆意横行必将受到惩罚。

更深刻的认识是"革命论",改朝换代都有其合理性,比孟子早一百多年的周太子晋就发出振聋发聩的言论:"天所崇之子孙,或在畎亩,由欲乱民也。畎亩之人,或在社稷,由欲靖民也。无有异焉!"④这里提出了一个极为重要的论点,即种田的也可以主社稷,这实在是对君主条件认识的一大突破。

晋史墨从事物对立转化的角度,论述了君无常位,他认为,"物生有两"。"两"即相对面的统一。君、臣是"两"的具体表现之一。"两"互相佐助,但在一定条件下也可以转化。由此他认为:"社稷无常奉,君臣无常位,自古以然。故《诗》曰:'高岸为谷,深谷为陵。'三后之姓于今为庶,主(指赵简子)所知也。"⑤

---

① 孔颖达:《春秋左传正义》,第1003页。

② 孔颖达:《春秋左传正义》,第425页。

③ 孔颖达:《春秋左传正义》,第1063—1066页。

④ 徐元诰:《国语集解》,第101页。

⑤ 孔颖达:《春秋左传正义》,第1759页。

在史墨看来,君臣易位、社稷易主是自古以来的常态。尽管史墨在谈到这种变化时仍然保留了"天"的圣衣,但把君的神秘性戳穿了。《荀子·王制》载:"传曰:'君者、舟也,庶人者、水也;水则载舟,水则覆舟。'"《哀公》篇说是孔子讲的。总之,变置某个君主在理论上早在孟子之前已有精辟论说。

我不是贬低孟子的十字箴言的高明,但"民为贵"其本意表达的不是单项的尊重或敬意,而只是说民在君主政治成败中具有很重要的地位。其意义不是恩赐与恩惠,也不是怜悯,而是统治者对政治关系的一种清醒的认识。其基本含义有两点:其一,民之背向关系国家兴亡,"暴其民甚,则身弑国亡;不甚,则身危国削"。"桀、纣之失天下也,失其民也。失其民者,失其心也。得天下有道,得其民,斯得天下矣。"①"天时不如地利,地利不如人和。"②其二,民是统治者的财用之渊。无民就断了统治者的财渊。正如他说的:"或劳心,或劳力。劳心者治人,劳力者治于人。治于人者食人,治人者食于人。"③

有些人把"民为贵"说成是以民为政治主体,这同孟子的阶级论显然是矛盾的。孟子为了论证阶级、等级的合理性,一反自己的人性相同的观点,说什么"人之所以异于禽兽者几希,庶民去之,君子存之"④。庶民一下子都成了与禽兽为伍的异类!他还一反天生同"才"(材)的观点,宣扬人有天生的先觉先知与后觉后知之分:"天之生此民也,使先知觉后知,使先觉觉后觉也。"⑤这类言论与他说的人是"同类"及"民为贵"相去何远!

民为贵是民的抗争、反叛的巨大历史作用在统治者认识中的一种清醒的反应,是对抗双方之间矛盾斗争带来的认识成果。对民众反抗作用的习惯性忽视是这一认识形成的前提,全部历史证明,弱势者能引起统治者的重视、看重,或被称为"贵",其根由主要来自弱势者的斗争。孟子对民的同情心令人敬重,但一味地夸张,显然是片面的。如果翻开另一页,民贵君轻只是孟子一隅之说,而从思想体系上说,他没有把君主看成是"轻"的,相反,他维护的是君主专制

---

① 赵岐:《孟子章句》,第225—234页。

② 赵岐:《孟子章句》,第121页。

③ 赵岐:《孟子章句》,第173页。

④ 赵岐:《孟子章句》,第264页。

⑤ 赵岐:《孟子章句》,第307页。

体制,只是希望君主成为理想圣主。在他的思想体系中占主流地位的观念是民卑贱君主神圣。只从民贵君轻几个字推导出什么"民主主义"是不符合孟子思想实际的。

原载《史学月刊》,2017 年第 2 期

论由崇圣向平等、自由观念的转变

崇圣，是中国传统文化的核心。圣人是天人合一的中枢，是社会和历史的主宰，是理性、理想、智慧和真、善、美的人格化，既是人们的认同对象，又是追求的目标。圣人，在各家各派、各行各业中是不同的，甚至是对立的，但从更高的抽象意义上看，上述品格几乎是相同的或一致的。普遍的崇圣意识形成于春秋、战国，定型于秦汉。崇圣问题涉及传统文化的方方面面，本文不能尽论，仅从政治文化角度作一侧视。

一、圣人的社会与政治功能

春秋战国思想上的一大巨变是由重神向重人的转变，造圣是重人思想的升华与异化。圣人从一般人中分化出来的基础之一，是圣人功能的超常性。"圣"的最初含义是聪明，圣人也就是聪明人。这种聪明，不是一般性的才智，而是见微知著、通幽知化、洞察一切、通晓一切的品格。正如《尚书·洪范》中所说："于事无不通谓之圣。"《大禹谟》篇也说："圣者，无所不通之谓也。"先哲在塑造圣人时并没有停留在认识论范围，这种认识与把握世界、改造世界、创造世界紧密关联。这样，圣人的社会、历史、政治、道德等功能决然超乎一般人之上。社会、历史、政治、道德在古代是一体化结构，从政治角度看都可以列入政治范畴或构成政治的一部分。先哲们赋予圣人哪些政治功能呢？概括言之有如下几个方面：

第一，赞天地之化育。中国古代思想的一个基本特点是"天人合一"。各家各派对"天人合一"有不同的理解，但殊途同归。荀子虽主张"天人相分"，但从荀子的整个思想看，在高层次上他同样是"天人合一"论者。"天人合一"既是整个传统文化的精神，同时也是政治活动的原则和依据，这就是古人一再讨论的法天、法自然、法道等。"天人合一"并不是一个纯自然关系和自然过程，"合一"需要有一个中介，这个中介就是圣人。比较早地论述这种观念的应该

379

说是老子。他反复论述了圣人法自然、法道的特殊功能。孔子也作过论述,他说:"唯天为大,唯尧则之。"老子、孔子之后,许多人对圣人在天人关系中的地位进行了大量的论述。《易传·系辞》讲:"天生神物,圣人则之。天地变化,圣人效之。天垂象,见吉凶,圣人象之。河出图,洛出书,圣人则之。"圣人既沟通了天地自然,也沟通了神明。《中庸》讲,圣人"可以赞天地之化育","大哉圣人之道,洋洋乎发育万物,峻极于天"。《管子·心术下》云:"圣人若天然,无私覆也;若地然,无私载也。"《吕氏春秋·尽数》称:"天生阴阳寒暑燥湿,四时之化,万物之变,莫不为利,莫不为害,圣人察阴阳之宜,辨万物之利以便生。"《淮南子·泰族训》云:"圣人者,怀天心,声然能动化天下者也。"董仲舒讲:"天者,辟物之祖也……圣人法天而立道。"[1]周敦颐讲:"圣人与天地合其德,日月合其明,四时合其序,鬼神合其吉凶。"[2]"圣同天,不亦深乎!"[3]从上述可看出,各家各派的具体内容虽差异很大,但圣人作为天人之间的中枢则是一致的。圣人在这里的最主要功能是把天的作用、性格、原则等社会化,使天人之间获得调和与统一。芸芸众生只有通过圣人的调理才能各得其所。先哲们虽然有很多天地之间人为贵的言论,但凡人在天地之间仅仅是被动物,只有经过圣人之手的再塑造,才可能获得某种自觉。

第二,圣人创造了人文、文明和社会制度。人之所以为人,在先哲们看来,就在有人文、文明和制度。《易·贲·象传》曰:"文明以止,人文也。观乎天文以察时变。观乎人文,以化成天下。"这里虽然不是给"人"下定义,但给"人"以界定。人文指社会之制度、文化、教育等,也就是"文明"。文明是对人的规范,超越文明,就难以为人。先哲们对人之为人有过许多精彩的论述,比如墨子提出,人与禽兽的不同就在于"力",即今日所说的"劳动"。这无疑是最光辉的认识。不过,更多的人是从文明、制度、社会关系等方面去区分人与动物的。"人之所以为人者,非特以其二足而无毛也,以其有辨也。"[4]"辨"即"别","别"是礼的核心,实际上就是说人之为人在于有礼。《礼记·冠义》把问题更加以明确:"凡人之所以为人者,礼义也。"以礼义、

---

① 《汉书·董仲舒传》。

② 《太极图·易说》。

③ 《易通》第29。

④ 《荀子·非相》。

380

人伦道德区分人与动物是先哲们的普遍认识。那么,文明是从哪里来的呢?几乎众口一词:是圣人创造的。圣人为民立极、立德、制礼、作乐、造器、创新之论,充塞了各式各样的典籍,儒家对此的论述比比皆是,无须征引,这里引《墨子》和《商君书》的两段话,以示其概:

> 《墨子·节用》篇讲:"古者圣王,制为节用之法","制为饮食之法","制为衣服之法","教民以兵行","制为舟楫""节葬之法""宫室之法",等等。

> 《商君书·君臣》曰:"古者,未有君臣上下之时,民乱而不治,是以圣人列贵贱,制爵位,立名号,以别君臣上下之义。地广民众万物多,故分五官而守之;民众而奸邪生,故立法制,为度量以禁之。"

圣人虽然没有创造人,但人之为人,全赖圣人之功和圣人的再塑造。没有圣人,人只能在原始森林中追逐,与禽兽为伍,永远处于野蛮状态。

圣人创造文明,无疑有合理的一面,表现了对人的创造力的自信,肯定了社会文明源于人自身,但却把一切文明都归功于圣人,把圣人凌驾于社会之上,并成为社会历史的主宰。

第三,圣人是解民于倒悬的救星和理想社会的创造者。历史的过程充满了苦难,除少数作威作福的统治者外,绝大多数人都是在苦难中生存、挣扎的。因此,解脱苦难对每一个民族来讲,都是一个生活的主题,并由此而产生了种种社会理想。中华民族也不例外。在中国历史思想的轴心时代,先哲们没有把社会理想及其实现交付给宗教,而是寄希望于圣人。

从先秦诸子看,各家各派的社会理想是大不相同的,但有一点又殊途同归:只有圣人才能解救民众的灾难,引人入理想之界。老子的"小国寡民"之世要由"圣人之治"来实现;孔子"博施于民,泛爱众"①的理想,尧舜犹难做到,必待圣而后行。墨子讲兼相爱,交相利,也同样要有圣人而后能实现,"圣人以治天下为事者也,必知乱之所自起,焉(乃)能治之"②。《易·咸卦》称:"圣人感人心,而天下和平。"《管子·心术下》云:"圣人裁物,不为物使。心安是国安也,心

---

① 《论语·雍也》。
② 《墨子·兼爱上》。

治是国治也。"法家多讲现实,但他们也有理想,即所谓"利民萌""一断于法"。法家认为各时代有各时代的圣人,而理想的未来要由"新圣"去缔造。这样,在中国传统的政治观念中,摆脱灾难,追求理想与圣人便合而为一。圣人是理想的人格化,同时又是实现理想的缔造者,人们追求理想、摆脱灾难所信赖的唯有圣人。

殷周时期崇拜上帝和天,春秋战国以降,天、帝依然是顶礼膜拜的对象,但圣人崇拜则富有理论性和现实性。因为圣人虽具有神性,但毕竟是人,不仅可敬、可亲,还可近,甚至在理论上,只要努力修养,人人都可以达到圣人之境,人人皆可以为尧舜。这样,圣人观念中既有神性,又有理性,还有悟性与情感,这就又把超越与现实结合为一体。因此圣人问题是中国传统文化的核心问题。

二、王与圣的结合

王与圣最初是两个不同的范畴,王主要表示权力,圣主要属智慧、认识、道德范畴。中国传统中的智慧、认识、道德大抵是以政治为主题的,这就决定了王与圣的结合是不可避免的。在思想家那里,最初圣高于王。《老子》一书许多概念是模糊的,同是一个"圣"字便有不同含义,一些章句主张"弃圣",另一些章句则又高扬圣人。对"王"也是如此。在他所肯定的"圣"与"王"中,两者有相近之处,总的来说,圣高于王。孔子的圣与王有相通之处,但圣也高于王。老子、孔子之后,圣与王日趋合一。最早使用"圣王"这一概念,并作为社会历史的核心来论述的要属墨子。在《墨子》一书中到处可以看到对圣王的歌颂与对新圣王再世的呼唤。在墨子之后,"圣王""圣主""圣君"成为诸家诸派论述政治与社会问题的核心概念。

圣与王的结合过程,大体可分为三个层次,在时间上又可谓是相继关系。

第一个层次可称为"泛圣王"阶段。所谓泛圣王指纯理想状态。这种圣王可以超越具体的王。

第二个层次是古先王中贤者,如尧、舜、禹、商汤、周文、周武。这些圣王又常常泛称为"先王"。

第三个层次,在位的王即称圣主、圣王、圣上等。这从秦始皇开始成为定制或成俗。秦始皇统一六国后,朝野上下一片颂声,谓其功盖千古,"自上古以来未尝有,五帝所不及"。秦始皇"神灵明圣",他所颁布的一系列法令称之为

"圣法"，他所做所为称之为"圣德"。①汉代继之，圣与王进一步结下不解之缘。董仲舒在《春秋繁露·三代改制质文》篇讲："天佑而子之，号称天子。故圣王生则称天子。"尔后圣越用越滥，凡是天子即可称圣王。且不说那些英主，就是平庸之辈，甚至昏君也称圣明、圣上。

这三个层次在古代社会有合有分，有些君主自谦不称圣，但又希望成圣。我们看汉代帝王罪己诏时会发现一个很有趣的现象，他们一方面进行检讨、悔罪，另一方面又想成为圣王。"朕闻先圣之道""朕闻五帝之道、禹汤之法""朕嘉唐虞而乐殷周"等套语，所反映的正是这种心态。有许多政治批评家并不认为凡帝皆圣，他们常用理想的圣王作为批评当朝君主的武器。另外，圣也没有完全为帝王垄断，圣王之外还有其他的圣人，如孔子等。这些布衣之圣在理论上对王也有规范作用，所以在圣与王的关系上，呈现出复杂的组合关系。但帝王与圣合二为一，又是思想文化中一个被普遍接受的公论，以至于许多思想家提出，王之所以为王，就在于是圣人，因圣而王，"非圣人莫之能王"②。按照这一道理，孔子是圣人，也应为王，然天时不予，徒子徒孙们便尊之为"素王"。荀子的门人把荀子视为圣人，认为荀子也当为王。

圣与王的结合，把智慧与政治实际、理想与政治行为、权力与认识一体化，这就从理论上解决了权力与认识、道德之间的矛盾问题。荀子曾提出："圣也者，尽伦也；王也者，尽制者也。两尽者，足以为天下极矣。"③圣王便是"两尽者"，于是权力与道德一体化了，加之帝王又是天子，又具有几分神性，这样帝王又成为迷信的对象。

圣王观念及其理论从理论高度论证了以帝为师、以吏为师的合理性，同时在政治文化上又把权力崇拜、崇尚理性和崇奉神明合而为一。圣王观念犹如苍穹，覆盖和控制了几乎全部的传统文化观念。在这个苍穹之下，盛行的是臣仆和顺从观念。从另一方面看，正如司马迁所说，又是一个"天盖"，在重压之下，臣民必须时时刻刻防止灭顶之灾，即使那些勇敢之士和追求独立思考的人，也常常是欲开口而嗫嚅。不管是主动的顺从，还是被动的屈从，从政治文化角度看，都会使人难以具备主体性的政治人格。

---

① 参见《史记·秦始皇本纪》。
②③《荀子·正论》。

三、圣王权威下的臣民政治心态

圣王观念是传统政治文化中一个最高范畴,也是一个最神圣的范畴。在圣王面前,人们只能匍匐而仰视,甚至只能五体投地而不敢仰视。我不是说在传统政治文化中臣民只想做奴才,应该说,历史上有一些人有很强的抗争意识,甚至提出废除君主的思想,把一切圣王视为大盗、罪魁。然而从历史总体看,有这种观念的人为数不多,对此另当别论。这里主要讨论与圣王观念相辅相成的甘为奴才的心态与观念。要之,有以下几方面:

其一,甘为臣仆、狗马的心态与观念。

先哲们有很多君臣相需之论,也有以道事君、道高于君的哲理之论,甚至还有以有道代无道的革命之论,但这都不影响常态情况下臣民对君主的依附观念与心态。就事实而言,君主是依赖臣民而生存的,这一点先哲也曾有论述。但在古代,普遍的社会心态与观念是:臣民仰赖君主而生存,这就是所谓的"主者,人之所仰而生也"①。换一个角度则是:"为人臣者,仰生于上也。"②君主是天下人的衣食父母,君主把恩泽、阳光、雨露洒给天下,惠及牛马。既然一切都是由君主赐予的,甘心做臣仆与狗马也就是合乎逻辑的,于是"北面委质,无有二心"是为臣的准则。

正是在上述观念统辖下,君主把臣视为工具,有用则使,无用则弃。汉武帝对这一点有明确的表述:"何世无才,患人主不能识之耳。苟能识之,何患无人?夫所谓才者,犹有用之器也,有才而不肯尽用,与无才同,不杀何施?"③与君主的这种理念相应的是,臣则视自己为君主的狗马。西汉的汲黯是历史上敢于廷折面争的名臣,他曾当众揭露过汉武帝的心秘,然而正是这样一位诤臣却又把自己视为君主的"狗马"。④仰食于君、为君之具与狗马,是当时士民的普遍心态,也成为人们的行为界标。

其二,向帝王求是非、求合理性的心态。

认识上的是非与合理问题,历来是一个争论的问题。许多先哲曾提出是非之准在"实",在"参验",用今天的语言说,即实际、实践。这些认识无疑是非

---

① 《管子·形势解》。
② 《管子·君臣上》。
③ 《资治通鉴》卷十九。
④ 参见《汉书·汲黯传》。

常光辉的。但是随着大一统帝国的出现,特别是汉代实行独尊儒术之后,认识上的是非与合理性虽然在思想界仍然是不断讨论的问题之一,但同时出现了一股强大的思潮,即向君主求是非、求合理性。李斯在向秦始皇建议焚书、禁百家之时,曾建议秦始皇"别黑白而定一尊""以吏为师",取缔私学,特别是儒学。李斯提出的问题远远超出了政治范畴,他是要整个社会思想一统化。由谁一统呢?这就是皇帝,"以吏为师"最后仍归结为以帝为师。董仲舒建议独尊儒术时,他的立论原则几乎与李斯同出一辙,他认为:"师异道,人异论,百家殊方,指意不同,是以上亡以持一统。"①汉武帝采纳了董仲舒的建议,实行独尊儒术。

儒学原来是诸子之学,在独尊儒术之后变成了政治的组成部分,特别是经学则是由皇帝钦定的。这样一来,经学的最高解释权与核定是非权自然也就归属于皇帝。汉武帝时因封禅之礼众儒生争论不休,当时著名儒生儿宽上疏曰:"唯圣主所由,制定其当,非群臣之所能列。"②儿宽交出的不只是政治行政裁决权,同时把审定认识是非权也奉给了"圣主"。从汉武帝始廷论儒学,由皇帝裁定是非,成为朝廷一个重要议题。大家所熟悉的石渠阁会议、白虎观会议就是由皇帝裁定儒学中分歧的两次重要会议。

传统社会的"经学"是整个社会最主要的学问。"'五经'圣人所制,万事靡不毕载"③,以致像钱大昕这样的博学家都说:"舍经则无以为学。"④皮锡瑞则说:《六经》即万世教科书。⑤而皇帝又是最高经师。这样便造成了一种普遍的社会心理,即从皇帝那里寻求是非,寻求认识的合理性。像韩愈这样的大家都这样说:"得备学生,读六艺之文,修先王之道,粗有知识,皆由上恩。"⑥柳宗元也如是说:"身体发肤,尽归于圣育;衣服饮食,悉自于皇恩。"⑦这种唯书、唯上的心态实在令人肉麻!更须令人反思的是,许多具学识的大知识分子都不敢承认自己是一个认识主体,相反,他们认为自己的一切知识都是皇帝赐给

---

① 《汉书·董仲舒传》。

② 《汉书·儿宽传》。

③ 《汉书·成帝纪》。

④ 《经籍纂诂·序》。

⑤ 《经学历史》。

⑥ 《请上尊号表》。

⑦ 《为京兆尹耆老请复尊号表》。

的。奴性之毒,深入骨髓!

其三,对圣王的期待心态。

帝王是治乱之源,因此社会上形成一种对圣王的期盼心态。寄希望于好皇帝及相应的清官,几乎成为人们唯一的选择,即使"革命",也是新圣人领导的革命。用历史上的成语,即"汤武革命"。"汤武"便是圣人的人格化或代称。

"革命"不是一般人所敢涉及的,而佐君致"尧舜"才是正人君子们的流行观念和价值准则。杜甫的诗句"致君尧舜上,再使风俗淳",把这种心态准确地勾画出来了。唐陆贽有"伊尹耻其君不如尧舜,臣亦耻之"①的感叹与壮语,亦不过为忠臣诤臣耳!

把一切希望寄托于君主圣明或圣君再世,其中虽不乏善良的愿望,但终归还是一种依附观念。

其四,君主圣威下的错感与罪感意识。

古代臣下给皇帝上疏,均有套话铺前垫后,诸如"臣某诚惶诚恐,顿首顿首""兢惶无措""昧死以言""愚臣""愚见""惟圣心裁鉴""臣不胜倦倦之至""臣罪当死""彷徨阙庭,伏待斧锧",等等。这些不仅仅是礼节性的套话和无所谓的形式主义,在这些套话背后隐藏着深层的政治文化,这就是臣下的错感和罪感。

君主是圣明的,无所不知,明察秋毫。君是心,臣是股肱;君是首,臣是四肢。按照这个逻辑,臣下的职能就是听令。于是有臣者"奉命而行事""下顺于上"之论。臣作为君主的"手脚"本不应说话,但又不能不说或不得不说。所说一旦不合君主之意,就难免招致罪祸。翻开历史,可以看到言罪比比皆是。臣下为了防御,在向君主奏对中,便以自卑自谦反衬君主的圣明,并给君主留下更多的选择余地。久而久之,臣下在君主面前便形成一种不待论证的、自然而然的错感和罪感意识,即使遭冤杀,也要歌颂皇恩浩荡,称"臣罪当死"。

臣下在君主面前的错感与罪感意识是传统政治文化的基本内容之一,它对整个社会有着广泛的影响,是造成政治思想贫乏和政治人格普遍萎缩的重要原因之一。因为在这种错感罪感意识中缺乏甚至没有超越精神。

以上所说仅仅是举要而已,这些观念与心态同前面讲的圣王崇拜又形成鲜明的对照和两极性对应:圣王是无比的伟大和正确,臣民则是无可争辩的

---

① 参见《全唐文》卷 469,《重论尊号状》。

渺小和悖谬。

四、由崇圣向平等、自由观念的转变

传统社会的崇圣意识从两个方面限制了人的主体性意识。一方面，圣人居高临下，对一般人形成"天盖"式的桎梏；另一方面，个人要向圣人学习，追求"内圣"，就必须不停地向自己本来有限的主体性开战，即不停地"斗私"。因为"人皆可以为尧舜"的人格模式是由抽象的政治伦理原则构建出来的，所以，人只剩下了一具以道德为轴心的躯壳，这个躯壳在儒家那里便是三纲五常之类的"理"。圣人的最主要的品格之一就是"无私""无我"。这一点在理学家那里表现得尤为突出。在理学家看来，"我"与"圣"是对立的，"我是万恶成就"①，"无我则圣人也"②。圣人"心代天意，口代天言，手代天工，身代天事"③，唯独不能代表他自己。而且圣人在肉体上也是没有生机的，"圣人形骸虽是人，其实是一块天理"④。换言之，圣人是肉体化的天理，一言一行都不是他自身，而是天理的表现。天理在理学家看来是绝对真理，于是圣人也便是真理的化身。朱熹又讲："圣人都忘了身，只有个道理。"⑤这就是说，向圣人学习，就要像圣人那样"无我""无私""无意""无心"。"我""意""私""心"有诸种表现，归根结底就是"人欲"。朱熹说："只有天理、人欲两途，不是天理，就是人欲。"⑥如此，天理、人欲之间是谁战胜谁的关系。"此胜则彼退，彼胜则此退，无中立不进退之理。"⑦当然，理学家们大力倡导的"存天理，灭人欲"，并不是教人不吃不喝，杜绝丝毫物质之需，而是要人务必"安分"，过分就要遭到口诛笔伐。所以，灭人欲也就是"克己"，"克己者，似家中捉出个贼，打杀了便没事"⑧。这样的人在思想意识和心理上除了接受"天理"的规定外，是不能有任何个性的。

在传统崇圣观念的支配下，不是说人不可能有任何创造，也不是说人只

---

① 《朱子语类》卷三六。

② 《二程集·河南程氏遗书》卷一一。

③ 《观物》卷五二。

④ 《朱子语类》卷三一。

⑤ 《朱子语类》卷三一。

⑥ 《朱子语类》卷四一。

⑦ 《朱子语类》卷一三。

⑧ 《朱子语类》卷四四。

能或只会做痴呆儿,但这种观念确确实实束缚了人的主体性,使其难以形成和支配行为,也使人们不具有以主体性为内核的个性人格,而仅仅成为三纲五常亦即"天理"的载体或工具。崇圣并非教人作恶,从当时的价值准则来看,更多的是教人为善,直至今日,在某种意义上崇圣也不都是一无可取的,本文的主旨是要说明如下一点:圣人崇拜限制或桎梏了人的主体性,否定人的个性人格,在行为上教人顺从、驯良、守成,几近奴隶;而现代社会则要求充分张扬人的主体性,以个人主体意识的健全和全面体现作为社会发展的基本前提,在行为上要求人们进取、创造和图新。形成现代人主体意识的认识基础是近代以来的平等、自由观念。从这一点来考察,传统的崇圣观念与近代平等、自由观念无疑是泾渭分明的两极对立。

近代平等、自由观念是 19 世纪从西方传入中国的,但在认识上把它与圣人观直接对立起来作为两种思维方式和价值准则,却是在 20 世纪初叶五四运动时期才进一步明朗化、条理化的。在这一时期,先进或激进的人们如饥似渴地吸吮着西方民主主义和自由主义的甘露,努力使自己站在与传统对峙的立场上重新调整价值观。他们关于自由的悟解主要包括三个层次:

其一,自由是权利的精神表象,权利是自由的内核。"自由者,权利之表证也。凡人所以为人者有二大要件:一曰生命,二曰权利。二者缺一,时乃非人,故自由者亦精神界之生命也。"[①]"政欲利民,必自民各能自利始;民各能自利,又必自皆得自由始;欲听其皆得自由,尤必自其各能自治始。"[②]虽然这些认识尚未涉及自由的人格意义,但从政治权利的角度理解自由显然具有合理性,在观念上强调了自由的规范本质。"制裁云者,自由之对待也……自由之公例曰:人人自由,而以不侵人之自由为界。""无一能侵他人自由之人,即无一被人侵我自由之人,是乃所谓真自由也。"[③]这样的自由观包含着政治民主和平等的意蕴,显示了人们在挣脱传统束缚,接受新观念洗礼之初始所特有的含混、朦胧和探索的勇气。

其二,自由的内涵广泛,但最核心和最关键的是思想自由。"自由者,天下之公理,人生之要具,无往而不适用者也。""综观欧美自由发达史,其所争者不

---

① 《辛亥革命前十年间时论选集》第 1 卷,第 10 页。
② 《严复诗文选注》,第 53 页。
③ 《辛亥革命前十年间时论选集》第 1 卷,第 11 页。

出四端:一曰政治上之自由,二曰宗教上之自由,三曰民族上之自由,四曰生计上之自由(即日本所谓经济上自由)。"①"我们既然是个自由民,不是奴隶,言论、出版、信仰、居住、集会,这几种自由权,不用说,都是生活必需品。"②在众多的自由之中,近代中国的先进人物格外强调思想自由。罗家伦说:"在真正进化的社会里,人人都应有自由发展的机会,自然人人都应当有思想的自由。"思想自由与言论、出版自由相辅相成,"不但每人自己能作充分的思想,并且要每人能将充分的思想发表出来"③。李大钊认为:"思想是绝对的自由,是不能禁止的自由……你怎样禁止他,制抑他,绝灭他,他便怎样生存、发展、传播、滋荣,因为思想的性质力量,本来如此。"④思想自由要求人们从传统枷锁的重负下解脱出来。"欲脱君权、外权之压制,则必先脱数千年来牢不可破之风俗、思想、教化、学术之压制……若能跳出于数千年来风俗、思想、教化、学术之外,乃所谓自由之精神也。"⑤人们把思想自由视为民族和社会进步的第一步,正如梁启超所说:"文明之所以进,其原因不一端,而思想自由,其总因也。"⑥强调思想自由的合理性和绝对性,把思想自由视为所有自由的核心,这种认识为近代中国先进人物否定传统和追寻自我提供了必要的思想条件。

其三,自由的人格表现是突出人的独立个性。鲁迅说:"盖自法朗西大革命以来,平等自由,为凡事首,继而普通教育及国民教育,无不基是以遍施。久浴文化,则渐悟人类之尊严;既知自我,则顿识个性之价值。"⑦20世纪初叶之中国,平等自由之风激荡着先进知识者们的心绪,"打倒孔家店"的呐喊最典型地体现了他们向着两千年来不可冒犯的"圣人"挑战的勇气,他们要从圣人的"天盖"下解放出来,寻求自我。"自由者,奴隶之对待也。""解放云者,脱离夫奴隶之羁绊,以完其自主自由之人格之谓也。"⑧在他们看来,圣人崇拜与独立人格的主体性是截然相对的,"以前人为道德而生——不许有我……何以

---

①《辛亥革命前十年间时论选集》第1卷,第136页。

②《独秀文存》(一)。

③《新潮》,第2卷第2号。

④《李大钊文集》(下册),第9页。

⑤《国民报》,第2期。

⑥《辛亥革命前十年间时论选集》第1卷,第168页。

⑦《鲁迅全集》第1卷,第50页。

⑧《陈独秀文章选编》(上册),第74页。

无我呢?因为有道德就无我了;有了道德上指明的'君''父'就无我了;有了制定道德的圣人就无我了"①。在他们的心目中,真正的主体自我的独立人格应当是:"我有手足,自谋温饱;我有口舌,自陈好恶;我有心思,自崇所信;绝不认为他人之越俎,亦不应主我而奴他人。"一句话,"盖自认为独立自主之人格以上,一切操行,一切权利,一切信仰,唯有听命各自固有之智能,断无盲从隶属他人之理"。如若"无个人独立平等之人格……谓之奴隶谁曰不宜"②。向圣人挑战,否定圣人,摆脱崇圣观念的束缚,意味着向两千年来的精神奴隶告别;疾呼自由,肯定人之独立人格的必要性与合理性,意味着近代中国人的人性解放和觉醒。这些认识虽说有些浅近、直白,但这毕竟是中华民族从专制的昨天迈向现代文明的关键一步,因而又是何等的壮丽啊!

"五四"时代及其以前和以后,人们对独立人格、平等、自由的理解及具体表述有很大的差别,直到今天亦还是如此,可以这样说,对这些观念用行政方式或其他方式强行做出统一的界定几乎是不可能的,也是做不到的。一定要做,势必伤害其自身,或者说,就会走到事情的反面。因为人格之独立、平等和自由必须以独立、平等、自由之本身为保障,至少在观念上不能强行统一。尽管人们对人格独立、平等、自由的具体认识不同,但有一个基本点是相同的,那就是与圣人崇拜观念相对立。在独立个性和张扬自我的自由思维中,凡甘做君主即政治专制主义的臣仆与狗马,期待圣王裁断认识的是与非,以及发自内心的战栗和罪错感等再无立足之地。先进的人们在追寻真理的荆棘路上充满了前所未有的自信:"苟有阻碍这前途者,无论是古是今,是人是鬼,是《三坟》《五典》,百宋千元,天球河图,金人玉佛,祖传丸散,秘制膏丹,全都踏倒他。"③亦如李大钊豪迈地宣示:"余故以真理之权威,张言论之权威,以言论之自由,示良知之自由,而愿与并世明达共勉之矣。"④只有不断地对人格独立、自由、平等进行再认识,在观念上和心态上从对圣人膜拜中走出来,才有可能真正促进人之主体性的建构与发展。

近代社会的历史表明,遵循一定程序的权威不可无,顶礼膜拜的圣人不

---

①《新潮》,第 1 卷第 1 号。

②《陈独秀文章选编》(上册),第 74 页。

③《鲁迅全集》第 3 卷,第 45 页。

④《李大钊文集》,第 448 页。

可有！没有前者会带来社会灾难；相反，有了后者同样会带来不幸。我不是说"圣人"一无是处，而是时代毕竟不同了。在简单再生产的自然经济社会，靠经验即可维系，这正是产生"圣人"的社会基础；近代社会的发展是一个不断扩大再生产的过程，多元化是其基本特征和发展趋势，不可能再产生无所不通的"圣人"。

我们传统的文化是崇圣的文化，要从这种传统中走出来，需要几代人的努力和探索。

原载《天津社会科学》，1993 年第 4 期

论由传统政治观念向近代政治观念的转变

我所说的"传统"是同"近代"相对而言的。"近代"又包含着通常所说的"现代"。就中国的情况而言，正处在由传统社会向近代社会转变过程中，同样，传统政治观念也正在向近代政治观念转变的过程中。这中间问题很多，本文只提出几点，略加讨论。

一、传统政治观念的"三重奏"

传统政治观念分而言之，可以条列许多。我认为王权至上观念、臣民观念和圣人崇拜可谓交融一体的"三重奏"。这三者互需、互补，如鼎之三足，缺一则覆。

王权至上观念和臣民观念相反相成，共同维系着社会秩序和政治结构。《诗·北山》说："普天之下，莫非王土；率土之滨，莫非王臣"，可谓王权至上观念的最早、最准确的概括。秦始皇君临天下之后立即宣布："六合之内，皇帝之土……人迹所至，无不臣者。"①君主对天下的土地与人民究竟能控制或支配到什么程度，可另行讨论，但这种观念占有或许比事实更重要，更有意义。当人们一旦普遍接受了这种观念，臣民就不仅仅是被迫的，而会成为心甘情愿的奴仆。奴仆观念可以条列成十上百，要之有如下几点：

其一，甘为臣仆与狗马的心态与观念。

先哲们有很多君臣相需之论，也有以道事君，道高于君的哲理之论。但这都不影响常态情况下君臣之间的主仆关系。这就是所谓的"主者，人之所仰而生也"②。换一个角度则为："为人臣者，仰生于上也。"③君主是天下人的衣食父母，君主把恩泽、阳光、雨露洒给天下，惠及牛马。既然一切都是由君主赐予的，甘心

---

① 《史记·秦始皇本纪》。
② 《管子·形势解》。
③ 《管子·君臣上》。

做臣仆与狗马也就是合乎逻辑的,于是"北面委质,无有二心"是为臣的准则。

正是在上述观念下,君主把臣视为工具,有用则使,无用则弃。汉武帝对这一点有明白的表述:"何世无才,患人主不能识之耳。苟能识之,何患无人?夫所谓才者,犹有用之器也,有才而不肯尽用,与无才同,不杀何施?"①与君主的这种观念相应,臣则视自己为君主的狗马。汲黯是历史上敢于庭折面争的名臣,他曾当众揭露过汉武帝的心秘。然而正是这样的一位诤臣却又把自己视为君主的"狗马"。②

仰食于君、为君之工具与狗马,是当时士民的普遍心态,也成为人们的行为界标。

其二,向帝王求是非,求合理性的心态。

认识上的是非与合理问题,历来是一个争论的问题。许多先哲曾提出是非之准在"实",在"参验",用今天的语言,即实际、实践。这些认识无疑是非常光辉的。但是随着大一统帝国的出现,特别是实行独尊儒术之后,认识上的是非与合理性虽然在思想界仍然是不断讨论的问题之一,但同时出现了一股强大的思潮,即向君主求是非,求合理性。李斯向秦始皇建议焚书,禁百家之时,建议秦始皇"别黑白而定一尊""以吏为师",取缔私学,特别是儒学。李斯提出的问题远远超出了政治范围,而是要整个社会思想一统化。由谁一统呢?这就是皇帝。"以吏为师"最后归结为以帝为师。董仲舒建议独尊儒术时,他的立论几乎与李斯同出一辙:"师异道,人异论,百家殊方!指意不同。是上亡以持一统。"③

儒学原来是诸子之学,独尊儒术之后变成政治的组成部分,特别是经学则是由皇帝钦定的。这样一来,经学的最高解释权与核定是非权自然也就归皇帝。这样便造成了一种社会的普遍心理,即从皇帝那里寻求是非、寻求认识合理性。像韩愈这样的大家都这样说:"得备学生,读六艺之文,修先王之道,粗有知识,皆由上恩。"④柳宗元也如是说:"身体发肤,尽归于圣育;衣服饮食,悉自于皇恩。"⑤这种唯书、唯上心态不仅令人肉麻,更须令人反思的是,这样

①《资治通鉴》卷十九。

②《汉书·汲黯传》。

③《汉书·董仲舒传》。

④《请上尊号表》。

⑤《为京兆尹耆老请复尊号表》。

的大知识分子根本不敢承认自己是一个认识主体,相反,他们认为自己的一切知识都是皇帝给的。奴性之毒,深入骨髓!

其三,对帝王的期待心态。

帝王是治乱之源。因此社会上形成一种对帝王的期盼心态。寄希望于好皇帝及相应的清官,几乎成为人们唯一的选择。

其四,君主面前的错感与罪感意识。

臣下给皇帝上疏,大抵均有套话铺前垫后,诸如"臣某诚惶诚恐,顿首顿首""兢惶无措""昧死以言""愚臣""愚见""惟圣心裁鉴""臣不胜倦倦之至""臣罪当死""彷徨阙庭,伏待斧锧",等等。这些不仅仅是礼节性的套话和无所谓的形式主义,在这些套话背后隐藏着深层政治文化,这就是臣下的错感和罪感。

君主是圣明的,无所不知,明察秋毫,君是心,臣是股肱;君是首,臣是四肢。按照这个逻辑,臣下的职能就是听令。于是有臣者"奉命而行事""下顺于上"之论。臣作为君主的"手脚"本不应说话,但又不能不说或不得不说。所说的一旦不合君主之意,就难免招罪。翻开历史,可以看到言罪比比皆是。臣下为了防御和自保,于是在同君主奏对中,便以自卑自谦反衬君主的圣明,并给君主留下更多的选择余地。久而久之,臣下在君主面前便形成了一种不待论证的、自然而然的错感和罪感意知,即使遭冤杀,也要颂皇恩浩荡,称臣罪当死。

臣下在君主面前的错感与罪感意识,是传统政治文化中的基本内容之一,它对整个社会有着广泛的影响,是造成思想贫乏和人格普遍萎缩的重要原因之一。

圣人崇拜则是王权至上和臣民观念的共同的思想文化基础。中国历史(春秋战国以后)有一个重要特点,这就是崇圣重于崇神。圣人是天人合一的中枢,是社会和历史的主宰,是理性、理想、智慧和真、善、美的人格化。在中国传统思想文化中,最为重要的观念之一是对"道"的崇尚,而圣人之所以为圣人,正在于"体道""得道"。

圣人观之所以成为君主至上的思想文化基础,就在于圣与王的结合。最初,圣与王是两个不同范畴,圣主要指智慧、理性、道德等,王主要表示权力。在历史的运动中,政治家和思想家共同推动圣与王相结合。思想家们提出圣人应该成为王。诚如荀子所说:"非圣人莫之能王。"[1]圣人治天下成为春秋战

---

①《正论》。

国时代思想大潮。诸思想家把明哲的先王尊为圣人,又为现实之王称圣作了历史铺垫。现实的王在这种思想大潮中,干脆宣布自己就是圣。秦始皇在这方面迈出了决定性的一步。他本人的功业是超历史的,"五帝所不及",又"神灵明圣",亘古未有。他颁布的法令为"圣法",他的所作所为均为"圣德"。董仲舒进一步把天子与圣视为二而一,一而二的关系。"天佑而子之,号称天子。故圣王生则称天子。"于是"圣上"又成为天子的雅称。

"圣"当然不完全等于王,它还有许多其他内容,比如就道德而言,圣人最崇高之处就是"无私""无我"。如果把"无私""无我"等,同当时具体的道德规范连起来考察,"无私""无我"的中心是泯灭人的主体性,无主体性的众生,正是顺民的最好材料。

圣人与现实的君主常常有矛盾,此时佐君致尧舜则是正人君子们的流行观念和价值准则。杜甫的诗句"致君尧舜上,再使风俗淳",把这种心态准确地勾画出来了。陆贽有"伊尹耻其君不如尧舜,臣亦耻之"的感叹与壮语,其壮亦不过为忠臣铮臣耳!君王不可救药时,必须推翻他,造反者的旗帜大抵都是"以有道伐无道",仍然是"圣人"革命,即"汤武革命"是也。不成功,则为贼逆;成功了,便成新圣主。

圣人理论既论证了君主的合理性,又培养了顺民,同时又为以有道伐无道提供了理论依据。

二、由传统政治观念向近代政治观念的转变

由传统政治观念向近代政治观念的转变,不是中国社会历史与思想文化自然发展中的自然产物。它是西方大炮打开国门之后,在既被迫又自觉的复杂矛盾形态中进行的。西方近代政治观念的中心是民主、平等、自由和人的主体性意识的增长。这些与中国传统政治观念是相冲突的。先进的中国人接受了西方这种政治观念,提出以民主主义取代君主专制主义,做公民不做臣民,做自己的主人不做圣徒。在20世纪初,批判君主专制主义,剖析国民性,打倒"孔家店",震撼着中国人的心灵。由传统的政治观念转变为近代的政治观念,不仅仅是一个观念问题,同时也是一个实践问题和人的素质问题。辛亥革命推翻了帝制,然而皇权的崩溃并不等于民主政治必然确立。正当人们喜庆民主共和之时,洪宪复辟给了当头一棒。先进的人们重新跌入了困惑之中。他们

极力思索,究竟是什么原因导致理想的破灭？他们发现,除了"守旧之武人及学者"等反动势力的阻碍,近代以来民主运动的激荡实际只限于社会的某些阶层,并未能得到全国民众的响应。陈独秀说:"吾国年来政象,惟有党派运动,而无国民运动也。"①"今之所谓共和,所谓立宪者,乃少数政党之主张,多数国民不见有若何切身利害之感而有所取舍也。"他敏锐地认识到,民主政治成功与否,"纯然以多数国民能否对于政治、自觉其居于主人的主动地位为唯一根本之条件",否则宪法不过是"一纸空文","且宪法上之自由权利,人民将视为不足重视之物,而不以生命拥护之,则立宪政治之精神已完全丧失矣"②。李大钊也认为:"民贼之巢穴,不在民军北指之幽燕,乃在吾人自己之神脑。"③于是"五四"时代呼出了"民主"与"科学"的口号,把批判之剑指向传统文化,要与封建伦理纲常彻底决裂。实现全社会政治观念的普遍更新,以使民主运动真正成为"国民的运动"。可是,我们看到,新文化运动行进十年之后,鲁迅仍在疾呼:"此后最要紧的是改革国民性,否则,无论是专制,是共和,是什么什么,招牌虽换,货色照旧,全不行的。"④而且,五四运动七十年后的今天,科学和民主重又成为时代的中心课题,呼唤观念更新,个性解放,批判专制主义,加强法制依然是当代有知之士们思索和讨论的热点。这种历史现象的延续或重叠说明了什么呢？抑或仅仅是偶然？当然,这不是偶然。一言以蔽之,虽然国体性质和政体形式比之七十年前的五四时代发生了巨大的变化,但是,当代中国还没能从传统政治文化的羁绊中完全解脱出来。为什么是这样一种局面呢？原因很多,这里我们仅从以下三个方面略行讨论。

1.近代中国缺乏足够的"人的觉醒"的历史环境

近代西方民主政治的发展始自文艺复兴"人的觉醒",中国近代民主运动的演进则始于人们对西方民主政治制度的了解、学习和移植。前者是从"人的觉醒"到制度的建立;后者却是从"制度的觉悟"到制度的建立,其间缺少人的观念普遍更新这一重要演进环节。形成这一差别的一个重要原因是,近代中

---

① 《1916年》,《青年杂志》,第一卷第五号。
② 《吾人最后之觉悟》,《青年杂志》,第一卷第六号。
③ 《李大钊选集》,第47页。
④ 《鲁迅全集》第九卷,第26页。

国的时代中心课题始终是救亡。

纵览近代中国,自鸦片战争的炮声响起,民族危亡的危机感和紧迫感就始终萦绕在人们心头。面对虎视眈眈的西方列强,人们一时束手无策。中国传统政治经验和儒家政治思想中没有解除危机的答案,人们转而向强大的对手觅求良方。于是,民主、共和、天赋人权、权利义务等民主理论被搜罗而至,主观上被用作致富求强之术,以期摆脱被列强瓜分的厄运。从当时人们对民主理论的阐述看,这一目的性是十分明确的。例如梁启超说:"民权兴则国权立,民权灭则国权亡……故言爱国必自兴民权始。"①《权利篇》说:"权利思想,伟乎大矣。当此生存竞争之世,权利为竞争之利器,君权赫赫去日无时,列强雄雄来日方多,我国民无权利以抵抗之,地球狭小,其将何以托足耶!"②似乎只要依照西哲泰斗的教诲,仿照美利坚、法兰西建立起共和政体,则一切危机便迎刃而解了。在这样的情势下,人们对民主的理解和选择出现了严重倾斜。人们的选择偏于政治制度理论,忽略了民主政治的本质精神——自由、平等和人的彻底解放。人们对专制主义的批判也主要表现为抨击君权专制和孔孟之道对专制制度的维护,却没有把批判的理性提升到普遍的"人之觉醒"的层次。人们致力于制度的更新,却没能对构造臣民观念的政治文化基础进行深入而有效的清算。

2.激烈的武装斗争和高度组织对政治观念近代化的二重性

随着民族危机的加剧和民主运动的高涨,救亡形式逐渐以武装斗争为主。这种武装斗争对政治观念的转变一方面有着巨大的推动作用,把武装反抗旧势力的斗争同思想启蒙对立起来是不符合历史事实的。但也应看到另一面,这种形式一般表现为阶级之间的激烈的集体性对抗,强调统一行动和指挥,要求个人融合到整体之中,为了阶级和民族的利益做出奉献和牺牲。就近代民主进程看,集合整体力量进行武装斗争是挽救民族危亡,建立民主政治的必要形式和成功的唯一途径;然而,这种救亡形式又不可避免地使个人权利,人的个性人格和独立精神降到了次要地位。人们公民意识的培养和普遍提升被民族救亡和武装斗争的主旋律淹没了。在一定意义上是历史的必要,但对它缺乏历史的分析,对其后历史的发展就会带来消极的影响。

---

① 《饮冰室文集》之三。

② 《时论选》第一卷上,第481页。

《中华人民共和国宪法》难以实施,到"文革"时期连一张废纸也不如,更何谈其他。

3.中国与西方政治文化内在价值系统的巨大差异,使得舶来的公民暨权利义务观念难以深入中国传统政治文化土壤

构成西方近代民主政治的理论基础之一是自然权利说,这一理论的渊源可以从卢梭、孟德斯鸠一直上溯到古罗马的西塞罗和古希腊的智者。自然权利说的价值核心是对个人的权力利益的肯定,认为个人的权利是最根本的权利,具有先天合法性,是构造政治实体的基本原子或元素,维护个人自然权利则是政治组织的基本目的。在这个意义上说,具有与生俱来之权利的个人是政治组织的主人,政治组织的运行和活动应当得到主人的认可与监督。

对于中国传统政治文化来说,这样的观念全然是舶来品,自然权利说与传统文化的价值观主旨相抵。中国传统社会缺乏类似西方自然法的观念,多有刑律思想。没有西方的法制权利观念,多有基于王权主义而形成的权势——特权观念,或可称之为"权威权利"。很少有关于个人权利的自觉,主要是伦常等级化了的群体意识。因此,当人们向西方寻求真理,接受了有关公民(国民)权利、义务等观念时,主要是接受了这些观念的表层含义,却忽略了这些观念的内在价值标准与中国传统政治文化价值准则的格格不入。因此,尽管人们以权利义务为参照物,尖锐地抨击了君主专制下的"尽人皆奴隶"状况;尽管随着民主运动的进程,权利义务观念得到法律认可,但中西政治文化价值系统的内在差异却阻碍了权利义务观念向着传统政治文化深层结构的迅速渗入。臣民观念在中国有着两千年的悠久传统,其中的价值准则经过多种社会渠道的长期渗透,已经深深地嵌入并固着于人们的观念意识之中,积淀为普遍的政治心态素质。面对着有深厚基础的传统臣民观念,舶来的权利义务观念势必难以凭朝夕之功取而代之。价值系统迥异的不同政治文化的转换需要长期和相对稳定的融合过程,可是近代中国民主运动的急剧递变和激烈的武装对抗却难以提供这样的环境。

4.形成普遍的公民意识必须以每个人的具体实践为必要环节,然而近代以来的救亡与革命历程没有提供适宜的实践条件

公民权利的实施环节指的是,人们在实际的政治参与过程中,真实享受到其法制规定的公民权利,并履行相应的义务,即所谓民主权利实现的过程。

一般说来,法制规定的公民权利只有经由具体的实践环节,才能社会化为普遍的公民意识;换言之,人们只有在具体的"权利实现"过程中,才能学会做公民。公民权利的实现与公民意识的提升是同一过程。公民权利从法制规定向着普遍意识的过渡,既取决于具体的社会–政治环境的民主化程度的发展,同时又取决于每一个社会成员在具体实践中的推动。

从政治实践看,法制规定的公民权利如果没有普遍的公民意识作根基,这种规定只能形同虚设。因为,赐予的公民权利缺乏全社会广泛的积极认可。尽管国家有可能通过某种传播媒介和社会化渠道,将公民权利义务的法律规定输送给人们,可是由于缺乏必要的实践环节,人们没有真实享有权利和履行义务,在他们的意识深处,便难以真实理解并认可权利义务的内涵与功能。在他们看来,权利义务是一个"模糊概念"或"抽象名词",与其个人的政治行为和选择并无瓜葛。这种法制规定与实际政治意识的严重脱节将不可避免地造成某种虚幻的主人翁感,国家的主人既然不知如何享有和运用公民权利,也就不会形成履行义务的自觉,结果导致了全社会普遍存在的不负责任、法制观念淡漠和实际义务感降低。公民意识的极度薄弱直接影响着政治运行中制衡机制的形成和完善,极大地阻碍了政治民主化进程。

马克思早就说过:"没有无义务的权利,也没有无权利的义务。"①1912 年的《临时约法》和以后的宪法都对公民权利作了具体规定。然而,八十年来的政治实践证明,由于缺乏必要的实践环节,公民权利从法制规定向普遍意识的过渡并没能完成,传统的臣民观念一直未能清除。正是从这个意义上说,当代中国尚未能真正进入公民政治时代。从法律规定的公民成为真正自为的公民,必须在实践中成长。明智的政治家首先要是一个合格的公民,并与公民一起推进公民意识的发展。

学会做公民,这是摆在我们民族面前的一项历史任务。

原载南开大学历史系《中国史论集》编辑组编:《中国史论集》,天津古籍出版社,1994 年

---

① 参见《马克思恩格斯选集》。

论从臣民意识向公民意识的转变

公民意识、公民文化，以及相应的政治制度和社会规范，是近代以来民主政治的基础。但是在中国传统(相对于近代而言)的法律规定和政治观念中，并无"公民"的踪迹，公民观念是舶来品，深植于人们政治意识之中的是臣民观念。臣民与公民无论实质、内容抑或表现形式都是大相径庭的。

由臣民意识向公民意识转变，是中国近代政治观念发展中的一个基本问题。由臣民意识转变为公民意识，是一个极为复杂的过程，同时也是一个极为困难和痛苦的过程。"文革"时期的思想极为繁杂，在诸种思潮中，传统的圣人崇拜和臣民意识是不可忽视的事实。当然它不是简单的历史重演，而是在特殊情况下以变异方式的再现。圣人崇拜和臣民意识的结合，极大地阻碍和破坏了公民意识和公民文化的健康发育。因此在研究传统与现代化这个大题目时，剖析一下臣民意识与公民意识及其关系，是十分必要的。这个问题又包含着许多内容，本文仅述其一二。

一

通常认为，公民指在一个国家里，具有该国国籍，并享有法定权利和义务的社会成员。公民意识则主要指公民对于自身享有法定权利和义务的自觉，其中享有权利和履行义务是互为前提或基础的，此二者不可缺一。臣民观念则与之相左。臣民和臣民观念是君主专制政治的产物。构成臣民观念的本质特征是：只尽义务，不讲权利。下面从三个方面略作分析。

1.在"君权至上"价值准则的规定下，臣民只有忠君义务观念，而无任何关于法定政治权利的自觉

中国传统社会是君主政治的一统天下，君权至上作为一项基本政治价值准则，与君主政治相始终。这种观念的形成可以溯至殷商帝王的"余一人"思

想。即使在先秦诸子之中,虽然不乏避世保身、蔑视王权之士,如庄子、杨朱,但维护君主政治和君权却是百家异说中的主流。秦汉以后,君权至上准则得到统治者和全社会的普遍认可,形成以下三方面认识。首先,君主拥有绝对权力。《礼记》言:"君天下曰天子。朝诸侯,分职授政任功,曰:予一人。"①汉儒董仲舒说:"君也者,掌令者也,令行而禁止也。"②宋儒陈亮也认为,人主之职为"辨邪正,专委任,明政之大体,总权之大纲"③。其次,君主是天下财富、土地和人民的最高所有者和主宰者。如荀子说:"贵为天子,富有天下。"④宋儒周敦颐说:"天下之众,本在一人。"⑤程颐讲得最明确:"天子居天下之尊,率土之滨,莫非王臣……凡土地之富,人民之众,皆王者之有也。"⑥再次,君主的权力和权威是全国唯一的最高权力,无可匹敌。春秋时期已有"国不堪贰"的共识,即反对国家权力二元化。孔子就主张"天无二日,民无二王"⑦。董仲舒也指出:"君之所以为君者,威也……威不可分……威分则失权,失权则君贱矣。"⑧总之,"君权至上"确认只有君主一人是政治生活的主宰和政治权力的所有者,其他人都是君的臣仆,统属于君,是政治中的从属和被动因素。在这样的价值观念制约之下,"四方之众,其义莫不愿为臣妾"⑨,形成了普遍的忠君义务观念。

在实际政治生活中,我们看到那些凭借血缘或其他条件被封以官爵者,以及通过举荐或科举步入仕途垂首称臣者,依照他们在政治权力结构中所处的地位,分别拥有相应的爵位、权力,享有一定的财富。他们作为统治集团的成员,似乎享有某种"权利",然而细加考察却不然。在君主政治条件下,君权是国家权力的唯一表现形式,封建贵族和官吏的权力不过是君权的再分配形式,官吏系统是君权统治的延伸,他们拥有的只是从王权派生或分解出来的政治和经济特权,而非法定的权利。如宋儒苏轼所言:"夫智辨勇力,此四者天

---

① 《礼记·曲礼下》。

② 《春秋繁露·尧舜不擅移汤武不专杀》。

③ 《陈亮集·论执要之通》。

④ 《荀子·荣辱》。

⑤ 《周子全书·顺化》。

⑥ 《周易程氏传·大有》。

⑦ 《孟子·万章上》。

⑧ 《春秋繁露·保位权》。

⑨ 《盐铁论·备胡》。

民之秀杰者也……故先王分天下之富贵,与此四者共之,此四者不失职,则民靖矣。"①君主可以随意恩赐,也完全可以肆意剥夺。既然臣的特权来源于君主,臣子们唯有对浩荡皇恩感激涕零,勉力效忠,才能保障自己被恩赐的特权。君臣之间仍然是主仆关系,臣子们依然要恪守忠君义务。

忠君义务观念要求臣子们在政治意识和政治行为及价值的选择上,以忠于君主为基本原则。其上限为绝对忠顺,专一而不懈。孔子说:"臣事君以忠。"②荀子说:君子"其待上也,忠顺而不懈"③,"事两君者不容"④。古代忠臣的典范诸葛亮也说:"二心不可以事君。"⑤董仲舒还利用字形构造强调忠君专一不二的必然性,说:"古之人物而书文,心止于一中者,谓之忠;执二中者,谓之患;患人之忠不一者也。"⑥其下限为不背叛君主。荀子说:"事圣君,有听从无谏争;事中君者,有谏争无谄谀;事暴君者,有补削无拶拂。迫胁于乱时,穷居于暴国,而无所避之,则崇其美,扬其善,违其恶,隐其败,言其所长,不称其所短,以为成俗。"⑦这些认识逐渐形成了固有观念,演化为普遍的"愚忠"心理,天子神圣不可冒犯,臣子们只能忠顺服从。

对于一般民众来说,君主是天生的主宰。民被称为黔首,排斥在政治等级之外,所谓"无名姓号氏于天地之间,至贱乎贱者也"⑧。他们没有任何政治主动性,只知服从统治,一味顺上,所谓"君者,仪也;民者,景也,仪正而景正"⑨。"君者,民之心也;民者,君之体也。心之所好,体必安之;君之所好,民必从之。"⑩民众是无知无识的一群,生来就是君主的奴仆。需要说明的是,在传统政治观念中,从周公、孔、孟,以至后世,"重民"和"施仁政"成为统治者经常演练的主调。然而,"重民"和"施仁政"的政治意义仅在于表明专制统治者重视民众在维护君主政治正常运行中的作用,并不包含民众自身拥有受法律保障的政治身份和权利,反而说明民的命运实际操纵在君主手中,正如梁启超所

---

① 《东坡七集·后集·志林》。

② 《论语·八佾》。

③ 《荀子·君道》。

④ 《荀子·劝学》。

⑤ 《便宜十六策·君臣》。

⑥ 《春秋繁露·天道不二》。

⑦ 《荀子·臣道》。

⑧ 《春秋繁露·顺命》。

⑨ 《荀子·君道》。

⑩ 《春秋禁露·为人者天》。

说:"言仁政者必言保民,牧之保之云者,其权无限也。"①

忠君义务观念是传统臣民观念的主要构成之一。这是一种基于君主政治条件而形成的传统——习惯型政治义务观念,与法律义务观念有所不同,其中并不内含人们对于法律责任的自觉意识。这种义务观念的认识前提是君主和君主政治的利益及需要。在这种义务观念的制约和作用之下,人们的政治期盼和利益表达不是通过权利规定的形式,而是通过尽义务、报皇恩等形式表现出来,进一步加深了人们参与政治的从属性和被动性。

2.在泯灭个人主体意识的道德修身观念束缚之下,人们缺乏基本的权利主体意识

传统政治文化的基本特征之一是伦理与政治混而如一,认为个人道德修身是政治生活规范化和秩序化的起点。这个认识被概括为修身、齐家、治国、平天下的行为模式,对于臣民观念的形成有着深刻的影响。

传统文化认为,虽说人性本善,凡、圣如一,在道德修身方面,凡、圣有着共同的起点,"人皆可以为尧舜"。但是,凡、圣之性的后天表现却有所不同。圣人之性先天至善,后天完美,"圣之为名,道之报,德之至也"②,因而无须改造。凡人则不然。凡人之性后天表现为种种情、欲,必须经过持续的修习改造,去恶扬善,方能趋向完美。在这一过程中,圣人是凡人道德修养的样板和终极点,凡人的修身过程就是向着圣人的皈依过程。

在传统文化中,圣人主要表现为一种理想的人格形象,是理想化、抽象化了的人,是人的类主体意识的体现。对自然来说,圣人代表人类与天地对话,体现着人对自然的类主体意识的觉醒。如《礼记·礼运》说:"圣人参与天地,并于鬼神,以致政也。"如若面对世间芸芸众生,圣人则拥有规划并考核人们的精神和道德生活的绝对权威。在圣人博大而至善的理想人格面前,人们目慑形秽,于是,一股根深蒂固的"负罪意识"便油然而生,驱使人们虔诚地在改造自我上下功夫。"君子乾乾不息于诚,然必惩忿窒欲,迁善改过而后至。"③这样,道德便成了做人的根本义务,成为人们参与社会和政治生活的必由之途。"谁能出不由户,何莫由斯道也。"④

---

① 《饮冰室文集》之六。

② 《王文成公文集·三圣人》。

③ 《周子全书·乾损益动》。

④ 《论语·雍也》。

在实际历史过程中,圣人与圣王相通,被统治者奉为理想君主的象征。封建帝王虽然未必是"圣",但他们可以自诩为圣,阿谀奉承的臣子们也要尊之为圣。于是,人们的负罪意识便从道德领域扩展到政治生活,在天子"圣明"的灵光普照下,不由自主地五体投地,口称"臣罪该万死",诚惶诚恐。这时,人们唯恐效忠君主而不及,哪里还谈得上什么政治权利!

在道德修身观念的制约下,人们崇拜圣人,皈依圣人,人人争做圣人之徒,在精神上和道德上与圣融而为一。随着人们道德水准不断提升,人的个体人格和独立精神便不可避免地消融在圣道之中。"无我"既是人们皈依圣人的结果,亦是本性得以完美的标志。如张载言:"无我而后大,大成性而后圣。"①亦如程颐说:"大而化,则己与理为一,一则无己。"②道德修身使得人的个人主体意识极度赢弱,几至泯灭,囿于这样的心态条件,人们不可能形成对于自身权利的自觉追求。

我们看到,在人们道德修身过程中,孝道受到异乎寻常的重视。且看如下议论:孔子说:"孝悌也者,其为仁之本与!"③《孝经》说:"夫孝,德之本也"④;"夫孝,天之经也,地之义也,人之行也"⑤。《礼记》说:"众之本教曰孝";孝道"塞乎天地,横乎四海,推而放诸四海而皆准"⑥。孝道被奉为宇宙间最根本的道德原则和人们道德实践的最基本行为规范。传统文化对孝道的内容作了详尽的规定,总的倾向是对个人权利的种种否定。计有:其一,人们没有意志自由权,"父母之所爱亦爱之,父母之所敬亦敬之"⑦,个人爱憎全然以父母意志为准;其二,人们没有行为自主权,如"见父之执,不谓之进,不敢进;不谓之退,不敢退;不问,不敢对,此孝子之行也";"夫为人子者,出必告,反必面,所游必有常"⑧。人们举手投足言辞答对都要服从父家长的管教和指挥;其三,人们没有财产私有权,"父母在,不敢私其财"⑨。作为家庭(族)成员,个人在经济

---

① 《正蒙·神化》。

② 《二程集·河南程氏遗书》卷一五。

③ 《论语·学而》。

④ 《孝经·开宗明义章》。

⑤ 《孝经·三才章》。

⑥ 《礼记·祭义》。

⑦ 《礼记·内则》。

⑧ 《礼记·曲礼上》。

⑨ 《礼记·坊记》。

上没有独立性;其四,个人没有婚姻自主权,男婚女嫁为的是后代的传延,是个人对家庭(族)应尽的义务。所谓"婚姻者,合二姓之好,上以事宗庙,下以继后世"①。个人在婚姻问题上要服从父母的绝对权威;其五,在孝道的规范下,连个人的身体也不属于自己。人的身体是"父母之遗体也",原则上为父母所有,个人对之必须恭谨爱护,不可毁伤。"父母全而生之,子全而归之,可谓孝矣。"②稍有损辱就是对父母的大不敬,极违孝道。可见,在孝道的束缚之下,人们没有任何"人的基本权利",只有奴隶对主人的服从义务。

孝道的作用范围不只限于家庭和社会,同时延及政治领域。《孝经》说:"孝,始于事亲,中于事君,终于立身。"③又说:"君子之事亲孝,故忠可移于君。"④忠正是孝的政治表现形式。

在传统的道德修身观念的普遍约束之下,人们不是作为权利主体,而是作为道德义务主体参与全部社会和政治生活的,表现为一种忘我的追求和无偿的奉献。由于缺乏基本的权利主体意识,从而否定了任何个人私利的索取。如《盐铁论》说:"古者大夫思其仁义以充其位,不为权(权势)利(财利)以充其私。"⑤亦如朱熹说:"仁义根于人心之固有,天理之公也;利心生于物我之相形,人欲之私也。循天理,则不求利而自无不利;徇人欲,则求利未得而害己随之。"⑥传统的臣民观念正是以无个人主体意识的道德义务观为动力,驱使人们忠君敬长,无私奉公和无条件地献身。

3.在沉重的等级观念压制之下,形成了普遍的"尽人皆奴仆"的政治心态

中国号称礼义之邦,礼义有很多内容,但其核心是等级制和等级观念。"礼者,贵贱有等,长幼有差,贫富轻重皆有称者也。"⑦传统政治文化认为等级规范是维护社会政治秩序的基本手段。"人无礼不生,事无礼不成,国家无礼

---

① 《礼记·昏义》。

② 《礼记·祭义》。

③ 《孝经·开宗明义章》。

④ 《孝经·广扬名》。

⑤ 《盐铁论·贫富》。

⑥ 《孟子集注》卷一。

⑦ 《荀子·富国》。

不宁。君臣不得不尊,父子不得不亲,兄弟不得不顺,夫妇不得不欢。"①为了强调礼的权威性,传统文化把礼上升为宇宙法则,说"天地生之,圣人成之"②,"在天成象,在地成形,如此,则礼者,天地之别也"③。又强调礼的规范贯穿人生之始终,"礼者,谨于治生死者也"④。礼的约束范围无所不包,在实际政治生活中,礼就成为具有普遍约束意义的最高法则。

传统中国不能说没有法制,但古代的法基本是刑律,并无近代宪法意义的法律规定。自功能言,刑律是君主施行专制统治的工具,所谓"秉权而立,垂法而治"⑤,"法律政令者,吏民规矩绳墨也"⑥。自内容言,刑律只规定了惩戒的律条,却没有关于个人权利的规定。所以梁启超说,中国数千年"国为无法之国,民为无法之民……而其权之何属,更靡论也"⑦。自汉代始,儒家的"德主刑辅"统治范式得到统治者认可,一时儒学经典竟具有了法典功能,"《春秋》之治狱,论心定罪"⑧,从而促成了刑法的儒学化,刑律退居礼治德化的辅助手段。《汉书·刑法志》说:"仁爱德让,王道之本也。爱待敬而不败,德须威而久立,故制礼以崇敬,作刑以明威也。"《隋书·刑法志》讲得更明确:"礼义以为纲纪,养化以为本,明刑以为助。"礼实际成为君主政治的国家基本法,等级观念则成为人们政治观念的最大桎梏。

等级观念从一般人伦血缘关系和政治关系中概括出几对基本关系,通过礼的规定使之规范化和模式化,如君臣、父子、夫妻、兄弟等。每一对关系都内含着严格的等级隶属性,如"妻者夫之合,子者父之合,臣者君之合"⑨;"子受命于父,臣妾受命于君,妻受命于夫"⑩。每个人在实际社会政治生活过程中,都必然要受这几对关系的制约。人们自降生之始,就被牢牢地固着于相应的等级位置上,随着时间的推移和生活的进程,分别进入不同角色,隶属于各种

---

① 《荀子·大略》。
② 《荀子·大略》。
③ 《礼记·乐记》。
④ 《荀子·礼记》。
⑤ 《商君书·壹言》。
⑥ 《管子·七臣七主》。
⑦ 《饮冰室文集》之六。
⑧ 《盐铁论·刑德》。
⑨ 《春秋繁露·基义》。
⑩ 《春秋繁露·顺命》。

各样的主人。整个社会就是由无数个这样的等级隶属关系织结而成的关系网络,唯有君主位于这个网络的顶端。等级观念确保君主的特殊地位,他不但是政治上的最高主宰,同时又具有最大父家长身份。《尚书·洪范》曰:"天子作民父母,以为天下王。"《礼记·大传》说:"君有合族之道。"就政治关系看,全国臣民隶属于君主,是王的臣仆;就社会关系言,人们都是王的子孙,所谓"天子父母事天,而子孙畜万民"①。

在等级观念约束之下,人们无条件服从着严格的等级隶属关系,从衣着服饰、言谈举止到思想意志,无一不被等级格式化,人们"非礼勿视,非礼勿听,非礼勿言,非礼勿动"②。等级观念剥夺了人们的独立个性和政治自主精神,使人们不只在实际生活中,而且在精神上做奴仆。在这样的心态条件下,又怎能产生对个人权利的向往呢?

综上所述,臣民观念是遍及传统社会的基本政治意识。它的形成固然源于君主政治,但另一方面,臣民观念又成为维护和巩固君主政治的重要政治文化因素。在臣民观念的约束下,人们只是尽义务,不知有权利。温顺服从、忍让勤劳和无我的奉献成为全社会公认的美德,由此形成的"礼义之邦"实则成了专制帝王的私产。君主专制政治基于这样的政治文化土壤而横行肆虐,几近两千余年。正如梁启超所说:"虽以孔孟之至圣大贤……而不能禁二千年来暴君贼臣之继出踵起,鱼肉我民,何也? 治人者有权,而治于人者无权。"③

二

19 世纪下半叶,中国社会出现了前所未有的震荡,西方资本主义经济势力和大炮一起闯入封闭的中国大陆。随着民族危机日益加剧,封建君主政治也走到了它的尽头。与这一过程相伴随,西方的思想文化也蜂拥而至。民主政治思潮的输入不只构成人们否定君主政治,进行民主革命的重要文化条件,同时也促进了人们政治观念的更新。一些先进的有识之士的视野率先从传统的礼仪文明转向西方和世界,他们惊奇地发现西方有着与中国迥然不同的政

---

① 《春秋繁露·郊祭》。

② 《论语·颜渊》。

③ 《饮冰室文集》之六。

治格局。西学东渐的浪潮给传统中国带来了近代民主意识的觉醒。自 1898 年严复译《天演论》的出版，一大批西方民主政治的经典著作相继被介绍到中国，其中包括卢梭的《社会契约论》、孟德斯鸠的《论法的精神》、穆勒的《论自由》，以及代表美国民主政治基本精神的《独立宣言》和法国大革命的产物《人权与公民权宣言》等。如果说戊戌变法和辛亥革命标志着民主思潮在近代中国的政治实践，并通过政治体制的变革推动了人们对专制主义的唾弃和对民主政治的向往，那么，稍后的五四新文化运动则意味着真正意义上的近代民主启蒙运动的勃兴。

从当时的思想文化界来看，先进的有识之士对民主、民权等概念和问题进行了广泛的讨论，并且运用民主政治的价值标准来批判君主政治，设计理想政治蓝图。他们已经开始从传统的臣民观念中醒转过来，对于公民及权利义务等问题进行了探究和思考。如梁启超就明确提出了"国民"的概念："国民者，以国为人民公产之称也。国者积民而成，舍民之外则无有国。以一国之民，治一国之事，定一国之法，谋一国之利，捍一国之患，其民不可得而侮，其国不可得而亡，是之谓国民。"[①]这里说的"国民"显然已经接近"公民"的认识。梁启超又对"权利、义务"进行诠释，说："义务与权利，对待者也。人人生而有应得之权利，即人人生而有应尽之义务，二者其量适相均。""有权利思想者，必以争立法权为第一要义。"[②]"凡人所以为人者有二大要件：一曰生命，二曰权利，二者缺一，时乃非人。"[③]毫无疑问，梁启超的诠释浸透着舶来的天赋人权和法制权利的认识。又如 1903 年，有人撰《权利篇》，认为"夫权利思想，即爱重人我权利之谓"。"夫人生活于天地之间，自有天然之权利，父母不得夺，鬼神不得窃而攘之。""夫义务者何，即权利之里面耳。有权利始能有义务，无权利即不能有义务，爱权利即爱重义务之本。""权利之表为法律，法律之里即权利，不可分而二之者也。"[④]文中还明确规定了人生而具有"平等之权利""不受人卑屈之权利""不从顺人之权利"，等等。这些认识所使用的概念和价值标准与传统的臣民观念截然不同，意味着一种崭新的公民观念已经冲破传统观念的藩篱，开始向人们的意识中渗入。

---

①②《饮冰室文集》之四。

③《辛亥革命前十年间时论选集》第 1 卷上，第 10 页。

④《辛亥革命前十年间时论选集》第 1 卷上，第 480 页。

公民意识即权利、义务观念的发展不仅表现在认识方面，在近代中国的政治变革中，还经由法律的形式被肯定下来。集中体现在 1912 年的《中华民国临时约法》和其他法规政令中。其中明文规定了中华民国主权在民，全体国民一律平等，依法享有选举、参政、居住、言论、出版、集会、信教等项权利。《临时约法》具有宪法性质，它的产生意味着从法律上否定了传统的臣民观念。

然而，皇权的崩溃并不等于民主政治必然确立。正当人们喜庆民主共和之时，洪宪复辟给了当头一棒。先进的人们重新跌入了困惑之中。他们极力思索，究竟是什么原因导致理想的破灭？他们发现，除了"守旧之武人及学者"等反动势力的阻碍，近代以来民主运动的开展实际只限于社会的某些阶层，并未能得到全国民众的响应。陈独秀说："吾国年来政象，惟有党派运动，而无国民运动也"①；"今之所谓共和，所谓立宪者，乃少数政党之主张，多数国民不见有若何切身利害之感而有所取舍也"②。他敏锐地认识到民主政治成功与否，"纯然以多数国民能否对于政治，自觉其居于主人的主动地位为唯一根本之条件"，否则宪法不过是"一纸空文"，"且宪法上之自由权利，人民将视为不足重视之物，而不以生命拥护之，则立宪政治之精神已完全丧失矣"③。李大钊也认为："民贼之巢穴，不在民军北指之幽燕，乃在吾人自己之神脑"④，人们只知崇拜权威，是难以形成独立意识和政治自主观念的。于是"五四"时期人们高呼出了"民主"与"科学"的口号，指出"伦理之觉悟为最后觉悟之觉悟"，把批判之剑指向传统文化，要与封建伦理纲常彻底决裂，实现全社会政治观念的普遍更新，以使民主运动真正成为"国民的运动"。可是，我们看到，新文化运动进行十年之后，鲁迅仍在疾呼："此后最要紧的是改革国民性，否则，无论是专制，是共和，是什么什么，招牌虽换，货色照旧，全不行的。"⑤其后，历史发展实现了飞跃，《中华人民共和国宪法》对公民的权利和义务作了详尽的规定，但"文革"却把宪法的有关规定抛到九霄云外。这种历史现象的延续或重叠说明了什么呢？一言以蔽之，虽然国体性质和政体形式发生了巨大的变化，但是，还没能从传统政治文化思想的羁绊中完全解脱出来，公民意识尚未能完

---

① 《1916 年》，《青年杂志》第 1 卷第 5 号。
②③ 《吾人最后之觉悟》，《青年杂志》第 1 卷第 6 号。
④ 《李大钊选集》，第 47 页。
⑤ 《鲁迅全集》第 11 卷，第 31 页。

全取代传统臣民观念。

　　造成上述情况的原因是多方面的，经济不够发达，教育水平低无疑是最主要的原因，长期存在的"一言堂"也抑制了公民意识的正常发育。下边着重谈两个问题：

　　1.中国与西方政治文化内在价值系统的巨大差异，使得舶来的公民及权利、义务观念难以深入中国传统政治文化土壤，中国传统社会没有类似西方自然法的观念，只有基于专制政治而形成的权势–特权观念，或可称为"权威权利"；更没有关于个人权利的自觉，只有伦常等级化了的群体意识。因此，当人们向西方寻求真理，接受了有关公民(国民)权利义务等观念时，主要是接受了这些观念的表层含义，却忽略了这些观念的内在价值标准与中国传统政治文化价值准则的格格不入。因此，尽管人们以权利、义务为参照物，尖锐地抨击了君主专制下的"尽人皆奴隶"状况，尽管随着民主运动的进程，权利义务观念得到法律认可，但权利义务观念很难一下子取代传统的政治文化。臣民观念在中国有着悠久历史，其中的价值准则经过多种社会化渠道的长期渗透，已经深深地嵌入并固着于人们的观念意识之中，积淀为普遍的政治心态素质。面对着有深厚基础的传统臣民观念，舶来的权利、义务观念势必难以凭朝夕之功取而代之。

　　2.形成普遍的公民意识必须以每个人的具体实践为必要环节。公民权利的实践环节指的是，人们在实际的政治参与过程中，真实享受到法制规定的公民权利，并履行相应的义务。一般说来，法律规定的公民权利只有经由具体的实践环节，才能社会化为普遍的公民意识，换言之，人们只有在具体的公民权利与义务实践过程中，才能学会做公民。公民权利的实现与公民意识的提升是同一个过程。试想，如果不是20世纪60年代女权运动的推动，美国妇女的公民权利不能实现，其公民意识势必仍然受到压抑；同样，美国黑人正是在20世纪60年代的反种族歧视斗争中，实现了选举权等公民权利，才促进了其公民意识的提高。公民权利从法制规定向着普遍意识的过渡，既取决于具体的社会–政治环境的民主化程度的发展，同时又取决于每一个社会成员在具体实践中的推动。

　　从政治实践看，法制规定的公民权利如果没有普遍的公民意识作根基，这种规定只能形同虚设。因为，赐予的公民权利缺乏全社会广泛的积极认可。尽管国家有可能通过某种传播媒介和社会化渠道将公民权利、义务的法律规定输送给人们,可是由于缺乏必要的实践环节,人们没有真实享有权利和履行义务,在他们的意识深处,便难以真实理解并认可权利、义务的内涵与功能。在他们看来,权利、义务是一个"模糊概念"或"抽象名词",与个人的政治行为和选择并无瓜葛。这种法制规定与实际政治意识的严重脱节将不可避免地造成这种局面:既不知如何享有和运用公民权利,也不会形成履行义务的自觉,结果导致社会普遍存在不负责任和实际义务感降低。公民意识的薄弱直接影响政治运行中制衡机制的形成和完善,阻碍政治民主化进程。

原载《天津社会科学》,1991 年第 4 期